第12版

1st & 2nd grade

エクステリア
プランナー
ハンドブック

Exterior Planner Handbook

公益社団法人日本エクステリア建設業協会 監修
エクステリアプランナーハンドブック編集委員会 編

エクステリアプランナー ハンドブック第 12 版発刊に寄せて

　エクステリアプランナー資格制度は、エクステリア工事において、その設計、工事監理に従事する者の資格を認定して、技術、知識の向上を図るとともに、エクステリア工事に対する信頼性を高め、快適で豊かな住環境や生活環境の向上に寄与することを目的として制定された制度です。

　平成 14 年に新たに「1 級及び 2 級エクステリアプランナー」の資格として創設されて以来、エクステリアプランナーを目指す受験生は増加の傾向にあり、受験対策用の講座やテキスト等も多くみられるようになりました。

　エクステリアプランナーは、戸建住宅や共同住宅の外構全体の設計及び工事監理を行うことを業としますが、近年、エクステリアを取り巻く環境は大きく変化しています。

　全国の多くの自治体では「まちづくり条例」や「景観条例」などの名称で緑化や景観整備を進めており、まちなみ景観やまちづくりを意識した外構工事や緑化が求められるようになっています。景観との調和をとりながら、住む人の快適で豊かな住・生活環境の向上を実現すると同時に、プランニングの技術や技能がますます重要になっています。

　本書は以上の観点から、エクステリアに関する基本的知識の修得はもちろんのこと、専門的知識が身につくように構成されています。

　エクステリアプランナー試験合格を第一の目的に、技術者として要求される知識と技術を習得していただくため、エクステリアに関する概論及び基礎的な関連法令、プランニングの知識、構成部材、材料の規格、施工、植栽、構造基準、原価管理、工程管理、設計等について誰にでも分かりやすく整理されたものです。

　また、自分でエクステリアのプランニングをやってみたいという方々にとっても分かりやすい解説になっているほか、既にエクステリアの設計・施工に従事している実務者の方々にとっても、大変役立つものと考えています。

　本書を十分に活用されてエクステリアプランナー試験に見事合格されることを願い、また今後のエクステリア業界での活躍を期待するものであります。

　　　　　　　　　　　　　2025 年 4 月
　　　　　　　　　　　　　　監修　エクステリアプランナー試験実施機関
　　　　　　　　　　　　　　　　　公益社団法人　日本エクステリア建設業協会
　　　　　　　　　　　　　　編集　エクステリアプランナー ハンドブック編集委員会

まちなみ

exterior planner handbook

緑あふれる公的空間

exterior planner handbook

エクステリア（クローズド）

エクステリア（オープン）

exterior planner handbook

多様な庭

exterior planner handbook

エクステリア工事に関する知識等の審査・証明事業
認定規程

　エクステリア工事業に従事する技術者の育成を図るため、平成８年度より、公益社団法人日本エクステリア建設業協会において、一定の基準を満たすものについてはその分野における知識及び技術の向上を図る上で奨励すべきものとしてエクステリアプランナーの認定を行うものとする。

（目的）

第1条　この規程は、エクステリア工事においてその設計・工事監理に従事する者のエクステリア工事に関する知識及び技術の水準について審査・証明を行う事業の認定に関し、必要な事項を定めることによりエクステリア工事に関する知識等の向上を図り、もって快適で、豊かな住環境や生活環境に寄与するとともにエクステリア産業の健全な発展を促進することを目的とする。

（認定）

第2条　公益社団法人日本エクステリア建設業協会会長は審査・証明事業にあたって、エクステリア工事（一般住宅及び共同住宅並びに同程度の建築物における外構工事）に関する知識等の向上を図る上で奨励すべきものを、この規程に定める技術審査規定により認定することができる。

（技術審査規定）

第3条　技術審査規定は、次のとおりとする。

　１．技術審査基準

　２．技術審査実施要領

　３．技術審査実施規則

　４．技術審査実施細則

（技術審査規定の変更）

第4条　技術審査規定を変更しようとするとき、会長は審査委員会の審議を経て理事会で決定する。

目次

Exterior Planner Handbook

エクステリアプランナー試験について

第 ① 章 概 論

1-1 エクステリアとは

1. エクステリアとは　　　　　　　　　2
　① 定義　　　　　　　　　　　　　　2
　② 範囲　　　　　　　　　　　　　　2
　③ 役割　　　　　　　　　　　　　　3
2. エクステリアの構成　　　　　　　　3
　① 住まいとの関連　　　　　　　　　3
　② 外構空間　　　　　　　　　　　　4
　③ 庭空間　　　　　　　　　　　　　6
　④ 材料　　　　　　　　　　　　　　7
　⑤ エクステリア設計者の仕事　　　　7
　⑥ エクステリアの管理　　　　　　　10
　⑦ エクステリアの関連分野　　　　　10

1-2 まちなみの知識

　① まちづくりの理念　　　　　　　　12
　② まちづくりの歴史　　　　　　　　12
　③ 美しいまちなみ形成のために　　　13
　④ まちなみ景観形成の手法　　　　　16

1-3 住まいの様式

　① 住まいの様式の変遷　　　　　　　23
　② 住まいの種類　　　　　　　　　　25

1-4 庭の様式

　① 日本の庭園様式　　　　　　　　　28
　② 西洋の庭園様式　　　　　　　　　30
　③ 現代の庭の様式　　　　　　　　　31

第 ② 章 法 規

法令用語の基礎知識　　　　　　　　　36
2-1　エクステリア関連法令の基礎知識　37
2-2　建築基準法の概要　　　　　　　　39
2-3　都市計画法の概要　　　　　　　　56
2-4　都市緑地法の概要　　　　　　　　59
2-5　景観法の概要　　　　　　　　　　62
2-6　建設業法の概要　　　　　　　　　64
2-7　労働安全衛生法の概要　　　　　　68
2-8　建設工事に係る資材の再資源化等に関する
　　　法律の概要　　　　　　　　　　　71
2-9　廃棄物の処理及び清掃に関する法律の概要　74
2-10　宅地造成及び特定盛土等規制法の概要　75
2-11　クレーン等安全規則の概要　　　　77
2-12　民法の概要　　　　　　　　　　　81

第 ③ 章 プランニング（計画）

3-1 プランニングの目的とプロセス　86

3-2 調査と分析

　① 敷地と環境の調査　　　　　　　　87
　② クライアント（依頼者）　　　　　88
　③ 分析　　　　　　　　　　　　　　88

3-3 基本計画

　① コンセプト　　　　　　　　　　　89
　② ゾーニング計画　　　　　　　　　89

3-4 門廻り

　① 門に求められるもの　　　　　　　97
　② 門の配置とデザイン　　　　　　　98
　③ 門廻りの様式　　　　　　　　　　98
　④ 門廻りの施設　　　　　　　　　　100

exterior planner handbook

Exterior Planner Handbook

⑤	基本的な配置パターン	104
⑥	寸法基準	105
⑦	チェックポイント	105

3-5 アプローチ

①	アプローチ計画	106
②	チェックポイント	106
③	アプローチのとり方	106
④	アプローチの技法	108
⑤	アプローチ廻りの動線	109
⑥	アプローチの計画と道路の方位	111
⑦	寸法基準	115
⑧	アプローチの舗装	116
⑨	階段	117
⑩	その他の資料	118

3-6 囲い

①	囲いの目的	120
②	囲いの種類	120

3-7 駐車・駐輪空間

①	駐車空間の計画	125
②	駐車空間の配置	125
③	寸法基準	129
④	駐車空間の床舗装の修景	131
⑤	駐輪空間	131

3-8 擁壁

①	擁壁	132
②	擁壁の種類	132

3-9 庭

①	庭の計画	135
②	庭の構成	135

第4章 構成部材

4-1 門柱・門扉の構成材

①	門柱・袖門柱	152
②	門扉	155
③	門柱、袖門柱付属品	158

4-2 駐車場・駐輪場の構成材

①	床面の材料	162
②	屋根の材料	162

4-3 アプローチの舗装材

①	現場打ちコンクリート	164
②	インターロッキングブロック	164
③	コンクリート平板	165
④	セラミックタイル	165
⑤	樹脂材	166
⑥	れんが	167
⑦	石材	167
⑧	枕木	168

4-4 囲いの構成材

①	フェンス	169
②	塀	173
③	垣根	176

4-5 擁壁の構成材

①	エクステリアの擁壁	178
②	擁壁の材料	178

4-6 庭の構成材

①	園路	181
②	花壇の枠組み・施設区分の縁取り	182
③	工作物	183
④	設置物	185

4-7 建物付属部材

①	テラス	187
②	デッキ・ぬれ縁	187
③	オーニング	188
④	バルコニー	189

4-8 エクステリアの照明　192

4-9 材料の規格及び特徴

①	材料の規格	195
②	石材	195
③	コンクリート用砕石及び砕砂	199
④	セラミックタイル	201
⑤	プレキャスト無筋コンクリート製品	203
⑥	建築用コンクリートブロック	212
⑦	レディーミクストコンクリート	219
⑧	金属製格子フェンス及び門扉	221
⑨	ネットフェンス構成部材	225
⑩	鉄筋コンクリート用棒鋼	227

exterior planner handbook

Exterior Planner Handbook

⑪ 普通れんが及び化粧れんが　229

第❺章 植　栽

5-1　植物の基礎知識
① 植物の名前　232
② 植物の生活形　232
③ 植物の分布　233
④ 生態系の中の植物　233

5-2　樹木の基礎知識
① エクステリアの樹木　234
② 樹木の選定　234

5-3　草花の基礎知識
① エクステリアの草花　247
② 草花類の選定　247

5-4　配植の基礎知識
① 配植の基礎知識　253
② 配植の手順　254

5-5　配植の手法
① 単植　256
② 双植・対植　256
③ 三植　256
④ 寄植え　257
⑤ 列植　258
⑥ 境栽（ボーダー）　258
⑦ 生垣　258
⑧ 組合せ植栽　259

5-6　植栽の施工
① 樹木の移植　261
② 樹木類の植栽　263
③ 地被類（グランドカバー）の植栽　266
④ 草花類の植栽　266
⑤ 芝の植付け（芝張り）　267

5-7　植栽の管理
① 樹木類の管理　268
② 生垣の管理　276

③ 芝生の管理　276
④ 草花の管理（宿根草）　277

5-8　人工地盤と建築壁面の植栽
① 多様化する植栽の背景　279
② 屋上緑化に期待される効果　279
③ 屋上緑化と屋上庭園　280
④ 屋上緑化・屋上庭園の設置条件　281
⑤ 壁面緑化　281

第❻章 構　造

6-1　構造力学の基礎
① 力のつりあい　284
② 構造物の応力　286
③ 断面算定　291

6-2　コンクリートブロック塀の設計規準
① ブロック塀の規模　294
② ブロック塀の構造　296
③ ブロック塀の配筋　297
④ 金属製フェンス付き
　　ブロック塀の構造・配筋　298

6-3　土の性質　300

6-4　地盤
① 調査と試験　304
② 地盤の支持力　307
③ 即時沈下と圧密沈下　307
④ 地盤の簡易判定　308

6-5　擁壁
① 擁壁の形状　309
② 擁壁の一般的な形状　310
③ 擁壁の構造　311
④ 荷重　312
⑤ 擁壁の構造安定に関する検討　313

exterior planner handbook

Exterior Planner Handbook

④ 進捗管理と遅延処理　354

7-1　原価管理
① 原価管理の意義　318
② 原価管理業務の概要　318

7-2　積算の基本
① 積算の定義　321
② 積算業務の流れ　322
③ 単価の設定　322
④ 数量の算出　327
⑤ 工事費の構成ととりまとめ　329

7-3　積算の演習
① 積算上の注意事項　333
② 積算を行う姿勢　334
③ 積算の実際　334
④ 積算の前準備　335
⑤ 積算表の作成　335
⑥ 数量拾い出しの例　337

9-1　施工
① 一般共通事項　356

9-2　施工標準
① 仮設工事　360
② 土工事及び山留め工事　363
③ 鉄筋コンクリート工事　366
④ メーソンリー工事（組積工事）　382
⑤ 左官工事　397
⑥ 張り石工事　407
⑦ セラミックタイル張り工事　410
⑧ 塗装工事　421
⑨ 舗装工事　430
⑩ 塀・門その他の工事　432

第10章　設計図の作成

10-1　図面の知識
① 図面の意味　436
② 図面の用途　436
③ 設計図書　438
④ 仕様書　438
⑤ その他の書類　439
⑥ 契約図書　439
⑦ 設計図の順序と構成　439
⑧ 作図の表現　440

10-2　関連図面の見方　443

10-3　製図規準
① 図面の規格　448

8-1　工程管理の基本
① 工程計画の意義と目的　342
② 工程計画の作成　343
③ 経済的工程計画　346
④ 工程表の作成　347
⑤ 工程計画作成上の留意点　348
⑥ 工程管理　349

8-2　工程管理の実務
① 工程表の種類と特徴　350
② 工事消化日数の計算　352
③ 工期の検討　353

exterior planner handbook

Exterior Planner Handbook

②	文字及び数字の表示	451
③	尺度の表示	451
④	線の表示	452
⑤	図形の表示	453
⑥	寸法の表示	455
⑦	角度及び勾配の寸法記入	460
⑧	円・弧・弦の表示	461
⑨	鋼材の形状と寸法	462
⑩	位置の表示	464
⑪	地形の表示	465
⑫	名称の記入	467
⑬	関連施設、設備などの表示	468

10-4　図面の作図表示

①	外構計画の平面表示記号	471
②	庭園計画の平面表示記号	475
③	植栽の平面表示記号	477

10-5　設計図の作成と手順　　　480

1・2級エクステリアプランナー実地試験について

◆ 1級エクステリアプランナー実地試験
　　　　　　　　　（設計図の作成）　　492

◆ 2級エクステリアプランナー実地試験
　　　　　　　　（ゾーニング図の作成）　508

◆ キーワード索引（五十音順）　　　520

exterior planner handbook

エクステリアプランナー試験について

■ エクステリアプランナー試験規定

(1) 試験の程度

エクステリア工事（一般住宅及び共同住宅並びに同程度の建築物における外構工事）における、基本計画・設計・工事監理等において専門の技術者が通常有すべき知識と技術の程度を基準とする。

(2) エクステリアプランナーの称号の付与

試験に合格し、かつ登録を受けた者（合格者登録台帳に登録し、資格証を交付された者）に１級または２級エクステリアプランナーの称号を付与する。

① １級エクステリアプランナー

１級エクステリアプランナーとは、住宅の外構工事において、その設計及び工事監理に従事する者の専門的知識と技術を有している者に与える称号。

② ２級エクステリアプランナー

２級エクステリアプランナーとは、住宅の外構工事に従事する者の基本的知識を有している者に与える称号。

※日程等詳細については、各年度によって異なります。試験を受験される方は、別途試験実施機関の公益社団法人日本エクステリア建設業協会までお問合せください。

exterior planner handbook

❷ 1、2級エクステリアプランナー試験のフロー

【1、2級エクステリアプランナーの資格（称号）取得まで】

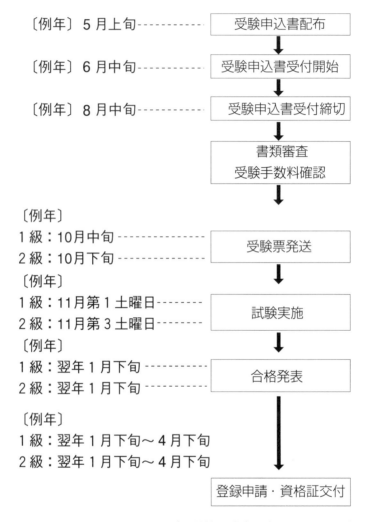

（公益社団法人日本エクステリア建設業協会より）

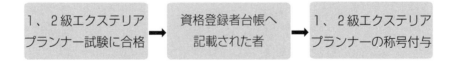

❸ 1、2級エクステリアプランナー試験受験要綱

(1) 受験資格
① 1級エクステリアプランナー

　建築コンクリートブロック工事士・1、2級建築士・木造建築士・1、2級建築施工管理技士・1、2級土木施工管理技士・1、2級造園施工管理技士・給水装置工事主任技術者・1、2級ブロック建築技能士の各資格取得者及び2級エクステリアプランナー取得者で関連業界で3年以上の実務経験（実務には、エクステリアに関する実務の他に建築・土木・造園等に関する実務経験を含む）を有する者。

② 2級エクステリアプランナー

　受験資格はなし。

(2) 受験申込書類の受付期間・提出及び受験手数料
① 受験申込書受付期間（1、2級共通）
■例年6月下旬～8月中旬
インターネット申込み及び簡易書留又は宅配便による申込み

② 受験手数料（例年）
　　　　1級エクステリアプランナー　14,300円（税込）
　　　　2級エクステリアプランナー　11,000円（税込）

③ 提出先
　〒111-0052　東京都台東区柳橋1-5-2　ツネフジビルディング5階
　　公益社団法人日本エクステリア建設業協会
　　1級（2級）エクステリアプランナー資格試験係
　ＴＥＬ：03-3865-5671　　ＦＡＸ：03-3863-7727
※提出した書類及び納付した受験手数料は原則として返却しない。

④ 受験通知
　受験通知・受験票は例年10月中旬に日本エクステリア建設業協会から本人宛に送付。
　（※紛失した場合は、事前に必ず同協会試験係に問合せのこと）

exterior planner handbook

(3) 試験日時・試験地及び試験科目と試験方法

〔1級エクステリアプランナー〕
① 試験日　例年 11 月第一土曜日
② 試験時間

試験区分	学科試験・午前		実地試験・午後
入室時間	9 時 45 分まで	昼休み 12 時 00 分〜 13 時 00 分	13 時 00 分まで
問題配布と注意	9 時 45 分〜 10 時 00 分		13 時 00 分〜 13 時 15 分
試験時間	10 時 00 分〜 12 時 00 分		13 時 15 分〜 17 時 00 分
※遅刻は 20 分以上認められません。 ※時間は一部変更となる場合があります。			

③ **試験地**　全国の日建学院等(一部校を除く。又、大都市部等で一部他会場の場合有)
　　　　　「受験の手引き」に会場一覧を記載。

④ 試験科目と試験方法
　　試験科目と試験方法は、次表の通り。
　　1 全科目とも、資料及びテキスト等の持込は禁止。
　　2 電卓は、パソコンに類する機能のあるものは持込不可。

試験分類	試験科目	試験方法
学科試験	1. エクステリア概論 2. 法規 3. エクステリアのプランニング 4. 構成部材 5. 植栽 6. 構造 7. 原価管理 8. 工程管理 9. 施工	■ 5 肢択一方式 ■マークシート式解答方法
実地試験	設計図の作成 (A 3 用紙)	■作図方式：作図用紙 2 枚に平面図・立面図・断面図、設計意図、植栽リストを記入
※詳しくは、協会から配布される受験の手引きを参照のこと。		

exterior planner handbook

〔2級エクステリアプランナー〕

① 試験日　例年 11 月第三土曜日

② 試験時間

試験区分	学科試験・午前		実地試験・午後
入室時間	9 時 45 分まで	昼休み 12 時 00 分〜13 時 00 分	13 時 00 分まで
問題配布と注意	9 時 45 分〜10 時 00 分		13 時 00 分〜13 時 15 分
試験時間	10 時 00 分〜12 時 00 分		13 時 15 分〜15 時 00 分
※遅刻は 20 分以上認められません。 ※時間は一部変更となる場合があります。			

③ 試験地　全国の日建学院等（一部校を除く。又、大都市部等で一部他会場の場合有）
　　　　　「受験の手引き」に会場一覧を記載。

④ 試験科目と試験方法

　試験科目と試験方法は、次表の通り。

　[1] 全科目とも、資料及びテキスト等の持込は禁止。

試験分類	試験科目	試験方法
学科試験	1. エクステリア概論	■5 肢択一方式 ■マークシート式解答方法
	2. 法規	
	3. エクステリアのプランニング	
	4. 構成部材	
	5. 植栽	
	6. 原価管理	
	7. 工程管理	
実地試験	1. 設計の知識	■穴埋め択一式、記述解答 10 問
	2. ゾーニング図の作成 （A 3 用紙）	■作図方式：作図用紙 1 枚に①計画の設計意図、②部位とゾーニング計画の内容を記述し、ゾーニング図を作図する。
※詳しくは、協会から配布される受験の手引きを参照のこと。		

exterior planner handbook

(4) 合否の発表及び通知（1、2級共通）

■合格発表日
1、2級共通
翌年の1月下旬に日本エクステリア建設業協会から合否が文書で通知される。
なお、2月上旬を過ぎても合否通知書が届かない場合は、同協会へ必ず連絡のこと。

(5) 資格登録手続と資格証の交付申請
試験の合格者は、日本エクステリア建設業協会に登録申請を行う。登録申請手続きは、合格通知書に同封される申請書に記入の上、手数料を納入し、1月下旬～2月下旬までの間に同協会へ提出する。

(6) 資格登録と資格証（名刺サイズのカード型）の交付
登録申請書受付後に、「1級（2級）エクステリアプランナー資格証（名刺サイズのカード型）」が翌年4月下旬頃までに交付されると同時に資格登録者台帳に記載される。

(7) 更新手続
1級、2級エクステリアプランナー資格は5年ごとの更新が義務づけられている。更新該当者には、自宅へ更新案内が送付されるので更新手続きを行う。

exterior planner handbook

1級・2級試験範囲一覧表（章、節別）

章　節	1級範囲	2級範囲
1-1 エクステリアとは		○
1-2 まちなみの知識	○	○
1-3 住まいの様式	○	
1-4 庭の様式	○	
法令用語の基礎知識		○
2-1 エクステリア関連法令の基礎知識	○	○
2-2 建築基準法の概要	○	○
2-3 都市計画法の概要	○	○
2-4 都市緑地法の概要	○	○
2-5 景観法の概要	○	
2-6 建設業法の概要	○	○
2-7 労働安全衛生法の概要	○	○
2-8 建設工事に係る資材の再資源化に関する法律の概要	○	○
2-9 廃棄物の処理及び清掃に関する法律の概要	○	○
2-10 宅地造成及び特定盛土等規制法の概要	○	
2-11 クレーン等安全規則の概要	○	
2-12 民法の概要		○
3-1 プランニングの目的とプロセス	○	○
3-2 調査と分析	○	○
3-3 基本計画	○	○
3-4 門廻り	○	○
3-5 アプローチ	○	○
3-6 囲い		○
3-7 駐車・駐輪空間	○	○
3-8 擁壁		○
3-9 庭		○
4-1 門柱・門扉の構成材		○
4-2 駐車場・駐輪場の構成材		○
4-3 アプローチの舗装材		○

章　節	1級範囲	2級範囲
4-4 囲いの構成材		○
4-5 擁壁の構成材		○
4-6 庭の構成材		○
4-7 建物付属部材		○
4-8 エクステリアの照明		○
4-9 材料の規格及び特徴	○	
5-1 植物の基礎知識	○	○
5-2 樹木の基礎知識	○	○
5-3 草花の基礎知識	○	○
5-4 配植の基礎知識	○	○
5-5 配植の手法	○	
5-6 植栽の施工	○	
5-7 植栽の管理	○	○
5-8 人工地盤と建築壁面の植栽	○	○
6-1 構造力学の基礎	○	
6-2 コンクリートブロック塀の設計規準	○	
6-3 土の性質	○	
6-4 地盤	○	
6-5 擁壁	○	
7-1 原価管理	○	○
7-2 積算の基本	○	○
7-3 積算の演習	○	
8-1 工程管理の基本	○	○
8-2 工程管理の実務	○	
9-1 施工	○	
9-2 施工標準	○	
10-1 図面の知識	○	○
10-2 関連図面の見方	○	○
10-3 製図規準	○	○
10-4 図面の表示記号	○	○
10-5 設計図の作成と手順	○	○

exterior planner handbook

監修・編集

監　修

●公益社団法人　日本エクステリア建設業協会

編　集

●エクステリアプランナー ハンドブック編集委員会

exterior planner handbook

第1章
エクステリア概論

1-1　エクステリアとは（2級）
1-2　まちなみの知識（1級、2級）
1-3　住まいの様式（1級）
1-4　庭の様式（1級）

1-1　エクステリアとは

1. エクステリアとは

1　定義

　エクステリアとはインテリアに対比する言葉として普及し、住まいの中で、建築と建築内部のインテリアの範囲を除く、屋外の外部住空間を総称したものである。具体的には、門や塀、駐車空間、アプローチ廻りなどの囲い周辺を意味する外構空間と、庭を意味する庭空間を指す。エクステリアという言葉の本来の英語の意味は、いわゆるインテリア＝「内観」の反対語としてのエクステリア＝「外観」の事で、「外構＋庭」という意味に一番近い英語は、ランドスケープ（Landscape）＝「造園」という言葉になる。したがって、この分野は従来から造園の領域として考えられ、「住宅造園」という言葉でも語られてきた。しかし、造園は「庭」だとする傾向や意識が強く、門や塀などの外構部分は造園とは呼ばないようになってきた。戦後住宅が大量に建設されるようになり、快適な住環境を求める要望が高まり、建物や庭、外構を切り離して別々に考えなくては、快適な住環境は実現しないことが理解され、建物を含めた、外部住空間を構成する庭や外構を総合的に計画する必要性から、外構と庭を総合的に考える言葉として、「エクステリア」が生まれたといえる。

　エクステリア工事には外部住空間に関わる土工事、コンクリート工事、ブロック工事、左官やれんが工事、植栽工事などが含まれている。

　豊かで快適な生活空間を実現する提案として、安心や安全のための防犯、防災機能や趣味趣向、コミュニケーションの空間などが求められている。エクステリアは、住まい手の要望に応え、関連分野の技術技能を織り込んで提案し実現する仕事といえる。

　つまり、エクステリアとは、「敷地の中の建物を除いた外部住空間で、そこに住まう人が豊かで、快適に暮らす空間環境を創造する」と定義される。

2　範囲

　エクステリアの範囲は、住まい手の敷地内つまり建物から道路、隣地までの限られた範囲の私的空間と、敷地外つまり敷地に接する道路から広がる範囲の公的（公共）空間に分けられる。

　私的空間は建物に付随し、住まい手の生活に密接に関係するもので、外構や庭から建物に付随した工作物、たとえば、駐車・駐輪空間の屋根、物置、サンルーム、パーゴラ、デッキなども含まれる。

　一方公的（公共）空間は、人々が集い、ある場所へ行く経路空間であり、たとえば道、公園、緑地、商業施設といった広がりをもつもので、街並みや家並みに繋がり、大規模な企画によって造成され整備される場合が多く、主にディベロッパーの仕事になる。

　したがって、エクステリアの設計者としては、単に敷地内の私的空間の範囲のみを計画するのではなく、私的空間に接する公的空間の要件も勘案し、住まい手にどのようにすれば快適な生活が提供できるかを計画、設計することが大切である。

exterior planner handbook

図 1-1-1　エクステリアの範囲

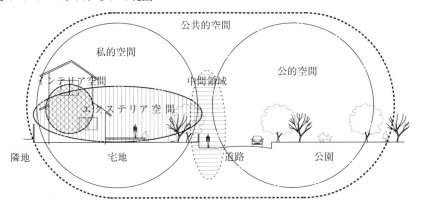

3　役割

　建築・土木・造園などと同様、エクステリアの分野も社会一般に普及、認知され、住まい手や社会的な要望に応え、実績を積み上げることで、更にこの分野の重要性を浸透させていくものと考える。

　住まい方が多様化する一方で建物が充足してきて内部設備環境だけでは、快適な生活は実現しないことも認識され、日常生活で生まれる余暇を意識的に活用しようとする機運が高まり、家族での豊かな時間を楽しむ空間として、外部住空間が積極的に活用されるようになった。

　このような社会背景の中で、住まい手が外部住空間に「何」を求め、「何」を得ようとしているのか、又「何」を表現したいのかをエクステリアのもつ総合的な知識、技術で活かすようにすることが重要である。

　すなわち、敷地内の外部住空間の配置計画を綿密にし、実用的で快適に住まい手がくつろげ、癒され、楽しむことができる美しい空間づくりと環境に優しい空間づくりが、エクステリアに求められる役割である。

2. エクステリアの構成

1　住まいとの関連

　エクステリアはあくまで建物を含む住まいの中にあり、単独では存在しないため、住まいとの関係は非常に重要である。住まいを無視してエクステリアだけを考えても、住まい手に満足感を与えることはできないことから、まずは住まいを理解することが大切である。

　住まいとは、住むことあるいは暮らし、生活、住んでいる家や場所などを指す。住まいを構成するものには、敷地、建物、外構、庭がある。敷地は住まいの基盤をなし、地勢（平坦地、高台、低地、傾斜地等）、方位、広さ、形状、環境、土壌、接する道路や隣地など、日常生活と重要な関わりをもっている。敷地の条件によって建物や外構の形態も変化することになる。

図 1-1-2　エクステリアの構成

図 1-1-3　エクステリアを構成するもの

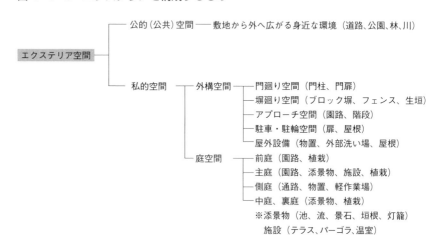

2　外構空間

(1) 門廻り空間

　門には、正門と呼ばれる敷地に出入りする主たる入口に設けられる門があり、通用門と呼ばれる勝手口などへの出入りを目的とした裏門や、庭の中に設けられる庭門などがある。
　正門も通用門（裏門）も敷地外の空間と敷地内の空間との出入り口といえ、庭門は敷地内において主庭（茶庭）への出入り口に設けられる。又、門は単なる機能としての出入り口だけでなく、その場所の特性や周囲との関連性（まちなみ）、建物との調和などを十分に考慮した設計が求められる。さらに、住まい手の個性や品格を表すものとしてその意匠性も大切である。

(2) 塀廻り空間

　囲いを住居の周囲にめぐらす目的は、防犯と私生活（プライバシー）の保護を第一とする。同時に、建物や門廻りの様式及び街並み景観との調和も忘れてはならない。隣地境界に設けられる囲いでは、隣家からの視線や隣家への日照、通風などについても配慮が必要である。

　囲いの種類は様々なものがあり、一般に和風の建物に調和するものには、板塀や生垣、石塀などがあげられる。生垣は樹種の選択により和洋どちらにも調和する囲いとなる。又、洋風の建物に調和するものには、ブロック塀、ＲＣ塀、金属製フェンス、木柵、れんがやタイル仕上げ塀などがあげられる。

(3) アプローチ空間

　道路から建物の玄関までの園路空間をアプローチと呼んでいるが、この園路空間は住まい手が毎日利用する頻度の高い空間となる。毎日の出入りに家族が利用することから、使い易く安全な空間であることが求められる。さらに、天候や夜間などに関わらず利用しなければならない園路空間であり、季節を感じられる気持ちの良い空間であることも求められる。さらに、高低差のある敷地では、階段が生じ、家族構成により歩行への配慮も欠かせない。

　建物との調和や門・塀廻り空間、駐車・駐輪空間との機能や景観的関わりが重要になる空間といえる。床面の舗装材にはコンクリート舗装やタイル、平板などが用いられ、滑りにくさ、耐候性、耐摩耗性などが求められる。

(4) 駐車・駐輪空間

　駐車空間は、敷地計画の中でも重要なものとなっている。都市近郊では住宅地の宅地面積が小さくなる一方で建物が大きくなる傾向の中、駐車・駐輪空間の確保は、面積的にも大きな問題となっている。さらに、地方では、少子高齢化に伴い、公共交通機関の縮小や廃止などが生活者を脅かすことになり、車での交通手段確保が深刻な問題になっている。これは、都市部での車の保有減少と地方部での車の保有増加などの傾向にも見られる。いずれにしても、駐車・駐輪空間は、車や自転車の台数や大きさにより絶対面積が必要となる。

　道路に接して設けられる駐車空間は、街並み景観にも大きく影響すると同時に、車の出し入れに危険を伴う空間でもあるので、安全で出入りしやすい間口や空間が求められる。さらに、駐車・駐輪空間の設置にあたっては、使いやすさ、車の盗難や汚れ防止、劣化の保護なども考慮した計画が必要となる。

　駐車・駐輪空間には建物に組込まれたピロティーと呼ばれるものや、敷地内の境界側に設けられる空間があり、さらに、駐車空間に屋根を設けたり、道路側に防犯としての扉を設けたり、給電や給排水設備なども考慮される。

exterior planner handbook

③ 庭空間

庭は古くから日本の文化の伝統として、日本庭園と呼ばれ伝承されてきた。こうした従来からの和風の日本庭園と現在の生活の場としての戸外室、楽しむ庭など、多様な庭が存在している。敷地の中には従来から庭と呼ばれるいくつかの庭空間がある。

門などの入口から建物玄関までの間に設けられる前庭、建物の両側面には路地や側庭、建物の南面には主たる庭となる主庭、建物の裏側には中庭や裏庭と呼ばれる庭空間がある。

(1) 前庭 (まえにわ・ぜんてい)

道路から建物の玄関を結ぶアプローチ廻り空間に設けられる庭空間を前庭と呼んでいる。毎日家族が利用する空間なので、美しく気持ちの良い、安らぎなども与えられるように配慮する必要がある。同時にこの空間は建物との調和が考慮された空間で、家の顔となる空間ともいえる。

この空間は門や門扉、塀、園路や階段、照明や植栽、建物の玄関ポーチや玄関建具などで景観構成されており、この空間を訪れる人に不愉快な印象や高圧的な雰囲気などを与えないように配慮する。同時に、住まい手の趣味趣向、個性、感性が表現される場所になるともいえる。

前庭には、門塀廻り空間やアプローチ廻り空間、駐車・駐輪空間とのつながりが強く、それらの空間との兼用や併用などの場合も多くある。

(2) 主庭

建物の主要居住部分であるリビングやダイニング、応接室などに面した庭で、家の最も重要な庭の中心となる空間をいう。南側に面して設けられることが多く、庭の中でも面積的に最も大きく取られる場所となる。家族が自由に楽しめる団らんの場所であったり、眺めの良い癒される景観の場所ともいえる。

かつては、従来から日本に残る日本庭園の伝統的な手法を取り入れることが多く見られたが、現在では伝統的な庭の手法に捉われず、家族構成や趣味趣向によってさまざまな形の庭が考えられるようになった。庭の添景物や施設として池や石組、景石や流れ、垣根、テラス、パーゴラ、サンルーム、バーベキュー炉、照明、植栽などがあり、これらを取り入れて組合せ、調和を図りながら楽しく美しい庭空間が造られている。

(3) 側庭

側庭は、建物の両側に配置される庭空間といえる。建物の配置により東西方向あるいは北東、北西に設けられ、この庭空間も建物の間取りや配置に大きな影響を受ける。掃出し窓が少なく、腰窓や出窓、洗面所や居室などに接する部分や狭い空間となることが多く、通り抜けや隣地からの目隠しなどが必要になる場所でもある。当然ながら大きな植栽は望めないが、建物からは庭床面があまり見えない場所が多く、窓先の空間景観が重要になる。

裏庭や中庭に比べ、通風や日照 (朝日、夕日) が確保される場合も多く、通り抜け空間や軽作業空間としても利用される場所である。通り抜け空間としての安全で、気持ちの良い園路の確保も求められる。

exterior planner handbook

(4) 中庭・裏庭

中庭や裏庭と呼ばれる庭は、建物に囲まれた狭い空間に設けられることが多く、一般に日当たりや通風など条件の悪い場所になる。地温や排水などの条件も悪く、植物の生育には不向きな場所になることが多い。さらに、他の庭空間に比べ狭い空間となることが多く、植栽の量や規模、種類なども少なくなり、植栽の選択にも注意が必要になる。庭で遊ぶというよりも見て楽しむ鑑賞主体の庭になることが多い。

中でも裏庭と呼ばれる場所は、建物の浴室や洗面所、台所、玄関ホールなどに面することが多く、庭空間以外に物干しやごみ置き場、物置、軽作業空間などの日常の生活空間、通り抜け空間の併用になる。建物の間取りや配置によりほぼ決まってしまう空間ともいえる。

4　材料

エクステリアに用いられる材料の選択は、施工の場所や部位ごとに環境及び建物との整合性、あるいは意匠、利便性を考慮することが大切で、重要な要素となっている。計画により指定された資材や材質は、意図された計画を表現するもので、全体の雰囲気を形成することに繋がる。

近年、工場で生産されるエクステリア製品は、単一な規格品の大量生産は少なく、顧客の要望や生活様式の多様化に合わせた、素材や材質を複合利用したものや美観を追求した商品が多くなっている。

又、環境、安全、エネルギーなどの課題は、業界のみならず国民全体の「社会的課題」となっており、エクステリアの製品開発では、自然素材、リサイクル材の活用、防犯、防災に対する機能、省エネルギー対策などの課題に取り組みが見られるが、今後も一層の対応が求められている。

材料には、庭の中に用いる自然素材や植栽材料を除き、日本産業規格（JIS）により品質、寸法、強度、取り扱いなどが規定されている製品があり、使用する際には注意を要する。

5　エクステリア設計者の仕事

(1) 敷地調査

エクステリアの計画を進める上で、敷地を理解することは非常に重要である。敷地の情報が少なくあるいは間違っていると、計画や施工、積算等にも大きな問題を発生させることになる。逆にいうと敷地の情報が多く充実していれば、計画や施工、積算は無駄や無理、失敗の少ないものになるといえる。敷地を読むということは敷地を調べ、情報を得るという事であり、精度の高い計画を作る上で欠かせない作業といえる。

敷地の情報は、まず建築の設計図書を見ることにより、多くの情報を得る事ができる。しかし、図面から得られる情報は限られ、計画地の環境や既設物、街の色や匂い、音、人通りや交通量、賑わい、計画地の土の色や周辺の植生などは図面だけで知ることはできない。このため敷地調査は、自ら計画地に足を運んで、自分の目で見て調べることが重要である。計画の良し悪し、施工や積算の適・不適は敷地が読めるかどうかにかかっているといっても過言ではない。敷地調査では、最初に何をどのようにして調べるのか、そして調べる項目の意味について、又情報が不足するとどの様なことが起きるのかなどについて理解しておくことが大切である。

exterior planner handbook

(2) 打合せ（施主要望の聞き取り）

　計画の良し悪しや計画の満足度は設計者が決めるものではなく、住まい手が決めるものである。住まい手にとって気持ちの良い快適な外部住環境は、どうあれば良いのかを考えることが設計者の仕事である。そのために住まい手の要望を十分聞き、しっかり理解することが計画に欠かせない情報になり、計画の良し悪しに大きく影響する。

(3) 計画

　建物は特定な場所の敷地に固定（建築）されるものである。その敷地は必ず道路に接しており、周囲には隣地が存在する。建物と敷地はその大小に関わらずこの関係にある。

　エクステリアの計画は、敷地内で建物のインテリアを除いたすべての空間に対して行うものである。エクステリアの計画は建築と合わせて、お互いの住環境が快適であることを求めるのは当然として、敷地周辺の環境も計画に入れて住環境を整えることも求められる。住宅の建物は限定された空間の計画であるのに対して、エクステリアの計画はより周辺から身近に影響を受けるとともに、周辺の環境にも影響を与えるものである。

　エクステリアの計画に際しては、常に対象範囲の広さと影響の大きさを認識しなくてはならない。隣地や道路、街への影響あるいは、道路や隣地を含めた計画によって、住まい手にとっても敷地外の公的空間にとっても、良好な関係や景観を創りだすことが求められる。

(4) 計画の手順

　計画の手順は、一般に以下のとおりである。
　①調査・分析
　　・敷地調査（敷地条件、地域条件、法的条件）
　　・施主要望（聞き取り、要望、趣味趣向、費用）
　②計画
　　・コンセプト（計画の主題）の作成
　　・ゾーニング（動線計画）の作成
　③設計
　　・提案の作成（提案図、提案書）
　　・設計図書の作成（詳細図、積算、工程）

(5) 作図

　計画がまとまったら、計画の意図を施主に伝達するためにプレゼン用の提案図を作成する。提案図は施主に計画者の提案を判り易く伝達するために作成するもので、製図法や製図基準に拘らずに、コンセプト、ゾーニング図、概算書、提案図（平面や立面、透視図）を用い、着彩等を施すなど、伝達し易い図とする。ゾーニング図を作ることにより、設計者自らも計画の整合性を確認検討できる。設計者の提案は、文字や言葉では伝わりにくく、簡単な図解にすることにより提案が正しく伝わり、施主の誤解が少なくなる。

　住まい手から提案の承認を得ることができたら次に、設計図書（契約図書）を作成する。設計図書は住まい手との契約に用いると同時に、施工者との契約や施工指示にも用いられる。設計図書は製図基準や製図法を厳守し、用紙を統一して尺度や

exterior planner handbook

寸法、仕様を明記し、併せて見積書や工程表の作成も行う。承認を得た計画を正確に施工者に伝え、住まい手との契約行為に用いる図となる。

設計図書が正確に作られることで、施主の勘違いや施工の間違いや手戻りといったことが少なくなり、曖昧といわれがちなエクステリア工事の積算が正確にでき、単価や施工も公明正大になる。このように図面の用途を理解し、用途に応じて提案図や設計図書の作成をすることが大切である。

(6) 工事

エクステリアの工事は、設計図書に基づいて次の手順で作業が進められるが、工事の進め方は施工計画を立て、工程表に沿って行うのが一般的である。大きくは外構工事のように構造的なものを先に施工し、仕上げ工事や植栽工事はその後になる。一般的には外構工事が先に始まり、庭工事は遅れて開始することが多い。

工事を行う上で重要なことは、エクステリアの関連法規の遵守や周辺住民への配慮である。

① 外構工事

外構工事は、門や塀廻り空間、駐車・駐輪空間、アプローチ空間といった部分の工事である。準備工事として仮設工事、解体撤去工事の終了後、土工事に始まり、地業工事、コンクリート工事、ブロック積などの組積工事、扉や柵の取付け・フェンス工事、既製の駐車・駐輪空間の屋根取付けなどの施設工事、舗装や壁の仕上げとしての左官工事、床舗装や壁仕上げのタイルれんが工事と進めていく。この間、土木作業員、ブロック工、左官工、れんが工、タイル工などが工事の進み具合を見ながら順次現場に入り作業を進めていく。

② 庭工事

庭工事は、外構工事の仕上げ工事が終了した後に開始するのが一般的である。庭工事にも庭園添景物や施設工事がある場合は、土工事、地業工事、コンクリート工事、組積工事やタイルれんが工事を行い、下地工事から仕上げ工事へと進めていく。作業場の状況により池や流れ、テラス、デッキなどの工事は外構工事と並行することも多い。

従来の日本庭園（石組、池、流れ、景石、石垣、植栽など）を造る場合には造園工が作業にあたるが、デッキやテラス、パーゴラのような施設工事ではエクステリア業者が施工することが多い。

②－1　植栽工事

施設工事が終了した後に植栽工事を行う。植栽工事は他の建設工事と異なり、生き物を材料としていることが大きな特徴で、生長や枯死などがある。植栽は人々の生活環境を守り、快適性や癒しに欠くことのできない材料として認識する必要がある。植物は住まい手の生活を機能的にも心理的、精神的にも支えているのである。植栽は、配置や組合せによって美的空間を創りだすと共に、建物や工作物とも調和することによって美しいエクステリアを造り上げることができる。

②－2　植栽の役割

植栽は、前述の生活機能や心理的効果が期待できるが、その他に植栽による効果や機能があり、これらを用いることが人々の生活を豊かにする役割をもっている。

exterior planner handbook

1) 境界や領域明示と侵入抑制
　　生垣や列植のように、敷地境界を明示すると共に、密生した枝葉は人や動物の侵入を抑制する。
2) 視線のコントロール
　　枝葉の密な常緑樹や落葉樹の植栽は、外部からの視線をさえぎり、プライバシーを守る。
3) 生活環境の保全
　　植栽の密度や形態により、防風、防塵、防火、防潮などの効果を向上させ、生活環境の保全機能をもつ。
4) 災害抑制
　　防火に効果のある樹木や法面保護植栽により、傾斜地の崩落防止などの災害防止抑制機能をもつ。
5) 空気の浄化
　　樹木の光合成により、二酸化炭素の吸収と酸素の放出による空気浄化効果をもつ。

⑥　エクステリアの管理

　エクステリアに限らず、造られたものは少しずつ劣化あるいは汚れ、変化していき、その機能を減少させ景観を損なっていく。住まい手が快適な生活を続けることを意識し、工事が完成すれば終わりではなく、維持管理がし易い、負担が少ないなど、工事完成後の維持管理も考慮した計画が望まれる。同時に住まい手に日常的な維持管理の必要性の理解とその方法について充分説明し、取り扱い説明書や維持管理法について要点をまとめた文書の提出も考慮する。
　エクステリアでは、外構や庭工事に用いられる既製品や施工物と植栽に用いられる植物の維持管理がある。製品（扉、屋根、フェンスなど）、施工物（塀、垣根、左官やタイルなど仕上げ）の正しい使用法や手入れを行う事により、製品や施工物などの耐久性や景観に著しい違いが生じてくる。
　植栽は生き物であることから、病虫害にも犯され、栄養や天候などにも影響され、生長を続けている。植栽の景観維持と健全育成を図るために、施肥や病虫害防除、整枝、剪定、除草などが必要になる。

⑦　エクステリアの関連分野

　エクステリアを取り巻く分野には、建築、土木、造園、都市計画などがあり、それぞれの専門分野ごとに歴史、設計、施工をもっている。多少の差はあっても、人々の暮らしに深く関わっており、健康で快適な住まいとその環境を創造するという共通の目的と役割を担っているといえる。

(1) 建築
　建築は人や物、機器や器具、設備などを収容するための構築物の総称である。人は天候や外敵から身を守るために家を造り、原始時代から人々の要求である物質と精神の双方を満足させるために役立たせてきた。
　建築は、それぞれの用途に適し、利用者が便利で快適に生活でき、地震や暴風雨などの外的災害に耐え、しかも外観が美しいことなどが要求される。完成した建物

は建築主だけでなく、街の一部となり、建築主に関係ない人にも視覚的、環境的な影響を与えるものである。

建物を造る行為に対しての計画や設計、施工について一定の法律がつくられ、生活環境を守るようになっている。その法律はエクステリアの設計や施工にも関係する事柄が多く、エクステリアにとって理解しておく必要があり、守らなければならないものである。

(2) 土木

建築が個々の建物を対象に考えるのに対して、土木は建物を建てる土地を造成したり、道路や都市基盤整備、擁壁、橋、ダムなどの土木施設及び土木構造物の計画や設計、施工をいう。エクステリアの工事や計画は小規模だが、土を掘ったり、盛土をしたり、土を留めたりという小土木工事を行う。エクステリアといえども、宅地の二次的造成では宅地造成及び特定盛土等規制法や擁壁の構造など関わりの深い法律や計画、施工もあり、土の知識や構造などの土木知識が必要になる。

(3) 造園

造園という言葉は「ランドスケープ」と訳されるが、土地の景観ということである。

日本の造園学研究の第一人者である進士五十八（しんじ いそや）氏は、「造園は、自然と人工の調和共存を図りながら、人間の多様な要求と満足を満たすために土地・自然の生態系を保全しつつ、緑の効果を発揮して住環境、都市環境、田園環境、自然環境など各種環境に対して、快適環境を創造する科学であり、芸術であり、技術である。」としている。

庭づくりなども一般的に造園などと呼んでいるが、庭だけを指す言葉ではない。エクステリアでいう住宅の庭も造園の一部といえ、エクステリアの庭づくりでは、従来の日本庭園の景観手法など学ぶことも多いといえる。庭づくりは暮らしの中に潤いを与え、より快適な生活空間を創造する目的をもっている。造園が建築や土木と大きく異なるところは、空間づくりに植物（草木、竹）や自然の素材（石、木）を用いることである。

exterior planner handbook

1-2 まちなみの知識

1 まちづくりの理念

　一つ一つの住宅が集まって"まちなみ"が生まれる。「美しい街に住みたい、潤いのある快適な街で暮らしたい」と誰しもが願うことである。エクステリアを提供する立場の人たちは、それを実現する機会があり、又、実現させるように努める社会的責任がある。

　"まちづくり"の理念は概ね、次の4点に要約できる。

　① ふれあい豊かな街
　自然との対話があり、四季の風情を感じさせると共に、家族や隣人たちとの会話の弾む"まちづくり"を行う。
　② 個性豊かな美しい街
　地域の伝統、文化、素材などを活かした特徴のある"まちづくり"で、一戸一戸を美しく"まちなみ"に調和させ、「景観十年・風景百年・風土千年」といわれるように、社会資産ともなる景観を創る。
　③ コミュニティとしての"まちづくり"
　まちは地域社会や地域の文化を育む土壌として重要であり、人と人のつながりが強くなればまちに活気や盛り上がりが生まれる。コミュニティが活性化されるような"まちづくり"を目指す。
　④ 誇りのもてる街
　人の人格形成に、住環境が大きな影響を与えるといわれている。街に愛着と誇りをもてるように設え、豊かな人格を育む"まちづくり"を目指す。

2 まちづくりの歴史

(1) 日本の"まちづくり"の歴史

　日本における最初の"まちづくり"の仕組みは、西暦645年の大化の改新によって公布された「改新の詔（みことのり）」から見ることができる。この時代の"まちづくり"の仕組みを、古代条里制と称している。条里制とは古代国家のもとで、租税の徴収を図る必要から、土地の整備と道づくりが行われ、耕地を一定の区画ごとに呼称を付して把握する仕組みである。

　西暦710年に造られた平城京は、唐の長安城を手本にした新都市であった。平城京の大きさは、東西4.3km、南北4.8kmになり、この北部中央に平城宮があった。平城宮の南辺中央にある朱雀門から京の南門の羅城門まで、両側に柳を植えた幅約90mの朱雀大路が通じていた。平城京内には東大寺、法華寺、薬師寺などの大寺院が建てられた。平城京の住民の宅地は、宮から遠い場所に1町の16分の1、あるいは32分の1くらいの面積で設けられていた。

　江戸時代では、城下町において、計画的な"まちづくり"が行われている。特徴としては、自然地形を読み取り、山や川を防衛上の装置として巧く活かしながら、各種機能ごとに"まちなみ"を編成した。現在も各地に、寺町、大工町、鍛冶屋町、呉服町などの町名が残っているところから当時の都市計画の技法が推測できる。又、武家屋敷町において多くは、その通りの軸線が城に向かっており街に求心力をもた

exterior planner handbook

せていた。

明治時代にはヨーロッパ的な洋館などが数多く建てられたものの、政治家や財閥関係者など、一部の有産階級が建てるようなもので、一般的な住宅は和風建築が中心であった。大正から昭和にかけて、構造は和風ながら屋根を急勾配にして色瓦などを用い、間取りは中廊下形式または広間型式で応接間を備えるなど西欧文化を取り入れた和洋折衷の建築様式の住宅が数多く建てられた。1920年代以降には、イギリスのニュータウン（田園都市）にならって計画された新中産階級の住宅地が郊外に多数建設されてまちなみを形成していった。

(2) 西洋の"まちづくり"の歴史

ヨーロッパでは陸続きの大陸の中に多民族が存在していたために、戦いに備えて城壁を巡らせた中に街を造り、人々が生活する都市国家が古代ギリシャ・ローマ時代に現れている。"まちづくり"に関しては日本よりも長い歴史がある。

近代ニュータウンの起源は、イギリスより始まる。産業革命以来イギリスの都市発展は急激であり、生活環境の劣悪さと低賃金から、ロンドン、マンチェスターなどの巨大都市では、コレラなどの伝染病がはびこった。西暦1851年のロンドンの人口は200万人に達し、推定人口密度は、約25,000人/km^{2}とされた。都市は過密を続けスラム化する一方で、農村は人口が流出し過疎化していた。

1898年社会学者、エベネザー・ハワード（Ebenezer Howard）は「明日 ― 真の改革に至る平和な道」（後に「明日の田園都市」に改題）を発表し、世界中の注目を浴びた。ハワードの主張は、「人々を都市に牽引する何らかの力に対して、人を都市に引きつけるモノ以上の力をもって都市集中を阻止しなければならない」というもので、彼はそれを磁石を使って表現した。

「都市」と「農村」それぞれを磁石として表現し、それぞれの長所を磁力として、人々を鉄針に例えた。その2つの磁石に加えて、都市と農村の長所のみを兼ね備えた「都市 ― 農村」（Town － Country）という3つの磁石をもって都市の牽引力を表した。それがハワードの「3つの磁石」である。

ハワードのパートナーであったレイモンド・アンウインは、ハワードの理論を実現し「イギリス都市計画の父」といわれている。彼が実践したロンドン郊外のハムステッド田園郊外からレッチワースに至る一帯は、優れた住宅地が点在し「黄金の住宅地軸」とも称されている。

アンウインの技法は、「居心地の良い空間とは何か」を求め、「場所性にあふれる空間」「路地の再生」「住戸のグループ化とビレッジ・グリーン」などの手法を編み出し実現した。彼の理論と手法は、現代の戸建て住宅地計画において、強い影響を与えている。

1920年頃になると、ル・コルビュジエなどから、広大な空地の中に高層集合住宅を幾何学的に配する近代主義的都市計画案が提案された。田園都市とは低層住宅を用いるか、高層住宅を用いるかという違いはあるが、いずれにしても市民に緑豊かな環境の中で低廉な住宅を提供しようとする方向性は同じであった。この両者が低層ニュータウン又は高層ニュータウンの起源となっている。

③ 美しいまちなみ形成のために

(1)"まちなみづくり"とは

"まちなみづくり"とは、誰もが自由に利用できる道、公園、川といった＜公共＞

exterior planner handbook

の空間を豊かにつくり上げることであるが、安全で便利なだけではなく、街を取り巻くすべての風景を考慮して、快適で楽しい空間を設えることが大切である。この風景を左右するものには、遠景となる山や空の見え方をはじめ、道路や河川、四季により変化する樹木の情景、近景として家並みや塀、庭などがあげられる。したがって、"まちなみづくり"とは、「道」、「塀」、「家」そして「山」、「空」といった広い視点からの空間づくりを総合的、一体的に演出し、設えることといえる。

(2) 美しい"まちなみづくり"

　美しい"まちなみづくり"は誰もが望むところではあるが、抽象的な表現で、何が美しいのかは評価の難しい課題である。しかし、あえて美しい"まちなみ"の要因を分析すると、①地域の特性を活かした街、②統一と個性の調和した街、③中間領域の設えが充実した街、の3点となる。

①　地域の特性を活かす

　　自然地形を活かす努力は、周辺環境になじみやすく、マクロな視点での美しい"まちなみづくり"の基本的要因となる。道路線形においても、原地形の等高線（コンターライン）に沿った道を造れば、その道を通ることで風景の変化（シークエンス）を楽しむことができる。
　　地域の伝統的なデザインや素材を見つけ出し、新しい街のデザインにアレンジすることで、その街ならではの個性的な"まちづくり"を行うことも可能となる。又、その地域にある山や社、大きな樹木などを目印や象徴となる対象物（ランドマーク）として設定し、道路の線形と共に街の文脈（コンテクスト）を創ることで、印象深い街を創ることができる。

②　統一と個性の調和

　　美しい"まちなみ"を観察すると、どこかに整然とした規則（ルール）が感じられ、統一したリズムの中に、近景では個性的な変化がみられる。統一されている部分は、素材や屋根勾配、建物の建築様式や色彩、そして外構のデザインである場合が多い。個性的な部分は、玄関へのアプローチ、表札や門灯、窓の配置や下屋の構成などがある。この統一する部分と個性化を図る部分の計画こそが、美しい"まちなみ"形成の要因である。
　　計画的な"まちづくり"においては、まちなみ景観のデザインコード（視覚的約束事）を創り、これらを実施している場合が見受けられるが、古い街にも美しい"まちなみ"が多いのは、建築材料が地域素材に限定され、結果的に素材の統一が図られたり、領主や大名・国王が命じ計画的に"まちづくり"を行ったものと推測されるためである。これらの事例として、我が国では、徳川幕府が整備した各地の宿場町（妻籠宿、海野宿、奈良井宿など）や武家屋敷町（現存する知覧・角館・出水など）があり、海外では、都市国家であったドイツのローデンブルグやイタリアのフィレンツェなどがこれにあたる。

③　中間領域の設え

　　"まちなみ"を考える視点の中でも、特に道路などの公共空間を取り囲む、囲いや庭などは「公」と「私」の双方に直接影響を与える。公共の場である道路と個人生活の拠点である住まいの間にある空間（門・塀廻り空間、駐車・駐輪空間、前庭やアプローチ空間など）を中間領域という。ここは、個人の所有で

exterior planner handbook

はあるが、視覚的に公共の場である道路から良く見えるところにある。この個々の部分を如何に美しく設えるかが、美しい"まちなみづくり"のポイントとなる。又、この領域は、住宅地では敷地の狭小化が進み、建物と道路の距離や接道間口が短いために、各戸のデザインが異なると違和感が生じる。美しい"まちなみ"の実現には調和が重要である。

図1-2-1　まちなみ計画マスタープラン (例)

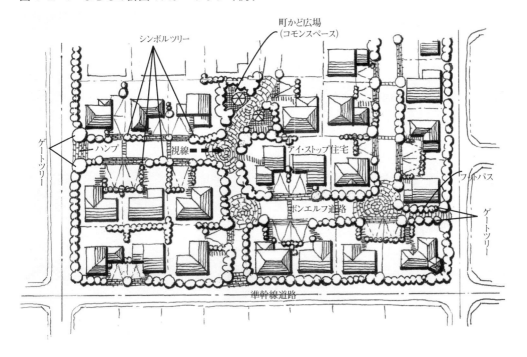

(3) まちなみ景観様式の分類

　新しい"まちづくり"の計画に際しては、日本の住宅地の景観の現状を分類し、これから造る新しい"まちなみ"の景観イメージを導き出すことから始める。

　景観スタイルを分析する手法として、環境軸とまちなみ開放度のマトリックス（行列）で分析する方法がある。環境軸は、自然に近い"まちなみ"から、人工的な"まちなみ"へ段階的に移行する景観であり、この変化を横軸とする。開放度は、道路と敷地の境界の設えを開放（オープン）から閉鎖（クローズド）への度合いを捉え、それを縦軸としたマトリックス（行列）で表現することができる。(**巻頭のカラー写真参照**)

　巻頭のカラー写真右上は、最も自然に近く開放的な事例で、湯布院の写真であるが、池の周りに住宅があり、水際を修景することで、景観を造りだした"まちなみ"である。右下は自然を活かしながら閉鎖的（クローズド）な出水市の武家屋敷町の事例である。それぞれの道は、周囲の山を人の目に引きつける（アイストップ）又は、人の目に強い印象を与える物（ランドマーク）として"まちなみ"に巧みに取り入れられ、空を背景とした輪郭線（スカイライン）を形成している。

　左へ行くほど人工的に計画された"まちなみ"で、左上は神戸のバンクーバービレッジである。2×4（ツーバイフォー）工法の住宅群に開放的な（オープン）外構で統一された"まちなみ"である。左下は、千葉県あすみが丘の事例で閉鎖的な中にも格調高く計画されている。これら16例の中間にも無数の段階があるが省略

exterior planner handbook

し、代表的な例を示した。

　そして、もう1つの視点は、デザイン様式である。上記のマトリックス（行列）のそれぞれに、和風から新和風、洋風に至るデザインがある。

　"まちなみ"の景観計画を行うにあたっては、その土地の地域特性や周辺の環境をよく読み取り、地域の個性を引き出しつつ目標とする景観様式を明確にして、さらに依頼者の意向を取り入れた計画としなければならない。

④　まちなみ景観形成の手法

　"まちなみ"の景観計画を実施するにあたっては、"まちなみ"を構成している要素は何かを分析してみる必要がある。"まちなみ"を分解するとほぼ4つの要素からなることがわかる。すなわち、「道路」、「囲い（囲障）」、「庭」、「家」である。

（1）道路の計画手法

　街の構造を把握する方法として「点」と「面」そして、それらを結ぶネットワーク（網目状組織）である「線」の3つの次元で地区全体を捉えることができる。「点」は出入口、アイ・ストップ（目に付くもの）などの「起点／終点」、交差点、バス停などの「結節点」、モニュメント・シンボル（中心的な記念物）などの「中心点」である。

　「面」は、公園や広場、一定のまとまりをもつ住居ブロックなどである。「線」は道路（フットパスを含む）と道沿いの宅地の外構などの半公共的性格をもつ空間を含んだラインである。「面」と「点」を有機的に結び付けるネットワーク化（網目状の組織化）がなされなければならない。「線」は「判り易さ」とアメニティ（快適性）、「ルートの有効性」が要求される。

　"まちづくり"の中で「線」（道路計画）の与える影響は大きい。道路は、市街と住まいを結ぶための人や車、情報やエネルギーのパイプであるばかりでなく、生活空間としての機能も考慮する必要がある。計画の手法によって、その街の快適さや景観を印象づけるポイントでもある。

　尚、道路の幅員や構造は都市計画などによって定められている。

①　道路の種類

　道路法では、道路は高速自動車国道、一般国道、都道府県道、市町村道に区分される。又、都道府県道や市道のうち、主要と位置付けられたものを主要地方道と呼ぶ。エクステリア計画では、隣接する道路の種類に応じた計画が求められる。一般的には、道路幅員が狭くなるほど歩行者の優先性が高い道路と考えられる。

　　a.　幹線道路：高速自動車国道、国道、都道府県道、主要地方道が該当する。主要都市間を結び「通行機能」を優先する道路であることから、一般的には通過交通量が多く、騒音や排ガス、安全性への対策が求められる。街路植栽がなされている場合も少なくなく、エクステリアとの景観上での連携を考慮することも可能である反面、落ち葉対策を検討しておくことも必要である。

　　b.　準幹線道路：市町村道が該当する。住区間を結ぶ道路で、幹線道路と同様な考慮が求められる。

　　c.　街区道路：市町村道に加えて、道路法によらない農道や路地なども該当する。人と車が共存し「アクセス機能」を優先した身近な生活道路である。近所とのコミュニケーションの場となったり、豊かな接道空間を形成する場となったり、エクステリア計画の重要性が非常に高い道路である。

exterior planner handbook

d. 歩行者専用道路：安全、快適な歩行者空間のネットワークを形成するよう設けられた道路である。舗装材やストリートファニチャーに特別なものが用いられる場合も多い。公園や緑地、公共施設、商店街などと結ばれており、歩行者目線のまちなみ景観に資するようなエクステリア計画が望まれる。又、いずれの道路においても、夜間の街路照明の敷地への影響を把握しておく必要がある。

図 1-2-2　道路の種類と段階構成 (ヒエラルキー)

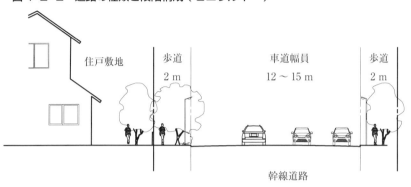

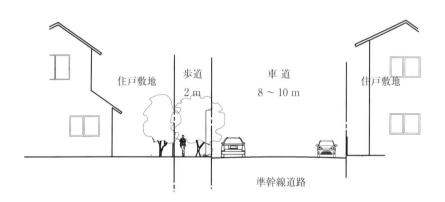

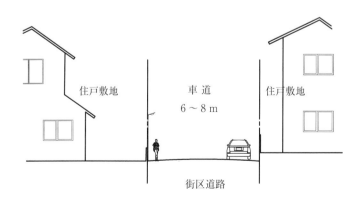

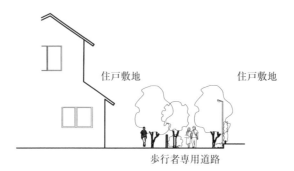

② **道路線形**

　a．直線道路と曲線道路

　　直線道路は見通しが良く、宅地は整形化され有効率が高い。又、電柱の建柱処理もし易い。反面、"まちなみ"が単調になり、車の速度が出やすく安全性に欠けるので、Ｔ字交差点やクランク型など道路線形パターンに変化をつけることが望ましい。

　　曲線道路は"まちなみ"に変化が生まれ、親しみやすい景観が創られる。車の速度を減速させる効果もあるが、敷地が不整形になり、狭小宅地では住宅計画に支障をきたす場合もある。又、電線の架線が目立つ欠点もある。

　b．道路線形パターン

　　道路線形は、住宅の景観に与える影響が大きい。街の規模、地形、宅地の平均的面積、接道の仕方、安全性などを考慮し、適切なコミュニティを形成するような道路形態を計画する。同一形態にすることが一般的であるが、大規模住宅地においては街に多様性をもたせるため、複数の形態を用いると良い。

　・グリッド型：最も一般的な道路形態で、東西方向と南北方向の道路が十字に交差する交差点をもつ。土地の有効利用には適しているが、どの道路も通り抜けし易くなり、道路の優先順位も不明確である。道路を生活空間の一部とするには適さず、コミュニティの形成を促すには適切な形態ではない。

　・ラダー型：グリッド型をアレンジしたもので、同じ方向の道路のみによって形成される計画。交差点の形状はＴ字型となるため、道路の優先順位は明確となるが、直線的な形状で構成する単調な"まちなみ"となってしまうのを防ぐため、緑道などを設けて分割することが望ましい。

　・ループ型：住宅地における袋小路状の道路形式で、道路の先端を一方だけ繋ぎ、Ｕ字型になるよう計画する。袋小路状の道路は通り抜け道路になりにくい形態のため、安全性は比較的高く、ループ（輪）の形の先端を路広場にする場合も多い。

　・クルドサック型：コミュニティの形成を重視した手法で、行き止まり道路による構成である。通り抜けにならないため、道路を安全性の高い生活空間の一部とする計画になる。袋小路状の道路の先端を歩行者専用道路で繋ぐことが多い。

　・コモン型：街区道路に面し共有空地を造り、各住宅の入口は道路から直接入らず、共有空地から入る形式となる。コミュニティの醸成には適

しているが、敷地が道路に面していない点、開発許可申請や完成後の所有及び管理に十分な配慮が必要である。

c. 歩車共存道路（ボンエルフ道路）

住宅地内の生活道路は、子供たちの通学や高齢者の歩行が安全でなければならない。そのためには、車の通行よりも歩行者の安全を優先させる。その手法として、道を雁行させることによって車の速度を抑制させる。歩車共存道路（ボンエルフ道路）は、道路幅員の中に街路樹や植栽桝、ベンチ、駐車空間などを配することで幅員に変化を与え、通過交通が入りにくいようにして、道を子供の遊び場、住民の生活空間として活用する道路のことである。「ボンエルフ（Woonerf）」はオランダ語で、直訳すると「生活の庭」を指して使われた言葉であるが、「ボンエルフ道路」は、現在では一般的に歩車共存道路と解釈されている。

図 1-2-3　道路線形パターン

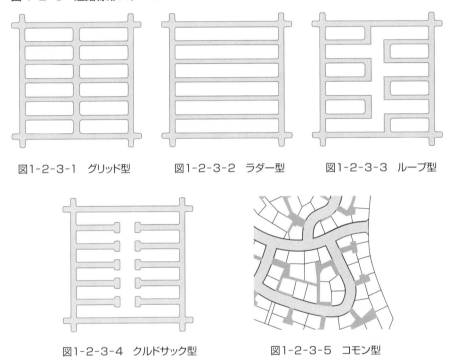

図1-2-3-1　グリッド型　　図1-2-3-2　ラダー型　　図1-2-3-3　ループ型

図1-2-3-4　クルドサック型　　図1-2-3-5　コモン型

(2) 囲いの計画手法

"まちなみ"の美しさを見出すには、個々にデザインするよりも、揃えることが基本である。住宅はそれぞれそこに住まう人々のライフスタイルが異なるので、公的空間に近い外構を統一することが望ましい。

"まちなみ"をデザインする場合は、使用する材料の種類を極力少なくして全体をコーディネートすることがポイントとなる。素材、テクスチャーを統一し、色彩と形態によって変化をつけることが効果的な手法である。

① デザインや素材の統一

土留めの高さの違いによって土留めの材料（石積、プレキャストコンクリート、型枠状ブロック、現場打ちコンクリートなど）を使い分けて施工すると、景観

上見苦しくなる。同じ素材で統一するか、少なくとも、"まちなみ"に影響するところは統一することが望ましい。塀又は生垣も、高さや素材を統一することはもちろんの事、できれば、門扉、表札、ポストのデザインも統一し、駐車空間の屋根を揃えて最初から造っておくと良い。

② 囲いの後退（セットバック）

土留めや囲いが道路際に接して施工されると緑化スペースがとれず、殺風景な"まちなみ"景観となりがちである。道路の高さでの緑化スペース確保のため、土留めや囲いは道路境界から後退（セットバック）して設けることが望ましい。後退距離は、"まちなみ"形成の方針や敷地規模にもよるが、道路境界線より最低 10 cm の後退でも下草などを植栽することができる。

③ 駐車・駐輪空間の取り扱い

"まちなみ"計画の実施に際し、駐車・駐輪空間も計画的に配置しなければならない。駐車・駐輪計画は、造成工事において土留めと一体的に考慮し、予め完成させることで工期とコストの面でメリットがだせるとともに、計画的配置で美しい"まちなみづくり"に寄与できる。

造成計画において、駐車・駐輪空間が車一台分しか設定されていない場合があるが、世帯あたり 2 台分を確保する住宅も多くなっている。さらに、自転車の駐輪空間は忘れがちであるが、駐輪空間も忘れずに、駐車空間と合わせて計画することが大切である。

敷地の全体の比率や調和によって縦列、並列をあらかじめ見極めた計画を立てる必要がある。

駐車空間の出入口は、生垣や塀などの街の壁面線を分断する。細切れの分断線を避けるために、2 戸の住宅の駐車空間を連続させる配置が行われる。

2 台駐車が道路の両側で連続する場合は、宅地の規模形状にも配慮しながら、縦列、並列、L 型駐車を適切に配置し、道路景観にも変化を与える計画とする。駐車空間の床仕上げは、歩行者の視線にもふれるため、デザイン及び環境に配慮し、できるだけ雨水が浸透する仕上げ材を用いることが望ましい。

計画段階では駐車空間に屋根を設けていない場合が多いが、現実的には入居後に様々なデザインの製品が散発的に設置されてしまい、"まちなみ"景観が乱される例も多い。対応策としては、"まちなみ"景観を損なわないデザインのものをあらかじめ設置するか、推奨品を決めておき、入居後に設置してもらうという方法が考えられる。この場合、道路際いっぱいまで屋根の庇が出てしまうと"まちなみ"が乱雑に見えるので、適当な屋根の後退距離を定めておくことが望ましい。

なお、設置に際しては、建ぺい率や不燃材の使用など、関連する法規を十分に確認する。

④ アプローチ・門廻り

アプローチ廻り空間を構成する門、園路の床仕上げについて、その様式を統一するとともに、素材、テクスチャアを統一し、使用する材料の種類を極力少なくして全体をコーディネートすることが重要であるが、単調になり過ぎないように、色彩と形態によって変化を付けることがポイントである。アプローチ・門廻りは、閉鎖的様式（クローズドスタイル）と開放的様式（オープンスタイル）

exterior planner handbook

及びその中間様式（セミオープンスタイル）が見られる。

　閉鎖的様式（クローズドスタイル）は、門、門扉を設け、敷地を高めの塀などで囲むので、外部からの侵入や視線のカットには最適である。この様式は、庭空間と街路とを意識的に仕切るので、歩行者や車の交通量の多い道路に面する場合に有効であるが、閉鎖的になり過ぎる"まちなみ"にならないように注意する。

　特徴としては、門廻りや駐車空間も建物と総合的にアレンジすることができ、一体感をもたせたデザインは格調の高い"まちなみ"の雰囲気に相応しいものが造られる。

　開放的様式（オープンスタイル）は、敷地内が見通せる門扉や低い意匠や生垣を設け、庭と街路空間とを連続させて計画する。道路との高低差の少ない場合に有効で、庭作業を楽しむなどによって住まい手の個性を活かした設えが可能である。ただし、門は独立型で門扉を付けない計画の場合、街への開放感は出るが、プライバシーの保護と防犯に対する配慮が必要である。

　アプローチ廻りは、住まい手の工夫や個性を"まちなみ"に表現できる空間（植木鉢置場、吊鉢、花飾りのトレリスなど）をあらかじめ計画しておくことが望ましい。住み続けるほどに手入れされて、美しくなって行くように、住民参加の場を求めておくことも重要である。

　閉鎖と開放の中間的な様式（セミオープンスタイル）は、門や扉を設置し、低めの生垣やフェンスなどを設ける最も一般的な外構である。プライバシーを保護する必要のある部分のみ囲むが、閉鎖的になり過ぎないようにする。内部からの視覚的開放感もあり、防犯機能も適度に併せもっている。ある程度透けた状態は奥行感も得られ、"まちなみ"景観にも貢献する。

(3) 植栽の計画手法

① シンボルツリー

　住区内道路に街路樹を植えることは少ないので、駐車空間やアプローチ空間に、それぞれの住宅が１〜２本のシンボルツリーを植えることで連続した街路樹となるようにする。歩行者が主体の住区内道路に、四季の風情を感じさせる設えも必要である。

② 植栽

　敷地ごとにシンボルツリーを植えることによって、街路に並木を形成する。庭木の一部についても、道路からの「見え方」を意識した配植を心掛け、道路に接する境界部分は生垣や灌木、下草による緑の連続が望ましい。花の咲く樹木や香りのする樹木、実のなる樹木を植えることで、四季を通して街のどこかで花が咲いていたり、野鳥のさえずりを聞きながら暮らせる"まちなみ"となり、散策の楽しみが生まれる。又常緑樹や落葉樹を適切に配置することによって、緑豊かな"まちなみ"を形成しながら、夏の日差しを和らげ、冬の日照を確保できる快適な環境をつくることができる。地被類は土留め（擁壁）、建物の基礎、門などの足元の小さな面積であっても見逃さず、丁寧に配植すると大きな効果を生み出す場合も多い。

　大きな土留め（擁壁）やコンクリートブロック積壁につる性植物を植えると、"まちなみ"の熟成と共に緑の多い落ち着いた景観となる。

exterior planner handbook

③ 敷地高低差のある場合

　"まちなみ"景観上、土留めや擁壁などの構築物は、できるだけ目立たないように修景することが望ましい。敷地と道路の高低差を、灌木と生垣による2段植栽としたり、法面植栽で処理するなど、緑を主体とした高低差のある部分の修景計画にするとよい。

　2段植栽は、土留め（擁壁）の位置を道路境界線より後退させることによって灌木などの植栽空間を設け、土留め壁面（擁壁）の圧迫感をなくすようにし、土留め壁の後ろに生垣や柵を設けることで、道に広がりと潤いを与えることができる。

　又、敷地に余裕がある場合は土留めを設けず、法面緑化によって道路と敷地の高低差を処理すれば、緑視率を高め、造成に係わる構築物のコストを抑えることが可能になる。

1-3 住まいの様式

① 住まいの様式の変遷

(1) 現代までの住まい

① 寝殿造り

　寝殿造りは、平安時代に完成された貴族の住宅様式である。そのため敷地は広くおおむね一町（約 108 m）四方あり、建物の配置は左右対称を基本とし、正殿である寝殿を南向きに配し、それを中心に東西・北の対の屋、釣殿、泉殿などの建物群からなり、これらの間は渡廊でつないだ。寝殿の南面には池や中島、築山、鑓水などで構成された庭園が造られた。

　建物は主屋である寝殿は檜皮葺、対の屋などは板葺きが多かった。柱は丸柱、壁は塗籠という部屋の他にはカベは造らず、格子をつるした部戸・几帳・簾で囲い、室内は固定的な間仕切りは少なく、衝立・屏風・几帳などを間仕切りとした。

　寝殿造りの建物は、現存するものは一例もないが、京都御所や絵巻物、又、住宅風の社寺建築によってその姿をうかがうことができる。

② 書院造り

　書院造りは、室町時代から桃山時代にかけて完成された武家住宅である。平安時代の寝殿造りを簡略化した形式だが、武家の文化を背景にして成立したために、実用性を重んじ、機能に合わせて間仕切り（建具）によって部屋を分割するようになった。こうした生活様式の変化に伴い引き戸（襖・明障子・舞良戸・杉戸）などさまざまな形態の建具が考案された。柱も建付けの関係上、丸柱から角柱へ変化し、天井に意匠を施し、床も畳を敷き詰めるなど、この時代に現代にも通じる和室を構成する要素が整うことになった。部屋の飾りも、格式や使用目的に合わせて床の間・棚・書院が設えられ、華麗な絵画が描かれた襖・杉戸なども登場し、実用性と装飾性をあわせもった武家社会の接客・社交空間としての書院造りが成立した。

③ 数寄屋造り

　桃山時代になると、豪華絢爛をきわめた書院造りが造られる一方、簡素な美しさの中に高い精神性を求める美意識が登場してくる。書院で行われていた遊戯性の強い闘茶から、精神性を重んじる侘茶を完成させた千利休は、侘茶のための場として、書院とは別に独立した建物（茶室）を造りだした。茶室は形式としては、庶民の住宅である民家の手法を採用し、使われる素材も自然のままの素材である皮つきの木材や丸太・竹・葦・土壁などを用いて造られた。この茶室が数寄屋と呼ばれたのである。

　この茶室の持つ味わいは、当時の別荘的住宅建築に取り入れられるようになり、軽快で簡素な書院造りは、格式を気にしないでくつろげる数寄屋造りとして広く造られるようになった。桂離宮は、その代表である。

④ 町屋と農家

　庶民の住宅は、古くは仮設的で簡略な形式のものだったが、江戸時代に入る

exterior planner handbook

と経済的な自立などに伴い、一定の規模をもった恒久的な建築が出現する。それらは町屋と農家の2つに大別される。

　町屋は、間口が狭く奥行が長い敷地に接道して建ち、通り庭と呼ばれる奥に抜ける細長い土間をもつのが通例である。一方、農家の基本的な間取りは「田の字型」である。屋内の一部に広い土間を取り、台所や家事作業の場として使い（雪国では馬小屋も兼ねる場合もある）、床上の部分は十文字に、「田の字型」に間仕切を設けている。北側に寝室と茶の間などの部屋を並べ、南側に客間と居間などを設けている。この「田の字型」平面の客間は、冠婚葬祭などの特別な時にのみ使われる部屋で、家族の日常生活や一般の来客の時には使用することはなかった。このような最上の部屋を客間として造る方法は、寝殿造りの流れを汲むものと考えられる。又、地方によっては、養蚕のための2階床といった作業空間をもっている場合もある。

⑤　近代の住宅

　日本が開国して明治となり、新しい時代を迎えたことを、最も印象的に表したことの一つが外国の建築だった。住宅においても、それまでなかった新しい形式で造られた建物を目にすることによって、人々は新しい時代を実感した。しかも、鎖国によって閉ざされていた分、さまざまな国の、多様な時代の、そしてさまざまな様式が一度に流入したのである。

　明治から昭和戦前期の近代といわれる時代に、日本で建てられた住宅建築の様式は数多く、さらにそれらに刺激を受けて日本の伝統的な建物も改良・改善され変化した。

　こうした様式は、単に歴史上の存在ではなく、多少の変化を伴いながら現代においても造られていて、今も生きている住宅様式なのである。

1）近代に日本に導入された建築様式
・スパニッシュ（スペイン）
・ハーフティンバー（北ヨーロッパ）
・バンガロー式（アメリカ）
・アールヌーボー（ヨーロッパ）
・ゼツェッション・セセッション（ヨーロッパ）
・アール・デコ（ヨーロッパ）
・ライト式（アメリカ）
・インターナショナル・モダニズム（ヨーロッパ）

2）日本の伝統的様式が改良・改善したもの
・近代数寄屋
・民家風

⑥　現代の住宅

　現代は、未だかつてないほどの多様な外観デザインが、あふれている。近代以来の様式的デザインもあれば、それらを引用し現代風にアレンジした洋風、コンクリートのボックス型やモダンスタイルの中に和風を加味したものまであり、百花繚乱ともいえるだろう。

　現代の住宅をとりまく環境の変化は著しく、外観のデザインも工法や資材・設備もつぎつぎに新しいものが開発され、多様化した。室内も洋風の生活様式とそれに伴ったデザインが中心となり、又、かつて重視された来客のための空

exterior planner handbook

間よりも、家族のためのプライバシーや、生活を楽しむ住まいづくりが主流となった。

こうしたきわめて多様化した住宅のデザインは、個々の住まい手や、住宅会社・建築家の趣味や好みによって無制限に造られることへの弊害も指摘される。市街地においては、狭小宅地が増える一方、さまざまな外観のデザインが混在する状況のなかで、"まちなみ"景観という視点で住宅地の景観を考える時、何らかのデザインのコントロールを行うかどうかが、これからの住まいづくり、"まちづくり"の課題である

② 住まいの種類

(1) 構造による分類

住宅の種類、素材によって木造、鉄骨造、組積造、鉄筋コンクリート造などがあり、施工方法によって木造軸組構法（在来）、ツーバイフォー工法、プレハブ工法などがある。構造方式で分類すれば、軸組構造、壁式構造、接着パネル構造、ラーメン構造などに分類され、さらにログハウスと呼ばれる丸太組構造や鋼板を組立てる構造のスチールハウス、複数の構造形式を取り入れた混構造などがある。

① 軸組構法

柱、梁、桁、胴差などの横架材からなる軸組に筋かい又は火打ちを設け、水平力に耐える構造であり、各接点はピン構造である。一般に、小屋組は束立てをした和小屋（日本の伝統的な小屋組）である。工法は同じであるが、流通の形態によってブランドを冠して間取りやデザインを標準化し、フランチャイズシステムによって全国展開している住宅もある。

② ツーバイフォー工法

２×４インチの断面の木材を主として用いることからツーバイフォーと称される。北米で開発、普及した工法で、枠組み工法とも呼ばれ、枠材に構造用合板を釘打ちし、床面や壁面を構築する壁式工法である。小屋組は一般的にトラスが用いられる。

③ 鉄筋コンクリート工法

材料として圧縮強度に強いコンクリートと引張強度に強い鉄筋を組合せ、一体化した構造部材を用いた工法である。構造形式としては柱と梁によって構成される剛な骨組を造るラーメン構造と、壁や床を一体で造る壁式工法がある。

④ 工業化の工法

工場で予め組立てる工法で、プレハブ（Pre-Fabricate）工法とも総称される。主要な工法として木造パネル工法、鉄骨ラーメン工法、鉄骨壁式工法、プレキャストコンクリート工法など様々な工法があり、主要な住宅メーカーが住宅を建てている。

⑤ 組積工法

組積造は、主体構造を石材、れんが、コンクリートブロックなどの小単体の材料を積み重ねて造る構築物である。補強コンクリートブロック造は組積造の弱点

exterior planner handbook

である耐震性能を向上させる目的で補強鉄筋を縦横に配筋した構築物で、建築用コンクリートブロックを使用して造った補強組積造である。

(2) 屋根形状による分類

① **切妻屋根**

棟から2方向に傾斜（流れ）をもつ屋根形状である。又、軒の長さが異なる場合は、招き屋根という。軒は2面となり、軒の廻らない面を妻面という。（写真1-3-1）

② **大屋根**

切妻屋根と同様に棟から2方向に傾斜（流れ）をもつ屋根形状であるが、桁（棟と並行方向）を妻面とした屋根形状をいう。（写真1-3-2）

写真 1-3-1　旧杉山邸（重要文化財）

写真 1-3-2　前川國男邸・前川國男設計（東京）

③ **寄棟屋根**

棟から4方向に傾斜（流れ）をもつ屋根で、軒は家の外周面すべてに廻る。又、平面が正方形であると棟が点になる。この場合は方形屋根という。（写真1-3-3）

④ **入母屋屋根**

上部を切妻屋根とし、その下（軒廻り）を寄棟形式とした屋根形状である。（写真1-3-4）

写真 1-3-3　ウィンスロー邸・ライト設計（シカゴ）

写真 1-3-4　東京庭園美術館・茶室

⑤ **陸屋根**

屋根面の勾配が小さく、水平に見せる屋根形状をいう。鉄筋コンクリート造の住宅に多い。（写真1-3-5）

⑥ 片流れ屋根

　屋根が一方向に傾斜（流れ）ている屋根形状をいう。駐車・駐輪空間の既製品の屋根や小規模の物置、サンルームなどにもみられる。（写真1-3-6）

写真1-3-5　旧朝香宮邸（東京）

写真1-3-6　片流れ屋根

1-4 庭の様式

　基本的な庭園様式や造園技術の根底にある考え方や手法、技法を知り、作庭家の思想なども理解し、これからのエクステリアの庭空間に活かせるように、庭園の様式、手法、用語などを簡単に述べる。

1 日本の庭園様式

　日本庭園の作庭については口伝とされ、書物も少ないといわれてきた。平安時代の庭園の造り方を述べた書物に、日本最古の作庭秘伝書といわれる「作庭記」がある。この書が日本庭園の作庭に関する原点で、江戸時代には「前栽秘抄」とも呼ばれ、世界最古のものともいわれている。
　寝殿造りの庭園の造り方が述べてあり、図は無いが庭の意匠と施工法が書かれている。作者は藤原頼通の子で修理大夫であった橘俊綱（1028－1094）ともいわれているが定かではない。

(1) 寝殿造り庭園（平安時代）

　平安時代は、遣唐使によって唐の文化が持ち込まれ、建築においては寝殿造りの様式が導入され、その庭園には、寝殿造り庭園が作庭された。その様式は、建物の南に広大な池を造り、島を置き、橋を架け、池の中では舟遊びも楽しんだ。遣り水を池に流し、歌を詠み楽しむ「曲水の宴」も催された。（図1-4-1）
（代表的な庭：平安神宮庭園、嵯峨大覚寺庭園など）

図1-4-1　寝殿造り庭園

(2) 浄土式庭園（平安時代・鎌倉時代）

　仏教の浄土思想が普及した時代に、この思想の影響を大きく受けた庭園で、寝殿の代わりに阿弥陀堂などの寺院建築が造られ、その前に大きな池を造り中之島や石を置くなどし、極楽浄土の世界を再現した。人々が極楽浄土への往生（おうじょう）を願うように、浄土曼荼羅絵（まんだらえ）を庭園構図に写した、自然風形式庭園といえる。（写真1-4-1）
（代表的な庭：宇治平等院鳳凰堂庭園、浄瑠璃寺庭園、毛越寺庭園など）

(3) 枯山水式庭園（室町・安土桃山・江戸時代）

　枯山水式庭園は、水を用いないで石や砂などにより山水（自然）の風景を表現する庭園様式である。禅宗の寺院で用いられ発展し、独立した庭園として造られるようになった。回遊式庭園と異なり、遊興や散策などの実用的要素をもたず、方丈から静かに対峙し、自然と向き合い、自らの存在と一体化することで境地に立とうする仏教の世界観が表現された庭で、池泉式庭園に対比される庭園様式である。貴族の文化から武士の文化の時代となり、禅宗の影響もあり、哲学的な落ち着きのある静かな庭園様式であるともいえる。（写真1-4-2）

(代表的な庭：竜安寺庭園、大仙院庭園など)。

写真 1-4-1　浄土式庭園（平等院）　　　写真 1-4-2　枯山水式庭園（竜安寺）

(4) 書院式庭園（安土桃山時代）

武家の邸宅である書院に造られた庭園で、庭園の規模はやや小さくなり、造りも簡素となっているが、基本的には浄土式庭園に近い形の庭が引き継がれている。書院建築にふさわしい庭であり、不老不死を祈念する鶴亀蓬莱を表現する巨大な景石と色彩豊かな色石を多く使用している。書院から見ることを意識して造られ、庭に盛り込む主題を凝縮して見せることを意識した庭ともいえる。（写真1-4-3）

写真 1-4-3　書院式庭園（醍醐寺）

(代表的な庭：醍醐寺三宝院庭園、西本願寺大書院庭園など)

(5) 茶庭（安土桃山時代）

桃山時代に入り、庭園に大きな影響を与えたものに茶道が挙げられる。千利休などにより茶道が確立し、茶の湯をたしなむ場所として茶室や茶庭（露地）が造られた。茶庭は「露地」とも呼ばれ、茶事を行うために、植栽、配石、庭門や待合、蹲踞（つくばい）、飛石などが設けられる。同時に、茶室への路を辿る庭で、「侘び」や「寂び」などの茶の湯の精神をもつ庭で、鑑賞美よりも実用美を重んじ、自然の野山の趣を尊重した庭である。（代表的な庭：大徳寺弧蓬庵、表千家露地など）

(6) 回遊式庭園（江戸時代）

江戸時代には、大名やその家臣達が主君を迎え遊興するために庭園を造るようになった。これを大名式庭園ともいうが、広大な敷地に、池を中心として周囲に園路を巡らし、築山や景石、橋や小島を配し、園路の各所に茶室や休憩所、展望所、東屋などを取り入れ、庭の中を回遊し、鑑賞し楽しむことを主眼にした庭である。様式としては回遊式庭園とされる。江戸時代の作庭家として名高いのは小堀遠州である。小堀遠州は、幕府の作事奉行として各地の作庭に関与し、その作庭は巧みで、斬新な囲障や借景をうまく取り入

写真 1-4-4　回遊式庭園（岡山後楽園）

れた。(写真 1-4-4)
(代表的な庭：桂離宮、兼六園、岡山後楽園など)

2 西洋の庭園様式

　西洋の庭園はそれぞれの国の地形、気候条件、国民性や宗教感などに基づいて、独自の様式が完成された。庭園の様式を大別すると、整形式庭園と自然式(風景式)庭園に分類される。整形式庭園は、幾何学的構成で構造物や植栽なども左右対称(シンメトリー)な形で取入れた人工的な美を創造する庭園である。それに対して自然式(風景式)庭園は、庭の中に自然の状態や風景の一部を縮景化して取込んだもので、イギリス式庭園などが代表的な例といえる。しかし、いずれも伝統様式であり、現在は一般的に造られている訳ではない。

(1) イギリス式庭園

　イギリスは元々、イタリアやフランスなどと同様、整形式庭園が造られていた。17 世紀になると「ピクチャレスク」(絵のような)の概念が普及し、イギリス人たちは、絵画に見出した特徴を現実の風景にも求めるようになり、「イギリス式庭園」が誕生した。特徴は、不規則さ(アンシンメトリー性)、過去への連想、異国的なものへの憧れである。19 世紀に入ると中国の庭園様式も加味されるようになった。(写真 1-4-5)

　写真 1-4-5　イギリス式庭園　　　　写真 1-4-6　イタリア式庭園(エステ荘)

(2) イタリア式庭園

　イタリアは山国であることから傾斜地を巧みに活かした、水を伴った形式がイタリア式庭園の特徴である。斜面には階段やテラスを設け、カスケード(階段状に連続した滝)を落とし、広場と噴水を造り、眺望を巧みに取り入れる手法である。建物と融合した形で成立っているのも特徴である。イタリア式庭園の歴史は古いが、本格的な形になってきたのは、ルネッサンス時代(15 世紀中頃)に入り、ローマ時代の庭園の影響を受けてイタリア式庭園が生まれたといえる。(写真 1-4-6)

(3) フランス式庭園

　イタリア式庭園が傾斜地であるのに対して、フランス式庭園は平面的で幾何学的、図案的な構成で整形式庭園の代表ともいわれている。王族、貴族の宮殿のベランダから見通しの届く限りの遠望を求め、ビスタ(通景)も加えられ、その中心には芝地と噴水、花壇、左右には刈込の列植に縁取られ、人工的庭園の極致を目指した壮大な庭園である。代表的なものに造園家アンドレ・ル・ノートルがルイ 14 世の委嘱を受け設計したヴェルサイユ宮殿の庭園がある。(写真 1-4-7)

(4) スペイン式庭園

スペイン式庭園の代表的な例は、パティオと呼ばれる建物に囲まれた中庭である。スペインの気候は、乾燥し気温も高く亜熱帯地方の植物も多い。人々はこの暑さを避けるため、建物の中央部に中庭を造りその周囲に回廊を巡らし、中庭の中央部には噴水や飾り井戸を設けて涼を取り、その周囲は、大理石や色タイルなどを敷き詰める。植物も緑陰式に植えられ、接客の場やセカンドリビングとして活用される。（写真1-4-8)

写真1-4-7　フランス式庭園
　　　　　　（ヴェルサイユ宮殿）

写真1-4-8　スペイン式庭園
　　　　　　（アルハンブラ宮殿）

3　現代の庭の様式

現代の庭には、昔の庭のような作庭家の階級や宗教、思想など特別な意味をもつような状況はなく、庭としての様式も決して明確とはいえない。庭を造るにあたって、どの様な様式にするかについては、住まい手の要望や庭を造る場所の環境条件などを検討することが重要で、そのための計画や手順については語られるが、庭の歴史で語られるような明解な庭の様式はなくなってきた。

住まい手の好みや庭の使い方、周辺環境との調和などの具体的、合理的事項に対する検討がいわゆる「外部住空間」と理解されているようである。

現在の庭の様式といわれるものには、和風、洋風、閉鎖的（クローズド）、開放的（オープン）などがあり、参考としてそれらは巻頭のカラー写真のようになる。ここでは、様式というよりは庭の内容により「○○ガーデン」と呼んでいる主な庭についてとりあげる。

(1) ボーダーガーデン（境栽花壇）

ボーダーガーデンは、壁面や外周などの境界部分の背面が高くなったところの手前に、細長く帯状に植栽される花壇をいい、道路境界部分や壁面に沿った部分、門から玄関までのアプローチ部分に適した植栽の方法である。手前から奥にだんだん背の高い花を植えるのが、イングリッシュボーダーと呼ばれる。（図1-4-2)

図 1-4-2　ボーダーガーデン

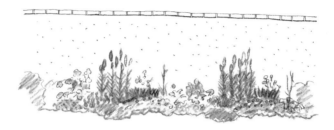

(2) ウォーターガーデン（水景庭園）

庭の中に池や滝、流れなどの水景を取り入れた庭園のことで、流れる水による動きが「静」の植物とのコントラストを生み出し、涼感を誘うナチュラルな庭作りができる。従来の日本庭園のようなものから洋風のカナール、噴水なども含めた、水のある景観と水生植物を楽しむ庭をいう。又、植物を備えた池や泉のことで、地面を掘ってつくるもの、水盤を地上に据えるもの、幾何学的で規則的なもの、自然風の感覚のものなど、様々な形のものがある。（写真1-4-9）

写真 1-4-9　ウォーターガーデン

(3) ロックガーデン（石庭）

ロックガーデンは、岩石を組合せた場所に植物を植付け、自然の情景を表現し楽しむ庭である。石を活かし、植栽には高山植物や山野草を組合せて造る。各種の岩石や鉱石を展示する岩石園などもロックガーデンと呼んでいる。19世紀後半から作られたイギリスのロックガーデンは、アルプスの自然を模し、高山植物を植栽することが多かった。一般的に排水や景観を考慮し、築山風の傾斜地に、ひな壇上に造ることが多い。（写真1-4-10）

写真 1-4-10　ロックガーデン

(4) デッキガーデン

庭に地面から少し上げて板張りになった一角を造り、ガーデンファニチャーを置くと建物と庭に一体感が生まれる。デッキではアウトドア・リビングとして、暮らしに変化を楽しむことができるが、デッキに使う素材は、十分な防腐処理を施しメンテナンスにも配慮が必要である。

(5) コンテナガーデン

コンテナとは、植物を植え込む素焼きの植木鉢やプランターなどの容器のことで、土地がなくても容器に草花や樹木を植え込んで庭造りを楽しむことができることから、アプローチ、テラス、ベランダ廻りなどに用いられる。コンテナを単体又は複

数用いることで、ライン状、面状の景色を創る。植物だけでなく、鉢の大きさや色合いを工夫して面白い景観を造りだすこともできる。

(6) ハーブガーデン

　生活に役立つ主に香りのある植物をハーブ（香草）といい、ハーブで構成された花壇や庭をいう。香草（薬草）であるハーブを植えることで、その収穫と利用、花や香りを楽しむ庭である。ハーブは色や形が多彩で、それぞれの特徴を活かして庭のデザインを行う。

　西洋では、中世に修道院でバラやハーブを中心とした薬用の植物栽培として庭造りがされた。

exterior planner handbook

第2章

法　規

法令用語の基礎知識（2級）

2-1　エクステリア関連法令の基礎知識（1級、2級）

2-2　建築基準法の概要（1級、2級）

2-3　都市計画法の概要（1級、2級）

2-4　都市緑地法の概要（1級、2級）

2-5　景観法の概要（1級）

2-6　建設業法の概要（1級、2級）

2-7　労働安全衛生法の概要（1級、2級）

2-8　建設工事に係る資材の再資源化等に関する法律
　　　の概要（1級、2級）

2-9　廃棄物の処理及び清掃に関する法律の概要
　　　（1級、2級）

2-10　宅地造成及び特定盛土等規制法の概要（1級）

2-11　クレーン等安全規則の概要（1級）

2-12　民法の概要（2級）

法令用語の基礎知識

① 確認

特定の事実又は法律関係の存否あるいは正否について、公の権威をもって判断すること。建築基準法の確認は建築主事又は指定確認検査機関が行う。

② 許可

法令により、一般的に禁止されている行為を、特定の場合に解除し、適法にこれをすることができるようにする行為をいう。建築基準法では、許可は特定行政庁が行う。

③ 認可

法律上の行為が公の機関の同意を得なければ有効に成立できない場合に、その効力を完成させるために公の機関が与える同意の行為のこと。建築協定の認可があり、特定行政庁が行う。

④ 「以上・以下」と「超える・未満」の違い

法令には数値を定めた規定が多くある。数量の大小を示す法令用語を読みこなすには定められた数値を含むのか、含まないのかを明確に区分して解釈することがポイントである。

すなわち、「以上・以下」を用いる場合には、その数値を含み、一方、「超える・未満」を用いる場合には、その数値を含んでいない。

⑤ 「及び・並びに」「又は・若しくは」について

「及び・並びに」は、英語でいうと、「and」に相当し、その双方が対象となるが、「又は・若しくは」の場合は、英語でいうと、「or」に相当し、その対象のどちらかを選択することとなる。

例えば、建築物の定義において、「土地に定着する工作物のうち、屋根及び柱若しくは壁を有するもの、これに付属する門若しくは塀、観覧のための工作物又は地下若しくは高架の工作物内に設ける事務所、店舗、興行場、倉庫その他これらに類する施設をいい、建築設備を含むものとする。」（建築基準法施行令第2条第1項）と定められている。したがって、建築物とは、屋根＋柱か壁があるもので、柱があれば壁は無くてもよく、壁があれば柱は無くても建築物である。

exterior planner handbook

2-1　エクステリア関連法令の基礎知識

　エクステリア事業に関連する法律などは多岐にわたるが、一般的には、商法、民法、労働基準法などを遵守することは当然である。エクステリア事業に特に関連の深い法律などのうち、主なものを挙げると、企画・設計段階では、建築士法、建築基準法並びに関連規則、国土交通省告示、各都道府県の関連する条例などがある。施工段階では、これに加えて、労働安全衛生法・同施行令、労働安全衛生規則、建設工事に係る資材の再資源化などに関する法律等が挙げられる。又、営業段階では、消費者保護法なども考慮しておく必要がある。

1 法令の体系

　法令の体系は、大別すると以下のようになる。

図 2-1-1　法令の体系

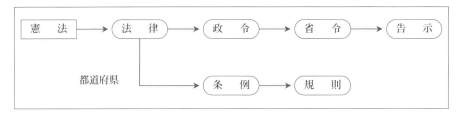

1）憲法は、国の最高法規である。
2）法律は、憲法に基づいて国の立法機関により制定される。基本的な事項を規定したものである。
3）政令は、内閣が発する命令である。憲法及び法律の実施に必要な細則を定めるものと、法律の委任に基づくものとがある。
　　建築基準法施行令などは、法の委任によって、建築物の構造、防火、設備等の技術的基準や用途に関する基準及びその他具体的な事項を規定したものである。
4）省令は、各省の大臣がその主管する事務について発する行政上の命令であり、主として手続関係の事項を規定したものである。
　　（例）建築基準法施行規則
5）告示は、法の認定解釈及び各種構造基準等に関して公示されるものであり、法律や政令の委任によって、より詳細な技術的基準を規定したものである。
　　（例）国土交通省告示　第○○号
6）条例は、地方公共団体がその議会の議決を経て自主的に制定する法である。
　　（例）○○県建築安全条例、○○県建築基準法施行条例など
7）規則は、地方公共団体の長が発する命令である。規則は法律に違反することができない。
　　（例）○○県建築基準法施行細則など

2 エクステリアに関係する各法の主な目的

① **建築基準法**
建築物の敷地、構造、設備及び用途に関する最低の基準を定めて、国民の生命、健康及び財産の保護を図り、公共の福祉の増進に資することを目的とした法律である。

② **都市計画法**
都市計画の内容及び決定手続等を定め、都市の健全な発展と秩序ある整備を図ることを目的とした法律である。

③ **都市緑地法**
都市における緑地の保全及び緑化の推進に関し必要な事項を定めることにより、良好な都市環境の形成を図り、もって健康で文化的な都市生活の確保に寄与することを目的とした法律である。

④ **景観法**
良好な景観は国民共通の財産であることが明文化され、良好な景観の形成について、国としての基本理念や国、地方公共団体、事業者及び住民の責務を明らかにした、日本で初めての景観に関する基本理念を定めた法律である。

⑤ **建設業法**
建設業を営む者の資質の向上、建設工事の請負契約の適正化等を図ることによって、建設工事の適正な施工を確保し、発注者を保護するとともに、建設業の健全な発達を促進することを目的とした法律である。

⑥ **労働安全衛生法**
労働災害の防止を図り、労働者の安全と健康を確保し、快適な職場環境の形成を促進することを目的とした法律である。

⑦ **建設工事に係る資材の再資源化等に関する法律（通称；建設リサイクル法）**
建設資材の分別解体及び再資源化を促進し、資源の有効利用及び廃棄物の適正な処理を図り、生活環境の保全と経済の健全な発展に寄与することを目的とした法律である。

⑧ **民法**
私権は、公共の福祉に適合しなければならない。権利の行使及び義務の履行は、信義に従い誠実に行わなければならない。権利の濫用は、これを許さない。
上記を基本原則に定めた私法の一般法である。

図 2-1-2　各法と主な目的

2-2 建築基準法の概要

　この法律は、建築物の敷地、構造、設備及び用途に関する最低の基準を定めて、国民の生命、健康及び財産の保護を図り、もつて公共の福祉の増進に資することを目的とする。

1 建築物 （法第2条第1号）

　建築物とは、「土地に定着する工作物のうち、屋根及び柱若しくは壁を有するもの（これに類する構造のものを含む。）、これに附属する門若しくは塀、観覧のための工作物又は地下若しくは高架の工作物内に設ける事務所、店舗、興行場、倉庫その他これらに類する施設（鉄道及び軌道の線路敷地内の運転保安に関する施設並びに跨線橋、プラットホームの上家、貯蔵槽その他これらに類する施設を除く。）をいい、建築設備を含むものとする。」と定義されている。

　つまり、以下の4点に要約される。
（1）屋根及び柱若しくは壁を有するもの（屋根付きの車庫やテラス・物置も含まれる）
（2）附属する門若しくは塀
（3）観覧のための工作物（野球場のスタンドは屋根がなくても建築物）
（4）地下若しくは高架の工作物内に設ける事務所等の施設。ただし、鉄道関係の施設、貯蔵槽その他これらに類する施設を除く。
　※土地に定着する工作物のうち、①壁を有しない開放的な自動車車庫等、②帆布等の幕材で造ったスポーツの練習場等の上家は、（1）に類するもので、建築物である。

図2-6-1　建築物となるもの・ならないもの

●建築物となるもの

観覧のための工作物の例

高架の工作物の例

開放的な自動車車庫の例

開放的な自動車車庫の例

●建築物とならないもの
① 鉄道及び軌道の線路敷地内にある運転保安に関する施設。
② 鉄道及び軌道の跨線橋、プラットホームの上家。
③ 貯蔵槽等（ガスタンク・サイロなど）。

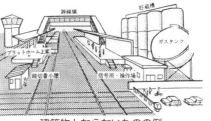
建築物とならないものの例

2　建築（法第2条第13～15号）

建築とは、「建築物を新築し、増築し、改築し、又は移転することをいう」と定義されている。

したがって、材料の新旧などに関係なく、第2条第1号の建築物を"新築""増築""改築""移転"する場合は建築する行為と見なされる。

図2-6-2　建築する行為

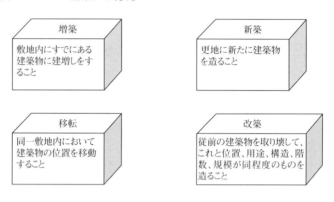

3　工作物（令第138条）

一般的には人為的に作られたものを工作物というが、建築基準法で指定される（法の適用を受ける）工作物は、以下の5点である。
①高さが2mを超える擁壁
②高さが4mを超える広告塔、広告板、装飾塔、記念塔等
③高さが6mを超える煙突（支枠及び支線がある場合においては、これらを含み、ストーブの煙突を除く。）
④高さが8mを超える高架水槽、サイロ、物見塔等
⑤高さが15mを超える鉄筋コンクリート造の柱、鉄柱、木柱等（旗ざお並びに架空電線路などの電気事業法に規定する電気事業者の保安通信設備用のものを除く。）

図2-6-3　工作物

④ 建築等に関する各種手続き（法第6・7条、15条）

建築等に関する各種手続きは、① 統計上の目的からするもの（建築工事届、建築物除却届）、② 建築物の建築行為等について適法性をチェックするもの（確認申請、中間検査申請、完了検査申請）、③ 特殊建築物等においては使用中の適法性の維持をチェックするもの（定期検査、定期報告）とに大別される。

○建築工事届・建築物除却届（法第15条）

建築物を建築しようとする場合は、建築主が「建築工事届」を、都道府県知事に提出する。

建築物を除却しようとする場合は、除却工事の施工者が「建築物除却届」を、都道府県知事に提出する。

これらの届は、建築物の統計上の必要から義務づけられているもので、10 m^2 以内の場合は不要。

○確認申請（法第6条）

建築物の建築（新築・増築・改築・移転）又は大規模の修繕・大規模の模様替を行おうとする場合は、建築主が、着手前に確認申請書を建築主事（又は指定確認検査機関）に提出して、その計画が建築基準関係規定に適合するものであることについて「確認済証」の交付を受けなければならない。

この確認手続きは、高さ2 mを超える擁壁などの指定工作物を築造する場合にも準用される。

ただし、防火・準防火地域以外での10 m^2 以内の増築・改築又は移転の場合は不要。

○中間検査申請・完了検査申請（法第7条・7条の2〜4）

工事が特定工程を終えたとき（及び工事が完了した日から4日以内に到着するように）、建築主は中間検査申請書（完了時は完了検査申請書）を提出して、建築主事又は指定確認検査機関の検査を受ける。建築物が建築関係規定に適合している場合には、検査済証が交付される。この検査済証の交付を受けるまでは使用制限を受ける（法第7条の6）。

手続き	提出者	提出先
確認申請書	建築主	各地方自治体の特定行政庁・建築主事 又は 指定確認検査機関
中間検査申請		
完了検査申請		
建築物除却届	工事施工者	建築主事を経由して都道府県知事
建築工事届	建築主	

exterior planner handbook

5 建築協定 (法第69条)

建築協定は、地域のよりよい環境を創っていくために、その地域の方々が全員の合意のもとに、まちづくりのための基準を定めてお互いに守りあっていくことを約束する制度である。エクステリアの設計・施工に当たっては、予め建築協定の有無を調査しておく必要がある。

建築協定の目的	住宅地としての環境(又は商店街としての利便)を高度に維持増進する等、建築物の利用を増進し、かつ、土地の環境を改善する。
協定の内容	建築物の敷地、位置、構造、用途、形態、意匠又は建築設備に関する基準についての協定を締結することができる(特に、位置、形態、意匠は門扉や生垣の配置やデザインに影響する)。
協定の手続き	土地の所有者及び借地権を有する者が一定の区域を定め市町村が条例で定める(市町村に条例がなければ協定できない)。
協定に参加する者	土地の所有者等の全員の合意がなければならない。ただし、借地権の対象となっている土地については所有者の合意がなくても成立する。なお、廃止するには土地の所有者等の過半数の合意が必要である。
効力等	建築協定は、その公告のあった日以後に土地の所有者等となった者に対しても、その効力があるものとする。協定には、有効期間及び協定違反があった場合の措置(民事上の措置)を定める。
1人協定	宅地を分譲する場合、分譲事業者が1人で協定を定め、その内容を宅地の購入者に守らせることができる。(76条の3)
建築協定区域隣接地	市町村が条例で定める区域内の土地のうち、建築協定区域に隣接した土地であって、建築協定区域の一部とすることにより建築物の利用の増進及び土地の環境の改善に資するものとして建築協定区域の土地となることを当該建築協定区域内の土地の所有者等が希望するものを建築協定区域隣接地と定めることができる。(70条)
建築物の借主の地位	建築協定の目的となっている建築物の借主は、土地の所有者等とみなす。(77条)

exterior planner handbook

6 敷地の衛生及び安全 (法第19条)

建築基準法の目的は「国民の生命、健康及び財産の保護を図る」ことにある。そこで建築物の敷地については以下のようにその対策が定められている。

① 建築物の敷地は、これに接する道路の境より高くなければならない。又、建築物の地盤面は、これに接する周囲の土地より高くなければならない（ただし、敷地内の排水に支障がない場合又は建築物の用途により防湿の必要がない場合は除く）。
② 湿潤な土地、出水のおそれの多い土地、又はごみその他これに類する物で埋め立てられた土地に建築物を建築する場合においては、盛土、地盤改良、その他衛生上又は安全上必要な措置を講じなければならない。
③ 建築物の敷地には、雨水及び汚水を排出するための下水管、下水溝又はためます等を造らなければならない。
④ 建築物ががけ崩れ等による被害を受けるおそれのある場合は、擁壁などを構築しなければならない。

図2-6-4 敷地の衛生・安全のための措置

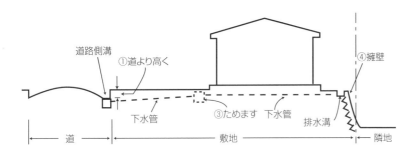

7 外壁の後退距離 (法第54条1項・令第135条の20)

　第1種低層住居専用地域又は第2種低層住居専用地域において建築物の外壁又はこれに代わる柱の面から敷地境界線までの距離（外壁の後退距離）は、当該地域に関する都市計画において外壁の後退距離の限度が定められた場合においては、政令で定める場合を除いて当該限度以上でなければならない。（法第54条1項）外壁の後退距離の限度を定める場合は、その限度は、1.5m又は1m以上でなければならない。（法第54条2項）

○緩和措置（令第135条の22）
　①外壁又はこれに代わる柱の中心線の長さの合計が3m以下であること。
　②軒の高さが2.3m以下で、かつ、床面積の合計が5m²以内であること。

　　　建築基準法　外壁の後退距離の緩和（令第135条の22）

①外壁又はこれに代わる柱の中心線の長さの合計が3m以下であるか、②物置その他これに類する用途に供し、軒の高さが2.3m以下で、かつ、床面積の合計が5m²以内である場合は、法第54条1項の外壁の後退距離は緩和される。

図2-6-5　外壁の後退距離の緩和

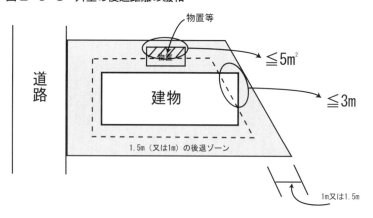

8 壁面線の指定 （法第46・47条）

○壁面線の指定と建築制限

　街区内における建築物の位置を整えてその環境の向上をはかるため必要と認める場合には、建築審査会の同意を得て、特定行政庁は「壁面線」の指定をすることができる（法第46条）。
　壁面線が指定されると、建築物の壁・柱又は高さが2mを超える門若しくは塀は、壁面線を超えて建築してはならない。ただし、地盤面下の部分は、この限りではない。又、建築審査会の同意を得て、特定行政庁が許可をした歩廊の柱等も、同様にこの限りではない。

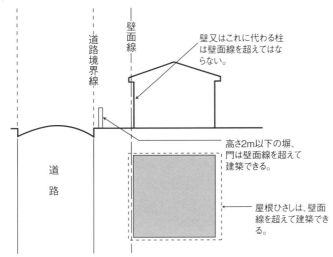

図2-6-6　壁面線の指定と建築制限

9　建ぺい率（法第53条）

建ぺい率とは、「建築面積の敷地面積に対する割合」のことである。

$$建ぺい率 = \frac{建築物の建築面積}{建築物の敷地面積} \leq 建ぺい率の限度$$

建ぺい率の限度は、用途地域に応じて定められている。

1種低層住専 2種低層住専 1種中高層住専 2種中高層住専	3／10、4／10、5／10、6／10 のいずれか
1種住居 2種住居 準住居	5／10、6／10、8／10 のいずれか

○制限の異なる2以上の用途地域にわたる敷地の場合

面積加重平均（各部分の計算値の合計）によって求める。

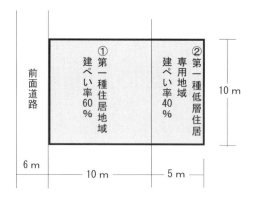

（1）第一種住居地域の算定
　　　10 × 10 × 60% = 60 m^2
（2）第一種低層住居専用地域の算定
　　　10 × 5 × 40% = 20 m^2
　　　　したがってこの敷地の建築可能面積は、80 m^2 となる。

10 建ぺい率の緩和 （法第53条3～6項）

建ぺい率は以下の場合には緩和措置が定められている。
A　一種住居・二種住居・準住居又は準工業、商業、近隣商業地域内で建ぺい率の限度が8/10とされている地域外で、かつ、「防火地域」内にある「耐火建築物」は、建ぺい率が10％緩和される。
B　街区の角地にある敷地又は、これに準ずる敷地で特定行政庁が指定した場合は、定められた建ぺい率が10％緩和される。
　　AとBの両方が適用される敷地の場合は、建ぺい率が20％緩和される。
C　建ぺい率の限度が80％とされている地域内で、かつ防火地域内に耐火建築物を建築する場合には、建ぺい率の制限は適用されない。
　　ただし、建ぺい率を割り出す建築面積は、壁や柱の中心線で囲まれた部分（壁芯面積）の水平投影面積である。壁や柱の厚さの1/2は、面積に含まれないため、外壁を仕上げた面積より実際の建築面積は少なくなる。このことから、建ぺい率100％という建物は、現実には存在しないことになる。

○**敷地が防火地域の内外にわたる場合**（法第53条7項）
　その敷地の建築物の全部が耐火建築である場合は、敷地は全て防火地域内にあるものと見なす。

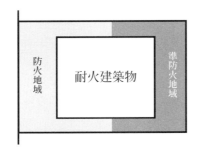

[事例]　下図のような敷地に建つ耐火建築物の建ぺい率の限度について

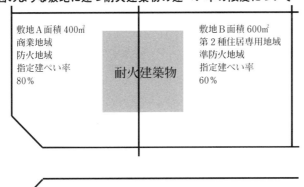

● 敷地Aについて、近隣商業地域指定建ぺい率が8/10とされている地域内で且つ、防火地域内の耐火建築物は建ぺい率の制限が無い（法第53条5項）
　したがって敷地Aには100％（400 m²）建築可能
● 敷地Bについて、角地の特例10％と商業地域・準商業地域以外の地域で防火地域内の耐火建築物であり10％緩和される。指定建ぺい率60％に合計20％を加算し80％となる。
　　600 × 0.8 = 480 m²　　　　　　　合計　880 m²（400 m² + 480 m²）

11 容積率（法第52条）

容積率とは、「延べ面積の敷地面積に対する割合」のことである。

$$容積率 = \frac{建築物の延べ面積}{建築物の敷地面積} \leq 容積率の限度$$

容積率の限度は、
（1）用途地域に応じて都市計画で定められたもの
（2）前面道路の幅員に応じて定められるもの
の2種類あり、そのうち厳しい方の限度がその敷地の容積率の限度となる。

○用途地域に応じて都市計画で定められたもの

1種低層住専 2種低層住専	5/10、6/10、8/10、10/10、15/10、20/10 のいずれか
1種中高層住専 2種中高層住専 1種住居 2種住居 準住居	10/10、15/10、20/10、30/10、40/10、50/10 のいずれか

○前面道路の幅員に応じて定められるもの（前面道路が幅員12m未満の場合）
　　住居系の用途地域内→前面道路の幅員×4/10
　　その他の地域内→前面道路の幅員×6/10

[事例]

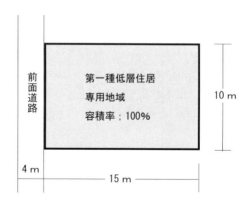

（1）指定容積率　10/10
（2）前面道路の幅員による容積率　4 × 4/10 = 16/10
きびしい方が容積率の限度となるので、この敷地の容積率の限度は 10/10

なお、敷地の延べ面積の最大限度は、
10 × 15 × 10/10 = 150 m² となる。

12　延べ面積の算定基準 (令第2条1項4号・3項)

　延べ面積は、建築物の各階の床面積の合計による。
　ただし、容積率の算定に際しては、自動車車庫又は自転車の停留又は駐車のための部分は、延べ面積の1/5を限度として床面積に算入しない。(1項四号・3項)

(事例1)

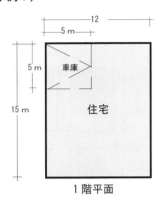
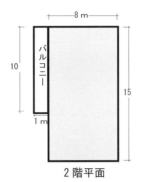

1階平面　　　　　　2階平面

延べ面積の計算
- 1階部分
  $12m × 15m - 5m × 5m = 155 m^2$
  　事例1では、車庫面積25 m^2 であり、延べ面積300m^2 の1/5 より小さいため、床面積に算入されない。
- 2階部分
  $8m × 15m = 120 m^2$
  (注) 2階バルコニーは、出幅が1mであるため、床面積に算入されない。
- 延べ面積 (a) + (b)
  $155 m^2 + 120 m^2 = 275 m^2$

(事例2)
○**適用の除外** (法第3条2項・令第137条の8・3項)

　増築(又は改築)後における自動車車庫等の床面積の合計が増築(又は改築)後における建築物の床面積の合計の 1/5 を超えない場合は、容積率の規定は適用しない。(令第137条の8)

延べ面積の計算

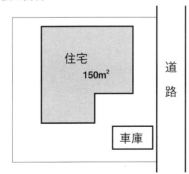

建築可能な車庫の延べ面積の計算事例(敷地内にすでに容積率の限度いっぱいに150 m^2 の住宅が建っている場合)

容積率の算定上、延べ面積に算入されない車庫部分の面積$α$は、
$α = (150 + α)/5$　　$α = 37.5$
37.5m^2 までは容積率の算定上、延べ面積に算入されない。

13 建築面積の算定基準（令第２条１項２号）

　建築面積は、建築物（地階で地盤面上１m以下にある部分を除く）の外壁又はこれに代わる柱の中心線（軒、ひさし、はね出し縁その他これらに類するもので当該中心線から水平距離１m以上突き出たものがある場合においては、その端から水平距離１m後退した線）で囲まれた部分の水平投影面積による。

[事例] カーポート

建築面積
3.0 m × 1.6 m = 4.8 m²

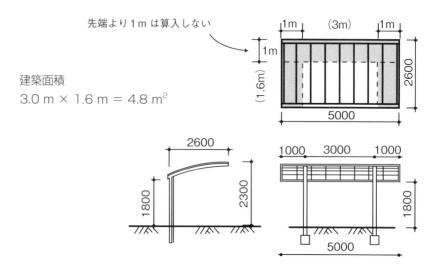

　参考：防火地域又は準防火地域以外で 10 m² 以内の増築は確認申請不要

●高い開放性を有すると認めて指定する構造の建築物は、その端から水平距離1m後退した線で囲まれた部分の水平投影面積による。（令第２条１項２号）（建設省告示第1437号）

高い開放性を有すると認められる構造の条件と建築面積の算定
1. 外壁を有しない部分が連続して４m以上
2. 柱の間隔が２m以上
3. 天井の高さが2.1m以上
4. 地階を除く階数が１

14 道路の定義 (法第42条1・2項)

「道路」とは、幅員4m以上で次に掲げるものをいう。
①公道（道路法・都市計画法等による道路）
②この規定が適用される以前に存在する道
③都市計画道路で、2年以内にその事業が執行される予定のもの
④私道で、これを築造しようとする者が特定行政庁から"道路の位置の指定"を受けたもの

○**緩和措置**（法第42条2項道路）

　この規定が適用される以前に建築物が立ち並んでいる幅員4m未満の道で、特定行政庁の指定したものは道路とみなし、その中心線から水平距離2m（指定された区域内においては、3m）の線をその道路の境界線とみなす。ただし、その中心線から水平距離2m未満で崖地、川、線路敷地などに沿う場合には、その崖地等の道の側の境界線及びその境界線から道の側に水平距離4mの線をその道路の境界線とみなす。

　なお、この場合、道路の境界線とみなされる線より道路側の敷地の部分は、敷地面積とはみなされない。

図2-6-7　法42条2項道路

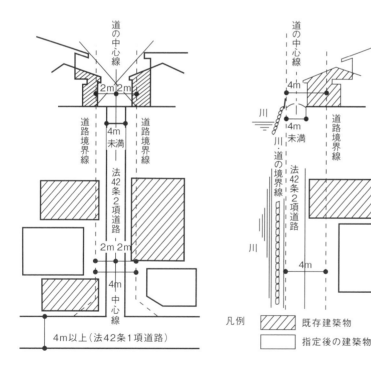

15 道に関する基準（令第144条の4）

位置指定道路は、次の基準に適合するものとする。
①両端が他の道路に接続していること。
　ただし、袋路状道路（行き止まり道路）であっても以下の場合は認められる。
　イ　延長が35m以下のもの。
　ロ　終端と区画35m以内ごとに自動車の転回広場を設けたもの。
　ハ　幅員が6m以上のもの。
②交差点に辺の長さ2mの二等辺三角形のすみ切を設けること。
③砂利敷その他ぬかるみとならない構造であること。
④縦断勾配が12％以下で、階段状でないこと。
⑤私道及び周辺敷地内の排水に必要な側溝等を設けること。

図2-6-8　法42条1項五号の「位置指定道路」の基準

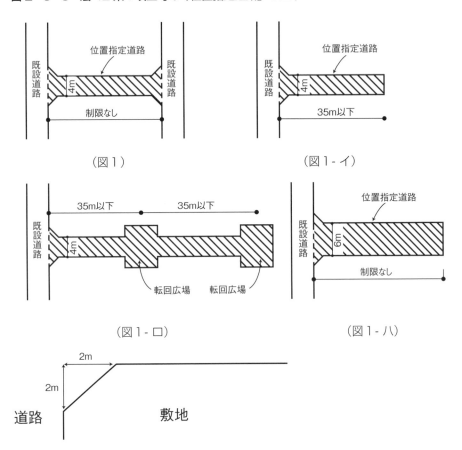

16　組積造の塀 (令第52・61条)

組積造の塀の構造は、次の通りとする。(令第61条)
一　高さは、1.2m以下とすること。
二　各部分の壁の厚さは、その部分から壁の頂上までの垂直距離の10分の1以上とすること。
三　長さ4m以下ごとに、壁面からその部分における壁の厚さの1.5倍以上突出した控壁を設けること。
四　基礎の根入れの深さは、20cm以上とすること。

組積造の施工に当たっては、次の通りとすること。(令第52条)
　　組積造に使用するれんが、石、コンクリートブロックその他の組積材は、組積するに当たって充分に水洗いをしなければならない。
2　組積材は、その目地塗面の全部にモルタルが行きわたるように組積しなければならない。
3　前項のモルタルは、セメントモルタルでセメントと砂との容積比が1対3のもの若しくはこれと同等以上の強度を有するもの又は石灰入りセメントモルタルでセメントと石灰と砂との容積比が1対2対5のもの若しくはこれと同等以上の強度を有するものとしなければならない。
4　組積材は、芋目地ができないように組積しなければならない。

図2-6-9　組積造の塀の構造

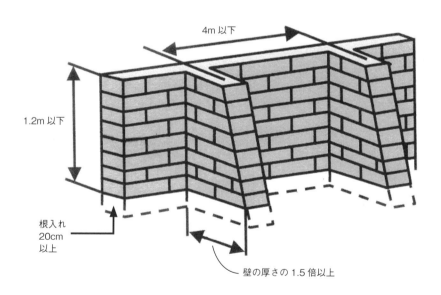

17 補強コンクリートブロック造

○目地及び空洞部（令第62条の6）

コンクリートブロックは、その目地塗面の全部にモルタルが行きわたるように組積し、鉄筋を入れた空洞部及び縦目地に接する空洞部は、モルタル又はコンクリートで埋めなければならない。

2　補強コンクリートブロック造の耐力壁、門又は塀の縦筋は、コンクリートブロックの空洞部内で継いではならない。ただし、溶接接合その他これと同等以上の強度を有する接合方法による場合においては、この限りでない。

18 補強コンクリートブロック造の塀（令第62条の8）

補強コンクリートブロック造の塀は、次の通りとする（高さ1.2m以下の塀にあっては、第五号及び第七号を除く）。ただし、構造計算によって安全が確かめられた場合はこの限りでない。

一　高さは2.2m以下とすること。
二　壁の厚さは、15cm（高さ2m以下の塀は、10cm）以上とすること。
三　壁頂及び基礎には横に、壁の端部及び隅角部には縦に、それぞれ径9mm以上の鉄筋を配置すること。
四　壁内には、径9mm以上の鉄筋を縦横に80cm以下の間隔で配置すること。
五　長さ3.4m以下ごとに、径9mm以上の鉄筋を配置した控壁で基礎の部分において壁面から高さの5分の1以上突出したものを設けること。
六　鉄筋の末端は、かぎ状に折り曲げて、縦筋は壁の頂上及び基礎の横筋に、横筋にあってはこれらの縦筋に、それぞれかぎ掛けして定着すること。ただし、縦筋をその径の40倍以上基礎に定着させる場合は、縦筋の末端は、基礎の横筋にかぎ掛けしないことができる。
七　基礎の丈は、35cm以上とし、根入れの深さは30cm以上とすること。

図2-6-10　補強コンクリートブロック造の塀の構造

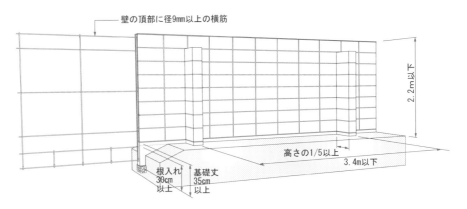

⑲ **工事現場の危害防止**（法第 89 条、令第 136 条の 2 〜 8）

○**工事現場における確認の表示・図書の備え付け**（法第 89 条）

　工事現場の見やすい場所に、建築主、設計者、工事施工者及び工事の現場管理者の氏名又は名称並びに確認済みである旨の表示をし、工事にかかる設計図書も備えておかなければならない。

○**仮囲い**（令第 136 条の 2 の 20）

　2 階建て以上の建築物（木造では高さが 13 m 若しくは軒の高さが 9 m を超えるもの）について、工事現場の周囲にその地盤面からの高さが 1.8 m 以上の板塀その他これに類する仮囲いを設けなければならない。

○**落下物に対する防護**（令第 136 条の 5）

　工事現場の境界線からの距離が 5 m 以内で、地盤面からの高さが 3 m 以上の場所からくず、ごみその他飛散するおそれのある物を投下する場合においては、ダストシュートを用いること。

　工事をする部分が境界線から距離が 5 m 以内で、高さが 7 m 以上ある時、はつり、除却、外壁の修繕等に伴う落下物によって工事現場の周辺に危害を生ずるおそれがあるときは、鉄鋼又は帆布でおおう等落下物による危害を防止するための措置を講じなければならない。

○**工事用材料の集積**（令第 136 条の 7）

　工事用材料の集積は、倒壊、崩落等による危害の少ない場所に安全にしなければならない。

○**火災の防止**（令第 136 条の 8）

　建築工事等において火気を使用する場合においては、その場所に不燃材料の囲いを設ける等防火上必要な措置を講じなければならない。

exterior planner handbook

2-3 都市計画法の概要

　この法律は、都市計画の内容及びその決定手続き、都市計画制限、都市計画事業その他都市計画に関し必要な事項を定めることにより、都市の健全な発展と秩序ある整備を図り、もつて国土の均衡ある発展と公共の福祉の増進に寄与することを目的とする。

① 区域区分 （法第7条）

　都市計画区域について無秩序な市街化を防止し、計画的な市街化を図るため必要があるときは、都市計画に、市街化区域と市街化調整区域との区分を定めることができる。

○市街化区域・市街化調整区域

　都市計画区域は、原則として市街化区域と市街化調整区域に区分し無秩序な市街化を防止し、計画的な市街化を図るものである。

- ・市街化区域は、すでに市街化を形成している地域及びおおむね10年以内に市街化を図る区域
- ・市街化調整区域は、市街化を抑制すべき区域であり、建築行為等は原則として禁止されている。

② 地域地区と用途地域の内容 （法第8・9条）

　都市計画区域については、都市計画に、次に掲げる地域、地区又は街区で必要なものを定めることができる。

- ・用途地域………敷地の用途等を定めた地域（内容は後述）
- ・景観地区………景観法第61条第1項の規定
- ・緑化地域………都市緑地法の規定による緑化地域
- ・風致地区………都市の風致を維持するため定めた地区
- ・防火地域・準防火地域……市街地における火災の危険を防除するため定める地域
- ・伝統的建造物群保存地区……文化財保護法の規定による伝統的建造物群保存地区

　その他、特別用途地区、高度地区又は高度利用地区、歴史的風土特別保存地区、生産緑地法による生産緑地地区などが都市計画によって定められている場合があるので、対象敷地については、これらの指定地に該当するかどうか事前調査が必要である。

○用途地域の種類 （法第9条）

第1種低層住居専用地域 ⇨ 低層住宅に係る良好な住居の環境を保護する地域
第2種低層住居専用地域 ⇨ 主として低層住宅に係る良好な住居の環境を保護する地域
第1種中高層住居専用地域 ⇨ 中高層住宅に係る良好な住居の環境を保護する地域
第2種中高層住居専用地域 ⇨ 主として中高層住宅に係る良好な住居の環境を保

exterior planner handbook

護する地域

第 1 種住居地域 ⇨ 住居の環境を保護するため定める地域

第 2 種住居地域 ⇨ 主として住居の環境を保護するため定める地域

準住居地域 ⇨ 道路の沿道としての地域の特性にふさわしい業務の利便の増進を図りつつ、これと調和した住居の環境を保護するため定める地域

近隣商業地域 ⇨ 近隣の住宅地の住民に対する日用品の供給を行うことを主たる内容とする商業その他の業務の利便を増進する地域

商業地域 ⇨ 主として商業その他の業務の利便を増進するため定める地域

準工業地域 ⇨ 主として環境の悪化をもたらすおそれのない工業の利便を増進する地域

工業地域 ⇨ 主として工業の利便を増進するため定める地域

工業専用地域 ⇨ 工業の利便を増進するため定める地域

③ **地区計画**（法第 12 条の 5）

地区計画は、都市計画法に基づいて、地区レベルでのきめ細やかなまちづくりをめざし、市町村がそれぞれの地区の特性に応じて、細街路や小公園などの地区施設と、建築物の用途や形態、敷地などについて一体的・総合的な都市計画を定め、その計画に基づいて建築行為や開発行為を誘導・規制することにより、良好な都市環境の整備と保全を図ろうとする制度である。

この制度は市町村が定める都市計画とされ、計画の策定にあたっては、地区住民など関係者の意見を十分取り入れるよう義務づけられている。

建築協定との相違点は、建築協定は建築基準法に基づいて、地域の住民が自発的にルールを取り決めるが、地区計画は、市町村が地区住民の意見を聞いて都市計画法に基づいて制定される。

エクステリアに関連する具体的な事項としては、壁面の位置の制限、壁面後退区域（壁面の位置の制限として定められた限度の線と敷地境界線との間の土地の区域をいう。以下同じ。）における工作物の設置の制限、建築物等の高さの最高限度又は最低限度、建築物等の形態又は色彩その他の意匠の制限、建築物の緑化率（都市緑地法第 34 条第 2 項に規定する緑化率をいう。）の最低限度などがある。

④ **建築等の届出等**（法第 58 条の 2、令第 38 条の 4）

地区計画の区域内において、土地の区画形質の変更、建築物の建築その他政令で定める行為を行おうとする者は、行為に着手する 30 日前までに市町村長に届け出なければならない。

政令で定める事項（概略）

1. 建築物等の用途変更
2. 工作物の建設及び変更（ただし、物干場、建築設備等は除く）

exterior planner handbook

表2-3-1 「まちづくり」に関する各種制度の比較

制限項目	地区計画 地区整備計画	地区計画 建築条例	建築協定	景観協定	緑地協定
建築物の用途	○	○	○	×	×
建築物の形態	○	○	○	○	×
容積率の最高限度又は最低限度	○	○	○	×	×
建ぺい率の最高限度	○	○	○	×	×
敷地面積の最低限度	○	○	○	○	×
建築物の階数	×	×	○	×	×
増築の制限	×	×	○	×	×
敷地分割の禁止	×	×	○	×	×
壁面の位置	○	○	○	○	×
建築物又は工作物の意匠	○	○	○	○	×
建築物の構造基準	×	×	○	×	×
建築物の設備基準	×	×	○	×	×
地盤改変の禁止	×	×	○	○	×
「かき」又は「さく」の制限	○	○	○	○	○
緑化の義務づけ	○	×	○	○	○
樹林地・草地の保全	○	×	×	○	○
地区施設の配置及び規模	○	×	×	×	×
高さの最高限度又は最低限度	○	○	×	○	×

図2-3-1 まちづくりに関する協定等で定める項目の事例

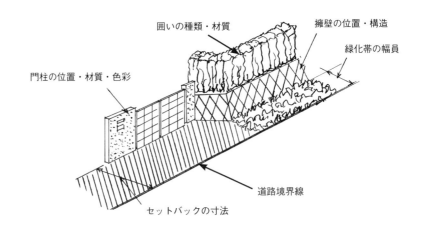

2-4 都市緑地法の概要

　都市緑地法は、都市における緑地の保全及び緑化の推進に関し必要な事項を定めることにより、良好な都市環境の形成を図り、健康で文化的な都市生活の確保に寄与することを目的とする。

① 緑地の保全及び緑化の推進に関する基本計画（法第4条）

　市町村は、都市における緑地の適正な保全及び緑化の推進に関する措置で主として都市計画区域内において講じられるものを総合的かつ計画的に実施するため、緑地の保全及び緑化の推進に関する基本計画を定めることができる。

② 緑化地域と緑化率（法第34条）

　都市計画区域内の用途地域が定められた区域のうち、良好な都市環境の形成に必要な緑地が不足し、建築物の敷地内において緑化を推進する必要がある区域については、都市計画に、緑化地域を定めることができる。

(1) 緑化の義務づけの対象（令第9条）

　義務づけの対象となるのは、敷地面積が原則 1,000m^2 以上の建築物の新築又は増築である。（特に必要がある場合、条例で敷地面積の対象規模を 300m^2 まで引き下げることができる）

(2) 緑化率の最低限度（法第34条）

　緑化地域では、緑化率の最低限度を定める。

　緑化率とは、建築物の緑化施設（植栽、花壇その他の緑化のための施設及び敷地内の保全された樹木並びにこれらに附属して設けられる園路、土留その他の施設をいう。）の面積の敷地面積に対する割合をいう。

　対象となる地域及び敷地の規模等は、それぞれの市町村で定めるが、緑化率の最低限度は「2.5/10」とする。

○建築物の緑化率の算定の基礎となる緑化施設の面積（規則第9条）

　緑化施設の面積は、次の各号に掲げる緑化施設の区分に応じ、算出した面積の合計とする。

　一　建築物の外壁に緑化した場合は、その部分の鉛直投影面積の合計とする。

　二　樹木の次のいずれかの方法により算出した面積の合計

　　（1）樹木ごとの樹冠の水平投影面積の合計

　　（2）樹木（高さ1m以上のものに限る。）ごとの樹冠の水平投影面積については、樹木の高さが1m以上2.5m未満の場合は、半径1.1mの円とみなして算出した円の水平投影面積、樹木の高さ2.5m以上4m未満の場合は、半径1.6mの円、高さ4m以上の樹木は半径2.1mの円とみなして算出した円の水平投影面積の合計とする。ただし、円の重なる部分を除く。

　三　芝張り部分、水流、池、花壇その他これらに類するものについては、樹木の

exterior planner handbook

陰となる部分を除きその水平投影面積の合計とする。

（3）地区計画等の区域内における**緑化率規制**（法第 39 条）

　地区計画等の区域内において、建築物の緑化率の最低限度や建築物の新築又は増築及びそれらの建築物の維持保全に関する制限を条例で定めることができる。（名称は、各市町村によってそれぞれ異なる）

③　緑地協定

　街を良好な環境にするため、土地所有者等の合意によって緑地の保全や緑化に関する協定を締結する制度である。協定には以下の２つの種類がある。

①全員協定（45 条協定）
　既にコミュニティの形成がなされている市街地における土地所有者等の全員の合意により協定を締結し、市町村長の認可を受ける。
②一人協定（54 条協定）
　開発事業者が分譲前に市町村長の認可を受けて定めるもので、３年以内に複数の土地の所有者等が存在することになった場合に効力を発揮する。

■協定の内容
　緑地協定においては、目的となる土地の区域並びに、次に掲げる事項のうち必要なものを定める。
　　１）保全又は植栽する樹木等の種類
　　２）樹木等を保全又は植栽する場所
　　３）保全又は設置する垣又はさくの構造
　　４）保全又は植栽する樹木等の管理に関する事項
　　５）その他緑地の保全又は緑化に関する事項
　　６）緑地協定の有効期間
　　７）緑地協定に違反した場合の措置

（1）緑地協定区域隣接地
　緑地協定においては、緑地協定区域に隣接した土地を「緑地協定区域隣接地」として定めることができる。隣接する一団の土地を緑地協定区域の一部とすることにより、地域の良好な環境の確保に資するものとして、緑地協定区域内の土地所有者等が希望して定めることができる。緑地協定区域隣接地は、緑地協定区域と一体性を有する土地で、その境界が明確に定められていなければならない。

（2）緑地協定の認可（法第 47 条）
　緑地協定は、市町村長の認可を受けなければならない。
　市町村長は、緑地協定の認可の申請が法令に違反しておらず、土地の利用を不当に制限するものでない場合は認可しなければならない。

（3）緑地協定の変更（法第 48 条）
　緑地協定において定めた事項を変更しようとする場合においては、その全員の合意をもってその旨を定め、市町村長の認可を受けなければならない。

exterior planner handbook

(4) 緑地協定の効力 (法第50条)

　認可の公告のあった緑地協定は、その後、緑地協定区域内の土地所有者等となった者に対しても、その効力があるものとする。

(5) 緑地協定の認可の公告のあつた後、緑地協定に加わる手続等 (法第51条)

　緑地協定区域内の土地の所有者で協定の効力が及ばないものは、公告のあった後いつでも、市町村長に対して書面でその意思を表示することによって、協定に加わることができる。

(6) 緑地協定の廃止 (法第52条)

　緑地協定区域内の土地所有者等は、認可を受けた緑地協定を廃止しようとする場合、その過半数の合意をもってその旨を定め、市町村長の認可を受けなければならない。

exterior planner handbook

2-5　景観法の概要

　この法律の目的は、都市、農山漁村等における良好な景観の形成を促進するため、景観計画の策定その他の施策を総合的に講ずることにより、美しく風格のある国土の形成、潤いのある豊かな生活環境の創造及び個性的で活力ある地域社会の実現を図り、もって国民生活の向上並びに国民経済及び地域社会の健全な発展に寄与することである。

①　景観計画及びこれに基づく措置（法第8条）

　景観行政団体（通常は市町村）は、現存する良好な景観を保全する必要があると認められる区域や地域の特性にふさわしい良好な景観を形成する必要があると認められる区域、土地利用の動向等からみて、不良な景観が形成されるおそれがあると認められる土地の区域などでは、良好な景観の形成に関する計画（景観計画）を定めることができる。（都市計画区域外でも指定可能）
　景観計画においては、次に掲げる事項を定めるものとする。
　1）景観計画の区域及び良好な景観の形成に関する方針
　2）良好な景観の形成のための行為の制限に関する事項
　　イ　建築物又は工作物の形態又は色彩その他の意匠の制限
　　ロ　建築物又は工作物の高さの最高限度又は最低限度
　　ハ　壁面の位置の制限又は建築物の敷地面積の最低限度

■景観計画区域内の届出義務（法第16条、令第4条）

　景観計画区域内において次の行為を行う時は、行為の種類、場所、設計又は施工方法、着手予定日その他国土交通省令で定める事項を景観行政団体の長に届け出なければならない。
　　1）建築物及び工作物の新築、増築、改築若しくは移転、外観を変更することとなる修繕若しくは模様替又は色彩の変更を行う時
　　2）土地の開墾、土石の採取、鉱物の掘採その他の土地の形質の変更
　　3）木竹の植栽又は伐採
　　4）屋外における土石、廃棄物、再生資源その他の物件の堆積
　　5）水面の埋立て又は干拓
　　6）夜間において公衆の観覧に供するため、一定の期間継続して建築物その他の工作物又は物件の外観について行う照明

■勧告及び原状回復命令・代執行（法第16条、第17条）

　届出の内容が景観計画に定められた制限に適合しないときは、届出をした者に対し、設計の変更その他の必要な措置をとることを勧告することができる。
　勧告等の処分に従わない者は、相当の期限を定めて、その原状回復を命じ、又は原状回復が著しく困難である場合に、これに代わるべき必要な措置をとることを命ずることができる。

exterior planner handbook

② **景観地区**（法第61条）

市町村は、都市計画区域又は準都市計画区域内に、市街地の良好な景観の形成を図るため、都市計画に、景観地区を定めることができる。

景観地区では以下に掲げる事項のうち必要なものを定めるものとする。

1）良好な景観の形成のための行為の制限に関する事項
　イ　建築物の形態意匠の制限
　ロ　建築物の高さの最高限度又は最低限度
　ハ　壁面の位置の制限
　ニ　建築物の敷地面積の最低限度

■工作物の形態意匠等の制限（法第72条）

市町村は、景観地区内の工作物について条例で、その形態意匠の制限、その高さの最高限度若しくは最低限度又は壁面後退区域における工作物の設置の制限を定めることができる。

■違反建築物に対する措置（法第64条、65条）

違反した建築物があるときは、建築等工事主、工事の請負人（下請人を含む）若しくは現場管理者又は建築物の所有者、管理者に対し、工事の施工の停止を命じ、又は相当の期限を定めて当該建築物の改築、修繕、模様替、色彩の変更その他、違反を是正するために必要な措置をとることを命じ、その旨を公示する。

国土交通大臣又は都道府県知事は、違反に係る者について、建築士法、建設業法又は宅地建物取引業法による業務の停止の処分その他必要な措置を講ずるものとする。

③ **景観協定**（法第81条）

景観計画区域内の一団の土地の所有者及び借地権を有する者は、その全員の合意により、良好な景観の形成に関する協定（景観協定）を締結することができる。

景観協定には、次に掲げる事項のうち、必要なものを定める。

　イ　建築物の形態意匠に関する基準
　ロ　建築物の敷地、位置、規模、構造、用途又は建築設備に関する基準
　ハ　工作物の位置、規模、構造、用途又は形態意匠に関する基準
　ニ　樹林地、草地等の保全又は緑化に関する事項
　ホ　屋外広告物の表示又は屋外広告物を掲出する物件の設置に関する基準
　ヘ　景観協定の有効期間及び協定に違反した場合の措置

なお、それぞれの地域における具体的な規制内容は、各市町村の定める景観条例並びに同施行規則による。

④ **景観重要建造物及び景観重要樹木**

地域のランドマークとなる景観上重要な建築物、工作物及び景観重要樹木を指定して積極的に保全する。

exterior planner handbook

2-6 建設業法の概要

この法律は、建設業を営む者の資質の向上、建設工事の請負契約の適正化等を図ることによって、建設工事の適正な施工を確保し、発注者を保護するとともに、建設業の健全な発達を促進し、公共の福祉の増進に寄与することを目的とする。

1 建設業の種類 (法第2条)

建設業は29の業種に分けられ、許可を受けて建設業を営む者を建設業者という。

土木工事業※	電気工事業※	さく井工事業	熱絶縁工事業
建築工事業※	管工事業※	板金工事業	電気通信工事業
大工工事業	鋼構造物工事業※	ガラス工事業	造園工事業※
左官工事業	鉄筋工事業	塗装工事業	建具工事業
とび、土工工事業	舗装工事業※	防水工事業	水道施設工事業
石工事業	屋根工事業	内装仕上工事業	消防施設工事業
れんが、タイル、ブロック工事業	しゅんせつ工事業	機械器具設置工事業	清掃施設工事業
解体工事業			

※印は指定建設業

2 大臣許可と知事許可

2以上の都道府県の区域内に営業所を設けて営業する場合は、国土交通大臣の許可を受ける。同一都道府県の区域内に営業所を設けて営業する場合は、都道府県知事の許可を受ける。

建設業の許可の有効期限は、5年間（法第3条3項）であり、許可を受けた者は帳簿等の保管義務を負う。（法第31条）

○軽微な建設工事 (令第1条の2)

建設業を営もうとする者であっても、以下の軽微な建設工事のみを請け負って営業する者は、建設業の許可を受けなくてもよいが、建設業を営む者は、建設業の種類に対応する建設業ごとに許可が必要となる。

以下の工事のみ請け負う建設業者か？
①工事1件の請負代金の額が、建築一式工事にあっては1,500万円に満たない工事
②延べ面積が150m^2に満たない木造住宅工事
③建築一式工事以外の建設工事で500万円に満たない工事

YES →  建設業の許可不要

NO →  建設業の許可必要

exterior planner handbook

3 特定建設業と一般建設業の許可（法第3条）

○**特定建設業と一般建設業**

建設業の許可は、特定建設業と一般建設業にわかれる。

「特定建設業」とは、発注者から直接請け負った1件の建設工事につき下請け代金の総額が、5,000万円（建築工事業では8,000万円）以上で下請契約する建設業者をいう。（令第2条）

「一般建設業」とは、「特定建設業」以外の建設業をいう。（法第3条1項）

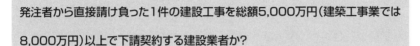

○**請負契約とみなす場合**（法第24条）

委託その他いかなる名義をもってするかを問わず、報酬を得て建設工事の完成を目的として締結する契約は、建設工事の請負契約とみなして、この法律の規定を適用する。

4 技術者の設置 （法第26条）

○技術者の設置

　建設工事の施工にあたり、工事現場には技術上の管理を行う「主任技術者」又は「監理技術者」を置かなければならない。主な業務は、工事現場における建設工事を適正に実施するため、施工計画の作成、工程管理、品質管理その他の技術上の管理及びその工事の施工に従事する者の技術上の指導監督の職務を行う。（法第26条・26条の4）

　一方、工事の施工に従事する者は、主任技術者又は監理技術者がその職務として行う指導に従わなければならない（法第26条の4）。

　一般には、建設工事の現場には主任技術者を置けばよいが、発注者から直接建設工事を請負った特定建設業者は、その工事の下請契約代金の額が5,000万円（建築工事業では8,000万円）以上となる場合においては、監理技術者を置かなければならない。

　監理技術者は、「監理技術者資格者証」の交付を受けたもの等でなければならない（法第26条第5項）。

　公共性のある施設等又は多数の者が利用する施設等に関する重要な建設工事で政令で定めるものについては、工事現場ごとに専任の主任技術者又は監理技術者を置かなければならない。ただし、条件によっては専任の者でなくてもよい。（法第26条第3項）

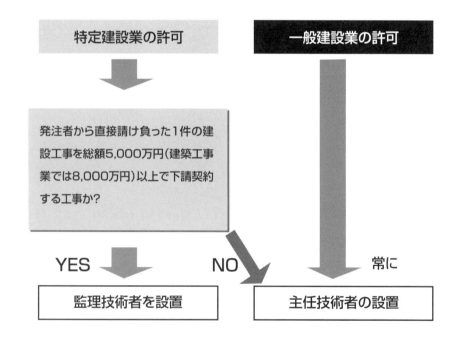

⑤ **請負契約書** （法第 19・20・24 条の 3）

○請負契約書の内容（法第 19 条）

請負契約書には次の事項等を記載して、署名又は記名押印して相互に交付しなければならない。

1）工事内容
2）請負代金の額
3）工事着手の時期及び工事完成の時期
4）請負代金の全部又は一部の前金払い又は出来形部分に対する支払の定めをするときは、その支払の時期及び方法
5）注文者が工事に使用する資材を提供し、又は建設機械その他の機械を貸与するときは、その内容及び方法に関する定め
6）価格等の変動又は変更に基づく工事内容の変更又は請負代金の額の変更及びその額の算定方法に関する定め
7）工事の施工により第三者が損害を受けた場合における賠償金の負担に関する定め
8）工事完成後における請負代金の支払の時期及び方法
9）契約に関する紛争の解決方法

請負契約の当事者は、請負契約の内容で前項に掲げる事項に該当するものを変更するときは、その変更の内容を書面に記載し、署名又は記名押印して相互に交付しなければならない。

○見積り等（法第 20 条）

建設業者は、工事の種別ごとに材料費、労務費その他の経費の内訳を明らかにして見積りを行うように努めなければならない。

建設業者は、注文者から請求があったときは請負契約が成立するまでの間に見積書を提示しなければならない。

注文者は、建設業者が当該工事の見積りをするために必要な一定の期間を設けなければならない。

○元請人の義務等

元請負人が注文者から支払いを受けたときは、下請負人に対して、支払いを受けた日から 1 月以内で、且つ、できる限り短い期間内に支払わなければならない。（法第 24 条の 3） 元請負人は、下請負人から工事が完成した旨の通知をうけたときは、20 日以内で、且つ、できる限り短い期間内にその完成を確認する検査を完了しなければならない。（法第 24 条の 4）元請負人は、検査によって建設工事の完了を確認した後、直ちに目的物の引渡しを受けなければならない。（法第 24 条の 4）

発注者の書面による同意なくしては、工事を一括して他人に請け負わせてはならない。（法第 22 条）

建設業者はその店舗及び現場毎に、公衆の見やすい場所に省令で定める標識を掲げなければならない。（法第 40 条）

exterior planner handbook

2-7 労働安全衛生法の概要

　この法律は、労働基準法と相まって、労働災害の防止のための危害防止基準の確立、責任体制の明確化及び自主的活動の促進の措置を講ずる等、その防止に関する総合的計画的な対策を推進することにより職場における労働者の安全と健康を確保すると共に快適な職場環境の形成を促進することを目的とする。

1 事業者等の責務（安衛法第3・4条）

事業者（法3条1項）　労働者の安全と健康を確保する。

注文者等（法3条3項）　施工方法、工期等について安全で衛生的な作業の遂行をそこなうおそれのある条件を附さないように配慮する。

労働者（法第4条）　災害を防止するため必要な事項を守るほか、災害防止の措置に協力する。

○**作業主任者の選任**（安衛法第14条、令6条）

　事業者は、次の作業については、作業主任者を選任し、作業に従事する労働者を指揮・監視しなければならない。
　　1）型わく支保工の組立て又は解体の作業
　　2）つり足場、張出し足場又は高さが5m以上の構造の足場の組立て、解体又は変更の作業
　※作業主任者は、それぞれの作業の技能講習修了者である。

図2-9-1　作業主任者の選任

一、作業の方法を決定し、作業を直接指揮する。
二、材料の欠点の有無並びに器具工具を点検し、不良品を取り除く。
三、作業中、安全帯及び保護帽の使用状況を監視する。

作業主任者

○**事故報告**（安衛規則第96条）

　事業者は、事業場又はその附属建設物内で、火災又は爆発の事故や機械集材装置、巻上げ機又は索道の鎖又は索の切断の事故等が発生したときは、遅滞なく報告書を所轄労働基準監督署長に提出しなければならない。

○**労働者死傷病報告**（安衛規則第97条）

　事業者は、労働者が労働災害その他就業中又は事業場内若しくはその附属建設物内における負傷、窒息又は急性中毒により死亡し、又は休業したときは、遅滞なく報告書を所轄労働基準監督署長に提出しなければならない。

2 **安全基準**（安衛規則第 518・522 条他）

○作業床の設置等（安衛規則第 518・519 条）

　事業者は、高さが 2 m以上の箇所で作業を行うときは、足場を組み立てる等の方法により作業床を設けなければならない。

　作業床を設けることが困難なときは、防網を張り、労働者に要求性能墜落制止用器具を使用させる等、墜落による労働者の危険を防止するための措置を講じなければならない。

1　事業者は、高さが 2 m 以上の作業床の端、開口部等で墜落により労働者に危険を及ぼすおそれのある箇所には、囲い、手すり、覆い等（以下この条において「囲い等」という。）を設けなければならない。
2　事業者は、前項の規定により、囲い等を設けることが著しく困難なとき又は作業の必要上臨時に囲い等を取りはずすときは、防網を張り、労働者に要求性能墜落制止用器具を使用させる等墜落による労働者の危険を防止するための措置を講じなければならない。

○悪天候時の作業禁止（安衛規則第 522 条）

　事業者は、高さ 2 m 以上の箇所で作業を行う場合、強風、大雨、大雪等の悪天候のため、作業の実施について危険が予想されるときは、労働者を従事させてはならない。

○昇降するための設備の設置（安衛規則第 526 条）

　事業者は、高さ又は深さが 1.5 mを超える箇所で作業を行うときは、作業に従事する労働者が安全に昇降するための設備等を設けなければならない。

○高所からの物体投下による危険の防止（安衛規則第 536 条）

　事業者は、3 m以上の高所から物体を投下するときは、適当な投下設備を設け、監視人を置く等労働者の危険を防止するための措置を講じなければならない。

○保護帽の着用（安衛規則第 539 条）

　事業者は、上方で他の労働者が作業を行っているところにおいて作業を行うときは、物体の飛来又は落下による労働者の危険を防止するため、作業に従事する労働者に保護帽を着用させなければならない。

○移動はしご（安衛規則第 527 条）

　事業者は、移動はしごについては、次に定めるところに適合したものでなければ使用してはならない。
　一　丈夫な構造とすること。
　二　材料は、著しい損傷、腐食等がないものとすること。
　三　幅は、30 cm 以上とすること。
　四　すべり止め装置の取付けその他転位を防止するために必要な措置を講ずること。

○脚立（安衛規則第 528 条）

　事業者は、脚立については、次に定めるところに適合したものでなければ使用し

てはならない。

　一　丈夫な構造とすること。

　二　材料は、著しい損傷、腐食等がないものとすること。

　三　脚と水平面との角度を 75 度以下とし、かつ、折りたたみ式のものにあつては、脚と水平面との角度を確実に保つための金具等を備えること。

　四　踏み面は、作業を安全に行なうため必要な面積を有すること。

③　通路等（安衛規則第 540・552 条他）

○**通路**（安衛規則第 540 条）

　事業者は、作業場に通ずる場所及び作業場内には、労働者が使用するための安全な通路を設け、常時有効に保持しなければならない。

　通路で主要なものには、通路であることを示す表示をしなければならない。

○**架設通路**（安衛規則第 552 条）

　事業者は、架設通路については、次に定めるところに適合したものでなければ使用してはならない。

　1）丈夫な構造とすること。

　2）こう配は、30 度以下とすること。（階段を設けたもの・高さが 2m 未満で丈夫な手掛を設けたものは除く）

　3）こう配が 15 度を超えるものには、踏さんその他の滑止めを設けること。

　4）墜落の危険のある箇所には、高さ 85cm 以上の丈夫な手すりを設けること。ただし、作業上やむを得ない場合は、臨時にこれを取りはずすことができる。

　5）建設工事に使用する高さ 8 m以上の登りさん橋には、7 m以内ごとに踊場を設けること。

○**昇降するための設備の設置**（安衛規則第 526 条）

　事業者は、高さ又は深さが 1.5 mを超える箇所で作業を行うときは、作業に従事する労働者が安全に昇降するための設備等を設けなければならない。

○**はしご道**（安衛規則第 556 条）

　事業者は、はしご道については、次に定めるところに適合したものでなければ使用してはならない。

　1）丈夫な構造とすること。

　2）踏さんを等間隔に設けること。

　3）踏さんと壁との間に適当な間隔を保たせること。

　4）はしごの転位防止のための措置を講ずること。

　5）はしごの上端を床から 60cm 以上突出させること。

exterior planner handbook

2-8 建設工事に係る資材の再資源化等に関する法律の概要

この法律の目的は、特定の建設資材について、その分別解体及び再資源化等を促進するための措置を講ずるとともに、解体工事業者について登録制度を実施すること等により、再生資源の十分な利用及び廃棄物の減量等を通じて、資源の有効な利用の確保及び廃棄物の適正な処理を図り、生活環境の保全及び国民経済の健全な発展を図ることである。

① 定義 （法第2条）

再資源化

「再資源化」とは、次に掲げる行為であって分別解体等に伴って生じた建設資材廃棄物の運搬又は処分（再生することを含む）に該当するものをいう。
1) 分別解体等に伴って生じた建設資材廃棄物について、資材又は原材料として利用すること（建設資材廃棄物をそのまま用いることを除く。）ができる状態にする行為。
2) 分別解体等に伴って生じた建設資材廃棄物であって燃焼することができるもの又はその可能性のあるものについて、熱を得るために利用できる状態にする行為。

縮　減

「縮減」とは、焼却、脱水、圧縮その他の方法により建設資材廃棄物の大きさを減ずる行為をいう。

再資源化等

「再資源化等」とは、再資源化及び縮減をいう。

解体工事業

「解体工事業」とは、建設業のうち建築物等を除却するための解体工事を請け負う営業（その請け負った解体工事を他の者に請け負わせて営むものを含む。）をいう。

特定建設資材

「特定建設資材」とは、次に掲げる建設資材とする。（令第1条）
1) コンクリート
2) コンクリート及び鉄から成る建設資材
3) 木材
4) アスファルト・コンクリート

建設資材廃棄物

「建設資材廃棄物」とは、建設資材が廃棄物となったものをいう。

exterior planner handbook

② 建設業を営む者の責務 （法第5・6・9・10条）

○建設業を営む者の責務 （法第5条）
1) 設計及び用いる建設資材の選択、建設工事の施工方法等を工夫することにより、建設資材廃棄物の発生を抑制するとともに、分別解体等及び建設資材廃棄物の再資源化等に要する費用を低減するよう努めなければならない。
2) 建設資材廃棄物の再資源化により得られた建設資材を使用するよう努めなければならない。

○発注者の責務 （法第6条）
注文する建設工事について、分別解体等及び建設資材廃棄物の再資源化等に要する費用の適正な負担、並びに、再資源化により得られた建設資材の使用等により、分別解体等及び建設資材廃棄物の再資源化等の促進に努めなければならない。

○実施義務 （法第9条）
特定建設資材を用いた建築物等に係る解体工事又はその施工に特定建設資材を使用する新築工事であって、規模が基準以上のものの対象建設工事受注者又は自主施工者は、正当な理由がある場合を除き、分別解体等をしなければならない。

表2-11-1 分別解体をしなければならない規模の基準 （令2条）

工事の種類	規模の基準
建築物に係る解体工事	床面積の　合計 80m²
建築物に係る新築又は増築の工事	床面積の　合計 500m²
建築物に係る新築工事等であって上記以外のもの（リフォーム等）	請負代金の額 1 億円
建築物以外のものに係る解体工事又は新築工事等（土木工事等）	請負代金の額 500 万円

○対象建設工事の届出 （法第10条）
対象建設工事の発注者又は自主施工者は、工事に着手する日の7日前までに、次に掲げる事項を都道府県知事に届け出なければならない。
1) 解体工事である場合においては、解体する建築物等の構造
2) 新築工事等である場合においては、使用する特定建設資材の種類
3) 工事着手の時期及び工程の概要
4) 分別解体等の計画
5) 解体工事である場合においては、解体する建築物等に用いられた建設資材の量の見込み
6) その他主務省令で定める事項

3　分別解体等の実施 （法第12・13条他）

○分別解体等の実施

1）対象建設工事を発注しようとする者から直接当該工事を請け負おうとする建設業を営む者は、発注しようとする者に対し、定められた事項について、これらの事項を記載した書面を交付して説明しなければならない。（法第12条）

2）対象建設工事の請負契約の当事者は、建設業法に定めるもののほか、分別解体等の方法、解体工事に要する費用等を書面に記載し、署名又は記名押印をして相互に交付しなければならない。（法第13条）

3）対象建設工事の発注者又は自主施工者は、工事に着手する日の7日前までに、解体する建築物等の構造、使用する特定建設資材の種類、工事着手の時期及び工程の概要などを都道府県知事に届け出なければならない。（法第10条）

4）都道府県知事は、3）の届け出を受理した日から7日以内に限り、分別解体等計画の変更その他必要な措置を命ずることができる。（法第10条3項）

5）対象建設工事受注者は、その請け負った建設工事の全部又は一部を他の建設業を営む者（下請け業者）に請け負わせようとするときは、その下請け業者に対し、3）により届け出られた事項を告げなければならない。（法第12条2項）

6）対象建設工事の元請業者は、特定建設資材廃棄物の再資源化等が完了したときは、発注者に書面で報告するとともに、その再資源化等の実施状況に関する記録を作成し、保存しなければならない。（法第18条）

7）都道府県知事は、必要な限度において、その職員に、対象建設工事の現場又は工事受注者の営業所等に立ち入り、帳簿、書類その他の物件を検査させることができる。（法第43条）

　　都道府県知事は、必要な場合、対象建設工事受注者に対し、特定建設資材廃棄物の再資源化等の方法の変更その他必要な措置をとるべきことを命ずることができる。（法第20条）

8）違反者には、懲役又は罰金、或いは過料に処する。（法第48条～第53条）

図2-11-1　実施のチャート概要

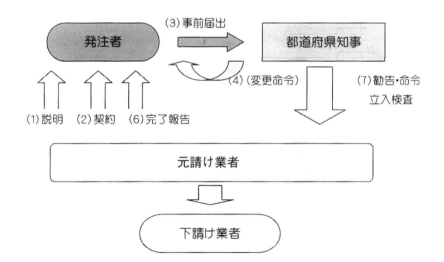

2-9　廃棄物の処理及び清掃に関する法律の概要

　廃棄物の処理及び清掃に関する法律は、廃棄物の排出を抑制し、及び廃棄物の適正な分別、保管、収集、運搬、再生、処分等の処理をし、並びに生活環境を清潔にすることにより、生活環境の保全及び公衆衛生の向上を図ることを目的とする。

1　廃棄物の処理

　廃棄物の排出を抑制し、及び廃棄物の適正な分別、保管、収集、運搬、再生、処分等の処理をし、並びに生活環境を清潔にすることにより、生活環境の保全及び公衆衛生の向上を図ることを目的として、廃棄物の処理及び清掃に関する法律がある。この法律は、廃棄物の定義や処理責任の所在、処理方法・処理施設・処理業の基準などを定めた法律であり、「廃掃法」とも略称される。何人も、みだりに廃棄物を捨ててはならない（法第16条）、何人も、政令等で認められた場合を除き、廃棄物を焼却してはならない（第16条の2）と投棄禁止及び焼却禁止が規定されている。

　産業廃棄物とは、事業活動に伴つて生じた廃棄物で、建設業に係るもの（新築、改築又は除去に伴つて生じた、紙くず、木くず、繊維くず、木材又は木製品）、ゴムくず、金属くず、ガラスくず、陶磁器くず、及び工作物の新築、改築又は除去に伴つて生じたコンクリートの破片その他これに類する不要物をいう。（令第2条）

　産業廃棄物は排出事業者が処理責任をもち、事業者自らか、又は排出事業者の委託を受けた許可業者（産業廃棄物収集運搬業者）が処理しなければならない。

2　産業廃棄物管理票（マニフェスト伝票）

　処分を他人に委託する場合は、収集運搬業者、処理業者、各々と委託契約を締結すること。

　委託契約書は5年間保管する。（第12条の3・3項）

　産業廃棄物の運搬又は処分を他人に委託する場合には、その引渡しと同時に運搬を受託した者に対し、委託した産業廃棄物の種類及び数量、運搬又は処分を受託した者の氏名又は名称等を記載した産業廃棄物管理票（マニフェスト伝票）を交付しなければならない。（第12条の3）

　処分受託者は、最終処分が終了した旨が記載された管理票の写しの送付を受けたときは、管理票に最終処分が終了した旨を記載し、処分を委託した者に当該管理票の写しを送付しなければならない。このマニフェスト伝票は5年間保管すること。（第12条の3・4項、5項）

　なお、マニフェスト伝票は各都道府県の産業廃棄物協会で購入できる。

exterior planner handbook

2-10　宅地造成及び特定盛土等規制法の概要

　宅地造成及び特定盛土等規制法は、従来の宅地造成等規制法では法律の目的の限界、盛土等の規制が必ずしも十分でないエリアが存在することから、令和4年5月27日より、同法律に改正された。宅地造成に伴って起こる崖崩れや土砂の流出を防止するために、宅地造成工事等に関して必要な規制を行うとともに、土地の用途（宅地、森林、農地等）にかかわらず、危険な盛土等を全国一律の基準で包括的に規制し、国民の生命及び財産の保護を図り、公共の福祉に寄与することを目的とする。

1　用語の定義（法第2条）

○宅地造成とは
　宅地以外の土地を宅地にするために行う盛土その他の土地の形質の変更で政令で定めるものをいう。

○宅地とは
　「宅地」とは、農地、採草放牧地及び森林並びに道路、公園、河川その他政令で定める公共の用に供する施設の用に供せられているもの以外の土地をいう。

○特定盛土等とは
　宅地又は農地等において行う盛土その他の土地の形質の変更で、当該宅地又は農地等に隣接し、又は近接する宅地において災害を発生させるおそれが大きいものとして政令で定めるものをいう。

○土石の堆積とは
　宅地又は農地等において行う土石の堆積で政令で定めるものをいう。

2　適用の範囲（法第10条、第12条他）

（1）都道府県知事等が、盛土等により人家等に被害を及ぼしうる区域を宅地造成等工事規制区域として指定することができる。（都道府県知事等とは、都道府県知事、指定都市・中核市の長）

（2）規制区域内で行われる盛土等を都道府県知事等の許可対象とする。

（3）宅地造成等の際に行われる盛土だけでなく、単なる土捨て行為や一時的な堆積についても規制する。

3　盛土等の許可基準（法第11条・第29条他）

（1）都道府県知事等は、盛土等を行うエリアの地形・地質等に応じて、災害防止のために必要な許可基準を設定し、許可に当たって、工事主は土地所有者等の同意及び周辺住民への事前周知（説明会の開催等）を実施しなければならない。

（2）都道府県知事等は、許可基準に沿って安全対策が行われているかを確認するため、施工状況の定期報告、施工中の中間検査、工事完了時の完了検査を実施する。

exterior planner handbook

④ **責任の所在の明確化**（法第22条、第23条、第41条、第42条）

（1）盛土等が行われた土地について、土地所有者等は常時安全な状態に維持する責務を有する。

（2）都道府県知事等は、宅地造成等工事規制区域内の土地について、宅地造成等に伴う災害の防止に必要があると認める場合においては、災害防止のため必要なときは、土地所有者等だけではなく、原因行為者に対しても、必要な措置をとることを勧告することができる。

⑤ **実効性のある罰則**（法第55条〜第61条）

　無許可行為や命令違反等に対する懲役刑及び罰金刑について、条例による罰則の上限より高い水準に強化された。

・最大で懲役3年以下又は罰金1,000万円以下の罰金に処する。

・法人に対しても抑止力として十分機能するよう、法人重科として最大3億円以下の罰金刑を科す。

2-11　クレーン等安全規則の概要

1　移動式クレーンの定義

　原動機を内蔵し、かつ不特定の場所に移動させることができるもの。吊り上げ荷重が0.5t未満の移動式クレーンはクレーン等安全規則の適応を受けないため、安全規則上、移動式クレーンには該当しない。

　なお、移動式クレーンとは別に、動力によって荷を吊り上げることを目的とする機械装置で、マスト又はブームを有し、原動機を別に設置してワイヤロープにより操作されるものをデリックという。

2　移動式クレーンの種類

　上部旋回体及び下部送行体の構造、動力伝達方式の違いにより、大別すると次のように分類されている。

(1) トラッククレーン

①**トラッククレーン**：下部走行体に旋回サークルやアウトリガーを装備し、その上部にクレーン装置を架装したもの。

②**積載形トラッククレーン**：クレーン装置をトラックの運転室と荷台の間に架装し、1つの原動機で走行とクレーン作業を行うもの。吊り上げ能力は3t以下のものが多い。（通称ユニック）

③**ラフテレーンクレーン**（ラフタークレーン）：1つのエンジンを駆動源として走行、旋回吊り上げなど全ての動作を行う。吊り上げ能力が2t～70tとバリエーションも豊富で、4.9t以下なら小型移動式クレーンと呼ばれている。

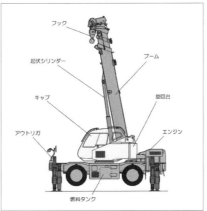

図2-10-1　ラフテレーンクレーンの各部の名称

(2) クローラクレーン

　クローラ(履帯)を巻いた台車の上にクレーン装置を架装し、上部旋回体に原動機、巻上装置、運転室等を装備している。下部走行体がクローラであるため、走行速度は1～3km/hと遅く、公道の走行には適しないが左右の、履帯の接地面積が広く、安定性に優れているため、比較的軟弱な地盤や不整地を走行することができる。

(3) クレーン機能を備えた車両系建設機械
：油圧ショベルにクレーン機能を備えたクレーン付き油圧ショベル。

　油圧ショベルとして使用する場合は車輌系建設機械運転技能講習の資格が必要で、移動式クレーンとして用いる場合は移動式クレーン運転士免許又は小型移動式クレーン運転技能講習の資格が必要。

③ 移動式クレーン操作と玉掛け業務に必要な資格

移動式クレーンの運転と玉掛け業務については、都道府県労働局長の免許を受けた者又は技能講習を修了した者でなければ、その業務に就かせてはならない。（法61条就業制限他）

吊り上げ荷重	0.5 t 未満	0.5 t 以上1 t 未満	1 t 以上5 t 未満	5 t 以上
クレーン運転者の資格	適用除外	小型移動式クレーン特別教育	小型移動式クレーン運転技能講習	移動式クレーン運転士免許
玉掛作業者の資格	適用除外	特別教育	玉掛技能講習	

注）吊り上げ荷重とは吊り荷の重量ではなく、移動式クレーンの性能（吊り上げ荷重）である。

④ 留意事項

○**定格荷重の表示等**（規則70条の2）

　移動式クレーンの運転者及び玉掛けをする者がその定格荷重を常時知ることができるよう、表示その他の措置を講じなければならない。

○**移動式クレーン検査証**（規則59条）

　労働局長は、それぞれ製造検査又は使用検査に合格した移動式クレーンについて、検査証を交付する。

　移動式クレーン検査証の有効期間は、2年とする。（規則60条）

　移動式クレーンを用いて作業を行なうときは、その移動式クレーンに検査証を備え付けておかなければならない。（規則63条）

○**外れ止め装置の使用**（規則66条の3）

　移動式クレーンを用いて荷を吊り上げるときは、外れ止め装置を使用しなければならない。

○**運転の合図**（規則71条）

　移動式クレーンを用いて作業を行なうときは、一定の合図を定め、合図を行なう者を指名して、その者に合図を行なわせなければならない。ただし、移動式クレーンの運転者に単独で作業を行なわせるときは、この限りでない。

○**搭乗の制限**（規則72条）

　移動式クレーンにより、労働者を運搬し、又は労働者を吊り上げて作業させてはならない。

○**使用の禁止・立入禁止等**（規則74条、74条の2）

　移動式クレーンに係る作業を行う場合で、次の各号に該当するときは、労働者を立ち入らせてはならない。

　　1）移動式クレーンの上部旋回体と接触することにより労働者に危険が生ずるおそれのある箇所。

　　2）ハッカーを用いて玉掛けをした荷が吊り上げられているとき。

　　3）吊りクランプ一個を用いて玉掛けをした荷が吊り上げられているとき。

　　4）ワイヤロープ等を用いて一箇所に玉掛けをした荷が吊り上げられているとき。

exterior planner handbook

○**強風時の作業中止**（規則74条の3）
　強風のため、移動式クレーンに係る作業の危険が予想されるときは、作業を中止しなければならない。

○**運転位置からの離脱の禁止**（規則75条）
　運転者を、荷を吊ったままで、運転位置から離れさせてはならない。又、運転者は、位置を離れてはならない。

○**定期自主検査**（規則76条～77条）
　移動式クレーンについては、1月以内ごとに1回、定期に、次の事項について自主検査を行なわなければならない。ただし、1月をこえる期間使用しない移動式クレーンの使用しない期間においては、この限りでない。
　　1）巻過防止装置その他の安全装置、過負荷警報装置、ブレーキ及びクラッチの異常の有無
　　2）ワイヤロープ及び吊りチェーンの損傷の有無
　　3）フック、グラブバケット等の吊り具の損傷の有無
　　4）配線、配電盤及びコントローラーの異常の有無

○**作業開始前の点検**（規則78条）
　移動式クレーンを用いて作業を行なうときは、その日の作業を開始する前に、巻過防止装置、過負荷警報装置その他の警報装置、ブレーキ、クラッチ及びコントローラーの機能について点検を行なわなければならない。
　事業者は、自主検査の結果を記録し、これを3年間保存しなければならない。（規則79条）

○**玉掛け用ワイヤロープ等の安全係数**（規則213条）
　移動式クレーンの玉掛用具であるワイヤロープの安全係数については、6以上でなければ使用してはならない。この安全係数は、ワイヤロープの切断荷重の値を、ワイヤロープにかかる荷重の最大の値で除した値とする。

○**玉掛け用フツク等の安全係数**（規則214条）
　移動式クレーンの玉掛用具であるフック又はシャックルの安全係数については、5以上のものを使用する。
　安全係数は、フック又はシャックルの切断荷重の値を、それぞれ当該フック又はシャックルにかかる荷重の最大の値で除した値とする。

○**不適格なワイヤロープの使用禁止**（規則215条）
　次の各号のいずれかに該当するワイヤロープをクレーン、移動式クレーン又はデリックの玉掛用具として使用してはならない。
　　1）ワイヤロープよりの間において素線の数の10%以上の素線が切断しているもの
　　2）直径の減少が公称径の7%をこえるもの
　　3）キンクしたもの（右図キンクした事例）
　　4）著しい形くずれ又は腐食があるもの

キンクした事例

○不適格な吊りチェーン等の使用禁止 （規則216条）

次の各号のいずれかに該当する吊りチェーンを移動式クレーンの玉掛用具として使用してはならない。

1) 伸びが、吊りチェーンが製造されたときの長さの5パーセントをこえるもの
2) リンクの断面の直径の減少が、吊りチェーンが製造されたときの断面の直径の10%をこえるもの
3) き裂があるもの
4) フック、シャックル、リング等の金具で変形しているもの又は、き裂があるものを、玉掛用具として使用してはならない。（規則217条）

○作業開始前の点検 （規則220条）

玉掛用具であるワイヤロープ、吊りチェーン、繊維ロープ、繊維ベルト又はフック、シャックル、リング等の金具を用いて玉掛けの作業を行なうときは、その日の作業を開始する前にワイヤロープ等の異常の有無について点検を行なわなければならない。

○安全のための特別の教育 （規則222条）

事業者は、吊り上げ荷重が1トン未満のクレーン、移動式クレーン又はデリック（以下この条において「クレーン等」という。）の運転及び玉掛けの業務につかせるときは、その労働者に対し、安全のための特別の教育を行なわなければならない。

	1トン未満の移動式クレーン等の運転	1トン未満の玉掛けの業務
特別の教育の科目	1) 移動式クレーンに関する知識 2) 原動機及び電気に関する知識 3) 移動式クレーンの運転のために必要な力学に関する知識 4) 関係法令 5) 移動式クレーンの運転 6) 移動式クレーンの運転のための合図	1) クレーン等に関する知識 2) クレーン等の玉掛けに必要な力学に関する知識 3) クレーン等の玉掛けの方法 4) 関係法令 5) クレーン等の玉掛け 6) クレーン等の運転のための合図

2-12 民法の概要

　民法とは、われわれの日常生活の中で適用される法律で、私人間（市民の間）の権利や義務の関係性をまとめた基本的法律である。第１条に掲げられた３つの原則（民法の３原則）を特徴としている。

① 民法の３原則

　1. 私権は、公共の福祉に適合しなければならない。2. 権利の行使及び義務の履行は、信義に従い誠実に行わなければならない。3. 権利の濫用は、これを許さない。の３点を基本原則に定めた私法の一般法である。

　宅地の狭小化に伴い自己の土地に関する権利主張が、ときとして隣人とのトラブルになることを見聞する。自分の土地や家で何をしようと勝手だとか、自分さえ良ければよい、というような権利主張ばかりでなく、互いに譲歩することが必要であるが、残念ながら紛争となることもある。

　そこで、紛争の解決基準として、あるいは紛争を予防するために、利害調整の指針として、民法には、隣接する土地相互の利用調整としての相隣関係の規定がある。

　建築する土地と隣近所との関係については、民法（第209条〜第238条）に定められている。

　又、民法第632条では請負契約に関し、請負人並びに注文者の双方に対し権利が定められている。請負契約とは、請負人が仕事の完成を約束し、注文者が仕事の結果に対して請負代金を支払うことを約束する契約である。（民法第632条）

　各人がその権利を守るためには、相互の尊重と協調に基づくことが必要である。

② 隣地使用権 （法第209条）

　土地の所有者は、一定の場合に隣の土地を使用する権利が与えられている。

　土地の所有者は、境界又はその付近における障壁、建物その他の工作物の築造、収去又は修繕のためや、境界標の調査又は境界に関する測量のため、さらに一定の場合においては境界を越えて伸びている竹木の枝を切取るために、必要な範囲内で、隣地を使用することができる。住家については、その居住者の承諾がなければ、立ち入ることはできない。（法第209条第１項）

　なお、隣地を使用する際には、使用の日時、場所及び方法は、隣地の所有者及び隣地を現に使用している者（隣地使用者）のために損害が最も少ないものを選ばなければならない。（法第209条第２項）また、あらかじめ、その目的、日時、場所及び方法を隣地の所有者及び隣地使用者に通知しなければならない。ただし、あらかじめ通知することが困難なときは、使用を開始した後、遅滞なく、通知することで十分である。（法第209条第３項）

　上記の場合において、隣地の所有者又は隣地使用者が損害を受けたときは、その償金を請求することができる。（法第209条第４項）

　例えば、コンクリートブロック塀を築造する場合には、建築基準法の規定により鉄筋コンクリート造の基礎工事が必要となる。

　コンクリートブロックの外面を隣地との境界線に合わせて築造するならば、基礎

exterior planner handbook

部分の型枠工事のために、幅20cm前後は隣地を「余掘り」する必要がある。

この点、民法209条第1項は、土地の所有者は境界で障壁を築造するために必要な範囲内で隣地の使用を請求することができると規定しており、この「使用」には、一時的な隣地の掘削を含み、塀の施工過程で一時的に隣地を掘削することを容認すると解釈される。

③ 囲障設置権 （法第225・226・227条）

所有者が違う2棟の建物があって、その間に空地があるときは、それぞれの所有者は、他の所有者と共同の費用で、その境界に囲いを設けることができる。（法第225条第1項）

お互いの間の協議が成り立たないときは、高さ2mの板塀又は竹垣※にしなければならない。（法第225条第2項）

囲いの設置及び保存の費用は、相隣者が半分ずつ負担する。（法第226条）

相隣者の一方は、竹垣よりもよいものを用い、又は高さが2mよりも高い囲いを設けることができるが、これによって増えた分の費用は自分で負担しなければならない。（法第227条）

この場合、隣地の日照・通風を不当に妨げたり、厚くして隣地使用を過大に妨げるものは、許されないと考えられる。囲いの設置について異なった慣習があるときは、その慣習に従う。（法第228条）

ただし、自己の敷地内で施工する場合や、全額自己負担で施工する場合は、協議をすることを民法上は求められていない。

④ 建物と隣地の境界 （法第234・235条）

建物を築造するには、境界線から50cm以上の距離を保たなければならない。（法第234条第1項）

この規定に違反して建築をしようとするものがあるときは、隣地の所有者は、その建築を中止させ、又は変更させることができる。（法第234条第2項）

ただし、建築に着手した時から1年を経過し、又はその建物が完成した後は、損害賠償の請求のみをすることができる。（法第234条第2項ただし書）

申し入れを無視して建築が進むようであれば、建築工事の差止めを求め裁判所に申請することができる。

境界線から1m未満のところに、他人の宅地を眺めることができる窓や縁側を作ろうとする者は、目隠しをつけなければならない。（法第235条第1項）

前の規定と異なった慣習があるときは、その慣習に従う。（法第236条）

■建築基準法と民法

建築基準法は、公益に関する規定（行政規定）といえる。これに対して民法は個人と個人の間の規律（私法規定）である。民法の相隣関係の規定と建築基準法の規定のように、同じことを規制している場合には、両者が競合することとなるが、近隣商業地域、商業地域では、民法の規定をそのまま準用していては、土地の有効活用ができない。最高裁判例では、"防火、準防火地域で、耐火建築物であれば、民法

※民法では板塀又は竹垣と定められているが、現在は、竹垣と同等程度の簡易なものと解釈される。

exterior planner handbook

の規定は排除され、境界に接して設けることができる。"という判決をだしている。

　第1種、第2種低層住居専用地域では、都市計画法の規制により、外壁後退を、境界から1～1.5mに離さなければならないとの規制があり、こちらが優先されることになる。

5 境界標設置権と費用負担 （法第223・224条）

　土地の所有者は、隣地の所有者と共同の費用をもって境界を表示すべき物（境界標）を設置することができる。（法第223条）

　境界の設置及び保存の費用は、相隣者が等分して負担する。ただし、測量の費用はその土地の面積に応じて負担する。（法第224条）

　なお、境界標を損壊・移動・除去したりなどして、境界を確認できないようにした者は、刑法により罰せられることがある。

6 自然水流に対する妨害の禁止 （法第214・215条）

　土地の所有者は、隣地から水が自然に流れてくることを妨げることはできない。

　ただし、盛土など人為的な行為が加わり雨水が隣の敷地に流出することは容認されない。

　例えば、低地の所有者が隣地境界にコンクリートブロック塀を築造し、高地の所有者の土地からの水の流れがふさがれてしまうときは、低地の所有者は排水設備を施して塀を築造しなければならない。

　しかし、宅地の所有者は、民法の定めにかかわらず、自分の敷地内の雨水等はその敷地内で処理し、低地の人に迷惑をかけないようにするのが一般的である。

7 排水のための低地通水権 （法第220条）

　高地の所有者は、浸水地を乾かすため、又は自家用若しくは農工業用の余水を排出するため、公道、公有水路、河川又は下水道に至るまで低地に水を通過させることができる。ただし、低地にとって損害が最も少ない場所及び方法を選び、その費用は自己負担しなければならない。

　工事費用の負担について特別の慣習があるときは、その慣習に従う。（法第217条）

8 隣の竹木などが入り込んだときの措置 （法第233条）

　土地の所有者は、隣地の竹木の枝が境界線を越えるときは、その竹木の所有者に、その枝を切除させることができる。（法第233条第1項）また、その場合において、竹木が数人の共有に属するときは、各共有者は、その枝を切り取ることができる。（法第233条第2項）

　そして、竹木の所有者に枝を切除するよう催告したにもかかわらず、竹木の所有者が相当の期間内に切除しないとき、竹木の所有者を知ることができず、又はその所在を知ることができないとき、急迫の事情があるときの3つの場合においては、土地の所有者は、その枝を切り取ることができる。（法第233条第3項）

　なお、隣地の竹木の枝ではなく、根が境界線を越えるときは、その根を切り取ることができる。（法第233条第4項）

exterior planner handbook

第3章
エクステリアのプランニング

3-1　プランニングの目的とプロセス（1級、2級）

3-2　調査と分析（1級、2級）

3-3　基本計画（1級、2級）

3-4　門廻り（1級、2級）

3-5　アプローチ（1級、2級）

3-6　囲い（2級）

3-7　駐車・駐輪空間（1級、2級）

3-8　擁壁（2級）

3-9　庭（2級）

3-1　プランニングの目的とプロセス

1　プランニングの目的

　住まいは、敷地とそこに配置された建物、そして建物を除いた外部空間によって構成される。エクステリアのプランニングは、外部空間に対して適切な計画を行うことにより、快適な住環境を得ることを目的とするが、検討の範囲は敷地内部にとどまらず、敷地に接する道路からの影響の予測とその対策や、隣地との相互的視覚的影響などにも考慮した境界の計画を行うことが必要となる。

　又、敷地外へ与えることになるエクステリアの形状・質感・色彩などのデザインや植栽によってつくられる景観は、近隣へのさらには地域の住環境の快適化に資するよう考慮したプランニングが求められる。

2　プランニングのプロセス

　エクステリアのプランニングのプロセスは、下図のように各段階を踏まえて進行するのが原則とされるが、それぞれの段階においては必ずしも一方通行ではなく、確認や再検討のための往復作業や循環的作業が必要な場合もあり、複層的な検討を行うことが必要である。

図3-1-1　プランニングのプロセス

3-2　調査と分析

① 敷地と環境の調査

　敷地の調査は、周辺地域までを調査対象と考えなくてはならない。周辺地域の環境を調査することが計画の方針を決定する。計画が実施された時には周辺の環境に影響を与え、新たな環境を生み出すことを認識しなくてはならない。

　エクステリアのプランニングは、快適な住環境を得ることを目的として行われる。目的を達成するための第一歩は、既存の環境を的確に把握することである。今ある環境を知ったうえで、それに手を加え、より良いものにするという手順になる。

　調査項目とチェックポイントを列記する。

① 道路
　道路の種類（法規に関連・公道、私道）、道路幅員、4m に満たない道路か否か（法規に関連）、舗装の状態、側溝の有無と種類、道路勾配、電柱及び支線の位置、街灯・道路標識・消火栓・植栽帯・ガードレールの有無、上下水道のルート及びマンホールの位置、方位

② 敷地
　敷地境界の確認、道路境界の確認、道路と敷地の高低差、周囲の隣地との高低差、周囲隣地境の塀等の有無と仕様、その所有関係（境界との位置関係）、設備の引き込み位置（電気、ガス、給水、排水）、既存建物の形状と位置及び仕様、既存樹木の配置と仕様（樹種、樹高等）

③ 住宅
　敷地内の既存建物や計画予定の建物については、正確な配置図・平面図・立面図は最低限の資料として必要である。住宅内部の空間構成、開口部・玄関ポーチの位置や形態、室外機・給湯器・外部コンセント・散水栓・立水栓の位置など、エクステリアに深く関わる諸要素を充分に把握しなくてはならない。

④ 隣地
　建物の形状と配置及び仕様（窓の配置、アプローチや門などの位置）、エクステリアのゾーニングの概要、既存樹木の配置と仕様（樹種、樹高等）

⑤ 周辺及び地域
　交通状況（視線や騒音への配慮が必要か否かの判断）、商店や住宅地の地域性確認、学校や公的施設の位置関係、眺望の良いロケーションと方角、その逆（阻害要因）の位置関係、周辺の自然環境と植生

⑥ 法規
　道路関係の規定　　道路の種別、計画道路の有無、道路幅員
　建築基準法　　　　用途地域、建ぺい率、容積率、防火規定、壁面線
　その他条例　　　　風致地区、緑化の基準、外壁の後退距離
　宅地造成及び特定盛土等規制法　切土、盛土などの造成に関する安全基準

exterior planner handbook

エクステリアに関係する各法　建築基準法、民法、都市緑地法、景観法、建設業法、建設リサイクル法、労働安全衛生法

法規は地域ごとに定めが異なる事項もあり（地区計画、建築・緑地協定、条例等）、取扱いも異なることが多いので、把握しておく必要がある。

② クライアント（依頼者）

①基本機能の確認　・車、自転車、バイクなどの台数及び車種（電気自動車、電動自転車かどうか含）や、利用形態、カーポートやサイクルポートの有無
　　　　　　　　　・屋外収納（物置）
　　　　　　　　　・物干し場の位置、屋根の有無
　　　　　　　　　・屋外設備（照明、コンセント、充電施設、水道等）の有無及び位置

②家族構成　　　　・家族の人数、年齢、ペットの有無及び種類
　　　　　　　　　・家族構成の変化（増減、成長、高齢など）、将来に向けてのユニバーサルデザイン等の検討

③家族の趣味・生活スタイル
　　　　　　　　　・生活様式や営み方、価値観、習慣など
　　　　　　　　　・エクステリアのスタイルや形態はこれまでの生活経験や趣味によって傾向が定まってくる。ガーデニングなど屋外生活に関わりの深い趣味も多い。

④デザインイメージ
　　　　　　　　　・クライアントが求めているエクステリアのスタイルやイメージ（建築の様式や仕様、カラーなども参考材料となる）

③ 分析

　敷地と環境の調査から、敷地に備わった特性をつかみ、長所と考えられる条件を生かすとともに、短所と考えられる条件を解消するように検討しなくてはならない。

　クライアントの要望を整理し、敷地条件との調整を図り、エクステリア計画の方針を定めていくことになる。クライアントの要望と敷地や周辺環境のもっている条件に矛盾がないか検討する。

exterior planner handbook

3-3 基本計画

　調査によって集められた情報は、敷地とその周辺の現状（環境の条件）及び、クライアントの要望（人の条件）の2点である。この2点を総合的に分析して、エクステリア計画の基本方針を検討する。この基本方針は、計画のコンセプト（概念・設計意図）であり、コンセプトに基づいてゾーニング・配置計画へと進展させることになる。基本計画は与えられた条件の中で、より望ましい計画を検討し、実施設計に向けて検討を重ねて行く段階といえる。

① コンセプト

　基本計画の策定に当たり最初に、敷地の環境条件や住まい手の要望や予算などから、エクステリア計画のコンセプトを考える。「コンセプト（concept）」は、日本語でいう「概念」という意味があるが、「構想」という和訳もあり、「構想」は「実現に向け考えを組み立てる・組み立てた考えの内容」という意味である。物事の概括的な意味内容をいい、事物の本質をとらえる思考の形式を指す。「全体の元となる基本的な考え方・根本的な思想」と考えるとよい。

　コンセプトは計画全体の良否を決め、計画の根幹をなす大切なものである。最初にテーマ（主題、題目）を考え、次にそのテーマを実現するための各部位空間（門・塀廻り空間、駐車・駐輪空間、アプローチ空間、庭空間、サービスヤード空間）の景観提案を考えるとまとめやすくなる。テーマを考えるヒントには、①敷地と周辺環境から、地域性（市街地、郊外、山地、海辺…etc）、植生（気温、気候、風土）、②住まい手の要望や条件から、生活の機能性、快適性、家族構成などを十分考慮することが重要である。

② ゾーニング計画（配置・動線・視界計画）

　敷地条件や道路の状況、周辺環境など、住まい手の要望や生活動線などの条件に応じて、エクステリアの構成要素をどのように配置すべきか検討することを「ゾーニング」という。

　ゾーニングは、エクステリアの計画において、コンセプトの作成の次に行う作業で、コンセプトを踏まえて、門・塀廻り空間、駐車・駐輪空間、アプローチ空間、庭空間、サービスヤード空間などの部位空間を敷地内に割付けする作業である。

　エクステリア計画はゾーニングを通して検討を進めることにより、良い計画が練られ、自分の考えを整理しまとめるため、又、住まい手に説明するためにもゾーニングは説得力を発揮する。

　ゾーニングはコンセプトに沿った全体の計画を念頭に、エクステリアを構成する門・塀廻り空間、敷地内の駐車・駐輪空間、アプローチ空間、庭空間、サービスヤード空間等を大まかに区画し、考えをまとめていくことになる。同時に、各部位空間相互の動線を検討し、さらに各部屋からの視界を検討する。

　さらに、区画（ゾーン）ごとの関わり合い、バランスなどを考慮し「区画ごとに何をするか」、「何をしたいか」も検討する。

　「動線」とは、人が歩く場所や車・自転車が出入りする「通路」と考えると解り易く、

exterior planner handbook

室内の「廊下」のような空間である。敷地の条件にもよるが、「動線」はゆとりのある空間を確保し、通行の安全性と機能的にも使いやすい計画を心掛けなければならない。

視界は、建物の部屋から外に向かって見える範囲を記入する。和室から見える範囲、洋間から見える範囲、さらに台所などの水回りの窓先と隣地など部屋から見える景観も重要である。

ゾーニングにあたり、①どの様な生活をこの場で営んでもらうか、②そこに住む人達にとって快適であり、③周辺への影響はどうなっているのか、④まちなみ景観などをイメージしながら全体を大きな視点で考えることも重要である。

図3-3-1 ゾーニング

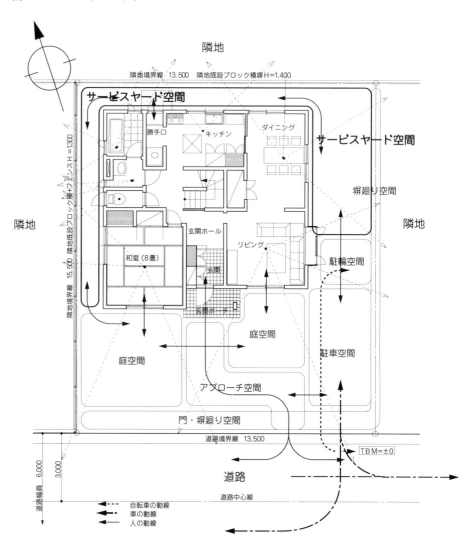

(1) ゾーニングの進め方

ゾーニングは、各構成要素の配置と動線をバランスよくまとめることである。
ゾーニングの手順の例を表3-3-1に示す。

表 3 - 3 - 1　ゾーニングの手順の例

手順 1 ：門廻り	建物の「顔」ともいえる部分なので、可能な限りゆとりをもたせ、狭くても貧相なイメージにならないようにする。
手順 2 ：駐車スペース	建物玄関の位置にもよるが、原則として敷地の端（隣地境界側）に配置する。門廻り近くに配置するのが動線上も機能的。2 台以上の場合は、直角と平行駐車の組合わせも検討する。直接アプローチや勝手口への動線があるとよい。
手順 3 ：アプローチ	門廻りと玄関をつなぐ場。単調にならないよう変化をつけ、南側道路の場合は主庭（居間などの開口部）への視線も考慮して曲がる方向や角度を検討する。
手順 4 ：主庭	居間などの主たる部屋からの視線や動線を考慮し、日当りがよく、できるだけ広いスペースを確保する。
手順 5 ：裏庭	東西に面した部屋（和室など）や浴室前など、目隠しも含めて検討する。建物平面にもよるが、裏庭部分は日当りが悪いのが一般的なのでデザインでカバーする。
手順 6 ：サービスヤード	建物周囲の空間を利用して、ゴミ置場や物置、物干しなどに活用する。

① **門・塀廻り空間**

　門は敷地の顔といえる部分なので、可能な限りゆとりをもたせ、狭くても貧相な印象にならないようにする。

　最近では、門構えという構成の門は少なくなったが、門と塀の構成がまちなみに大きく影響する。

　又、駐車空間との関り合い、塀との調和（素材、色、高さ等）、建物との調和、まちなみとの調和など、その様式の決定には充分な配慮が望まれる。同時にアプローチとの関り合いも大きな部分である。

　門廻りは、駐車空間の近くに設けると機能的である。駐車場から離れると歩く距離が長くなるので、車を停めてから道路に出ることなくアプローチにアクセスできる「敷地内動線」を検討する。又、玄関と正対させない配置で考える。

② **駐車・駐輪空間**

　エクステリアの計画の中では、機能面を先に決めてから、次に意匠的な面の計画へと進めることが大事である。駐車・駐輪空間は住まい手の希望台数を押さえたうえで、どのように駐車させるかを考える。占める面積が大きいため、後の計画に大きく影響するので充分な検討が必要である。さらに、駐車空間は

exterior planner handbook

道路に対して、大きな間口が必要であり、街に対しての影響も無視できない。

敷地の形状や建物の配置、玄関の位置などを検討し、原則として隣地と接する側に設けることが多くなる。

門廻りの近くに配置するのが動線上も合理的であり、勝手口やアプローチへの敷地内動線も考慮する。

駐車台数が2台以上の場合は直角駐車だけでなく、平行駐車との組合せも検討する。

③ **アプローチ空間**

門や駐車空間が決まると、必然的にアプローチの始まりは決まってしまう。アプローチは門から建物の玄関までの空間なので、建物がある場合は、門の決定がアプローチの大部分を決めてしまう。そこで、やはり門の位置決定には、アプローチのことも充分考慮の上決める必要がある。

アプローチは、その舗装仕上げや形態が空間の良し悪しを決めるので、園路というより道空間と理解して計画する。

単調にならないような工夫と、居室への視線なども考慮した園路形状を工夫

図3-3-2　アプローチ空間

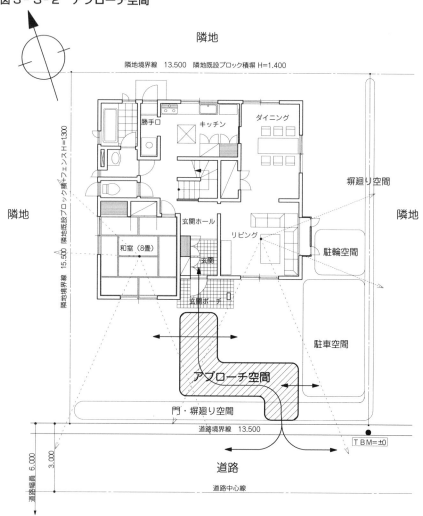

し、高低差のある敷地では、階段の位置と段数も決める。

又、動線に変化をつけるＳ字、Ｌ字、クランクなどのパターンも考慮し、シンボルツリーや植込み空間も同時に検討する。

④　庭空間

生活を楽しむ空間としての主庭と裏庭等の検討である。主庭の方は、住まい手の要望を充分活かした計画とするが、住まい手の要望を入れ過ぎ、意匠過剰にならないように、専門家としてのアドバイスも大切である。しかし、設計者の独り善がりや押し付けにならないように注意する。

裏庭は、建物から見ることが主体となる場合が多く、当然ながら見る方向を意識して計画する。裏庭は建物に囲われた空間が多く、建物の外壁や屋根のことを考慮することが大切である。植栽の条件としても決して満足できるものではないが、日当たり、地温、排水などに充分注意して計画する。

裏庭は見ることが中心であるのに対し、主庭は見ることも大切だが庭に出て楽しむこともできるので、日当たりや地温、排水など裏庭に比較して同じ庭でも大きく違う点を理解することが大切である。リビングや居間からの視線や視界、動線を考慮し、日当たりが良く、できる限り広い面積を残す。

住まい手の要望やライフスタイルに合わせて、使う庭や見る庭を提案する。植栽の位置や種類、本数（量）も、おおむね、ゾーニングの段階で計画しておく。

⑤　サービスヤード空間

建物の配置により、なかなか充実したサービスヤードの確保は難しいが、人が通り抜けるだけの余裕しかない空間ではサービスヤードとはいえない。建物の計画や配置によって、サービスヤードの空間は決まってしまうといっても過言ではないが、生活の場としての要求度からいえば、やはりサービスヤードの充実は大切である。生活の外部軽作業空間、物置、収納、洗い場、干し場などできるだけ生活に便利な空間を効率良く計画したいものである。当然、動線の配慮やサブアプローチとしての配慮も必要である。

建物の周囲は、どんな場合でも必ず空地がある。道路から勝手口への動線確保、庭や駐車空間への動線も日常作業の空間として使いやすい空間を計画する。

※「坪庭・中庭」や「裏庭」、「コミュニティスペース」などを計画する場合は、配置する場所と同時に検討する。

(2) 敷地別ゾーニングのポイント

ゾーニングにおいて計画敷地の接道位置が大きく影響し、接道により特徴のあるゾーニングとなる。敷地に接する道路は厳密に、真の東西南北が明確ではないが、おおむね東西南北を決め建物も設計される。そして、玄関位置も接道方向に設けられていることを前提に考える。ここでは、敷地の接道別に、その特徴とゾーニングのポイントについて触れてみる。

①　南入り宅地

道路が南側にある場合は、建物は一般に南を大きく開けて配置され、北側へ法規的にクリアする範囲で寄せて配置される。建物の間取りも一般的に北側に水廻りが設けられ、南側に居室が並ぶプランとなる。

東西に余裕のある間口であれば問題は少ないが、南側に門廻りからアプロー

exterior planner handbook

チ空間、駐車・駐輪空間、庭空間を取ることになり、建物の玄関位置が真中か、東西どちらにあるかによってゾーニングは変わってくる。いずれにしても各構成要素を間取りと玄関位置関係に配慮しながら、効率良く、機能的なゾーニングを心掛ける。

② 北入り宅地

道路が北側にある場合は、庭空間は南側に単独でゾーニングすることができるが、建物が北側に寄るために、門廻り・アプローチ空間と駐車、駐輪空間の確保が難しくなる。

長く余裕のあるアプローチや、ゆとりある門廻りの確保が難しくなるといえる。建物の外観も水廻り側になるので、意匠的にも単調になりがちであるが、エクステリアとしてもそれをカバーする植栽や構築物の設置が難しい条件といえる。北側の水廻りは外部給排水の設備が露出することも考えられ、高低差がある宅地ではより厳しいゾーニングが要求される。

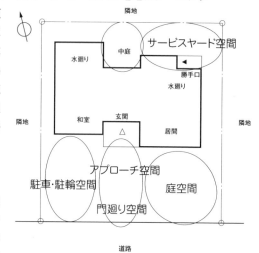

図3-3-3　南入り宅地のゾーニング

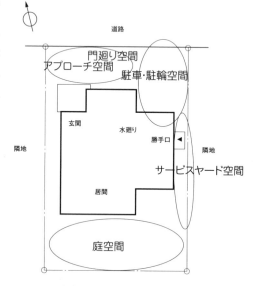

図3-3-4　北入り宅地のゾーニング

③ 東西入り宅地

道路が敷地の東西にある場合は、やはり北側が水廻りになり、北に寄って建物が配置されることになるため、南側に庭空間を確保することは比較的容易である。しかし、門廻りやアプローチ空間は余裕が無く、駐車・駐輪空間の確保も考えると難しい状況といえるので、工夫したゾーニングを考えなければならない。敷地の大きさにもよるが、安易に駐車・駐輪空間を南側に取らないようにする。この他の条件として、建物の玄関が東西を向いているが、道は南北などの場合も同じようなゾーニング条件となる。

図3-3-5 西入り宅地のゾーニング　　東入り宅地のゾーニング

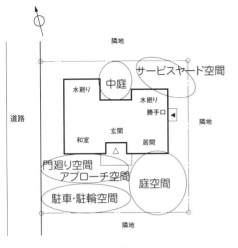
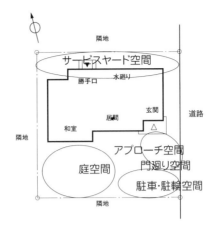

④ 庭のゾーニング

　敷地全体でエクステリアのゾーニングを行った後に、庭のゾーニングを行ってみる。庭には、前庭や側庭、中庭、主庭等があるが、主庭以外は目的も使い方も明確にされている。

　主庭については、住まい手の要望を最優先に考える要素の多い計画が可能な空間となっている。そこで、主庭については今一度、庭のゾーニングを考えてみる。使い方や目的は住まい手の要望を優先するが、植物の植栽位置などは専門的な知識に基づく計画が無ければ成長不良や枯損、植栽後の維持管理の良し悪しにより景観や生活に支障が生じ、不都合な結果になる。

　庭のゾーニングは動線以外に視線や視界、景観についての検討も必要である。動線は歩行路だけでなく視線の誘導もあり、このことは庭の中のいくつかの空間を視覚的にも繋ぎ連続させることを意味する。このように動線と視点、視野、視界の方向や位置、視線の向いている時間等を調整する計画であることも理解して、総合的に計画することが必要である。

図3-3-6　庭のゾーニング

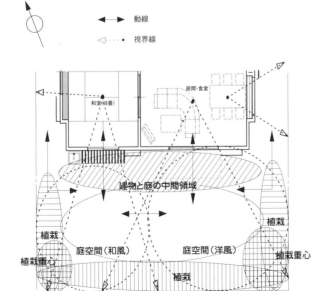

⑤　ゾーニング図

　　ゾーニングは本来、計画の検討のために設計者がコンセプトに基づいて作業するものであるが、ゾーンの区画割り付けや動線、視界等検討した内容を住まい手にも理解できるように、分かりやすく、美しく作図することによって、住まい手に設計者のコンセプトやテーマ、計画内容が理解され、説得力のある資料となる。したがって、ゾーニングをプレゼン図として作成したものが、ゾーニング図といえる。

　　ゾーニング図は、コンセプトを実現するため、各部位空間の具体的な計画内容を記入したものになる。

図3-3-7　ゾーニング図参考

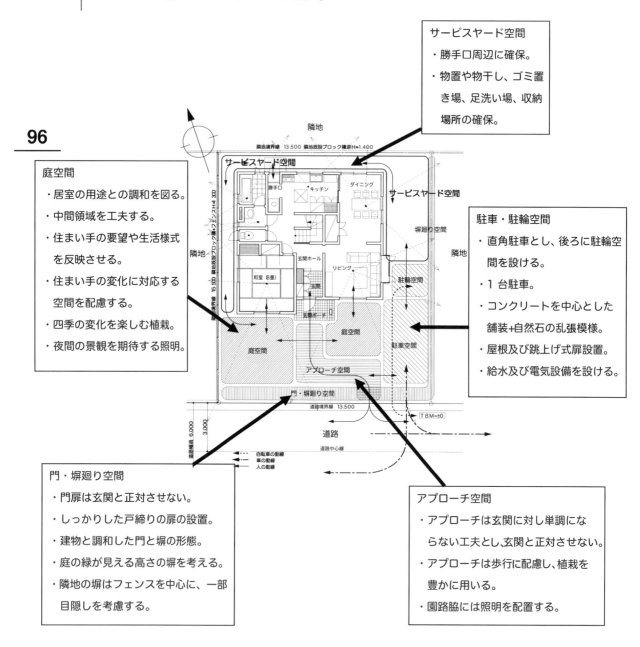

3-4 門廻り

① 門に求められるもの

　門の歴史をみると、他から守る機能が起源と考えられる。社会状況が全く異なる現在でも住宅にとってのセキュリティ機能の必要性が存在する。門は場所を象徴する力、ステータス性やシンボル性が必ず付帯してきた。この機能は社会が変化しても形を変えて存在しており、住宅の門は、表と内の境を人に意識させ、住まいを象徴する装置と考えられ、公と私の境と見ることもできる。

　人に意識の切替えを促すには、視覚に訴える方法がよく使われ、この働きかけの強いものが「大きな門」や「重厚な門」である。象徴的なポールの間を通り抜けるというような「門に代わるもの」では働きかけが弱く軽いと感じられるはずである。この強弱や軽重が門廻りのデザインの大きな要素である。近年の門は、従来からの門という形態によるばかりでなく、様々な手法と形態が用いられるようになっている。門廻りの素材の組合わせ方やシンボルとなる植栽や彫刻像などの配置あるいは照明による演出などは視覚に訴える方法となる。

　エクステリアのデザインを方向づける主な方法を列記する。

　門やアプローチの計画に限らず、あらゆるエクステリアの計画にこれらの方法は応用される。

① 開放と閉鎖

　空間の計画にとって、ある場所を決定づけ、人に印象を与える要素として広さと狭さの感覚がある。物理的な面積や距離以上に、開放的な視覚の広がりとして感じる空間と、それに対して洞窟の中のような閉塞感を感じる空間とでは印象を異にする。高い塀と門で構成された道路境界に対し、緩い傾斜の芝面に植栽を点在させた道路境界では、全く異なった空間の印象を持つ。これは視覚によるところが大きいが、音の反射や空気の動きや流れなどにより五感で感じられるものである。

② （平面を）曲げる、（レベルを）変える

　外から人が受ける情報の 80 ％は視覚によるものといわれている。視線がぶつかり視界が塞がれば見る方向を転じるのが人の動きである。塀に突き当たれば左右に目を転じ、開放感のある方角に人は動き、そこで違った景色を目にする。わずかな段差の上り下りでも人の視線は変化し、見上げたり見下ろしたりする。これも景色を変化させるきっかけになる。周囲より低いポイントからは見上げる視界となり、高いポイントでは見下ろし周囲の展望を期待する。スケールの大きな計画では借景などの手法に発展する。

③ 明示と曖昧さ

　境界、境目をはっきりと明示することにより、空間はすっきりと際立つ表現になる。金属材料などでシャープに切り取る建物の輪郭や屋根の輪郭（スカイライン）と、自然石や植栽などの不規則な輪郭は、対極にあるデザインである。澄み渡る青空に対して霧に霞む景色にたとえることができる。

exterior planner handbook

④ **対比**

遠近、明暗、強弱、均衡とアンバランス、といった対比関係により、空間に変化に富んだ景色を創り出す。

⑤ **透かし**

フィルターを通した視界の開放が空間の"質"に変化を生む。

格子、すだれ、若葉の梢越の景色、新しい材料では大画面のガラス、などの効果により、開放感や清涼感を生んでいる。

⑥ **回遊性**

洋の東西を問わず「回遊式の庭園」が歴史的な名園としてある。庭園を人が自らの身体で移動しながら感じる庭である。移動にともない、日の光、梢の影、風と緑、さまざまな景色の移ろいを楽しむ庭である。この回遊では上記で触れた①から⑤のデザイン手法が駆使されている。

一般住宅でも"自らの身体で移動しながら感じる"ことはエクステリアの基本的な考え方であり、小さなスケールの計画にも活かすことができる。

② **門の配置とデザイン**

門は内外をつなぎ、かつ隔てる、人の意識の切替え場所である。そのために最適な計画でなくてはならない。同時に道路に接して計画される他のエクステリア要素（車庫、囲いの装置としての塀や垣根など、接道する庭など）との関係も考慮しなくてはならない。さらには、まちなみとの調和を図るよう周辺の住宅とのデザインの連続性や関連性が配慮されなくてはならない。

配置とデザインのポイントをまとめると以下の2点になる。

1 接道部のトータルバランス

2 計画する住宅を象徴する

調和を図りながら象徴性を併せもつという相矛盾する要素をふくんだ計画である。デザイン方針を明確にしないと、通りが不統一なデザインや色彩の混乱に陥ったり、変化に乏しい寂しい印象やどちらを見ても同じ景色の住宅街になる。

デザイン方針を探し出す着目点の例として

● 共通の材料

● 共通のデザイン要素

● 小さく際立つ

● 異なる材料

● 異なるデザイン要素

通りに面する隣家との関係に注目し、相違点と共通点を拾い出し、その中から相互の"良い関係"を探すことになる。

③ **門廻りの様式**

（1）和風のデザイン

伝統的な和風の門廻りの修景手法（役木）として「門冠りの木」があり、門の右側か左側にマツやマキ等の斜幹の木を植え、門の角を隠す。この門と樹木の景観の対比により奥行き感が生まれる。門柱・門壁には土塀、木塀、石積み、石張り、竹

exterior planner handbook

垣等を用いる。門脇には灯籠、景石等の添景物を据え、マツ、カエデ、ツゲ、タケ、キャラ等和風の樹木を植える。ウメ、シャクナゲ、サツキ等花木を植えると季節感を演出でき、華やかになる。床面は飛石を据え、玉砂利やリュウノヒゲやタマリュウ等の地被類を敷き詰める。歩きやすさを考え、鉄平石の乱張りや洗い出し舗装にしても良い。

写真3-4-1　現代的な和風門

ⓐ 腕木門

二本の柱に切り妻屋根をかけたもの。和風住宅で最もよく見られる和風の門。

ⓑ 冠木門

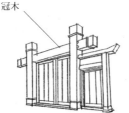

二本の門柱を連結するために門扉の上に横木を渡したもの。この横木を冠木と呼ぶ。

ⓒ 塀重門

二本の門柱だけで冠木も屋根も無い門。

　本格的なものは今では少なくなりつつあるが、重厚で風格を感じさせる和風の門には根強い人気がある。和風の門の形式には伝統的な腕木門、冠木門、塀重門等がある。
　現代では耐久性、価格面等から樹脂製、アルミニウム製のものも増えている。

(2) 洋風のデザイン
　タイルやれんが等の洋風の素材を用い、モダンで明るい門廻りをつくる。門扉は、市販のものではアルミニウム製が多く、木製、鉄製等も見られる。門柱はれんが積みやブロック積みのものが重厚感がある。ブロック積み門柱は仕上げの方法により、タイル、自然石、しっくい、吹きつけ等カラー、パターンとも様々である。写真3-4-2にあるように、花壇をつくると華やかになり季節感も生まれる。シンボルツリーにはミモザやオリーブ、ゲッケイジュ等洋風に合うものを選ぶ。床面はタイルや自然石、ピンコロ石、れんが、洗い出し舗装等が考えられる。洋風の石やれんがは近年、カラー、サイズとも豊富なものが輸入されている。

写真3-4-2　洋風の門廻りの例

（3）和洋折衷のデザイン

　住宅の様式やデザイン、色は様々に多様化しており、和・洋で決めつけることが難しい門が多い。その多様性に応じて門も様々なパターンがある。これを折衷デザインという。

④　門廻りの施設

（1）門柱

　門柱を設計する際、門扉や住宅の外壁、門廻りの床面、外周囲いのデザインとの調和を考慮することが大切である。
　門柱には、角柱又は円柱形式のもの、庭の囲い塀と一体となったものがある。
　門柱の高さは、建物との距離や囲いの高さとのバランスを考慮するが、2.2m以下（「日本建築学会規準」より）とする。
　主な門柱の組積材にコンクリートブロック（素地ブロック、化粧ブロック等）、れんが、自然石等がある。又、コンクリートを現場で一体的につくりあげる現場打ちコンクリートや木材、金属も使用される。
　自然石やれんが、木材等自然素材を用いた場合は、あたたか味のある雰囲気になり、現場打ちコンクリートや金属の場合は、無機的なイメージを出すことができる。
　コンクリートブロック門柱の場合はその仕上げ方法の違い（タイル張り、石張り、吹きつけ仕上げ、塗装仕上げ等）により、様々な印象を与えることができる。

図3-4-1　コンクリートブロック門柱の仕上げ例

ⓐ タイル張り門柱　　　　　　ⓑ 石張門柱　　　　　　ⓒ 化粧ブロック門柱

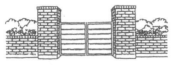 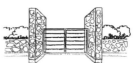 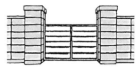

タイルは色や形が豊富で洋風に合う。　　自然石乱形張りの門柱。華やかな印象を与える。　　化粧ブロックは、ブロック自体に模様や着色が施されたものである。

(2) 門扉の種類

門扉は頻繁な開閉に耐えられるしっかりとしたものでなければならない。開閉方式から、開き戸・引き戸・折り戸・伸縮戸・跳上げ戸等の種類に分けられる。

① 開き戸

開き戸は、両開き・片開き・親子開き形式に分けられる。正門において、敷地に余裕がある場合は両開きが一般的である。開口部に余裕がない場合、親子（幅40cmと幅70cmの組合せ等）開きが用いられる。開き戸には、敷地側に開く「内開き」のものと、道路側に開く「外開き」のものがある。外開きの場合は、開きしろが道路境界線を越えないようにしなければならない。

又、扉の取付方式には、専用の門柱に取付ける「門柱式」と門柱（化粧ブロック門柱）等に直接取付ける「直付式」がある。門柱式が強度、施工性に優れ、一般的である。

材質はアルミニウム形材、アルミニウム鋳物、ステンレス、鉄、木等があり、材質により性質・重さが異なる。鉄製など重い金属の場合は、丁番の支持力がしっかりした構造のものを選ぶことが大切である。鉄は強度は高いが防錆性が低い。ステンレスは防錆性が高い。木製は軽く美観に優れるが、腐食性が高い。現在は軽くて耐久性があり加工が容易なアルミニウム製品がよく使われる。加工が容易なためデザインも縦ラインや横ラインのシンプルなものから、すかし模様・アール模様の複雑なものまで多様である。

図3-4-2 開き戸の種類（門柱式の例）

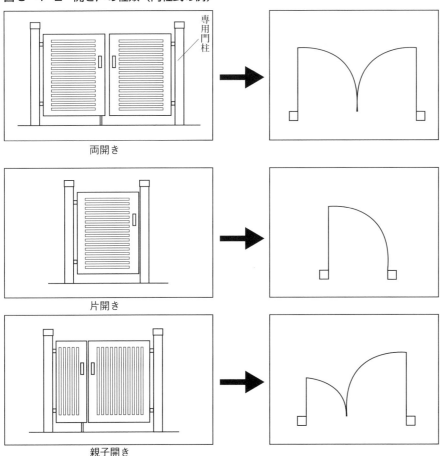

両開き

片開き

親子開き

② 折り戸
　開口部が広いが、敷地の内側と側方にスペースが無い場合、折り戸が使用される。三枚折り戸・四枚折り戸は回転幅が両開き二枚扉と同じになる。

図3-4-3　折り戸

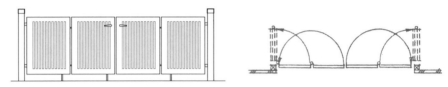

③ 引き戸
　敷地の奥行きが小さく開き戸が取り付けられない場合や勝手口・ガレージの開口部等に用いられる。レールタイプ、ノンレールタイプ、キャスタータイプ、ノンキャスタータイプの製品がある。ガレージ等開口部が広い場合はレールタイプ、キャスタータイプが安定性、耐久性があるので適する。デザインは横ライン・縦ラインなどシンプルな製品が主である。

図3-4-4　引き戸

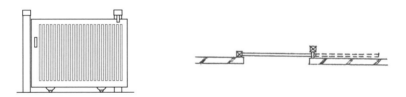

④ 伸縮戸
　ジャバラ式門扉、アコーディオン門扉とも呼ばれる。デザイン的な面からガレージ、勝手口に使われることが多い。片開き・両開き・親子開きがある。ガレージでの人の出入りが多い場合、親子開きが便利である。素材はアルミニウム製が主体である。レールタイプ、ノンレールタイプ、キャスタータイプ、ノンキャスタータイプの製品がある。開口部が広い場合、キャスタータイプ、レールタ

図3-4-5　伸縮戸

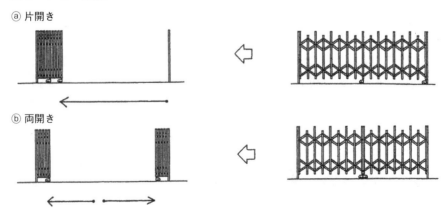

イプの方が安定性があり耐久性もあるので適する。車庫の場合、伸縮戸のたたみ幅を考慮して車を出し入れしやすい開口部の幅を設定する。有効開口幅を広くするため、たたんだ門扉が回転できるものもある。道路勾配による敷地の傾斜に対応できる。

⑤ 跳上げ戸

駐車空間に使われることが多い。すっきりしたデザインのため近年人気が高まっている。扉を跳上げてその下をくぐる形式のため車の高さが制限される。車高が高い場合、ハイルーフタイプの製品を使用しなければならない。電動式でリモコン操作のものが便利である。

図3-4-6 跳上げ戸

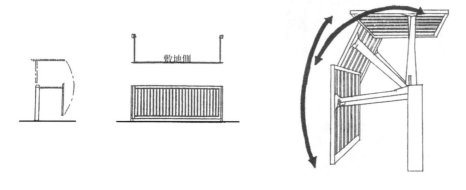

(3) その他の備品

表札、インターホン、郵便受け、照明、宅配便受けなどの備品が門廻りには必要である。先に述べた、象徴性ある"門に代わる"形態として、これらの備品が主役となることも多くなっている。

5 基本的な配置パターン

門は外観デザインのポイントとなるので、配置上では以下の点に留意する。
1. プライバシーやアプローチ距離確保のため、門と玄関が正対する配置としない。
2. 単調なデザインとならないように、動線と視線に変化をもたせた配置とする。

図3-4-7 基本的な配置パターン

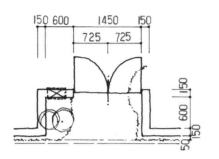

門柱を設けず、道路と平行に門扉を設けた例。

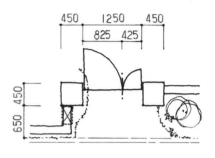

門柱門扉を道路と平行に配した例。

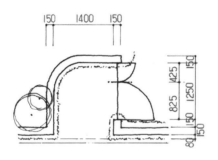

道路と直角に門扉を配した例。曲面の壁が柔らかさを感じさせる。

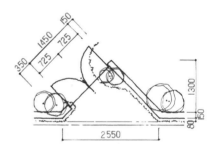

道路に対し45度に門扉を配した例。動線や視線の変化を楽しめる。

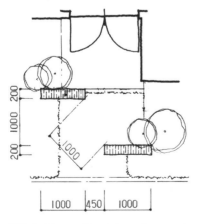

門壁をずらして配したオープンスタイルの例。狭くても変化を演出できる。

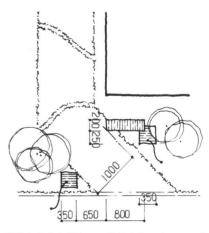

門壁と花台を組合せ、花鉢を飾る楽しみのある例。

6 寸法基準

門廻りには、ポストやインターホン等といった直接人が手を触れる機能的な要素が集まっているので、人体寸法から各設備の設置高や位置などが決まってくる。

図3-4-8 人体と高さの関係

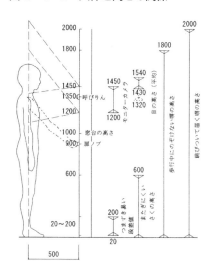

7 チェックポイント

表3-4-1 門廻りのチェックポイント

チェック項目	内　容
1：門、門扉を設ける目的がはっきりしているか	・盗難防止 ・侵入防止 ・格式や象徴性
2：建物とデザイン的に調和しているか	・建物のデザイン様式 ・規模、グレード
3：まちなみと調和しているか	・高さや規模 ・門廻りの植栽
4：建物その他との位置関係が適当か	・玄関アプローチとの位置関係 ・建物に対する角度や位置
5：寸法は確保できているか	・門前のスペース ・門扉を開いたときの周辺スペース
6：備品に落ちはないか	・表札 ・ポスト ・インターホン ・照明
7：潤いある空間になっているか	・門廻りの植栽 ・門前のスペース

3-5 アプローチ

1 アプローチ計画

敷地の外と住宅を結ぶルートであり、門廻りと共にその住宅の印象を決定するエクステリアゾーンである。門と同様に、住宅のデザインとの調和が不可欠である。

同時に道路に接して計画される他のエクステリア要素（門、車庫、囲いの装置としての塀や垣根など、接道する庭など）との関係とともにトータルなエクステリア空間として計画されなくてはならない。

接道部から住宅の玄関を結ぶ動線としての機能に加え、人の動きにしたがって移り変わる景色を楽しみ、気持ちや意識の変化を誘発するゆとりの空間としたい。物理的な広さに関わらず、回遊式庭園に備わっている様々な手法から援用する姿勢が有効である。

エクステリアの計画は多くを視覚によっているが、床の舗装材料の変化で足の運びに変化を促し、硬い石と砂利といった組合せで足ざわりや音を楽しむなど、触覚や聴覚に訴える方法もとられる。

2 チェックポイント

表3-5-1　アプローチ空間のチェックポイント

チェック項目	内容
1：建物と調和しているか	・デザイン様式（和風、欧風、英国風、北米風 etc.） ・グレード
2：建物や庭、その他との関連を考慮しているか	・主庭との位置関係（プライバシーやメンテナンス） ・駐車空間やサービスヤードとの動線
3：動線や視線の検討を十分行ったか	・プライバシー保護や道路からの見え方 ・駐車空間やサービスヤードとの動線
4：仕上げ材料やデザインに違和感はないか	・建物との様式や色彩の調和 ・滑りにくい材料の選定（危険防止）
5：機能を確保しているか	・気持ちの切り替え空間としての機能（心情面） ・物理的に必要な寸法等
6：潤いある空間になっているか	・気持ちの切り替え空間 ・植栽などの効用

3 アプローチのとり方

アプローチのとり方は、建物の玄関位置や道路と敷地の関係、敷地の形状・利用方法により異なってくる。

又、門の位置を設定する際、建物の玄関と門廻りとの「見通し」に注意する。門扉を開けたとき、防犯等のために、道路側から直接玄関が見通せないのが良いとされる。又、門から奥の景色を垣間見せることにより、「向こうに何があるのだろう…」と期待させるような空間づくりを行うことができる。

exterior planner handbook

① 玄関までの距離が長い場合

　門から玄関までの距離に余裕がある場合、図3-5-1 ⓐ のように門前の敷地を広くとることができる。広い空間を活用することにより、シンボル性・ステイタス性のある華やかな空間を工夫することも可能となる。又、このような景観の変化により「意識の切り替え」を行うことができる。個々の建物や庭のデザインに合わせて、和風・洋風・和洋折衷デザインの門廻りを設計する。又、周辺のまちなみとの調和を図ることも忘れてはならない。

図3-5-1　門から玄関までの距離と門前の敷地の関係

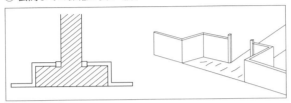
ⓐ 玄関までの距離が長い場合

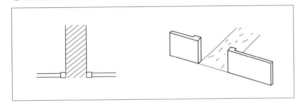
ⓑ 玄関までの距離が短い場合

② 玄関までの距離が短い場合

　建物の玄関までの距離に余裕が無い場合においても、図3-5-2のように玄関と門の間にクッションスペースを作るよう工夫する。

　このような門の位置の取り方により、敷地内への見通しがさえぎられるとともに景色に変化が生まれ、門廻りの空間に奥行き感が生まれる。

　又、門柱や門扉等構造物を設置する余地が無い場合は、門廻りに植栽等の工夫を行うことにより、玄関があからさまに見えなくなる効果が得られる。

　一方、階段をつくる際、高齢者、幼児、身障者等も使いやすいよう設計上のきめ細かい配慮を忘れてはならない。例えば、
1 階段の蹴上げを低めにする
2 踏面を広めにする
3 すべりにくい仕上げの舗装にする
4 手摺、スロープを併設する
などが考えられる。

図3-5-2 玄関までの距離が短い場合の門の位置とアプローチのとり方の例

ⓐ アプローチをクランクさせる
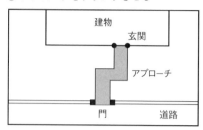

ⓑ アプローチを斜めにする
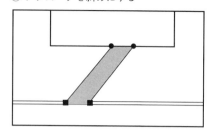

ⓒ アプローチを曲線にさせる
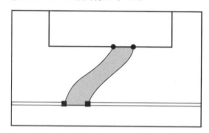

ⓓ 道路と垂直に門を設置する
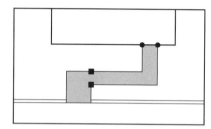

ⓔ 門を斜めに設置する
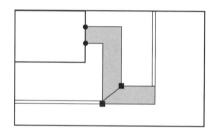

③ 道路と高低差がある場合

道路と敷地との間に高低差がある場合は、階段又はスロープを設置し、スムーズな歩行が図れるようにする。高低差がある場合の門廻りづくりには、いくつかのメリットがみられる。
1 道路側から、建物の玄関への見通しがたちにくい。
2 景観に変化が生まれ、ドラマチックな修景をつくりやすい（階段の形状、舗装や仕上げ、植栽の手法により特徴ある景観をつくることができる）。
なお、階段の踏面は 26 ～ 30 cm、蹴上げは 15 ～ 18 cm が望ましい。

4 アプローチの技法

アプローチの幅員については、敷地全体の広さ、アプローチの長さとのバランスを考慮するが、個人住宅の場合は 70 ～ 120cm 程度が望ましい。
門から玄関の間は、建物と敷地のバランスに応じて距離を取り、奥行き感を出すことが大切である。
敷地に余裕が無い場合でも、アプローチを斜めにしたり、カーブやクランクさせたりして距離を取り、景観に変化をもたせる。門から玄関までまっすぐに見通せる

よりも、植栽や灯籠を置くことで見え隠れさせる（見え隠れの技法、暗示の技法）方が、来客らに「向こうに何があるのだろう」という期待感をもたせることができる。又、意識の転換が図れるように、姿の美しい木や灯籠等の添景物を、アプローチのカーブコーナーやクランクコーナーに植える（アイストップの技法）。

写真3-5-1　アプローチの例
アイストップの技法

カーブのコーナーに灯籠、景石、植栽等を設置し、印象に残る空間をつくる。
あからさまに奥を見せないようにして、期待感をもたせる。

⑤　アプローチ廻りの動線

玄関扉の開閉時に道路周辺から家の中まで視線が通るような配置は、避けるようにしなくてはならない。動線上をたどり視線をチェックし、問題点に対しては視覚的な障害物（植栽やフェンス、塀など）を設ける計画も検討する。

表札やインターホンが設置される場所から、アプローチにしたがって玄関まで進む"人"、その人になったつもりで視線の先に見えるものを図面上で追ってみる。逆に玄関扉を開けたところから道路までを同様にたどってみる。この視界を心地よいものにすることが最も重要である。

①　門と玄関を正対させない

道路から玄関までの距離の長短に関わらず、プライバシーやアプローチ距離の確保、心情的な演出ポイントをつくりだすためにも、門と玄関が正対する配置は避けるのが一般的である。

図3-5-3　門と玄関の動線計画

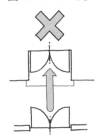 

② アプローチ距離を確保し、ポイントをつくる

　アプローチは、道路から玄関への気持ちの切替え空間ともいえる。そのためにも、距離の確保と演出ポイントをつくり、ゆとりを感じさせて通る人の目も楽しませる空間が必要となる。

図3-5-4　アプローチの動線計画

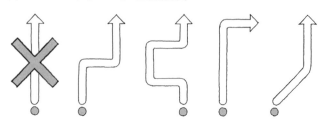

③ 単調さや直線（直接的）を避ける

　住む人が毎日通るところであり、来客を迎える場でもある。生活心情や来客に対する心づかいを表わすとともに、単調にならない工夫が必要となる。

図3-5-5　玄関の動線計画

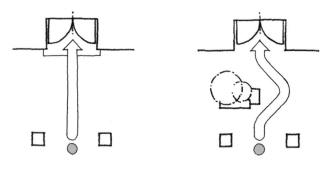

▲ストレートに見通せてしまう　　◎ストレートに見通せず、動線にも変化がある

6 アプローチの計画と道路の方位

敷地に対して道路がどの方位に位置するかによって、住宅の配置計画は異なる。これに伴いアプローチ廻りの計画にも異なったチェックポイントがある。

(1) 南側道路

道路から建物までの間にある程度の空間が確保でき、エクステリアの各要素も比較的余裕を持って配置できる条件といえる。明るく開放的なエクステリアをつくりやすい条件だが、アプローチ、前庭、駐車空間、主庭のすべてが道路に面することになり、「機能の分離」と「プライバシーの確保」に工夫が必要となる。又、物干し等のサービスヤードに日照を確保しようとすると、アプローチや道路からの視線を遮る工夫も必要となる。

図3-5-6 南側道路の基本的なパターン

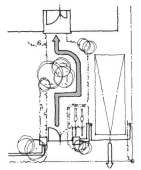

ⓐ玄関にストレートにならないよう、動線をクランク状に曲げて、敷地中央からアプローチを配した例。

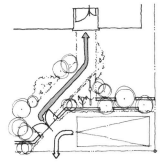

ⓑ玄関と相反する方向に門扉を配置した視界の変化が大きい例。

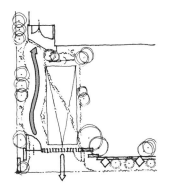

ⓒ駐車空間に沿って緩くカーブさせたアプローチを配した例。

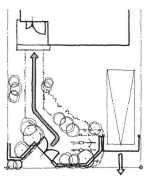

ⓓ角度をつけた駐車空間の配置により、変化と門前の広さを確保した例。

ⓔ門横に駐輪空間をとり、反対側に動線を折り返した例。

(2) 北側道路

　南入りの敷地と対照的な特徴があり、主庭は道路と隔てられて「落ち着き」「プライバシー」に恵まれている。しかし、ファサードを造る空間は狭くなりがちであり、貧相な印象を与えないようにアプローチや前庭に「ゆとり」を演出するための工夫やデザインが求められる条件である。又、南側にある主庭での工事資材搬入や先々のメンテナンス通路にも配慮が必要となる。

図3-5-7　北側道路の基本的なパターン

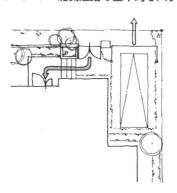

ⓐ多少余裕のある北側アプローチの例。門扉をずらし動線の距離を確保する。

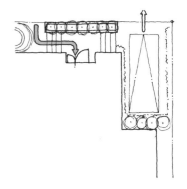

ⓑ狭い北側アプローチの例。オープンスタイルにして動線を曲げる。

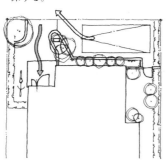

ⓒ道路と平行に駐車空間を設けた例。玄関前に張り出した植込みで動線を曲げる。

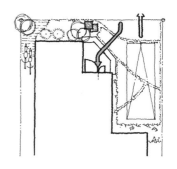

ⓓアプローチが確保できず、スリット状の植栽や門柱、ポーチの階段で方向性を持たせた例。

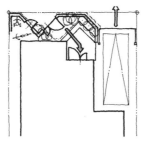

ⓔ門扉と玄関をずらし45度に角度を付けることで、距離と玄関前の植込みを確保した例。

(3) 東西側道路

エクステリア空間の「配分」や「機能」の上では「北入り」と同様の難しさがあり、「プライバシー」の上では主庭が道路と接する場合が多いので「南入り」の時と同様の工夫が必要となる条件である。敷地の形状と駐車空間の配置によっていくつかのパターンが考えられるが「南入り」「北入り」と共通する問題点も多いので、そのバリエーションとして考えることもできるであろう。

図3-5-8 東西側道路の基本的なパターン

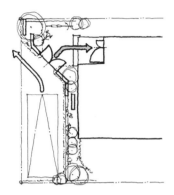

ⓐ平行駐車の駐車空間と門前の空間を共用し、アプローチに方向性を持たせた例。

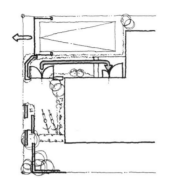

ⓑ門前踏み込みの左右に駐輪空間と門扉を配した例。

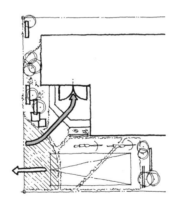

ⓒ門柱や地被植物を植えたスリット、床材の張り方やポーチ階段で方向性を演出したオープンスタイルの例。

（4）路地状接道

　（1）～（3）の3条件とは少し異なり「路地状の通路」で接道している場合がある。主庭とのプライバシー等の問題はないが、「人」と「車」の動線が同じになってしまうため、「空車時の床版のデザイン」や「駐車時の圧迫感」を感じさせないための工夫が必要である。又、玄関が道路から見えなくなるため「防犯」にも配慮が必要となる。

　敷地は道路に2m以上接しなくてはならない、という建築基準法の定めにより、路地の幅寸法を2mとして敷地分割される例が多い。この最小限の基準による路地状敷地では、駐車をすると人の出入りはほとんど不可能となる。駐車をした状態で人の通行を容易にするには、3m以上が必要と考えなくてはならない。

図3-5-9　路地状接道の基本的なパターン

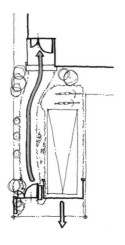

ⓐ道路側に門扉やカーゲートを設けた例。路地部分の幅が必要となる。

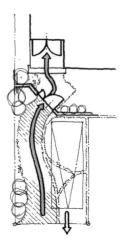

ⓑ路地奥に門扉を設けた例。床版のデザイン次第で、空車時にも豊かな門廻り空間となる。

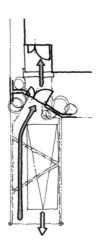

ⓒ路地幅が狭く、道路奥に門扉を設けた例。空車時の床版のデザインと、コーナーやスリット植栽の活用を心掛ける。

7 寸法基準

アプローチに必要な幅は、さまざまな状況によって変化する。ただ単に広ければ良いといえない場合もあり、住む人の状況とデザインを十分考慮する必要がある。

通路面の有効幅寸法に対し、地上1～2mでの閉塞感の有無が体感寸法に影響する。視線の近くが物で塞がれると狭く感じ、その材質によっても感じ方は変わる。堅牢な塀と柔らかさのある植栽では大きく異なってくる。

図3-5-10 寸法基準（人体との関連）

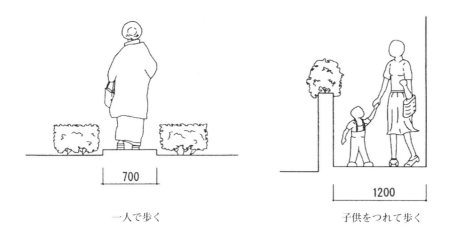

一人で歩く　　　　　　　　　子供をつれて歩く

傘をさして歩く　　自転車を押す　　松葉杖で歩く　　車いすで移動

8 アプローチの舗装

　生活動線となるアプローチには歩きやすい舗装を選び、表面は滑りにくい仕上げとする。アプローチに使用される舗装材は、ⓐコンクリート舗装（金ごて仕上げ、はけ引き仕上げ等）、ⓑコンクリートベースの左官仕上げ（サビ砂利、大磯砂利、那智砂利等の洗い出し仕上げ）、ⓒ自然石による乱形張り、方形張り、ⓓタイル張り、ⓔれんが敷き、ⓕコンクリート製品（インターロッキングブロック、コンクリート平板等）等がある。いずれの場合も、水がたまらないように雨水勾配をとる。素材の色、パターンについては建物の外壁、ポーチや門廻りに使用する材料と違和感のないものにする。

図3-5-11　アプローチの舗装

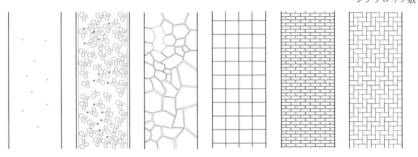

ⓐ 機能的かつ安価な舗装
ⓑ コンクリートに化粧砂利を混ぜ、硬化する前に表面のモルタルを洗い流して、砂利を見せたもの
ⓒ 石を割ったままの「割肌仕上げ」、バーナーで焼いた「バーナー仕上げ」等が、すべりにくい。
ⓓ 洋風の建物に合わせやすい。
ⓔ 自然素材のもつあたたかみがある。
ⓕ インターロッキングブロック、コンクリート平板等がある。

図3-5-12　舗装断面図

ⓐコンクリート舗装

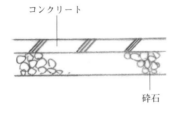

ⓑタイル舗装

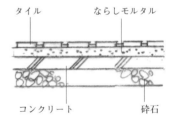

ⓒれんが舗装

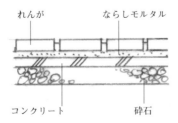

ⓓインターロッキング舗装（歩道用）

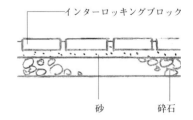

9 階段

　階段は、住宅の中でも最も事故の起きやすい場所であり、寸法、材質などに留意する必要がある。特に、北側道路の場合は建物の玄関位置を含めた配置計画に十分余裕を見ておかないと、地盤高さの変更などにより必要な寸法が確保できなくなる例が多く、クレームの原因となるので注意を要する。
　又、階段をつくるメリットとしては、以下の点が挙げられる。
1 道路側から建物の玄関への見通しがたちにくい。
2 景観に変化が生まれ、ドラマチックな修景がつくりやすい（階段の形状、舗装や仕上げ、植栽の手法により特徴ある景観を演出できる）。

表3-5-2 階段の寸法

	寸　法	推奨寸法
踏面（ふみづら）	260mm 以上	270〜300mm
蹴上げ（けあ）	200mm 以下	150〜175mm

（注）階段は人の歩幅に対応する寸法で計画されなくてはならない。通常、階段一段を一歩で昇降するものとして計画する。踏面＝ a、蹴上げ＝ b、
　　としたときに　a＋2b＝600〜630 の数式による階段が望ましいとされる。
　　これは大人にとって具合の良い寸法であり、子供や老人では辛いこともある。階段の勾配を緩くし大人が一歩で一段を、子供はこれを二歩で、といった計画も有効となる。　例として：踏面＝500、蹴上げ＝70〜80

ア）階段途中で踏面や蹴上げ寸法に差があると、つまずきの原因となり危険である。
イ）踏面の仕上げ材は、滑りにくく磨耗しにくい材料とする。（石やタイル）
ウ）段鼻は滑りにくい材料にするとともに、視認性がよくなる（目立つ）工夫をする。
エ）高低差が大きい場合は階段を1ヵ所にまとめず、数段ごとに分散して配置するのもよい。

図3-5-13　敷地に余裕がある場合の階段

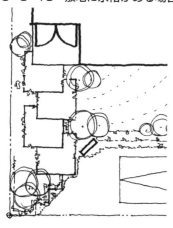
ⓐ大きな板が重なり合うような、ゆったりとしたデザインの高低差の少ない例。

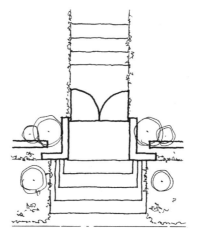
ⓑ門外と門内とに階段を分け、一気に登らせないように配慮した高低差の大きい例。

図3-5-14 敷地に余裕がない場合の階段

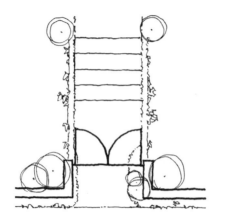

ⓐ門前に階段を配すると、人の立つ余地が十分確保できず危険になるので、門内に階段をまとめた高低差の少ない例。

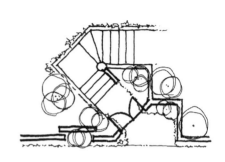

ⓑ道路に対し角度をつけたアプローチ階段で、段数を確保した高低差の大きい例。原則として踊り場には段を設けない。

10 その他の資料

(1) 門扉

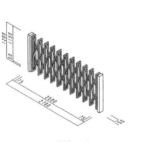

伸縮門扉

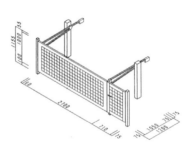

跳上げ式門扉

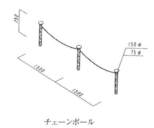

チェーンポール

(2) 屋根付き車庫

車庫の大きさ

間口	2700～3600
奥行	5100～6000
天井高	2400～3000

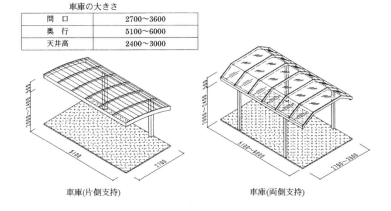

車庫(片側支持)　　　　車庫(両側支持)

(3) 自転車置場

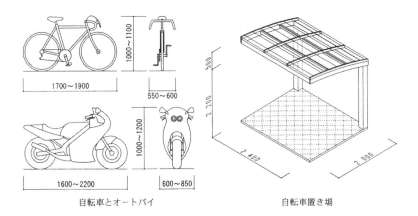

自転車とオートバイ　　　　自転車置き場

3-6　囲い

1　囲いの目的

　敷地と道路や隣地との境界に設けられる囲いには、様々な材料が用いられ、形式も多様である。

　使用材を列挙してみると、土、瓦、板、竹、れんが、タイル、石、コンクリート、コンクリートブロック、金属（鉄、アルミニウム、ステンレス等）、植物など。

　形式としては、一般に塀といわれるものから竹垣や生垣など、あるいはフェンスまであり、それらの複合した形態も多く用いられる。

　プライバシーの保護や防犯が主目的とされるが、建物に調和しエクステリアを引き立てる効果や近隣周辺との緩衝として機能している。

　計画にあたって考慮されなくてはならない主なポイントは、

　　1 視線　　完全に視界を塞ぐものから、透かして見えるものまで、微妙なニュアンスを材料と形式で検討する。
　　2 通風　　隣接する住宅を含め、季節ごとの風を制御する（風通しをよくする目的から防風の機能まで）。
　　3 隔て感　境界の両側を隔てる機能の強弱を的確にする。
　　4 調和　　材料と形式によりまったく異なるデザインとなる。隣接も含め住宅との調和には細心の感性が求められる。

　以上のポイントを考慮して、高さ、材質、形状を計画する。

　道路境界の囲いを設置する位置については、境界から数十cm後退して道路側に緑地帯を設けるのが望ましいが、近隣との相互関係と調和を図るように計画する。隣地境界の設置位置は、隣家との協議により判断することが望ましい。

2　囲いの種類

(1) コンクリートブロック塀

　コンクリートブロックを組積して造る塀である。頑丈であるが、高すぎると圧迫感が感じられる。塀は鉄筋で補強し、高さは2.2m以下とする（補強コンクリートブロック造）。補強コンクリートブロック造壁体の厚さは15cm（高さ2m以下の場合は10cm）以上とする。塀の高さに応じて基礎を強固にし、長さ3.4m以下ごとに控え壁を設置する。景観性を考慮し、タイル、吹きつけ等の仕上げを施すこと

図3-6-1　コンクリートブロック塀

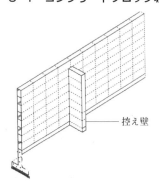

控え壁

写真3-6-1　コンクリートブロック塀の例

が望ましい。コンクリートブロック自体に仕上げを施した化粧ブロックを利用することも計画のひとつである。

(2) 現場打ちコンクリート塀

　コンクリートブロック塀は、工場で造られるコンクリートブロックを組積するが、現場打ちコンクリート塀は、現場において型枠にコンクリートを打ち一体的に造りあげる塀であるため強度は高い。型枠の加工により曲線等塀の形状を比較的自在に造ることができるが、施工には高度な技術を要する。

図3-6-2　現場打ちコンクリート塀　　写真3-6-2　現場打ちコンクリート塀の例

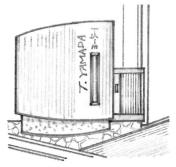

型枠の加工により、曲線形状をつくる。　　　　天端を曲線にした例。

(3) フェンス

　フェンスは、一般に金属や木材を加工して造られる。

　金属製品として、アルミニウム、鉄、ステンレスが挙げられる。アルミニウム製品は、軽量で耐久性にすぐれ加工が容易で、デザイン的にも価格的にも幅があるので使用しやすい。鉄製品は強度はあるが、防錆性に劣る。ステンレス製品は、防錆性に優れる。木製品は自然景観と調和し独特のあたたかみがあるが、耐久性に欠ける。木粉を樹脂で固めて成形した板材の木樹脂製品は、木目模様が施されているため天然木の温かみある雰囲気を感じることができ、腐食の心配がない。

　フェンスの形式は連続フェンス、組込みフェンスに大別される。

　連続フェンスは、コンクリートブロックを2～3段積んだものの上部に、フェンスを連続して設置したものである。フェンスの格子等の隙間の小さい遮蔽性の高いタイプや、スクリーンフェンスや多段フェンスなどの高尺フェンスの場合は、風圧を考慮し、土台となるコンクリートブロックを強固なものにしなければならない。

図3-6-3　連続フェンス　　写真3-6-3　連続フェンスの例

　組込みフェンスはフェンスの透過性、デザイン性を考慮し、コンクリートブロッ

ク塀と組合せたものである。

図3-6-4 組込みフェンス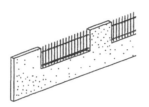

写真3-6-4 組込みフェンスの例

(4) 石塀

　石塀は、石材を組積してつくる塀である。石材は、一般には耐久性に優れどっしりとした重厚感があり、時間とともに、風合いが増してくる（エイジング効果）のが特徴である。

　大谷石は加工が容易で耐火性に富むが、吸水率が大きく風化しやすい。主に組積材、壁仕上げ材として利用する。御影石は、圧縮強さ、耐久性ともに高いが、耐火性が低い。組積材、壁仕上げ材、舗装材として利用する。磨くと美しい光沢が出る。

　御影石の表面仕上げの方法として、「磨き仕上げ」の他に、石を割ったままの質感を活かした「割肌」、のみで粗い線をつけながら表面をやや平坦とした「こぶ取り」、ビシャンでたたいた「ビシャン仕上げ」、バーナーで焼き付けて仕上げた「バーナー仕上げ」等がある。

(5) 竹垣

　竹垣は、竹を素材とした日本の伝統的な垣根の手法である。竹垣の多くは丸竹や割竹等でつくられるが、竹の穂を用いるものもある。主にマダケ、モウソウチク、クロチク等が用いられ、冬に収穫されたものを良質とする。竹垣は和風の建物や門廻りに調和する囲いとして用いられるが、庭の中につくられる。

　庭の中につくられる竹垣には、仕切垣と袖垣がある。庭の仕切垣は庭内の風景を仕切ることが目的である。袖垣は建物から袖のように出した垣根で、部分的な遮蔽をすること、建物と庭に自然な連続性を図ることが目的である。

　囲いに用いられる竹垣は、敷地と敷地外を仕切る仕切垣である。

　仕切垣には、目隠しを目的としたものとして、建仁寺垣、御簾垣等がある。垣間見せることを目的としたものに四つ目垣がある。又、園路沿いに設置される仕切垣に金閣寺垣、竜安寺垣がある。

　これらの竹垣には、自然の竹ではなく、アルミニウム材や樹脂材等の、竹に似せて作った人工の素材を使ったものもあり、風合いは劣るが耐久性はある。

写真3-6-5　竹垣の種類

ⓐ 四つ目垣

ⓑ 建仁寺垣

ⓒ 御簾垣

ⓓ 金閣寺垣

ⓔ 竜安寺垣

ⓕ 袖垣

　ⓐⓑⓒは背が高い仕切り垣。特にⓑⓒは目隠し目的に使用。
　ⓓⓔは園路沿いに用いる。
　ⓕは建物から袖のように出した袖垣。(写真は鉄砲垣様式の袖垣)

(6) 生垣

　生垣は、植物を植えて囲いとしたものである。生垣は柔らかい印象を与える囲いで、又、緑が少なくなりつつある今日、重要なまちなみの自然景観となっており、自治体によっては、生垣をつくる工事費を助成している所もある(「生垣条例」)。
　生垣に選ばれる樹種の性質としては、一般に、①常緑性で葉の細かいもの、②刈込みに耐えるもの、③丈夫なもの、④虫がつきにくいもの、⑤下枝の枯れにくいもの、などの条件が挙げられる。
　よく用いられるものに、カナメモチ、イヌツゲ、シラカシ、サワラ、ウバメガシ等がある。又、景観を考慮し、キンモクセイやサザンカ等、花の美しい種類を植えることも多い。常緑性が多いが、花が美しく、小枝が多いものにドウダンツツジ(落葉性広葉樹)があり、生垣に利用される。生垣を設置する場合は、それぞれの植物

の生育条件を把握し、生育環境（土壌や日当たり等）を整えることが大切である。又、生垣の美しさを保つために剪定や刈込み等、定期的なメンテナンスを行うことにも留意しなければならない。

写真3-6-6　生垣の例

ⓐ ウバメガシ

ⓑ カイヅカイブキ

ⓒ ネズミモチとオオムラサキツツジ

ⓐ 常緑性広葉樹で葉が密になりやすい。
ⓑ 常緑性針葉樹でやわらかい印象をもつ。
ⓒ ネズミモチ（高木）とオオムラサキツツジ（低木）の2段構成にした例。両種とも常緑性広葉樹。

3-7　駐車・駐輪空間

1　駐車空間の計画

　自動車がない生活は考え難いほどに普及した一方で、車離れが話題になる多様化の進む社会構造である。エクステリア計画においても車は大きなテーマである。テーマになるポイントの第一は、接道部に占める空間デザインである。駐車空間には植栽が限定され、接道部の修景にとって障害となることが多い。第二にはその専有する面積である。面積に制約が多い住宅のエクステリア空間に占める面積の比率は拡大傾向にある。さらに2～3台の駐車空間を希望する例も増えている。エクステリア計画に占める駐車空間の重要度は増しており、安全な車の活用という実用面と道路面の修景という両面に配慮しなくてはならない。

　チェックポイントを列記すると、

1 必要とされる寸法の確保
　　車サイズと駐車方式及び道路幅員によって必要寸法が決定される。
　　入出庫の安全寸法と乗降の寸法、台数
　　複数駐車の場合の利用形態：並列駐車と縦列駐車等の検討

2 車と安全
　　視界の確認
　　道路状況と車庫の位置及び駐車方式
　　角地部の駐車や急勾配などの問題の事前確認

3 駐車空間の周囲との関係
　　門、アプローチのほかサービスヤード、主庭との配置関係及び他からどう見えるかを確認
　　隣家及び向かいの住宅のエクステリア空間との関係、前面道路からのトータルな景観に問題はないか：通りの緑のつながり状態を確認

4 機能の確認
　　車庫の形態確認：屋根の有無、扉の有無と形式
　　空き状態の姿：適切な舗装、緑化
　　排水と水勾配、洗車用水栓や電源の設備

2　駐車空間の配置

　駐車空間の配置は道路との関係から決まってくるが、スペースの有効利用からアプローチと共有することもある。又、玄関位置とは関係なく庭の一部に設ける場合もあるが、特に雨天時の玄関や勝手口への動線及び主庭、サービスヤードへの動線を考慮する必要があると共に、少なくとも居間や主たる部屋の前に配置することは避けるべきである。

　敷地や道路に高低差がある計画では、建物の計画と同時にエクステリアが計画されないと問題が生じる。駐車場などの周辺は敷地の地盤面より低くなるため、接する部分の建物の基礎を深く施工しなくてはならない。通常の基礎が施工された住宅に接してこのような駐車場を設置する場合は、建物の基礎から距離をおいて擁壁を設ける必要がある。

exterior planner handbook

図 3-7-1 南側道路の基本的な配置パターン

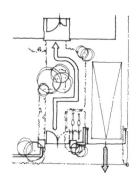

ⓐ道路と直角にアプローチに添って配した例。(跳上げ式カーゲート付)

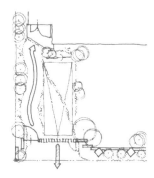

ⓑ道路と直角に配し、隣地側アプローチと庭を分離した例。

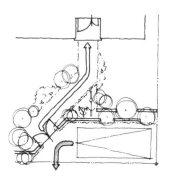

ⓒ道路と平行に配し、門廻りの空間を共用した例。

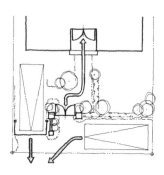

ⓓ道路に対し直角と平行に配した2台駐車の例。

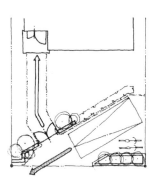

ⓔ道路に対し30度に配し、植栽や駐輪空間を確保した例。

図3-7-2 北側道路の基本的な配置パターン

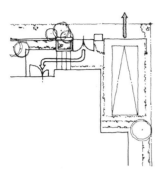

ⓐ道路と直角に配したクローズドスタイルの例。(跳上げ式カーゲート付)

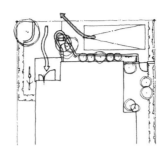

ⓑ道路と平行に配したオープンスタイルの例。

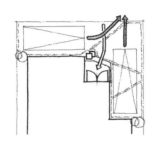

ⓒ道路に対し直角と平行に配した2台駐車の例。

図3-7-3　東（西）側道路の基本的な配置パターン

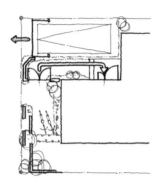

ⓐ道路と直角に北側へ配したクローズドスタイルの例。（跳上げ式カーゲート付）

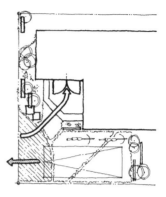

ⓑ道路と直角に南側へ配したオープンスタイルの例。

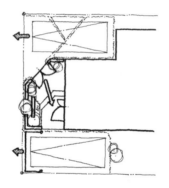

ⓒ道路と直角に南と北に2台分を配した例。

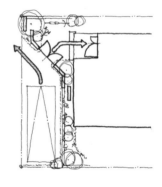

ⓓ道路と平行に配し、門前とスペースを共有した例。

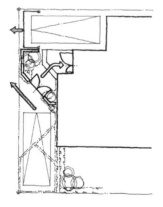

ⓔ道路に対し直角と平行に2台を配した例。南側は門廻り空間を共有している。

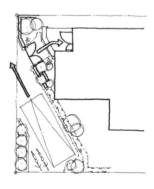

ⓕ道路と30度の角度をつけて、駐輪や植栽の空間を確保した例。

③ 寸法基準

車種や前面道路の幅員、障害物の有無にもよるが、一般的な駐車寸法を示す。

図3-7-4 一般的駐車寸法

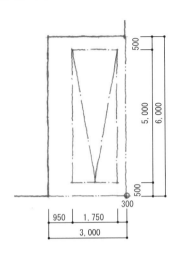

一般的な直角駐車に必要な寸法は 3,000 × 6,000mm 程度。運転席側に乗降用、後ろにトランク開閉用の空間が必要となる。

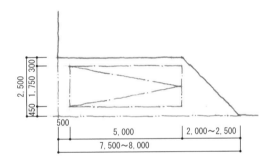

平行駐車に必要な寸法は 7,500 × 2,500mm 程度。道路面に広い開口部が来るので、床板のデザインや植栽に考慮する。

■参考資料　車の軌跡

　車の種類や性能によっても変わってくるが、少なくとも施主が今所有している車より大きい車が入れるようにしたいものである。幅４ｍ以上の道路に面していれば問題は少ないが、前面道路幅が狭い場合は、「スミ切り」や「斜め駐車」等の「工夫」が必要になる。

図３-７-５　車の軌跡の例

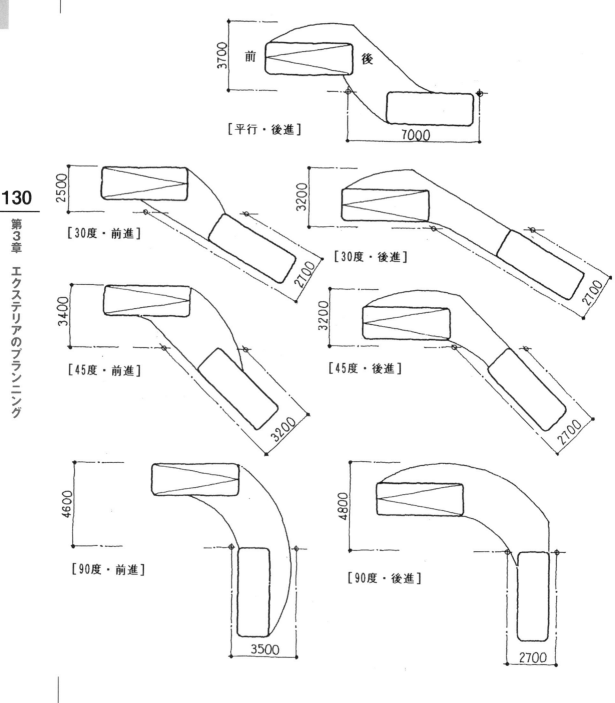

4 駐車空間の床舗装の修景

　駐車空間の床舗装はコンクリート舗装が機能的で一般的であるが、景観を考慮し、タイル、れんが、インターロッキングブロック、枕木、洗い出し舗装等も考えられる。コンクリート舗装面は、適切な排水勾配をとり、ひび割れ防止のために伸縮目地を設置する。

　コンクリート舗装等単調な景観の舗装の場合、車を駐車していない時は間が抜けた感じになりやすい。駐車していない時の景観を考慮し、目地の取り方で変化をつけたり、車体の下部に植栽帯（ササ類、タマリュウ、フッキソウ、シバ等）を設けて柔らかい感じを出したりするのもよい。

写真 3-7-1　駐車空間の修景例

枕木で修景した例

タマリュウとれんがで修景した例

5 駐輪空間

　敷地の立地や家族の年齢と生活スタイルによって、自転車の保有状態は変化するが、必要台数の置き場所を確保しなくてはならない。又、電動アシスト自転車の普及もあり、駐車空間の重要性は増している。屋根などによる雨よけが必要とされる場合は、建築的な置き場の確保が望ましい。サービスヤード周辺に屋根付きの専用スペースを設置したり、深い庇を設けるなどの方法による。エクステリア計画では駐車空間に付帯するなどの方法になるが、安全上では必ずしも望ましい関係ではない。サービスヤードとの関係を重視し、表からは見えにくいゾーンに計画することが望ましい。

3-8 擁壁

1 擁壁

造成工事等で、土の移動をともなう切土や盛土によってできる崖や斜面に、土砂の崩壊を防ぐ目的で造られる壁状の構造物を擁壁という。

写真3-8-1 擁壁の例

擁壁の構造の基本は、土圧に耐えることである。この構造を左右する条件は、土の種類、地耐力、含水率の3点になる。

安全に加えて配慮しなくてはならないことは、視覚的に"大きな面"になることが多く、擁壁下では圧迫感や周囲との違和感を起こしやすいため、壁面の仕上げに変化を加えるような工夫や蔦類・地被類での緑化が有効となる。

又、高さ2mを超える擁壁には工作物申請（建築確認申請）が必要となる。

2 擁壁の種類

土圧に耐える方式と使用材料により分類される。

(1) 現場打ちコンクリート式

擁壁をその構造形式から分類すると、重力式、半重力式、もたれ式、現場打ちL型擁壁等に分けられる。擁壁の自重によって土圧に抵抗する形式が重力式で、基礎地盤が良好な場所に設置される。無筋コンクリートで造られ、壁高4～5m以下のものに採用される。他方、躯体を鉄筋で補強したものが半重力式、山側に勾配をつけた形式のものがもたれ式である。L型擁壁とは文字通りL字型の躯体をしており、土地を有効に使用することができる。

写真3-8-2 現場打ちコンクリート擁壁の例

図3-8-1 主な擁壁の種類

擁壁の背面には、フィルターとなる栗石・砂利等を裏込めし、水抜きパイプを設置する。

壁体の膨張収縮による崩壊を防止するため、適切な位置に伸縮目地を設ける。

又、人工的なイメージを和らげるために天然石を表面に張り石をしたり、タイル張りにしたり、吹き付けや塗装等で修景を行うことを考慮してもよい。アイビーやテイカカズラ等のツル植物により、壁面を緑化すること等も考えられる。

現場打ちL型擁壁の場合、打ち放し仕上げの美しさをデザインとすることもある。

(2) コンクリートブロック式

コンクリートブロック式には型枠状ブロックが用いられる。ブロック積みの背面にはフィルターとなる栗石を裏込めし、水抜きパイプを設置する。

(3) プレキャストL型擁壁

プレキャストL型擁壁は、現場打ちL型擁壁と躯体形状は似ているが、工場で製造し現場で設置する。工期の短縮が図れるのが利点である。

写真3-8-3 型枠状ブロックを用いた擁壁の例

(4) 石積み式

石積みは、積み方により練り石積みと空石積みに分けられる。練り石積みは、積み石の背面にコンクリート又は砂利、栗石を充填するか、コンクリートを用いて積み上げる石積みを指し、コンクリートの背面には裏込め石を詰め、水抜きパイプを設ける。空石積みは、砂利又は栗石のみで積み上げる石積みをいう。

石積み用材には、加工して使用される加工石材と、天然に産出した形状を生かして使用される自然石材に分けられる。

加工石は、間知石、割石、雑割石、切石等がある。間知石及び割石は面が方形に近いもので硬質の花こう岩、安山岩等を加工して造る。雑割石はおおむねくさび形のもの、切石は整形に加工したものである。切石として、石積みに用いられるものに大谷石、御影石等がある。

図3-8-2 石積みの種類（練り石積み）

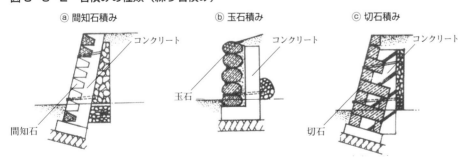

自然石材は、野面石とも呼ばれ、その形状により景石や飛石等にも使用される。

河床や海岸で水流に洗われ、角が摩滅して球形、楕円形になったものを玉石と呼び、石積みに利用される。

石積みの主な積み方の様式は、布積み、谷積み、乱積みである。

布積みは、横目地を水平にして目地が互の目をなしている積み方で、整層積みともいい、たて目地は通さない（図3-8-3 ⓐ）。

谷積みは、目地が水平軸より45度になる積み方で乱層積みともいう。石材相互がかみ合って石積みの強度を増している（図3-8-3 ⓑ）。

乱積みは、石の形が一定しない変形の石や多角形の石を組合せる積み方で、たて目地等が通らないよう、かつ模様が美しくなるように石を配置する（図3-8-3 ⓒ）。

図3-8-3　石積みの積み方の種類

ⓐ 布積み　　　ⓑ 谷積み　　　ⓒ 乱積み

写真3-8-4　石積みを用いた擁壁の例

ⓐ 布積み

ⓑ 谷積み

ⓒ 乱積み

ⓐ 大小の切石を組合わせているが、たて目地が通らないことが重要。
ⓑ 間知石を用いた谷積み。
ⓒ 最も施工に技術を要する様式である。

3-9　庭

1　庭の計画

　生活に欠かすことができない恵みとして、自然の最も身近な存在が、庭を中心としたエクステリア・スペースである。多くの住宅の庭が南に広く計画されるのは、この恵みと深く関わっている。
　住宅にとって、庭に求められる基本的な役割を列記すると、
　1 冬の日照を確保する空間として：南に空き地を用意することで得ることができる物理的な役割。
　2 日照を調整する機能：落葉樹などにより夏の日差しを和らげ、下草や低木により照り返しを防止する。
　3 採光を調整する機能：建物の奥深くに明るさを確保する。
　　（中庭や池など）
　4 強風を防ぐ機能：防風林に代表される役割。風やほこりから生活を守る。一般には北や西からの季節風が対象とされる。
　5 風を調整する機能：通風が居住性を左右する。庭木による気流調整効果は大きく、室内にまんべんなく風を取り入れることが可能となる。
　6 視覚の調整機能：道路や隣家との間に空間を確保し、植栽などによる緩衝効果でプライバシーを得ることができる。
　7 騒音の防止機能：面積が狭い庭では大きな効果は期待できないが、塀、築山、植栽など複合させることで有効となる。
　このような基本機能を踏まえながら、見て楽しむ庭、実用の用となる庭、トータルで調和のある美しい庭を目指す。

2　庭の構成

(1) 前庭

　前庭とは、門廻りから建物の玄関までに位置する庭を指し、客を迎え入れる最初の庭である。門廻りやアプローチと一体となって「家の顔」となる空間であり、アプローチが視点場となって眺める庭である。歩きながら景色が変わることを生かし、変化にとんだ景観をつくる。主庭と連続性をもたせる場合もあるが、全く違う趣の庭である場合も多い。その場合、主庭との境界部分には袖垣等何らかの仕切りを設置し、自然ではあるが連続性を切る、設えをしなければならない。主庭がプライベート性が高いのに対し、前庭は多くの人の目にふれる機会の多い庭である。よって前庭は人の目を意識し、おろそかにつくることができない場所である。前庭は、主庭ほど敷地を広くとらないが、風

写真3-9-1　前庭の例

和風の前庭。あまりたくさんの要素を持ち込まず、すっきりと明るい空間をつくっている。

通しを良くし、開放感のある明るい空間とする。さらに、植栽等で変化をつけ奥行き感を出す工夫をする。

(2) 主庭

住宅の中で座敷や客間、リビング等に面して造られるメインの庭である。したがって景観づくりには最も気を遣い、来客をなごませる観賞的な要素が重要である。又、前庭や門廻りに比べ、施主の個人的な趣味、希望が優先できる庭である。家族、親類、親しい友人らと楽しめる庭であるが、用途や目的により、大きく①鑑賞主体の庭、②実用主体の庭に分けられる。

① 鑑賞主体の庭

室内から庭を眺める場合、和室（座観式）か洋室（イス式）かにより大きく視線の高さが変わってくる。これらの主な視点の位置を中心として庭の景色を楽しめるようにする。窓を額縁に見立て景色を絵画のように「切り取る」フレーム化した景色をつくることも手法のひとつである。いずれにせよ庭全体で何らかのテーマをつくることがまとまりのある景観づくりに必要である。

さらに、敷地が広い場合は、多様な景観を楽しむことができる。例えば、築山、池、流れ、噴水、カナール（洋風式流れ）、景石、ウッドデッキ、テラス、パーゴラ、植栽等様々な要素を取り込み豪華に構成することができる。景色の変化の流れをダイナミックに楽しみたい。この場合それぞれのテーマが違和感なく連続するようつなぎの空間づくりには特に気を遣うところである。

敷地が狭い場合は、できるだけ広く見せるためにも材質、色調などを統一し、ポイントとなる添景物や植栽を絞り込み、すっきりとさせることが大事である。

写真3-9-2　鑑賞主体の庭の例

フレーム効果を利用し、室内から見る庭の景色をつくる。

雄大な石組みと滝を用いダイナミックな景観をつくる。

アイストップとして景石を使用。

表3-9-1　鑑賞主体の庭において活用される主な手法等

フレーム効果	窓枠を通して見ることによって、景色の遠近感が強調され、庭が良く見える効果を「フレーム効果」という。
ビスタ効果	「見通し線」「通景線」とも呼ばれ、長い距離を見通すようにつくられた景色を「ビスタ」という。このビスタによりつくられる遠近感により、視線が遠くに誘導される効果を「ビスタ効果」という。
アイストップ	「アイストップ」とは、視線を引きつけるものをさす。庭の景色の中でポイントとなる場所に置く。景石、灯籠、植栽等。
枯山水	「枯山水」とは、砂や石組みだけの構成で水を用いず、水の流れを象徴的に造る手法。
縮景	「縮景」とは、自然や名勝風景の構成を模倣して、庭園内に取り込む手法。
借景	「借景」とは、庭の外に見える山並みや樹林等の景色を背景の一部として取り込む手法。

1）仕立物中心の庭

　仕立物とは、植木を彫刻のように刈り込んでつくったものを指す。仕立物を使った庭は格式高く見える。用いる樹種の条件として常緑樹で葉が小さく刈り込みに強いことが挙げられる。仕立物においては、美しい形のまま維持するため、刈り込みや剪定等による定期的な管理が必要となることを留意する。

　和風の庭ではマツ、マキ、モッコク、モチ、チャボヒバ、キャラ、ツゲ、イチイ等を玉造、玉散らし等に仕立てることが多い。

　洋風の庭ではツゲ、カイヅカイブキ、サイプレス等を用い円錐形や動物の形のトピアリーに仕立てるものが多い。

写真3-9-3　仕立物中心の庭の例

ⓐ マツの玉造仕立て

ⓑ 動物の形のトピアリー

2）雑木中心の庭

　シャラ、ヤマボウシ、リョウブ、シラカシ、エゴノキ、コナラ等野山に見られる雑木を用いて自然風に仕上げた庭は、近年人気が出てきている。落葉樹が多いため、四季の変化を楽しむことができる。手入れは枝葉の広がりにより風を感じさせるように、刈り込みは避け、自然形に近くするための剪定法を用いる。落葉樹と常緑樹をバランスよく組合せることが大切である。

写真3-9-4　雑木の庭の例

自然風の流れと落葉樹を主体とした雑木の庭（冬）

② **実用主体の庭**

　家族の趣味と目的に応じて計画される。友人を招いてのパーティーやスポーツ、園芸を楽しむ屋外会場にもなる。そこには用途に応じて芝庭、石やタイルを使用したテラス、木製のデッキ、パーゴラ、バーベキューコーナーなどを設置する。池やプールも面積が許せば可能となる。子供の年齢に対応した遊び場や、実用に沿った家庭菜園など、屋外活動の場としての庭である。夜間の屋外空間には照明の計画が必要である。

写真3-9-5　実用主体の庭の例

芝生と花壇

テーブルセットとテラス

テーブルを兼ねたバーベキューコーナーとテラス

ウッドデッキとテラス屋根

③ **築山（つきやま）**

　庭の景観に立体感がほしい場合、部分的に土を盛り上げて築山をつくり、滝や石組み、植栽等で修景する。築山に植えられる主な植物にシバ、ササ、サツキ、ツツジ等がある。これらの種類の持つテクスチャーの違いによって築山の表情は変化する。ツツジ、サツキ等は、花の季節は彩りよく、壮観である。

写真3-9-6　築山の例

④ 池・流れ

人はやすらぎを水辺に求めることが多く、庭に池や流れを取入れることは洋の東西を問わず、かなり古くから行われている。

自然の水辺を模倣したものや人工的・整形的池等がある。和風の池には、伝統的に心の字を描いた「心字池」やひょうたんの形をした「ひょうたん池」等がある。池の護岸は、自然石、コンクリート、れんが、丸太ぐい等の素材を用いる。池に噴水を設置すると、動きのある景観ができる。

写真3-9-7　池の例

自然石を使った護岸

噴水を設置した洋風の池

(3) 中庭（パティオ）

中庭は、建物に囲まれた庭として住宅と一体で計画され、一般的には見て楽しむ庭、住宅の通風や採光の機能を満たす目的で計画されることが多い。

規模の大きな中庭では、冬の日照までを期待し、生活の場として計画されることもある。

(4) 坪庭

一方向から見る場合、二方向、三方向、四方向から見る場合があり、どの方向から見ても満足するつくり方が要求される。

庭の背景として目隠しの壁やフェンス及び竹垣等を設置する。

写真3-9-8　坪庭の例

坪庭の広さにもよるが、通風等を考慮し、簡潔なデザインとすることが大事である。なるべく余白部分を多くとり、明るい色のタイルやれんが及び砂等を敷きつめると、反射光を利用した明るい空間になる。

見て楽しむ坪庭は、オブジェ、灯籠やつくばい、景石等の添景物を据え、植栽をあしらって景色とする。

雪見障子越しに見た坪庭。
竹垣を背景とし、灯籠やつくばいを見せている。

又、照明を配置することにより、夜の景色を楽しめる計画も考えられる。

植栽については、日当たり等の条件により、樹木の選択を制限される。樹木では、アオキ、センリョウ、マンリョウ、カクレミノ、ナンテン、タケ等、地被類や草類では、リュウノヒゲ、フッキソウ、トクサ、ハラン等は耐陰性がある。姿が美しく季節感を感じさせるものにソヨゴ、サザンカ、モミジ、シャラ等があるが、ある程度の日照は必要である。

(5) 園路
① 園路の目的

　　回遊式の庭園で庭の各部を結ぶ通路として、あるいは機能の異なる庭相互を繋ぐ通路として計画される。この園路からの景色の移り変わりに趣を求め、庭全体を空間として把握しながら配置が検討されなくてはならないと共に、園路自体が庭の景色になることを意識した計画でなくてはならない。

　　又、主庭に入るための園路の場合、通路としての機能だけでなく、意識の転換を図る場所としての役割をもたせることが多い。例えば、心が改まるような動作として庭門やアーチをくぐらせたり、流れを橋で渡らせたりする場合がある。

　　さらに、主庭内の園路の場合、景観性を考慮するとともに、建物からの出入り口（掃き出し窓等）とテラス、池、パーゴラ等の諸施設をスムーズに回遊させることが大切である。

② 園路の配置例
1） 直線パターンの園路

　　最も機能的で施工性も良いが、単純で面白味に欠けるきらいがある。よって舗装の模様や配色等で変化を付けたり、園路沿いに花壇を造るなどして変化を出すと良い。

図3-9-1　直線パターンの例

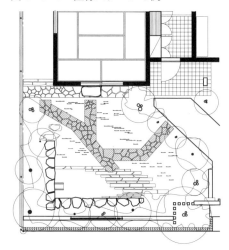

2） 曲線パターンの園路

　　人間の本来の動線に最も近い園路をつくることができる。直線パターンに比べコストがかかることが多いが、デザイン性が高くやわらかい印象を与えることができる。

図 3-9-2　曲線パターンの例

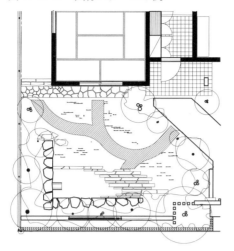

3) 飛石・敷石の園路
   a. 飛石
   　飛石とは、歩行に適した形状の自然石又は加工石を地面に適当な間隔をあけて固定したものである。茶庭から始まった伝統的な園路の形式で、歩きやすさよりも庭の景をつくることに重きが置かれている。飛石の間隔は石の大小及び個人の足の大きさにより様々であるが、一般的には1尺2寸～3寸（36～39cm）、散り（地面からの高さ）は1～2寸（3～6cm）である。材質としては御影石等花こう岩系のものが多く用いられる。

図 3-9-3　飛石の例

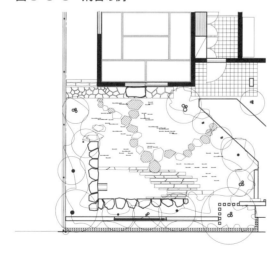

図3-9-4 飛石の打ち方の例

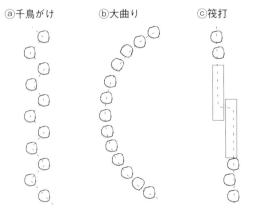

ⓐ千鳥がけ　ⓑ大曲り　ⓒ筏打

ⓐ 1石ずつ左右交互に石を打ったもの。
ⓑ 大きく自然な曲線を描く形に打ったもの。
ⓒ 長方形の切石を飛石の中にまぜて打ったもの。

b. 敷石

敷石とは、連続して石を地面に敷き込み通路としたものである。これらのうち、ある一定の長さと幅に限られた敷石を延段と呼ぶ。敷石はその形態上、切石敷、寄石敷、玉石敷の3種類に大別される。切石敷は真の形式とも呼ばれ、大小の板石を並べてつくられる。最も整形的な形式である（図3-9-5 ⓐ）。草の形式は、主として玉石等の小振りな自然石を用いている。最もくだけた雰囲気を持つ不整形な形式である（図3-9-5 ⓒ）。行の形式は、切石と玉石の組合せで、中間的な形式である（図3-9-5 ⓑ）。

図3-9-5 延段の形式

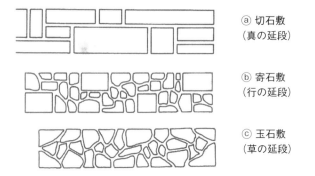

ⓐ 切石敷（真の延段）
ⓑ 寄石敷（行の延段）
ⓒ 玉石敷（草の延段）

③ 裏庭の園路

裏庭の園路は実用を第一とする。コストを考慮し、コンクリート平板を用いることが多いが、れんがや化粧コンクリート平板等を用いることもある。

写真 3-9-9　敷石と延段の配置例

ⓐ 敷石

御影石の板石を直線的に並べている。

ⓑ 延段

庭の景色にもなっている延段。

④　庭門

　　庭門は、主庭や茶庭等の入口に設置される門である。

　　代表的なものとして、枝折り戸（しおりど）、木戸、梅見門（ばいけんもん）があげられる。

　　枝折り戸と木戸は、屋根が無い形式のもので、枝折り戸は竹材、木戸は木材を使用する（写真 3-9-10 ⓐ、ⓑ）。梅見門は、檜皮（ひわだ）や茅、木材などの屋根を持ち、趣きのある形式である（写真 3-9-10 ⓒ）。一般的には、軽快でわびた印象を与える枝折り戸が使われることが多い。

写真 3-9-10　庭門の種類

ⓐ 枝折り戸

ⓑ 木戸

ⓒ 梅見門

(6) テラス

住宅の居間などに接して屋外側に造られるテラスは、室内と屋外を積極的に繋ぐ装置といえる。生活に密着し、上下足を厳密にしないで往来できる屋外スペースとして計画される。テラスの床は、石やタイルなど清掃しやすく耐水性のある材料で舗装されるのが一般的であり、屋外用のベンチやテーブルを配置して、第二のリビングや食堂として利用される。ガラスや樹脂板の屋根を設け、より内部的な空間にすることもある。

写真3-9-11　テラスの例

① デッキ、濡れ縁、タイル、石張り

日本家屋では、茶の間などに接して屋外側に設けられた濡れ縁であるが、洋室に接して計画されるのがデッキである。ともに木製が基本で、裸足で利用することを目的にしている。日本の住宅では、上下足の習慣により屋外と室内には"けじめ"があり、ストレートな往来を困難にしている。これも住の文化であり、玄関にあるべき伝統の"けじめ"に対し、庭での"気軽に楽しく"を実践した装置といえる。

使用される木材は、国産材としてはヒノキ、サワラ、ヒバなどがあり、輸入材としては米スギ、米ツガ、米マツ、イペ、南洋材のジャラ、ウリンなどがある。腐食に対し強い樹種が使われるが、さらに耐久性を高めるように防腐処理された製品も多い。また、木粉を混入した人工樹脂材も製品化されている。他にも床の素材としてタイルや自然石などが用いられる。

表3-9-2　木材の防腐処理法

表面処理法	炭化法	表面を焼く
	薬剤塗布法	防腐剤を塗布する
薬剤注入法	常圧法	防腐剤中に木材を漬ける
	高圧法	圧力タンク内で高圧下において防腐剤を浸透させる

テラス、デッキ共に屋外と屋内をつなぐ中間的なスペースを目指した装置で、屋内的なエクステリア、あるいはエクステリアでありながら内部空間のような、そうした空間である。この"曖昧な空間"は、例えば応接間に通すほどではないが、屋外で接するのも憚られるような来客があったときに重宝する。テラスやデッキでお茶をふるまい、庭を観賞しながら会話をはずませるなど、有効に活用したい装置である。

② テラス屋根、オーニング

テラス屋根は、建物躯体に付けて設置するタイプと独立させるタイプがある。アルミ製や木製などの構造で屋根部分がポリカーボネイト製の物が多い。

又、可動式の日よけテントがオーニングである。日よけの必要が無いときには、壁際に巻き込むか畳むように設計されている。

陽光を遮ることで冷房効果を高めるものとして注目されており、テラスやデッキでの生活にとって特に夏のシーズンには、日よけとしてオーニングの需要が高まる。

③ パーゴラ、四阿（あずまや）

日よけ、休憩所であるとともに、パーゴラ、四阿自体が庭の添景物となる。洋風や和風のデザインのものが多いが、東南アジアのバンブーを使ったアジア風のものも見られる。

パーゴラの素材として木製、樹脂製、アルミニウム製等がある。パーゴラにフジ、キウイ、ブドウ、ノウゼンカズラ、バラ、ムベ等の植物をからませると、日よけ効果が高まるとともに柔らかな景観になる。パーゴラや四阿の屋根の下にベンチ、テーブルセット等を置きくつろげる空間とする。また、パーゴラを車庫の屋根がわりに使うこともある。

写真3-9-12　パーゴラの例

パーゴラの下にベンチを置いたくつろぎの空間。

④ 灯籠（とうろう）

灯籠は、寺社の境内の照明として用いられていたものであるが、今では和風の庭の添景物として用いられることが多い。

庭の添景物としての灯籠の形式には、主要なものとして、基本型灯籠、生込型灯籠、置灯籠、足付灯籠がある。

灯籠の基本型は、上から順に宝珠、笠、火袋、受（中台）、竿、台石（基礎）と6つの部分で構成されている。基礎を地面に据え各部分を組み上げて1基の灯籠をつくる。代表として春日灯籠が挙げられる。

生込型灯籠は、基礎が無く、地中に竿を埋め込んで据えるものである。代表として織部灯籠がある。

置灯籠は、台石といわれる平らな石の上に置いて用いられ、小型のものが多い。

足付灯籠は、2～4本の足を持つ灯籠である。雪見灯籠は水辺に据えられることが多い。

図 3-9-6 春日灯籠

写真 3-9-13 灯籠の種類

ⓐ 春日灯籠（写真）

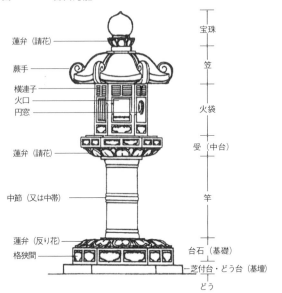

ⓑ 織部灯籠

ⓒ 置灯籠　　ⓓ 雪見灯籠

⑤ 景石

景石とは、自然石をその形や石質、色等の特徴を活かして地面に据え、景観を楽しむようにしたものである。

庭の構成上、一石を据える場合と複数の石を据える場合がある。複数の場合は3石、5石、7石と奇数で組むことが多い。石を据える場合、安定感がありどっしりと見えるように据えることが大事である。

図 3-9-7 景石

写真 3-9-14 景石の例

⑥ 蹲踞（つくばい）

つくばいは、茶庭で口をすすいだり手を清めたりするために用いられる施設であるが、実用目的以外にも庭の添景物として用いられることも多い。

つくばいの標準的な形式は手水鉢を中心に前石を据え、その左右に湯桶石、手燭石を配置した形である。つくばいは、その配置の仕方によって「向鉢式」「中鉢式」等に分けられる。縁先から使用する形式のものを「縁先手水鉢」という。

手水鉢は庭の景色として重要である。金属製や陶磁器製もあるが、主流は自然石や石造加工品である。

図 3-9-8　つくばい（向鉢式）

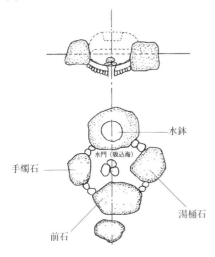

写真 3-9-15　つくばいの例（向鉢式）

⑦ テーブル・ベンチ

庭の休憩施設としてベンチやテーブルが設置される。パーゴラの下等に設置する場合も多い。又、写真3-9-16のように、ベンチ自体が添景物となる場合もある。用途に応じ、固定式、可動式、折りたたみ式のものがある。

エクステリアに使う場合は、雨に強い素材のものを選ぶことが大切で、石製、陶製、アルミニウム製のもの等がある。木製のものも多いが防腐処理等を考慮しなければならない。

写真 3-9-16　ベンチの例

(7) 裏庭とサービスヤード

① サービスヤードの役割

規模の大きい住宅では、主庭に対し副次的な位置付けをされる庭がさまざまに配される。主室の背面に配置されたり、浴室やトイレ前の小さな庭など、採光を取り入れながら眺めを楽しみ室内に憩いを与える庭として裏庭を計画する。

また、住宅の維持管理に欠かせない、屋外の収納、物干し、ゴミの仮置き場、などのサービスを目的にした庭をサービスヤードという。先の裏庭と兼用する

こともある。ここに自転車の置き場を併設することも多く、車庫と接して配置する計画もある。

表 3-9-3　収納〜作業

	出し入れ	用途	収納物
収納	多い	外部掃除用具	ほうき・チリトリ・雪かきスコップ等
		物干し道具	物干し竿・洗濯バサミ等
		食料品	泥付き野菜・漬物・酒類等
		ゴミ	古新聞雑誌・ボロきれ等
		遊具	三輪車・ブランコ・おもちゃ等
		履き物	長靴・サンダル等
		園芸用品	ホース・かま・くわ・はさみ・ジョウロ・肥料・薬品等
		自動車用品	工具・洗車用具・カバー・スペアタイヤ・チェーン等
		日曜大工用品	工具・作業台
		ペット用品	
		スポーツ用品	スキー・サーフボード等
		アウトドア用品	デッキチェアー・キャンプ用品等
	少ない	屋外建具	網戸・すだれ・よしず等

	スペース	内容
収納	大	洗濯物干場
		日曜大工等
	小	汚れ物の洗い場

② **チェックポイント**

　計画上、狭い敷地や南側道路の敷地が苦心させられる条件である。建物の設計や配置計画段階からしっかり考慮する必要がある。機能を満たしながらデザイン的にも満足させるためには、分散収納や隙間の利用などの工夫が必要となる。

1 道路、庭、アプローチから視覚的に遮蔽する。

2 居間や食堂などのパブリックな部屋から見えないようにする。

3 家事とのつながりを考え、作業動線を確保する。

4 物干し場には 2 時間以上の日照を確保する。

図3-9-9 収納寸法図

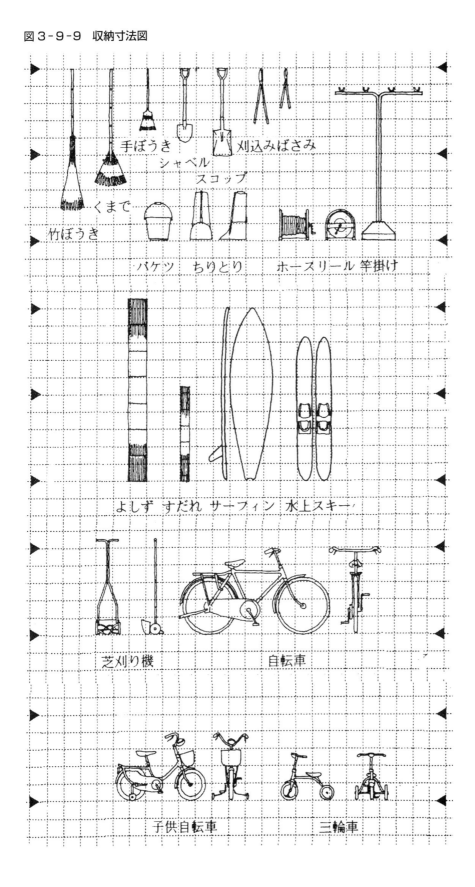

(8) 花壇、菜園

効果的に草花の美しさを引き立てるのが花壇で、平面花壇と立体花壇に分類できる。平面花壇は、草丈の低い花を幾何学模様に造形したもので、立体花壇は、草丈の高さを変えて寄植えし、サイドからの眺めを重視したものである。

花壇も菜園も日当たりが良く、水はけの良い場所に計画するのが基本である。

花に限らず、植物は太陽に向かって生長し、植物の正面は太陽（南）を向くという原則を知って庭づくりを行わなくてはならない。

草花でアプローチや庭を修景すると華やかで明るくなり、季節感が味わえる。反面、草花は肥料、消毒、植え替え、雑草取り等の手入れに手間がかかるのでメンテナンスの可能な範囲に応じた内容のものとする。宿根草をメインにすると植え替え等の手間は少なくなる。

花壇は手入れをすることを考慮し、人の手が届く大きさとする。土壌の深さは30cm以上あることが望ましい。又、排水処理もきちんと行い、根ぐされを起こさないようにする。

花を楽しむためには十分な日照が必要である。日当たりが確保できない場合は、カラーリーフ等の葉色で楽しませる。

花壇の縁取りの素材として自然石、れんが、ブロック、丸太等がある。縁取りが土留めの役割をする場合は、土圧に応じて基礎を強固にし、鉄筋等で補強する。

表3-9-4　花壇に用いられる主要草花類

主要秋播き一年草	アスター（6〜9）、キンギョソウ（5〜9）、スイートアリッサム（4〜7）、ストック（4〜6）、ハボタン（11〜2、観葉）、パンジー（11〜6）、ヒナギク（3〜6）、フロックス（5〜7）、ルピナス（4〜5）、ロベリア（4〜7）
主要春播き一年草	コスモス（6〜11）、サルビア（6〜11）、トレニア（7〜10）、ニチニチソウ（7〜9）、ヒマワリ（8〜9）、ベゴニア・センパフローレンス（4〜11）、ペチュニア（5〜11）、マリーゴールド（4〜11）、ポーチュラカ（5〜8）
主要宿根草	アガパンサス（7〜8）、アカンサス（7〜8）、アスチルベ（5〜6）、ガーベラ（5〜11）、ギボウシ（6〜8）、シャスターデージー（5〜6）、シロタエギク（5〜10）、ハナショウブ（6）、パンパスグラス（9〜11）、ホトトギス（9〜10）
主要球根類	アネモネ（4〜5）、グラジオラス（5〜7）、クロッカス（3〜4）、スノーフレーク（4）、タマスダレ（7〜10）、ダリア（5〜11）、チューリップ（3〜4）、ハナニラ（3〜4）、ムスカリ（4）、ラナンキュラス（5）

（　）内は開花期／月

写真3-9-17　レイズドベッドの例

レイズドベッドを利用すると、腰を屈まずに作業ができる。

第4章
エクステリアの構成部材

4-1　門柱・門扉の構成材（2級）

4-2　駐車場・駐輪場の構成材（2級）

4-3　アプローチの舗装材（2級）

4-4　囲いの構成材（2級）

4-5　擁壁の構成材（2級）

4-6　庭の構成材（2級）

4-7　建物付属部材（2級）

4-8　エクステリアの照明（2級）

4-9　材料の規格及び特徴（1級）

4-1 門柱・門扉の構成材

1 門柱・袖門柱

　門は、古来より権威や格式を表象するものとして、建築物と一体で施工され、設置されてきた。意匠（デザイン）は、建築様式に準じて住む人の趣味や来客者を迎える意識の程度を表現するのみならず、敷地領域を明確にする役割や街の雰囲気を担う要素ともなっている。大規模宅地でもオープンな雰囲気にしたり、都市部等の小規模宅地では、領域サインとなる簡易な門を設置するなど、門の持つ意味合いは変化している。

　近年、門の形式は、塀の材質との一体的形成や表札、ポスト、インターホン等の付属機能をまとめたものが多くなり、機能化・サイン化の傾向が強まっている。

(1) 門柱・袖門柱の材質
① 木材

　木製門は、和風門が代表的で、腕木門、数寄屋門、冠木門、長屋門等がある。近年、一部建具を組合わせたユニット製品があり、住宅建築に合わせて簡易な和風門が施工されている。木製門柱には、丸太や角柱を建立する形式もあるが、最近はほとんど見受けられなくなり、代って枕木等を組合わせ利用した門柱形式が増えている。

　和風門の屋根葺き材は、瓦葺き、銅版葺きが主流である。この他、防火地域などでは、消防法の規制で使用は難しいが、スギ材やサワラ材を薄く割って重ね葺きする柿（こけら）葺き、スギやヒノキの皮を使って葺く檜皮（ひわだ）葺きがあり、個人の瀟洒（しょうしゃ）な庭門などでは利用されている。

写真4-1-1　簡易和風門の例

② 石材

　石積み門は、耐久性に富み、時の経過により風化や変色、苔に覆われて風格を醸しだして美しさを保つ特徴があり、和洋を問わず利用されている。

　代表的な石材として、御影石、大谷石等の切石積み、丹波石、鉄平石等の小端積み、青石、玉石等の石積み、様々な自然石の岩組み等がある。

③ コンクリート

　コンクリートは、セメント、骨材、水等を配合して練り混ぜ、硬化させたも

のであるが、コンクリート門は型枠で形態や寸法を決め、練り混ぜたコンクリートを流し込む（打ち込む）。ひび割れを防ぐために湿潤状態を保ちつつ、一定期間養生して固定する。コンクリート門は、工場で成型し設置されることもあるが、建築物との一体性を持たせる現場打ち施工が多い。仕上げは、粗野・豪放を演出する打ち放しのほか、張り物を使った造形デザインや、着色塗装・吹き付け等の仕上げ、表面を削って陰影を出すハツリ仕上げ、面の一部を削り取り、鋼材等他の物質をはめ込んだデザイン仕上げ等がある。

写真 4-1-2　コンクリート門柱の例

現場打ち（打ち放し）門柱例

工場成型仕上門柱例

④　コンクリートブロック

　　コンクリートブロックは、セメント、骨材、顔料等を原料とし工場で作られる。エクステリア工事では、通常建築用コンクリートブロックを利用し、配筋のための空洞をもち、門柱・門袖の形に組積して仕上げられる。コンクリートブロックには、基本形のほか、縦筋及び横筋の配置が可能な基本形横筋ブロック、隅用、半切、まぐさ用などの用途によって外部形状の異なる異形ブロックがある。なお、表面に着色、切削、スランプリブ付き等の意匠上有効な仕上げを施した化粧ブロックや、大谷石等の擬石ブロック、簡易な門柱用コンクリートブロック等もある。

　　コンクリートブロックの門柱は、化粧ブロック等を使った組積、素地ブロックに左官仕上げ、れんがやタイル等の張物仕上げ等があり、塀の一部を門柱化する方法を採用する傾向がある。

写真 4-1-3　建築コンクリートブロック門柱の例

化粧ブロック門柱例

刷毛引き門柱例

⑤ その他の門柱材質

れんがは粘土を主原料に練って成型し、窯で焼き固められたものである。その風合いが好まれ、洋風演出に多用される素材である。れんがの門柱は、単独積み上げの場合、瀟洒なものが多い。

表札、照明、ポスト、インターホンの子機、宅配ボックス等玄関先の必要機能を組込んだコンパクトな門柱が製品化され、アーチ型、ポール型、ボックス型等多岐にわたっている。使用材質はアルミニウム形材、アルミニウム鋳物、人工木材、木材、ガラス繊維入り強化セメント、及びこれら資材の複合利用で組立ててユニット化されている。表札など必要機能は、組合わせ選択可能な製品もある。都市部における分譲住宅では、主流をなす普及製品となっている。

写真 4-1-4　ユニット門柱の例

宅配ボックス付き箱型ユニット門柱例

ポール型ユニット門柱例

(2) 仕上げ材の材質
① 張り仕上げ

門柱本体の材質が無機質な材料は、建築物や周辺環境に合わせ、張物素材の質感や風合いを最大限に活かす材質の選択が求められる。

種類や色が豊富なタイルは、コーナー処理の役物もあり、張り仕上げ材として最も一般的といえる。外装用タイルは、粘土、珪石、長石、陶石等の原料を高温焼成して作られる。

れんがは、下地にブロックなどを積み、張りながら積んでいく方法が採用され、石張りは、鉄平石の他、スライスした天然石材やテラゾーのような人工石が用いられることもある。瓦は、材質がれんがに類似し、れんがの洋風使用に対し、瓦は和風に使われている。

写真 4-1-5　タイル張り仕上門柱の例　　写真 4-1-6　ステンレス門柱の例

その他、施主の好みにより採用される金属系のアルミニウム、ガルバリウム、ステンレス板等の部材で下地を包み込む例がある。

② 塗り仕上げ

塗り仕上げは、使われる材料によって分類される。

モルタル塗りは、セメント（ポルトランド又は白色・顔料）、砂、モルタル用混和剤等に水を加えて練り、下地面に塗り、こてにより仕上げる。又、仕上げ面に刷毛を利用した刷毛目や、筋目状の模様を入れる櫛引仕上げ又は、掻き落としてデザインする方法がとられる。

塗装材は、仕上げ塗材と塗料に分かれ、塗料は仕上げ表面を保護し、美観を向上させる材料のことで一般的に薄い塗膜でフラットな質感が特徴である。仕上げ塗材は主に吹付け、コテ塗り、ローラー塗りで、仕上げ塗料に比べ厚付けとなり、厚みが0.3～15mm程度となるため、造形的な質感やパターンを施し、質感向上を図る。代表的な仕上げ塗材の質感は、リシン仕上げ、スタッコ仕上げ、吹付タイル仕上げ、左官仕上げ（模様塗り仕上げ）等である。

木材の透明塗料仕上げとして、オイルステインがある。油性の顔料に揮発油を溶かしたもので、木目を活かし、防腐機能を持つ塗材である。

2 門扉

門扉は、玄関口、勝手口、車庫口等境界開口部や機能領域に設置され、門柱に直接取付ける方式と専用の金属柱等を設けて取付ける方法がある。

又、昨今の世相からセキュリティーへの関心も高く、施錠式門扉が多くなっている。そして、その施錠・解錠をリモコンによって操作可能にするものから、ピッキング対策用の防犯アラーム付きの門扉も登場している。

(1) 門扉の材質

① アルミニウム形材

アルミニウム地金を押出し成型した素材で、金属の質感と重量が軽いのが特徴。大量生産が可能でコストも安価なため、門扉の主流商品として使用される。

近年、無機質なアルミニウム形材門扉にアクリルやポリプロピレン等の樹脂系フィルムシートをラッピングしたカラーアルミニウム風（ラッピング形材）の製品やラミネート加工した製品が出現し、ラッピング・ラミネート材のカラーバリエーションとモジュールがデザイン付加材となって普及が伸びている。

写真4-1-7　アルミニウム形材ラッピング門扉の例

② アルミニウム鋳物

アルミニウム鋳物門扉は、アルミニウムを溶かし、型に流し込んで成型する。質感が鉄に類似し、素材の質感を表現するため、陰影で立体感や存在感を示すものもある。型枠成型のため、サイズ調整は難しいが、曲線の組合せや自由なデザインが容易であり、利用頻度も高い。

写真4-1-8　アルミニウム鋳物質感の例

③ 木製

木製門扉は、木材を使用した製品のため、質感は好まれるが、そのままでは耐久性に欠ける。そのため、外枠等の構造に芯材としてスチール材、ステンレス材、及びアルミニウム材を用いて耐久性や強度を上げ、化粧材として木材を利用した複合製品が見られる。

木材としては、ヒノキ材などの針葉樹、または近年ハードウッドと呼ばれている海外の広葉樹等がみられる。

④ その他

天然木材の風合いをもった人工木材門扉は、経年耐久を求めた需要に対応する門扉として増加しつつある。人工木材は、木粉とプラスチックを溶融して生成された素材である。ガラス繊維、炭素繊維が原料のFRP（繊維強化プラスチック）の門扉は、古木の風合いを表現したアンティーク調の門扉として利用されている。

その他、耐久性に優れたステンレス製やスチール製等の門扉があり、ロートアイアン製の門扉は、鉄の重厚感と独自性を主張する製品として、オーダーにより利用されている。

写真4-1-9　古木風合いのFRP門扉の例

(2) 門扉のデザイン

① 本体の形態

門扉の種類には、設置する場の機能に応じた開き戸（片開、両開、親子開等）、引き戸（片引、両引等）、折り戸、伸縮戸、跳上げ戸、吊り戸等がある。門扉機能の種別により、デザイン形態がそれぞれに異なる。

写真4-1-10 アルミニウム形材門扉のデザイン例

縦格子の例

横格子の例

方形の例

菱形の例

② パネルデザイン

アルミニウム形材の門扉は、パイプ形状材の組立て製品が主流で、自由度が小さい。アルミニウム形材パネルの基本形態は、直線的、かつ、幾何学模様の組合せとアレンジによる提案となり、写真事例4-1-10に示すデザインが基本的パターンである。

木製門扉及びステンレス門扉は、アルミニウム形材門扉と同様に素材のデザイン加工が難しく、縦格子、横格子、枡目等の直線が主体となる。

写真4-1-11 ボードを組合わせたアルミニウム鋳物門扉の例

アルミニウム鋳物・スチール門扉は、曲線加工や寸法を自由にデザインでき、素朴感、高級感を表現し、サインやボード等、他の素材との組合わせも可能であり、洋風、和風、いずれにも加工が可能な門扉としてデザインできる。

FRP門扉は、型に流し込んで成型し、素朴感、豪放感を意図したデザインが可能である。

③ 目隠し門扉

視線を遮る門扉は、プライバシー保全を望むユーザーに使用され、完全目隠しタイプやルーバータイプが利用されている。

ルーバータイプとは、完全目隠し門扉に類似するが、板を並べて作った扉に、採光・通風の工夫された鎧戸の要素を取り入れたものである。

写真 4-1-12　完全目隠しタイプの例

④　パンチング門扉

写真 4-1-13　アルミニウムパンチング門扉の例

パンチング門扉は、門扉パネルに多数の穴を開けてデザインされ、完全目隠しとはならないが、見通しが制限される。用いる材質は、主にアルミニウム板で、アルミニウム特有の金属感を表出し、モダン建築などに合わせて使用されることが多い。

3　門柱、袖門柱付属品

(1)　表札

①　天然石

天然石の風合いを活かした表札で、一般的に大理石や御影石等が用いられる。文字を彫刻するほか、御影石では文字を浮き上がらせる「浮彫」もある。表札の形は長方形が一般的であるが、近年では多様な形・大きさ・デザインの製品がある。

写真 4-1-14　御影石表札の例

②　金属

ステンレスやチタン、真鍮、アルミニウムなどが用いられる。形や大きさ、加工方法、塗装方法などにより、多様な表札がある。

金属を用いた表札には、文字やイラストだけを印象的に現すことができる「切り文字表札」もある。

写真 4-1-15　ステンレス切り文字表札の例

③ 木材
　天然木は、風合いが好まれるものの、風雨や紫外線による耐久性に欠けることから、ヒノキやケヤキといった銘木といえども減少傾向にある。その弱点を払拭するため、樹脂コートされた製品が需要を伸ばしつつある。

④ 陶磁器
　陶器や磁器を素材に用いた表札は、焼き物独特の素材感が好まれ、和洋のスタイルを問わず用いられている。

写真 4-1-16　陶器の表札の例

⑤ ガラス
　ガラスの表札は、透明ガラスに文字を彫刻するシャープなタイプを始め、職人手作りの趣のあるものもある。ガラスの色や文字の色の組合せにより、豊富なバリエーションがある。

写真 4-1-17　ガラス表札の例

⑥ 素材の組合せ
　複数の素材を組合せた表札が製品化されている。金属とその他の素材の組合せが多く、御影石や陶磁器、ガラスのほか、樹脂なども組合せられ、多様な表札が生み出されている。

写真 4-1-18　樹脂＆ステンレス表札の例

(2) インターホンの子機
　インターホンは、本体を屋内に、子機を門柱や門袖に取り付ける場合が多い。カメラ付インターホンが主流であり、訪問者を確認して会話できるほか、カメラのズーム機能や、動画や静止画の録画機能を有する機種も多い。
　インターホン子機のカメラの撮像範囲には制限があるため、取付位置を決定する際は、製品の仕様書を確認する。その他、インターホン子機に箱型のアルミニウム形材、ステンレス板、鍛鉄などの金属で表札と一体となったインターホン子機カバーがあり、門柱、袖門柱の付属品の意匠に統一感をもたせるものなど多彩になっている。
　なお、ドアホンはインターホンの一部である。

写真 4-1-19　カメラ付インターホン子機の例

(3) ポスト
　ポストは、郵便物等の受け取り機能を満たしつつ、材質を含めて門廻り空間のデザ

インを特徴づける重要なエクステリア要素となっている。ポストのタイプを形式的・形態的に分類すると、次のように区分できる。

門柱・門袖・塀等にポストを埋込む「埋込みタイプ（口金式、縦型等）」、門・塀・壁等に取り付ける「壁掛けタイプ」、ポールの上にポストを取り付ける、いわゆる「ポール建専用タイプ」、門柱・門袖等の上にセットする「据置き（上置き）タイプ」等がある。デザインは、ポストのタイプ形式に因んだ専用の機種、汎用できる形態等、数多く商品化されている。使用材質は、同一素材を利用したものもあるが、アルミニウム形材、ステンレス、アルミ鋳物、鋼板、アルミダイキャスト、樹脂等の材質の複合組み合わせが多く、ますます多彩な仕様となっている。

① 口金式ポスト

口金（投函口）に胴箱が付いた埋込タイプのポストで、門柱・門袖・塀等に設置される。郵便物等は前から入れ、後ろから取り出す。埋込み部分が門柱等の内側に控えることにより、門廻り空間がスマートな外観にまとまる。門扉のあるエクステリアでは、口金式ポストが採用されることがほとんどであり、郵便物等を門廻りの外側で投函し、内側で取り出すことになる。

写真 4-1-20　口金式ポストの例

② 縦型ポスト

縦型の口金に胴箱が付いたポストで、郵便物等を前から入れ、後ろから取り出す「前入れ後ろ取出しタイプ」と「前入れ前取出しタイプ」がある。一般に、埋込みタイプのポストで、口金式ポストと同様に、門廻り空間がスマートな外観にまとまる。ポール型のユニット門柱に、胴箱の側面を固定して設置される場合もある。

写真 4-1-21　縦型ポストの例

③ 壁掛け式ポスト

門柱等の壁に取付ける形式のポストで、郵便物等を前から入れ、前から取り出す。壁掛け式ポストは、人の視線が集中する門廻り空間で特に目立つ存在であり、デザイン性を重視した製品が多い。ポスト前面にアクセントとなる木目調や石目調などの素材を採用した製品や、ポスト全体をアンティーク調にデザインした製品など、多様なデザインの製品が流通している。

写真 4-1-22　壁掛け式ポストの例

(4) 宅配ボックス

宅配ボックスを設置することで、不在時に荷物を受け取ることや、スマートフォンとつなぐことで集荷を依頼できるものもある。宅配ボックスは、大きさ、設置

方法、扉の開閉方法により、多様なタイプの製品が市販されている。

　宅配ボックスの設置方法は、壁付けタイプ、埋込みタイプ、スタンドタイプ、据置タイプ、ユニット門柱組込みタイプなどがある。本体の材質は、鋼板、ステンレス、樹脂等の組み合わせである。

　宅配ボックスは大型でエクステリアの要素では特に目立つ存在である。

写真 4-1-23　宅配ボックスの例

4-2　駐車場・駐輪場の構成材

　駐車場・駐輪場は、床のみの施設と屋根付きの施設に大別される。
　屋根付き施設は、屋根葺き材料とこれを支える柱、枠、垂木等によって構成し、組立てられる。

1　床面の材料

(1) 駐車場

　住宅用駐車場の床材には、現場打ちコンクリート、玄関アプローチの材料に因んだコンクリートの洗い出しや各種化粧平板、インターロッキングブロック、れんが、セラミックタイル、石材等が使用される。又、空車時の景観に変化をもたせるため、植栽を取り込んだり、枕木などの材料を選択することもある。
　床材の材質は、強固で滑りにくく、摩耗に耐える仕上げが望まれる。

写真 4-2-1　洗い出し平板床材駐車場の例

(2) 駐輪場

　個人住宅の駐輪施設は多くの場合、動線と空きスペースの確保に専念され、床材の選択は軽視される傾向にあるが、自転車は軽量であるため、床材は周辺床材と違和感がなければ特に制限を受けない。計画的な設置利用は少ない現況にあるが、台数をコンパクトに収納するために駐輪場ラックといわれる駐輪施設が利用されることもある。機器本体の材質は、ステンレス製やスチール製等で、2段式、スライド式、平置き式等様々な種類がある。
　駐輪施設の設置場所は外からの景観に配慮し、視覚的に遮蔽することが望まれる。

2　屋根の材料

(1) 屋根の構造材

　駐車場、駐輪場に共通する屋根構造材には、アルミニウム形材がある。アルミニウム形材は、材質が軽く、加工が容易なことから現場形状に合わせ易く、木製品や鉄製品に代って屋根構造材の圧倒的多数を占めている。
　駐車場の屋根は、ハイルーフタイプ、耐積雪・耐風圧タイプ、住宅デザインに呼応するオプションタイプ等、車種や地域環境に対応する構造のバリエーションも多彩になっている。

写真 4-2-2　駐車場屋根の例

片側支持の例

写真 4-2-2　駐車場屋根の例

両側支持の例

サイドパネル付きの例

(2) 屋根葺き材料

　屋根葺き材は、これまでアクリル板が主流であったが、防火性能に関する使用規制もあり、アルミニウム樹脂複合板やポリカーボネート板が使用されている。

　ポリカーボネートは、ビスフェノール、ホスゲン、炭酸ジフェニルを反応させて合成した、熱可塑製樹脂で、耐候性に優れ、衝撃強度はガラスの約 250 倍もある。

　アクリルに比べ、柔軟性のある素材で紫外線をカットし、車の塗装にとっても、優しい屋根材であることから普及を伸ばし、現在の主流材となっている。

　この他にも多様な機能が付加されたポリカーボネート板があり、熱線吸収ポリカーボネート板の屋根材は、太陽光の熱量を制御し、真夏の太陽光線下での車内温度の上昇を押さえ、防汚タイプのポリカーボネート板の屋根材は、雨水により、付着物を洗い流す光触媒の働きを利用した製品である。

　この他、不燃認定屋根材として、ガルバリウム鋼板などがある。

4-3　アプローチの舗装材

　門廻りのアプローチは、外部から玄関への連絡（連携）路として意識の切替えともなる生活動線である。敷地内通路は、アプローチ共々各施設の連絡（連携）路として領域のゾーンを区分する役割も担っている。園路を含め、敷地内で使用される舗装材は、歩行者の安全を確保する機能面と場所の雰囲気をつくる心情面の双方を、材質が持つ特性を活かして、美しく、滑りにくい表面仕上げを施しつつ、まちなみ景観に配慮した計画が求められる。

① 現場打ちコンクリート

　現場打ちコンクリートは、練り上げたコンクリートを現場寸法の型枠に打ち込み、一定期間養生して固定する。堅固で維持管理も容易であるが、ひび割れが発生したり、そのままでは表情に欠ける面もある。

写真4-3-1　洗い出し施工歩道表面の例

　コンクリート床の美観を表現する仕上げ法には、表面を洗い流し、骨材を露出させて仕上げる洗い出し仕上げ、硬化前に色粉で着色しスタンプ版で様々な模様に仕上げるスタンプコンクリート仕上げ、左官工事で粗面を引立てる刷毛引き仕上げ、滑らかな表面を作る金ごて仕上げ、又、れんがや石材等の素材を事前に部分的に敷き込み、コンクリートを打設し仕上げを施すデザイン例もある。コンクリートは、ひび割れ対策として伸縮目地等の処理をする。

② インターロッキングブロック

　インターロッキングブロックは、工場で舗装材としてつくられるコンクリートブロックの一種で、サイズ、形状、色彩等用途に応じた性能にいたるまで、豊富に生産されている。選択や組合せによって変化のある舗装が得られ、住宅地では門廻りのアプローチや駐車場等に用いられる。

写真4-3-2　インターロッキング舗装門廻りの例

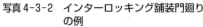

　近年、リサイクル製品が普及し、その主原料は、廃棄物等の焼却灰、廃ガラスや廃プラスチックを粉砕して再生骨材とし、リサイクル化したエコ製品も登場している。
　又、透水性、保水性、植生用等環境に配慮した製品がある。

3 コンクリート平板

コンクリート平板は、コンクリートブロックの舗装材として工場で製造され、通常300mm角のフラットな板である。表面仕上げの違いにより、普通平板、カラー平板、洗い出し平板、擬石平板、研磨平板、天然石平板、石張り平板、あるいは、インターロッキング同様のリサイクル製品や水溜まりができにくく雨水等の跳ね返りを低減する透水性平板、土壌に近い水分保持と蒸散効果をもつ保水性平板、太陽光線の熱線を反射して夏季の路面温度を低下させる遮熱性平板等様々な種類が製造されている。

写真4-3-3　コンクリート平板リサイクル製品の例

4 セラミックタイル

セラミックタイルは、粘土又はその他の無機質原料を高温で焼成した厚さ40mm未満の板状の不燃材料で、通常、陶磁器質タイルをいう。内装・外装、壁材、床材に用いられるが、とくに床材に用いられるセラミックタイルは、耐衝撃性、耐摩耗性に優れ、歩行性の機能を備えた滑りにくさ、耐候性や吸水率の低さが要求される。

タイル舗装は、コンクリート下地にモルタルを敷き接着して仕上げるが、本体の性質は、重量を伴う耐衝撃性に乏しく車道には不向きである。

セラミックタイルは成形方法、吸水率、釉薬の有無等で分類される。

(1) 製法・成形による分類

セラミックタイルの製法は、乾式製法と湿式製法がある。乾式成形タイルは、粉状の素地を金型に充填し高圧でプレス成形し、均一で安定した寸法精度で大量生産が可能という特徴がある。湿式成形タイルは、水分を含んだ粘土状の素地を押出成形機で板状に押し出して所定の寸法に切断して成形し、収縮やひずみが生じやすいが焼き物ならではの風合いや質感を生み出すという特徴がある。

(2) 吸収率による分類

以前は、セラミックタイルの性質や焼成温度によって磁器質タイル、せっ器質タイル、陶器質タイルと呼び分けられていたが、現在は、吸水率により、表4-3-1のように区分される。

したがって、高温で焼成し吸水率の低いⅠ類又は、Ⅱ類がアプローチを含む歩行用舗装仕上げ材に利用されている。

表4-3-1　タイルの分類

区　分	Ⅰ類（ほぼ磁器質に相当）[※1]	Ⅱ類（ほぼせっ器質に相当）[※2]	Ⅲ類（ほぼ陶器質に相当）[※3]
吸水率	3.0％以下	10.0％以下	50.0％以下
特徴	緻密で硬い　吸水が無い	硬い　吸水は少ない	多孔質　吸水が多い
用途	内装、外装、床、モザイク	内装、外装、床	内装、壁

※1　磁器質タイルは、高温（1200～1350°）で焼き固められ、耐水・耐火・耐摩耗性に優れ、床材・壁材に好んで用いられる。吸水性がほとんどないため、特に寒冷地に適している。
※2　せっ器質タイルは、高温（1200°前後）で焼成され、磁器質タイル同様に高強度で耐候性、耐久性に富む。「土もの」と言われるやわらかい質感が特徴である。
※3　陶器質タイルは、低温（1000～1200°）で焼成され、吸水性が高く、強度も低いため、屋外アプローチへの使用は適さない。

(3) うわぐすりの有無による分類

セラミックタイルの表面は、うわぐすりを施した施ゆうタイルと、素地がそのまま表面となる無施ゆうタイルに分類される。施ゆうタイルは、うすゆう、エンゴーベ、はん点ゆう、共素地ゆうなどを含む。

写真4-3-4　アプローチ床タイル張りの例　　写真4-3-5　樹脂材利用のアプローチ舗装例

5　樹脂材

樹脂材舗装は、小粒の天然石やガラス・陶磁器・セメント等セラミックス砕粒を施工現場でエポキシ樹脂により塗り固めたり、自然な風合いを強調するため、大粒の天然玉石とウレタン樹脂を混合攪拌して敷きならす。仕上りは、骨材相互の凹凸が適度な隙間を作り、水はけや滑り止めの役割を果たし、曲線や入込んだ場に枠組を擁して敷設できるので、アプローチや園路等に、化粧材としても利用される。微粒骨材の混合で、車庫での使用も可能となっているが、交通量の多い車道には不向きである。

6　れんが

　れんがは、粘土、砂等を主原料に成型して焼き固め、滑りにくく吸水性もあり、洋風の演出に好んで使われる材料である。材質は、摩耗しやすく耐衝撃性に乏しいが、インターロッキング型に焼いた舗装材もあり、コンクリートにない素朴な土の質感と色合いによって、デザイン性豊かな舗装が得られ、主に歩道や駐車場等に用いられる。

　又、れんがをチップ状に砕き、サービスヤードなどの園路や玉砂利の代わりにも敷き詰めて用いられる。

写真4-3-6　れんが敷舗装門廻りの例

7　石材

　舗装材には天然石も使用される。天然石のアプローチは、切石や割石を連続して敷き込む敷石や、和好みの施主は飛石を敷設することもある。又、周囲の建築物や工作物に応じて、乱形張り、方形張りの石材舗装が施されることもあり、芝や地被植物等、違和感が生じない材料を組合わせて用いられる。材質は花こう岩類、安山岩類を中心に多彩な石材が用いられる。

　通称ピンコロと呼ばれる約9cmの立方体の小舗石は、アプローチや駐車場、領域の縁取り、異なる材質の床材の区切りなどアクセントデザインにも利用される。小舗石は、公共の場でも歩道の他、ボンエルフ等の車道、駐車施設の床材や緑地などの縁切り資材としても用いられている。材質は花こう岩であるが、近年、花こう岩に加えて玄武岩や砂岩などの同形状のものもあり、材質・色ともに多彩である。

　石材の通路には、砂利道もある。石材を砕いたり、山や川から採取した小石を敷き詰めた床は、れんがチップと同様アプローチでの使用は少ないが、歩行時の音に対する防犯性を採用する向きもあり、庭の通路では施工の手軽さやコストの面から使用例が多い。

写真 4-3-7 アプローチの敷石敷設例

写真 4-3-8 アプローチの飛石敷設例

写真 4-3-9 石材の乱形張り舗装の例

写真 4-3-10 小舗石歩道の例

8 枕木

写真 4-3-11 枕木のアプローチ利用例

枕木は、鉄道線路を支えるために敷かれる角材であるが、古びた質感やナチュラルな雰囲気が好まれ、エクステリアでは舗装材や門柱、花壇の縁取り等に使われている。園路としての床材には、この枕木が素朴な感触を醸し出す。枕木の敷設は、材質の重厚感や住宅の色彩・デザインに整合し、アプローチ廻りの雰囲気などの調和を図るプランニングにより選択されている。

4-4　囲いの構成材

1　フェンス

(1) 材質と形態

　フェンスは、一般的に敷地境界を画するために設置される。フェンスの設置形式は、コンクリートブロックなどを数段積み、その上に連続的につないで設置する連続フェンス（独立基礎に直接設置することもある）と、コンクリートブロック積み等の間に断続的に組み込んで施工する組込みフェンス（ブロック積みの場合ブロックフェンスともいう）の2種類に大別される。

　その他、安全補助、防護柵、敷地内の機能領域などに使用される特殊フェンスがある。

①　アルミニウム形材

　金属の質感で軽量なアルミニウム形材は、アルミニウム地金を押出し成型した製品で、大量生産に向いており、安価な素材で、フェンスの主流商品として使用されている。門扉同様、無機質な素材に樹脂系フィルムシートをラッピングした製品やラミネート加工して組立てたフェンスが普及している。

　本体の骨格デザインは、パイプ形状の組合わせになるので、直線的、かつ、幾何学模様が基本的パターンである。

写真 4-4-1　アルミニウム形材連続フェンスの例

②　アルミニウム鋳物

　アルミニウム鋳物は、溶かしたアルミニウムを型に流して成型したもので、重量があり、アルミニウム形材のようなロングスパン（通常形材は2m／1枚、鋳物は1〜1.2m／1枚）の製品製造は難しいが、曲線などのデザイン加工が可能である。材質は、石やれんが等の自然素材の風合いにマッチするので、組込みフェンスなどの組合わせ利用も多い。

　アルミニウム鋳物のフェンスデザインは、トラス調のシンプルなデザインから、独特の陰影で立体感や重厚感、直線と曲線や繊細な模様の組合わせで、色々なタイプの需要に応じている。

写真 4-4-2　アルミニウム鋳物フェンスの例

写真 4-4-3　組込みフェンスの例

exterior planner handbook

③ 木製

木製フェンスは、素材の質感は好まれるが耐久性に欠けるため、天然木材製品は減少している。使用材にはレッドシダー（米スギ）材、ヒノキ材、ヒバ材、米トガ材、ウリン材、イタウバ材、イペ材等があり、耐久性を図るため保護塗装を施して使用するのが一般的である。

写真4-4-4　木製フェンスの例

耐久性や強度を上げるため、外枠や支柱などの構造となる芯材にスチール材、ステンレス材及びアルミニウム材で補強して使う複合製品が見られる。

④ 人工木材

人工木材製品の材質は、廃木材と廃プラスチックを粉砕・微粉化し、両素材を混合・溶融し、高加圧で押出して成型したもので、再度のリサイクルが可能である。材質は、耐久性、強度、耐摩耗性（レッドシダーの約7倍）に優れ、虫に喰われないなどの特色がある。天然木の柔らかい風合いを持ち周囲の植栽ともよく調和し、環境負荷を考慮した建材として天然木材に代り普及している。

写真4-4-5　人工木材フェンスの例

⑤ スチール

住宅地では安価で強度・耐久性に優れ、取付け施工が簡易なスチールメッシュ（線材）フェンスが、隣地境界などの囲いの用途に多く使用されている。このフェンスは、駐車場、防護柵等の強度が要求される公共施設などの幅広い用途に対応しているが、腐食対策を施さなければならないため、デザインバリエーションが少ない（類似フェンスにアルミニウム線材利用の製品もある）。

写真4-4-6　スチールメッシュフェンスの例

スチール材フェンスに、簡易な囲いに供する金網ネットフェンスがあるが、景観的に優れないため、住宅地ではほ

とんど用いられない。

⑥ 材質の組合せフェンス

材質の組合せフェンスには、支柱の材質にアルミダイキャスト、アルミニウム形材等を用いたステンレスのフェンス、樹脂系のパネル使用のフェンス等がある。

⑦ 手摺

フェンス関連の製品で、勾配のあるアプローチや階段等に、歩行補助の手摺が利用される。住宅地では、手摺グリップ（笠木）と支柱が一体となる柱仕様と壁に取付ける壁仕様がある。又、転落の恐れのある高台や段差・階段部分等に、危険防止のため防護柵を手摺と組合せたり、ユニバーサルデザインに整合したグリップの２段タイプの製品や、身近に手を触れる手摺グリップ部分に夏の耐熱、冬の冷たさを配慮し、木製素材やアルミニウム形材に木粉入り樹脂を圧着した手摺などの製品が設置できる。

材質は、アルミニウム形材が主流であるが、飾り支柱としてアルミニウム鋳物を用いた製品もある。

写真 4-4-7　笠木調手摺の例

(2) 目隠しフェンスのパネル

① 完全目隠しタイプ

目隠しフェンスは、プライバシーの確保などの事情がある場合に使用される。使用材は、不透明で軽量な材質であればほとんどが可能であるが、支える基礎の強化をしなければならず、アルミニウム形材や樹脂系材料が主流である。

写真 4-4-8　アルミニウム形材完全目隠しフェンスの例

② ルーバータイプ

ルーバータイプは視線を遮り、完全目隠しフェンスに類似するが、採光や通風の鎧戸の要素を取り入れたフェンスである。使用材には、アルミニウム形材、木粉入樹脂材（人工木材）、木製等がある。又、竹垣フェンスは、ルーバータイプではないが、目隠しの機能を有したものとして、和風建築で多用される。

写真 4-4-9　アルミニウム形材ルーバーフェンスの例

exterior planner handbook

③　パンチングタイプ

　フェンスに用いられるパンチングタイプの主要材料は、アルミニウム板で、口径5～6mmの多数の穴を開け、模様と特有の金属感を表出したデザインが特徴である。

　ルーバーほどではないが、パンチングにより、見え隠れの機能を持つフェンスである。

写真4-4-10　アルミニウムパンチングフェンスの例

④　トレリスタイプ

　トレリスは、幅の狭い板材等を格子状（ラティスタイプ、スクエアタイプ等）に組み、パネル化したもので、囲いや仕切り等に使われ、ラティスフェンスともいわれている。フレームと一体で組立てられ、外部からの視線を遮り、パンチングメタル的効果をもち、つる性植物等を絡ませたり、室外機カバー、ハイパーテーション等にも利用されている。

　材質は、米杉などの木製、ポリエチレン樹脂製、アルミニウム形材製等があるが、近年最も普及しているのは、耐候性、耐久性に優れ、経年劣化の少ない人工木材製である。

写真4-4-11　トレリス・ラティスフェンスの例　　写真4-4-12　室外機カバーの例

⑤　樹脂パネルフェンス

　樹脂パネルは、敷地外からの視線を遮り、採光が可能である。対処製品には、乳白色のポリカーボネートパネル、強化プラスチックのFRP板、アクリル樹脂板等がある。アルミニウム形材などの硬質支柱の区切りで、他の材質と組合わせ、部分的な目隠しや、プライベート空間の演出が楽しめる。

写真4-4-13　ポリカーボネートパネルフェンスの例

2 塀

塀と呼ばれる囲いの材質は、頑強で、閉鎖性の強い素材の構成が一般的である。積み上げてつくる塀などの部材を組積材といい、組積材の積み上げとその仕上げ材で塀本体（壁）を完成する。塀は、かさ木、壁、幅木で構成され、それぞれの部分で異質の材料を使いデザインされることもあるが、壁部分の素材と仕上げの簡易な塀が多くなっている。

(1) 現場打ちコンクリート

コンクリート塀は、強度を主眼とする塀として最適といえる。特に軟弱な地盤での塀づくりには、まず基礎コンクリートを打ち、その上に組立てた壁部の型枠にコンクリートを流し込み、基礎と一体に造り、土留めを兼ねる。

型枠形状は、周囲の環境、敷地や建物デザインとのバランスにより直線・曲線を組み上げる。

仕上げは、打ち放し、はつり等生地を活かしたものからタイルなどの張り仕上げや塗装・吹き付け仕上げなどがある。

写真4-4-14　打ち放しコンクリート塀の例

(2) コンクリートブロック

① 建築用コンクリートブロック

エクステリアで使用されるコンクリートブロックは、主に、建築用コンクリートブロックである。セメント、骨材、顔料等を用い、配筋のための空洞をもち、工場でつくられ、外部形状により基本形ブロック、基本形横筋ブロックおよび異形ブロックに区分され、これらのブロックを利用して組合せ、塀の形態に組積する。組積の高さに応じて法令に基づく配筋を施して完成するが、地震などの被害が多発する現況から、法令制限の高さに達しない組積でも、基礎や配筋に心掛けて造り上げることが望まれる。

壁面の仕上げには、張り仕上げや塗装・吹付け仕上げ、天端の雨水浸透対策としてのかさ木設置などがある。

② 化粧ブロック

コンクリートブロックの一種で、仕様は上記と同様であるが、表面に着色、塗装等の化粧仕上げや研磨、切削、洗い出し、たたき、スプリット、リブ等、意匠上有効な仕上げを施したブロックが化粧ブロックである。

ブロック塀は、多彩な化粧ブロックを組積し、塀の一部を門柱化する例も多く、大谷石をイメージした大形ブロックを使用している事例などがある。

写真4-4-15　門柱と同一素材の化粧ブロック塀の例

③ ガラスブロック

　大きな壁面を形成し、圧迫感を醸し出すコンクリートブロック塀のアクセントとしてガラスブロックを挿入する事例が見られる。

　製品は、従来の建築資材を、エクステリア組積用ブロックのオプションとして異形ブロックの半切りの規格寸法にしたサイズ（190角、厚さ95mm）で製造しており、施工時に、ガラスブロックに破損防止のエキスパンション材を巻き、縦筋、横筋の位置を避け、他のブロック断面とのセンター位置を合わせ、組込んで利用する。

写真4-4-16　ガラスブロック組み込みブロック塀の例

(3) れんが

写真4-4-17　れんが積みの例

　れんがは、空洞の無い中実（無筋用）、空洞のある孔あきに区分され、寸法は、長さ21cm、幅10cm、厚さ6cm（JIS・普通れんが）に焼き固めて作られる。長手積み、小口積み、あるいは交互に積み重ね、洋風住宅に好んで使われる。組積によって塀や門柱としたり、コンクリート塀などの無機質な素材にアクセントとして組込んでデザインの幅を広げることができる。

　れんがは、利用頻度の活発化に伴い、輸入製品の種類も多彩となっている。

(4) 石材

　石塀への利用度の高い組積材には、大谷石や御影石等がある。

　大谷石は、加工が容易で、塀の他に壁材など建材としても利用される。材質は、耐火性に富み、吸水率が大きく風化しやすい。

　御影石は、耐火性に劣るが、圧縮強さや耐久性に優れる。組積材、壁仕上材、舗装材としても利用される。磨くと美しい光沢を生じる材質である。

(5) 化粧材

　コンクリート塀やコンクリートブロック塀の修景材としての化粧材には、次の材料が一般的に利用されている。

① 左官仕上げ（モルタル）

　モルタルは、セメント、砂を混ぜて水を加えて練り、金ごて、木ごて、ローラー等で表面を滑らかに仕上げて塗り固める。又、仕上げ粗面にはけを利用し、はけ目を付加したり、さらに掻落としてデザインする方法がとられる。

② 陶磁器質タイル（セラミックタイル）

　粘土などの原料を焼成して作られる外装用タイルの形状には、小口平、二丁掛、ボーダー等がある。形状寸法は、表4-4-1に示す通りである。塀の化粧材に

使用されるタイルの材質は、一般的には床用タイル同様、磁器質あるいはせっ器質のタイルが主流となっている。

　表面加工は、石面、波面、粗面等が増加傾向にあり、役物にも、様々な形状がある。役物は、基本的にはそれぞれのタイプに標準曲と屏風曲があり、割付けも容易で美観施工に配慮されている。

　近年、壁面緑化が注目される中、タイル素材の吸水機能を高めて、苔や草等の自然萌芽や種子の塗込みで緑化を促す製品が開発され、今後の塀づくりに変化が生じる可能性も考えられる。

表4-4-1　外装タイルの形状

タイプ	実寸法
小口平	108mm × 60mm
ボーダー	227mm × 30mm
二丁掛	227mm × 60mm
三丁掛	227mm × 90mm
四丁掛	227mm ×120mm
５３角	150mm × 90mm

　なお、JISにおけるタイルの寸法表示は、本ハンドブックの「4-9 材料の規格及び特徴④セラミックタイル」を参照のこと。

③　塗装材

　塗装材には一般塗料と仕上塗材があり、一般塗料はアクリル樹脂、ウレタン樹脂等の塗料をはけ塗り、ローラー塗り、吹付け等で塗装する。

　仕上塗材は、防水形複層塗材、陶磁器調多彩模様塗材、外装薄塗材等の塗料を下塗り、中塗り、上塗りするのが一般的であり、吹付け、はけ、こて、ローラー塗りを複合的に施し、付着硬化させる。

表4-4-2　塀・外壁等の塗装材

種　類	特　性
アクリル樹脂塗料	現在の主流塗装材。 速乾性で耐水性・耐候性に優れる。
ウレタン樹脂塗料	アクリル樹脂改良型塗装材。 付着性・たわみ性・艶・耐候性・耐薬品性に優れ、アクリル樹脂系塗料より強膜。
シリコンアクリル樹脂塗料	塗膜の強さはウレタン樹脂系より劣るが、耐熱性・耐寒性・耐候性に優れ、光沢がある。
セラミック系塗料	無機質骨材を使用しているため、褪色・変色がなく、超高耐候性・耐久性・低汚染性に優れる。自然石調の風合いが出て美しく仕上がる。
オイルステン	揮発油に着色剤を溶かし、木部に塗布して防腐機能を高め、木目の肌を活かす塗装材。

④　仕上塗材

　仕上げ塗装の種類には、薄付け、厚付け、複層、軽量骨材の塗材がある。表面化粧の仕上げとして、樹脂又はセメントに石粉、顔料等の材料を混ぜて吹付

exterior planner handbook

け材を硬化させる。
　住宅や塀等の壁面仕上げに多く使われるリシンガン、継ぎ目のないタイル状となる複層仕上げ塗装、この他モルタルガン、京壁用ガンなどがある。

⑤ その他
　意匠上、左官仕上げのテクスチャーパターンは凹凸模様、ユズ肌模様、砂壁状等が施されるが、タイル、れんが、石材等の化粧素材を組合わせて貼り、デザインしたものを塀の壁面として仕上げる例もある。

3 垣根

(1) 生垣

　生垣に用いる樹木は、領域、敷地の囲い、風よけ、目隠し、景観等々、多面的な機能を持ち、エクステリア植栽の中で最も多く利用され、緑量にも多大な影響を与えている。和・洋いずれの様式にも違和感がなく、空間構成の骨格が定められ、景観を整える機能としても多用されている。

　生垣は、目線の高さを基準に、常緑樹種の列植構成が一般的である。列植樹木の足元に根締めとして地被類等を付加し、さらには低木類と地被類等を擁し、断面で見れば、2段・3段になる植栽の方法も取られる。又、常緑・落葉の樹種を混植したり、施主の好みやデザイン計画に基づき、ポイントとなる樹木を組み込んだり、変化や季節を楽しむ生垣もある。

　クローズドな意向をもつ施主や、防風、隣接との隔離を希望したい環境下では、高木を列植した高垣と称される生垣をしつらえることもある。

　一方、生垣には、庭内を一望できる刈り込んだ植栽（自然樹形の低木もある）のオープンタイプがある。オープンガーデン愛好者には多く採用され、遮蔽されない領域の分節化、区切りの装置として活用されている。

　しかし、近年、オープン外構と称する何もない囲障の領域設定が普及し、植栽を含め貧相な印象を与え、開放感というより、まちなみ景観を壊している事例が見受けられる。

写真4-4-18　高さの異なる生垣の例

高垣の事例

一般的事例

オープンタイプの事例

(2) 竹垣
① 天然竹

竹垣は、日本の伝統的な垣根として、天然竹のモウソウチク、マダケ、トウチク、クロチク等を利用し、組立てられる。組立て施工は、竹の種類・形質により使い分けられ、切り出してから乾燥、研磨、加工して使用することが多いが、切り出し材そのままの素材利用もある。円筒そのままの丸竹や、割って組合わせて使用するものがあり、丸竹をそのまま使うものに四つ目垣や鉄砲垣等があり、割竹を用いて組立てるものに建仁寺垣、光悦寺垣等がある。

特殊な例に桂垣がある。桂垣は、桂離宮庭内に植生する自然の竹を折り曲げ、竹穂を編み込んで作った竹垣と、切取った竹穂を編み込み、これを丸竹の支柱で押さえ、細かい細工を施した職人芸の竹垣である。

写真4-4-19　桂垣の例

自生竹穂の竹垣

切取り竹穂の竹垣

② アルミニウム形材

アルミニウム形材は、竹垣の骨組み（間仕切り柱や枠組み）部材や連結部材に、耐久性の強化を図るため、角柱、丸柱、コーナー継手等を作製し、使用される。

又、アルミニウム形材は、木目調・竹柄の耐候性シートをラッピングした製品や、パネル、丸竹、割竹等にも使用されている。

写真4-4-20　アルミニウム形材竹柄部材の例

③ 樹脂材

天然物以外、竹垣状のパネルの多くは、耐変色性、耐衝撃性、耐候性に優れた素材といわれるASA樹脂、アクリル系樹脂を主原料に、屋外用樹脂として強化された材料を使用してつくられる。メンテナンスも安易なことから、その需要も大きい。

写真4-4-21　竹垣状樹脂製パネルの例

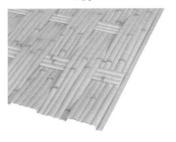

4-5 擁壁の構成材

1 エクステリアの擁壁

擁壁は、造成工事などで土を切ったり盛ったりしてできる崖や斜面で、土砂の崩壊を防ぐために設けられる壁状構造物である。

エクステリアにおける擁壁は、比較的小規模であるが、壁面は広い面積を要し、住まいの景観を損ねることが多く、違和感、圧迫感を最小限に食い止めるよう表面の修景に配慮を要する。例えば、住まいに合わせた自然素材や化粧済み資材の選択、壁面の緑化や仕上げ材の付加等が有効手段となる。

擁壁は、構造により分類され、自重により崩壊を抑止する高さの低い重力式、鉄筋などで補強し、底板を入れ、抵抗力を強めた半重力式、切土部分にもたれかかった構造で土圧を支えるもたれ式といわれるタイプがあり、いずれも堅固な材料で構成することが望まれる。この他、エクステリア擁壁では扱われないが、高い擁壁で施工される控え壁、支え壁、棚式擁壁等のタイプがある。

2 擁壁の材料

(1) 現場打ちコンクリート

現場打ちコンクリート擁壁は、セメント、砂、砂利等の材料に水を加えて練り混ぜたコンクリートを、定められた発生現場寸法の型枠に打ち込み、一定期間養生をして固定する。躯体には、擁壁の高さに応じて鉄筋で補強して抵抗力を強め、背面には、地下水等が土中に増加し、土圧・水圧の増加や軟弱地盤化することを防ぐため、栗石・砂利等を裏込めし、水抜きパイプを設置して排水する。

写真4-5-1 打ち放しコンクリート擁壁の例

(2) コンクリートブロック

擁壁を作ることができるコンクリートブロックは、型枠状ブロックである。型枠状ブロック擁壁は、型枠状ブロックを組積した空洞部に配筋し、その空洞部にコンクリート又はモルタルを充填したもので、必要要件を満たしたものは国土交通大臣認定の擁壁となる。又、この擁壁には、現場打ちコンクリート同様、擁壁の高さに応じて、背面には栗石などを裏込めし、水抜きパイプを設置しなければならない。

写真4-5-2 型枠状ブロック擁壁の例

（3）石垣

　石垣は、天然石の組積の代表的なものである。低い擁壁・土留めへの採用が多く、自重により崩壊を防ぐ高さの組積以外は、コンクリートやモルタルを使う練り石積みと砂利などを用いる空石積みによって施工される。積み方は、面積み、野面積み、乱積み、崩れ積み等で表面を整える。

　玉石積みは、直径20cm程度の丸みを帯びた硬質石をコンクリートで裏打し、石の面を決めて積み重ねる。又、加工された切石、割石は、横目地を水平に通す布積み、石面をほぼ六角形に加工して積上げる亀甲積み、両肩をほぼ45度に傾け、石相互の絡みで強度を増す谷積み、不定形の石を材料とし、積み方も各種技法を組合わせて不規則に仕上げる乱積み等がある。

　大谷石は、肌合いの柔らかさと、軟質で加工が容易であることから、擁壁、土留の他、塀及び建築部材等にも多様に使われる材質である。

　天然石以外に、大理石、花こう岩等天然石の細粒をモルタル、ポリエステル樹脂で固めた「レジンタイル」、花こう岩などの砕石、顔料、セメントで固め、表面を研磨した「テラゾー」など、天然石のように仕上げた人造石がある。

写真4-5-3　石積み擁壁の例

玉石布積み事例

切石布積み事例

谷積み事例

（4）間知石

　間知石擁壁は、硬質の花崗岩や安山岩質の面をほぼ方形に仕立て、四角錐（控えの長さは面の1.5倍以上）に加工し、比較的安定した地盤に傾斜して設けた練石積みで、自重により崩壊を止める重力式擁壁である。なお、近年は、石材が少なく、コンクリート製（間知ブロック）が大半となっている。

■参考資料　石材の種類と一般的特性

花こう岩類	特性	石英・長石・雲母を主成分とする粒の粗い火成岩。 緻密・堅硬で耐久性、耐摩耗性、圧縮強度に優れ、磨くと美しい。風化に強く、吸水性は小さく耐火性も小さい。
	用途	景石、飛石、敷石、水鉢、沓脱石、灯籠、垣、間知石、基礎石等。
	石材	本御影、三州御影、小豆島、鞍馬石、甲州鞍馬石、筑波石、生駒石、稲田石、木曾石、白川石、万成石等。
安山岩類	特性	斜長石・輝石・角せん石・黒雲母を含む火成岩。 緻密・堅硬で耐久性、耐摩耗性、圧縮強度に富み、吸水性は小さい。 色調暗く光沢の出るものは少ない。鉄平石は板状節理で薄板にしやすい。
	用途	景石、飛石、敷石、石垣、階段、間知石、門柱、礎石、張石、断熱等建材等。
	石材	小松石、新小松石、白河石、伊豆石、根府川石、鳥海石、男鹿石、丹波鉄平石等。
玄武岩類	特性	斜長石、輝石、磁鉄鉱等からなる黒・灰褐色の細粒で緻密な火成岩。 多孔性で保水がよく軽量。温度差による風化があり、特定方向に割れを生じる（柱状節理…四角、五角、六角等）。
	用途	石垣、石柵、土留、乱杭、延段、ロックガーデン等。
	石材	伊豆六方石、黒ぼく石等。
砂岩類	特性	石英・長石・岩石片等の砂粒が粘土等で固まってできた堆積岩。 硬質から軟質まであり、光沢なく、耐摩耗性は小さい。吸水性は大きく、汚れ易く風化しやすい。酸に強いがアルカリに硫黄が溶ける。
	用途	壁・床の建材、石垣、間知石、砥石等。
	石材	銚子石、和泉青石等。
粘板岩類	特性	泥岩等が広域変成作用を受けて、薄板状に硬く緻密になった堆積岩。 緻密で吸水性が小さい。薄板状で剥れやすい。耐久性、曲げ強度に優れ、黒味がかった弱い光沢を持つ。
	用途	スレート、壁、床、屋根、景石、石盤、硯石、人工軽量骨材等。
	石材	瀬田石、雄勝石等。
凝灰岩類	特性	火山の灰・砂・礫等の火山噴出物が堆石・凝結してできた堆積岩。 軟質・軽量で吸水性が大きい。強度・耐久性が小さく、風化しやすい。 加工・仕上げが容易で、焼成加工もできる。
	用途	礎石、敷石、石垣、壁・塀、門柱、飾石、水鉢、張石、内装材、建材等。
	石材	大谷石、房州石、貴船石、秋保石等。
チャート	特性	主に微細な石英粒、二酸化ケイ素等で積もった緻密で硬い堆積岩。 高熱と高圧で鉄分が石英と結合し、硬くすべすべした表面が特徴。無水珪酸を多く含み、不純物の混入で、色は灰色がかった白や緑、赤黒色等がある。
	用途	景石、飛石、飾石、石垣等。
	石材	赤玉石等。
大理石・蛇紋岩類	特性	大理石は石灰岩が熱変性作用を受けてできた、方解石を主成分とする変成岩。 白色・淡青色の結晶質の岩石で、含有物により種々の色調や斑紋を生じ、変化に富み、磨くと美しい光沢を出す。緻密・堅硬で吸水性が小さい。耐火性、耐摩耗性に弱く、屋外では風化を受けやすく、酸類や雨水に注意を要する。 蛇紋岩はマグネシウムを含む鉱物等の橄欖石や輝石が変質した変成岩。 緑青色が主で、黄・白・灰色もあり、性質は大理石に類似する。
	用途	建築装飾材、内装建材、テラゾーの種石等。
	石材	寒水、阿武隈大理石、美濃黒大理石、オニックス、蛇紋石等。
その他の変成岩	特性	緑泥石類は細かい柘榴石、黒雲母、角閃石等の変質鱗片状結晶岩。 材質は硬く、青磁・青緑・青白・黄緑・紅色等の真珠光沢や硝子光沢を持ち、茶庭等の和風庭園での利用が多い。
	用途	景石、飛石、敷石、延段、沓脱石、碑石、手水鉢、飾石、灯籠等。
	石材	天竜石、三波石、伊予青石、阿波青石、伊勢青石、秩父青石、紀州青石等。

exterior planner handbook

4-6 庭の構成材

1 園路

庭の園路は、アプローチと類似機能であり、構成材もほぼ同質の敷設となる。プランニングにより意図された庭の構成をつなぐ園路は、施設の景観を重視し、一層シンボライズできる材料の選択が望まれる。

(1) 石材

庭の園路に使用する代表的な石材には、本御影石、鞍馬石、稲田石等の花こう岩、新小松石、根府川石、鉄平石等の安山岩、伊予青石、天竜石、三波石等の変成岩等があり、敷石や飛石に利用されている。

① 飛石

飛石は、アプローチの事例写真で示したように、歩行に適した形状の自然石や加工石を歩行間隔に配置し、実用と美観要素の機能をもたせている。飛石には、大曲り、筏等、日本伝統の配石の形態があり、これを「飛石の打ち方」という。

② 敷石・延段

敷石は、石を連続して敷き込み園路としているが、これにも日本伝統の形態があり、一定の長さと幅に限られた形式が「延段」である。その形態は、大小の板石を整形に並べる切石敷（真の形式）、玉石など小振りな自然石を不整形に並べる玉石敷（草の形式）、切石敷と玉石敷の組合わせの寄せ石敷（行の形式）の3つに大別されている。

写真 4-6-1 延段の例

③ その他

縁先から庭に降りるために置かれる沓脱石は、花こう岩、安山岩等の踏面（ふみづら）が平らな自然石や加工石が用いられる。

写真 4-6-2 ガーデン用枕木の利用例

(2) 枕木

枕木は、鉄道線路を支えるために敷かれる角材であるが、古びた質感やナチュラルな雰囲気が好まれ、住宅の様式や庭の景観などに合わせて使われている。又、枕木は、栗の木など耐久性に優れた材質であり、階段のステップや花壇の縁取り・土留等にも利用される。

exterior planner handbook

古びた質感の中古枕木（鉄道の廃材）は、希少な資材で流通に乏しく、現在では、ガーデニングやエクステリア用品として新たに製作されることも多い。鉄道枕木の小口寸法は14cm×20cm、長さは210cm が標準であるが、サイズは、実用に応じて種類も多く、長さ60cm程度から数種類が製造されて、庭の修景材として多用され、市販もされる人気材である。

2 花壇の枠組み・施設区分の縁取り

(1) 化粧ブロック

コンクリートブロックは、高さ600mm以下の土留めを兼ねて、花壇の縁取りや緑地帯の枠組みの組積に利用される。表面に着色などの化粧仕上げや、洗い出し、スプリット等意匠仕上げを施した化粧ブロックを利用するのが一般的である。

写真4-6-3 化粧ブロック積み緑帯・花壇の例

(2) れんが

れんがは、色調や肌合いが植物に馴染み、花壇の縁取りを兼ね、土留めや花壇を取巻く園路などに好んで用いられる。近年、れんが利用が多岐にわたり、輸入材を含めて製品の種類も多く、組積や敷設のサイズ選択には注意を要する。

写真4-6-4 れんが積花壇の例

(3) テラコッタタイル

テラコッタタイルは、イタリア語で低温焼成の素焼き土器のことで、水分や空気をよく通す多孔性の陶器のため、植物との風合いがいいとして、芝等で覆われた花壇の園路、縁取りの貼材、鉢やガーデニンググッズにも多く使われている。この材質は、吸水による汚れの管理や凍結に注意を要する。

(4) コンクリートふち石

ふち石は、敷地内の各種床材料の縁切りや植栽部分の境界領域に用いられるコンクリート製の長尺（標準長さ寸法60cm）ブロックである。ガーデンタイプや歩車道境界タイプ等があり、ガーデンタイプは、コーナーエッジで納まりを活かせる。ミカゲ等の石肌仕上げのふち石は、カラー平板と組合せてアプローチのペイブメントや駐車場等の仕切りにも

写真4-6-5 領域を区切るコンクリートふち石の例

利用することができる。

3 工作物

(1) 袖垣・枝折戸の材質

袖垣は、設備機器の目隠し、通りや訪問者の視線遮蔽の機能や、和と洋など使用目的の違う空間が隣り合う時、互いを区切り、庭の美観を高めるために、主に建物に付属して造られるコンパクトな垣根の一種である。

材質は、竹垣同様に、天然の丸竹や割竹の組合せ施工や、アルミニウム形材を使用した骨組み・連結部材の他、パネル、丸竹、割竹等もある。又、パネル、丸竹、割竹には、アクリル系樹脂を主原料とした屋外用特殊強化樹脂材を使用する製品があり、これを利用して組立てられている。

枝折戸は、屋根のない簡素な開き戸で、庭の機能境界となる出入り口や露地の仕切りなどに用いられ、材質は、天然竹及び木材や袖垣同様アルミニウム形材、樹脂材製品を使用して組立てられている。

写真 4-6-6　袖垣の例

写真 4-6-7　枝折戸の例

(2) 温室・コンサバトリー

温室は、業務用を除いてサンルーム兼用タイプがほとんどで、独立タイプは極めて少ない。本体はアルミニウム形材で、建築確認、積雪などへの対処として芯に鉄骨を採用した仕様もある。開口部は、アクリル樹脂パネル又はサッシ枠にガラス、屋根材はアクリル、ポリカーボネート又はガラス、その他シェード、内装、グレード等のオプションメニューのある製品が多い。

写真 4-6-8　独立型コンサバトリーの例

(3) パーゴラ・四阿（あずまや）

① パーゴラ

パーゴラは、柱に梁を渡して組む簡易な工作物で、現場施工や工場生産の部材キットの組合せで設置される。フレームに使用される資材は、天然木材、人工木材、アルミニウム形材が主流で、コンクリート製擬木や桟等には樹脂材を利用することもある。

日除けや景観の効果を高めるため、花や実を結ぶ蔦類の植栽を施し、パーゴラに絡ませて季節を楽しむ例も見られる。

② 四阿（あずまや）

庭に設ける四阿は、直射日光を避ける休憩所であり、一般的には屋根と柱、ベンチで構成される。なお、和風の形態は、屋根が四方葺下ろしの建物であるが、洋風の四阿は、八角など多角形の建物でガゼボという。

使用材は、現場施工、工場生産の組立て部材共に木製が主流で、主な屋根葺材はアスファルトシングル葺き、カラー鋼板等である。

(4) 物置

物置は、鋼板及び鋼材を主構成材として組立てられ、JIS では、高さ、奥行及び本体構造によりS型、L型に分類されている。S型は、高さ寸法2,100mm以下、かつ、奥行き寸法1,000mm以下の家庭普及版であり、L型は、この寸法以上と区別されている。

(5) 池・噴水

池は、硬質ポリエチレン樹脂で成型されたプールやシートを利用して造られることが多い。プールは、地面に製品を埋め込み、シート利用は、平面・立面ともに自由なデザインが可能であり、本体を設置後、好みの装飾で池の縁取りをしたり、植物を配して完成させる。又、同素材で、噴水や照明のセットを利用し、庭の演出ができる製品もある。

写真 4-6-9　ポリエチレン樹脂プールの例

池のパネル例

滝の施工例

(6) 立水栓

　立水栓は、駐車場の洗車用、ガーデニングの水回り機能として設置されるが、給水機能と同時に、景観・潤いを求めた製品が多くなっている。

　立水栓の素材は、主に軽量コンクリートに繊維材のビニロンファイバーを混入して強度を持たせ、れんが調、ウッド調、ストーンタイプにデザインし、周囲の雰囲気で選択できるよう製品化されている。配管は、鉄や樹脂の資材利用で地上・地中用仕様があり、水鉢は、セットとオプションがあり、蛇口は、オプション選択となっている。

写真4-6-10　れんが風デザインの立水栓例

(7) バーベキュー炉

　現場施工のバーベキュー炉は、れんがを積上げ、空洞の炉の中に灰取り用固定金具を取付け、上部に鉄板や焼網を用いるのが一般的である。

　立水栓と同様の素材で組み立てる設置型組立バーベキュー炉や、可動式大型グリル、折り畳み式グリル等様々な製品があり、住宅の内外でバーベキューが楽しめる。

4　設置物

(1) 庭石の材質

① 天然石

　庭石に用いられる天然石は、御影石・小豆島・鞍馬石・筑波石・生駒石等に代表される花こう岩、新小松石・伊豆石・丹波鉄平石等の安山岩、瀬田石・雄勝石等の粘板岩、赤玉石等のチャート、三波石・伊予青石・秩父青石・天竜石等の変成岩、貴舟石等の凝灰岩等がある。これらの石材は、景石の他、加工して蹲踞（手水鉢）、飾石、灯籠等にも用いられる。

　装飾石として使われる大理石（変成岩）は、石質は緻密で変化に富み、磨くと美しい光沢を出すが、摩耗性に弱く、屋外では風化を受けやすく、酸類や雨水に注意を要する。

写真4-6-11　庭石・三波石の例

② 擬石

　擬石は、外観を石に似せたもので、コンクリート、陶器や樹脂を素材とした製品が多い。コンクリートは、軽量コンクリートが主流で、樹脂系は、ガラス繊維、補強プラスチックを原材料としたFRPや、陶器で天然石の風合いを再現した製品が造られている。素材が軽量であるため、屋上庭園や室内、戸外・半戸外の坪庭などで、庭石やガーデングッズとして利用する例が多い。

写真4-6-12　擬石の景石例

・FRP製品を使った坪庭例

・陶器の擬石例

（2）擬木製品

擬木製品は、敷地庭内・坪庭・屋上用のガーデングッズ、ベンチ・テーブル等のファニチャー類、車止め、室内外で利用されるプランター等にも及んでいる。又、擬木製品の利用範囲は広く、敷地内では設置物の他にも外構の部材や杭等に使用され、公園施設、サイン類、ストリートファニチャーにも利用されている。

擬木の材質は、外観を木材に似せたコンクリート又は、樹脂を素材とした製品が多い。コンクリート系は、着色セメントを固めて成型し、塗装して仕上げる。樹脂系は、木粉入りアクリル系樹脂などを圧着した合成木材、アクリル系樹脂を主原料に屋外用特殊強化樹脂材の竹製品、FRP資材で成型された擬木などがある。

写真4-6-13　コンクリート製擬木利用の庭の例

4-7 建物付属部材

1 テラス

　テラスは、一般的には洋風建築物に直結し、屋外に設けた床面のことをいう。又、日本では、これに屋根を架けることが多く、床のみの施設と屋根付きの施設に大別される。テラスは、屋内、屋外を結び、中間領域を楽しむ場としての工夫が提案されている。

(1) 床面の材料
　テラスは、住宅建築と一体で施工されることが多く、現場打ちコンクリートを左官ごてでならして仕上げることが主流である。近年、テラスの床材は、建物の雰囲気に合わせ、石、れんが、タイル、コンクリート平板等の仕上げをするものや、天然木及び人工木材のデッキ状、あるいは、樹脂材を用いるものもある。

(2) 屋根構造の材料
　屋根付き施設は、屋根葺き材料とこれを支える柱、枠、垂木等の本体部分によって構成され、組立てられる。その構成材も装飾格子パネルを組合わせるなど、製品の多様化が目立つ。基本構造部材は、アルミニウム形材が主流であるが、アルミニウム形材に樹脂材をラッピングやラミネート加工した製品、荷重対応による軽量鉄骨を利用した製品、又、これらの複合製品などがある。

写真4-7-1　屋根付きテラスの例

(3) 屋根の材料
① アクリル、ポリカーボネート
　アクリル材は、耐久性、強度面に優れている。
　ポリカーボネート材は、耐衝撃性にも優れ、衝撃強度がアクリルの数倍あり、紫外線をカットし、難燃材料の材質が好まれ普及し、主流材となっている。又、ポリカーボネート材には太陽熱を制御し、雨水で付着物を流す光触媒の働きを利用した防汚タイプ屋根材が開発され利用されている。

② その他
　その他屋根材として、FRP製品など樹脂系の製品がある。又、テラスでは、遮光、空間のイメージ作りの役割をもたせ、ポリエステルにアクリル樹脂コートなどを使用した布地のオーニングが使われることもある。

2 デッキ・ぬれ縁

(1) 木製デッキの材質
　木製のデッキは、敷地形状、庭の規模や周囲の修景等に合わせて計画される。天

然木材を利用した施工は、現場での加工・組立てによるフリープランが主体となっている。近年、天然木材のプレカットや天然木以外の材質による工業化されたユニット製品が利用され、材質の複合利用も普及している。

① 天然木材

デッキ材には、レッドシダー（米スギ）、米ツガ、米マツ等が耐久性に優れ、割れや反りの少ない輸入材が多く使用されている。国産材では、スギ、ヒノキ、サワラ、ヒバ、ケヤキ、カラマツ等がある。耐久性重視の観点からAAC（アルキンアンモニウム化合物系木材防腐剤）などの防腐・防蟻処理剤加工や、キンラデコールなどの木材保護塗料によるメンテナンス、又、台座（基礎）部材には、アルミニウム形材を使用することもある。

写真4-7-2 米スギ床材木製デッキの例

② 人工木材

人工木材は、廃木材と廃プラスチックを粉砕・微粉化し、両素材を混合・溶融して再生された木材である。材質は、耐久性に優れ経年劣化が少なく、質感も木の感触を損なわない特性を持ち、木材と同様の加工が可能であるが、釘打ちなどの部分衝撃は、欠け・割れの原因となるので禁物である。

(2) ぬれ縁の材質

① 木製

キット商品の樹木は、主にレッドシダー（米スギ）のすのこを使用するなど、木製デッキの材質及び施工に類似している。木製素材には、保護塗料を塗布し、吸水や割れを防ぎ、含水率を一定させることにより、さらに耐久性を強化する。

② その他

その他のぬれ縁に使用されるすのこの材料には、人工木材、アルミニウム形材、樹脂製等がある。

すのこの台座には、アルミニウム形材の使用例が増加傾向にあり、天然木材とこれらの材質の組合わせ利用が多くなっている。

写真4-7-3 アルミニウム形材製ぬれ縁の例

3 オーニング

オーニングは、開閉が自由に扱えることからテラス・デッキ・バルコニー等の屋根や空間のイメージ作りとして、あるいは住宅開口部の遮光の役割を持たせ、物干し空間や生活利便施設等としても用いられる。材質は、ポリエステルにアクリル樹脂コート等を使用した布地が主流で、手動・電動の他に風力センサー付きなどがある。

機種・デザインも豊富で、場に合った製品を選択することが可能である。

写真4-7-4　オーニング屋根の例

4　バルコニー

　バルコニーは、洋風建築で建物の階上から戸外に張出した床の部分で、屋根がなく手摺で囲まれているものをいう。

　ベランダは、屋根付きのバルコニーで、日本では、2階以上に取付けたものをいい、手摺部分をパネルで覆う仕様が多い。

　なお、1階に取付けたものは、テラスと呼んでいる。

(1) 本体部分（フレーム基本構造）の材質

　バルコニーは、建物と一体で設置する胴差・柱芯取付けタイプと、建物完成後に設置する屋根置きや柱建てタイプがある。建物と一体で設置するタイプは、建築時に施工され、エクステリアの範疇では、屋根置きや柱建てタイプの設置となる。

　フレーム材は、アルミニウム形材が骨組として軽くて加工が容易なことから、木製品や鉄製品に代わって主流となっている。又、アルミニウム形材の手摺部分に樹脂ラッピング製品を採用して、木風の肌合いの良さを演出するものがある。

　その他、軽量鉄骨を住宅の構造部分に合わせ、設置・施工する事例もある。

写真4-7-5　アルミニウム形材柱建てバルコニーの例

(2) パネル部分（囲い）の材質

① アルミニウム形材

　　アルミニウム形材は、パネル本体の骨材部分資材として使用されるだけでなく、桝目格子、縦格子のシンプルなタイプのパネルやパンチングパネルとしても用いられる。又、アクリルなどと組合わせて複合パネルとしても使用される。

② サイディングパネル

　　サイディングパネルは、住宅の躯体外壁に合わせて統一し、一体感を演出したパネルである。樹脂パネルと組合わせたり、パネル壁面にアルミニウム形材やアルミニウム鋳物等でデザインされたレリーフなどをはめ込んで使用される例も多い。

③ 吹付けパネル

　吹付けパネルは、建物雰囲気への調和、吹付け剤の調合でパネルバリエーションを多彩にしている。複合的に材料を組合わせて使用される例も多い。吹付けだけに限らず、各種塗装剤を塗布して仕上げられる例もある。

④ アクリル、ポリカーボネートパネル

　アクリル、ポリカーボネートの材質は既述の通りで、近年、ポリカーボネートの需要が多くなっている。又、ポリカーボネートを溶かし、押出して成型すると微細な凹凸が磨りガラス調（マット仕上げ）となり、こちらの仕上げ加工も普及が進んでいる。

写真 4-7-6　ポリカーボネートパネルの例

⑤ その他

　バルコニーの囲いとなるパネルは、建物の壁面と同一材料を使用することが多いが、タイル等貼物をパネル化粧材に用い、デザインバリエーションを多彩にしている。又、FRPなどの樹脂材、天然及び人工木材の利用、トレリスと他材料との組合わせなど、バルコニーのパネル材の選択は、本来機能と同時に、住宅壁面の美観への配慮が欠かせないものになっている。

(3) デッキ床部分の材質

① 樹脂材

　木粉とアクリル系ポリエチレン樹脂溶融のデッキ材や塩化ビニルデッキ材は、軽量、耐水性に優れ、耐久性に富む安価な資材として使われている。この他、ベースマットに樹脂材、表面化粧板として、プラスチック、タイル、人工木材等のユニット製品がある。

写真 4-7-7　ポリエチレン樹脂製デッキの例

② 木製

　天然木は、木目が美しく好まれるが、耐久性に欠ける。天然木の中では、腐食に強いレッドシダーや、木目が際立つ木肌のイエローパイン等が、すのこ状に加工して使用されている。さらに、これらの木材においても保護塗料を塗布して、吸水や割れを防ぎ、耐久性を向上させる処置を行う。

写真 4-7-8　すのこ状木製デッキの例

③ その他

「① 樹脂材」で記載したベースマット(樹脂材)の表面化粧板には、樹脂材のみならず、磁器タイル、テラコッタタイル、天然木材、自然石など様々な製品がある。

写真 4-7-9 デッキ床・鉢等のテラコッタ使用例

4-8　エクステリアの照明

　エクステリアの照明の役割には、「夜間の暗がりを明るく保ち、安全性を高める」「エクステリアの修景材として雰囲気を演出する」「防犯性を高め、ナイトライフを楽しむ」などがあげられる。
　照明の配置や機種はプランニングで決められるが、一般的な設置場所は公私の境となる門廻り、玄関に至るアプローチ・階段等、家族や来訪者が出入りする玄関、人と車の安全を促す駐車場（車庫）、夜景を楽しむ（主）庭、勝手口や物置等のあるサービスヤードなどである。
　照明器具の選択では夜間照明の向上機能のほか、昼間のエクステリアデザイン要素の検討が必要であり、配慮を要する。

(1) 照明器具の配置と種類
① 門灯

　門灯は門廻り全体を明るくし、その家のシンボルともなる照明器具で、門柱の形式やデザインで器具が使い分けられる。周辺に灯りが届きにくい場合、エントランスライトが付加され、表札、インターホン等の確認・識別のために、表札灯やスポットライトの採用もある。

写真 4-8-1 置型式門灯の例

② ブラケット

　ブラケットは門や塀、建物の壁面に直付けされる照明器具で、器具自身の主張性が強く、門灯、表札灯や車庫等にも使用される。

写真 4-8-2 ブラケット門灯の例

③ ダウンライト

　ダウンライトはアーチ型門柱や玄関の天井面等に埋込まれる照明器具で、下方配光のため路面の明るさを確保し、器具自身の存在感を主張せず空間をすっきりまとめられる。

④ シーリングライト

　シーリングライトはアーチ状ゲートや軒下の天井面に直付けする照明器具で、ダウンライトに比べ、光の拡散性がよく広範囲を照らす。冠木門や車庫の天井面等に使用される。

⑤ 壁面埋込灯

　壁面埋込灯は器具の出代が少なく、光の演出に好んで利用される照明器具で、階段など足元灯に使用される。別途、地面に埋込むタイプもある。

exterior planner handbook

⑥ エントランスライト（ガーデンライト）

このタイプは地面からポールなどで立ち上げ、周囲を明るくするアプローチやサービスヤードの通路照明である。又、庭園灯にも用いられるが、庭園灯は雰囲気向上のため、アレンジデザインを施した器具を採用する向きがある。

なお、このタイプには屋外用コンセントから電源を取り、移動可能なスタンドタイプの照明器具があり、後付けできる便利さから利用される。

写真 4-8-3 エントランスライトの例

写真 4-8-4 庭園灯の例

写真 4-8-5 LED スポットライト照明の例

⑦ スポットライト

スポットライトは効率よく対象物に集光する機能の照明器具で、照らしたい所に手軽に光を向けられ、樹木や建物のライトアップ、樹木背後からのシルエットライティング、壁面への照射（間接照明）によるバックアップライティングなど、演出効果を出したい場合に用いられる。又、スポットライトにはブラケットタイプがあり、サービスヤードなどにも使用される。

(2) 発光方向別照明の分類

① **全方向拡散型**

発光部分が直接見えるため、灯具自身で空間を演出するような目的に適している。光は、全方向に拡散するので、空間全体の華やかさ・賑やかさを確保したいエントランスなどに用いる。

② **横方向主体型**

全方向拡散型に比べ上方向への光が制限され、上からの眩しさを抑え、横方向の発光が強調される。灯具自身の演出と地面の照明効果が得られ、アプローチや植栽桝等に適している。

③ **下方向主体型**

真横からは発光部分がわずかに見えるだけで、光の大部分が下方向に出る。眩しさの原因となる横方向への強い光がなく、下方を効果的に照らす。植栽などに用いられる。

④ **片側横方向主体型**

灯具からは、横方向部分への制限した光が出る。光の広がりを遮光できるため、敷地境界線、間接光照明等に適している。

⑤ 照射方向主体型

　　灯具が可動し、光の方向を可変できる。スポットライトなど集光型の光を対象物や空間に対して演出する効果が得られ、庭の樹木・デッキ・テラス等に適している。

(3) 照明器具の材質

　門灯の電球を包むカバーの材質は、乳白色・艶消しのガラスグローブやポリカーボネート、光源の見える製品の材質は、ガラスパネル、光源を支える本体は、アルミニウムのダイキャスト製品材が主流である。
　エントランス・ガーデンライトのポールは、アルミニウムのダイキャストやステンレス材が一般的である。和風庭園などでは、陶器の素焼き風・石目調や、間接照明のため、セラミックのカバーが利用されたりする。

写真4-8-6 セラミック庭園灯の例

(4) LED（発光ダイオード）照明

　新素材の光源を採用したエクステリア照明が普及している。小型、軽量、長寿命・省電力の省エネタイプの安全照明として、LED（発光ダイオード）を駆使した照明製品が経済的にも注目されている。LEDは、半導体チップに電流を流すことによりチップそのものが発光するもので、製品によっては、手動で光源を曲げられる便利さがあり、発熱量や紫外線が少ないため植物にも優しく、庭園照明、表札灯やエントランスライト、スポットライト、門扉灯や手摺のグリップ等にも利用拡大が図られている。

(5) 照明の制御器具

　防犯機能を付加した照明材は、侵入者を熱線センサーにより検知し、人が近付くと点灯、又はフラッシュライトで警告する。関連して、明るさセンサーは、周囲の明暗によって検知して自動点灯、消灯する。
　さらにリモコン防犯灯は、周囲の明るさを検知する明るさセンサーと、人が動く時に出る温度差を検知する熱線センサーを兼ね備えた照明で、これをリモコンにより防犯・通常・連続点灯の3つのモードに切替えが可能な製品である。

4-9 材料の規格及び特徴

① 材料の規格

　規格とは、標準化によって制定される「取決め」のことをいい、我が国における鉱工業品に関する統一の規格として標準化されたものが日本産業規格であり、JIS（Japanese Industrial Standards）ともいわれる。この様な標準化とは、「自由に放置すれば、多様化、複雑化、無秩序化する事柄を少数化、単純化、秩序化すること」であり、JISはその性格によって次の三つに分類される。

　1）基本規格
　　用語、記号、単位、標準数等の共通事項を規定したもの
　2）方法規格
　　試験、分析、検査及び測定の方法、作業標準等を規定したもの
　3）製品規格
　　製品の形状、寸法、材質、品質、性能、機能等を規定したもの

　JISマークは、ある製品が当該JISに規定する品質等の要件に合致していると認められる場合、それを証明する印として「JISマーク」をその製品や包装等に表示することによって、その製品のJISへの適合を証明（認定）すると同時にその品質等を保証するものである。

② 石材（JIS A 5003 : 1995）

(1) 適用範囲

　石材とは、建築及び土木用として使用される天然の岩石のことをいい、石材のJISとしては、「JIS A 5003　石材」があり、次のような内容について規定されている。
　なお、比較的粒径が小さく大小の粒が適度に混合している砂利や砂のようなものは、骨材と呼ばれ石材とは区分される。

(2) 欠点及び等級
　①　欠点に関する用語
そり：石材の表面及び側面における曲がりのこと。
き裂：石材の表面及び側面におけるひび割れのこと。
むら：石材の表面の部分的な色調の不ぞろいのこと。
くされ：石材中の簡単に削り取れる程度の異質部分のこと。
欠け：石材のみえがかり面のりょう角部の小さい破砕のこと。
へこみ：石材の表面のくぼみのこと。
はん点：石材の表面の部分的に生じたはん点状の色むらのこと。
穴：石材の表面及び側面に現れた穴のこと。
しみ：石材の表面に他の材料の色の付いたもののこと。

exterior planner handbook

② 欠点
　石材の欠点には、寸法の不正確、そり、き裂、むら、くされ、欠け、へこみがある。又、上記のほか、軟石では、はん点及び穴、化粧用では、さらに色調又は組織の不ぞろい及びしみが加わる。

③ 等級
　石材の等級は、表4-9-1に示すとおりである。

表4-9-1　等級

等　級	基　準
1等品	(1) ②に示す欠点のほとんどないもの (2) 荷口のそろったもの
2等品	②に示す欠点の甚だしくないもの
3等品	②に示す欠点が実用上支障のないもの

(3) 分類
　石材は、岩石の種類、形状及び物理的性質により分類される。

① 岩石の種類
　石材は、岩石の種類によって、花こう岩類、安山岩類、砂岩類、粘板岩類、凝灰岩類、大理石及び蛇紋岩類に区分される。

② 形状
　石材は、その形状によって、図4-9-1に示す角石、板石、間知石及び割石に分類される。

図4-9-1　石材の形状

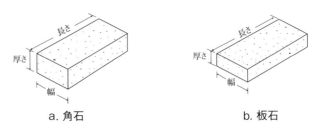

a. 角石　　　　　　　　　　b. 板石

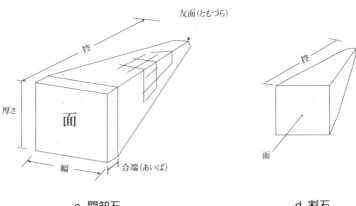

c. 間知石　　　　　　　　　d. 割石

③ 物理的性質

石材は、その圧縮強さにより、表4-9-2に示すとおり区分される。

表4-9-2 圧縮強さによる区分

種類	圧縮強さ N/cm²	参考値	
		吸水率 %	見掛比重
硬石	4903 以上	5 未満	約 2.7 ～ 2.5
準硬石	4903 未満 981 以上	5 以上 15 未満	約 2.5 ～ 2
軟石	981 未満	15 以上	約 2 未満

(4) 形状及び寸法

① 角石

角石とは、幅が厚さの3倍未満で、ある長さをもつ直方体の石材であり、その寸法は表4-9-3に示すとおりである。

表4-9-3 角石の寸法

種類	厚さ [1] cm	幅 [1] cm	長さ cm
12 の 15	12	15	
15 の 18	15	18	
15 の 21	15	21	91,100,150
15 の 24	15	24	
15 の 30	15	30	
18 の 30	18	30	

注 [1] 厚さと幅では、長い方を幅とする。

② 板石

板石とは、厚さが 15cm 未満で、かつ幅が厚さの3倍以上の板状の石材で、その寸法は表4-9-4に示すとおりである。又、板石は、荒加工の程度により、のみ切板、並たたき板、上たたき板及びひき石に区分される。

表4-9-4 板石の寸法

幅 cm	厚さ cm	長さ cm
30	8 ～ 12	30
40		40
40		
45		
50		
55	10 ～ 15	90
60		
65		

③ 間知石

間知石とは、面が原則としてほぼ方形に近いもので、控えは四方落としとし、面に直角に測った控えの長さは、面の最小辺の 1.5 倍以上である石材で、その寸法は表4-9-5に示すとおりである。

exterior planner handbook

表4-9-5　間知石の寸法

種類	控長 cm	表面積 cm²
35 間知	35 以上	620 以上
45 間知	45 以上	900 以上
50 間知	50 以上	1220 以上
60 間知	60 以上	1600 以上

備考　表面より最小限控長の距離に当たる部分の断面積は、表面の面積の 1/16 以上でなければならない。

④　割石

　割石とは、面が原則としてほぼ方形に近いもので、控えは二方落としとし、面に直角に測った控えの長さは、面の最小辺の 1.2 倍以上である石材で、その寸法は表 4-9-6 に示すとおりである。

表4-9-6　割石の寸法

種類	控長 cm	表面積 cm²
30 割石	30 以上	620 以上
35 割石	35 以上	900 以上
40 割石	40 以上	1220 以上

（5）一般的性質

石材の一般的な性質の特徴は、次のとおりである。

①　強度

　1）引張強さはきわめて弱く、圧縮強さの 1/10 ～ 1/20 である。したがって、曲げ強さも弱く、石材をはりに使うことはよほど余力がない限り無理である。

　2）強度は密度にほぼ正比例し、密度の大きい石材ほど強い傾向を示す。

　3）節理に垂直方向に力を加えた方が、平行の場合より強い傾向を示す。

②　吸水率

　石材の吸水率は、花こう岩や変成岩のような硬い石（硬石）は小さく、凝灰岩や砂岩のような軟らかいもの（軟石）は大きい傾向を示す。例外はあるが、大理石、粘板岩（天然スレート）、花こう岩、安山岩、砂岩、凝灰岩の順で吸水率が大きくなる傾向を示す。

③　耐火性

　安山岩、砂岩及び凝灰岩は、おおむね火に強い性質を有している。

exterior planner handbook

③ コンクリート用砕石及び砕砂（JIS A 5005：2020）

(1) 適用範囲

コンクリート用砕石及び砕砂（以下、砕石及び砕砂と記す）とは、工場で岩石を破砕して製造されるコンクリート用骨材のことをいい、砕石及び砕砂の JIS としては、「JIS A 5005　コンクリート用砕石及び砕砂」があり、次のような内容について規定されている。

(2) 種類

砕石及び砕砂は、粒の大きさにより表４-９-７に示すとおり区分される。又、アルカリシリカ反応性による区分は、表４-９-８に示すとおりである。

表４-９-７　粒の大きさによる区分

粒の大きさによる区分	粒の大きさの範囲　mm
砕石 4005	40 ～ 5
砕石 2505	25 ～ 5
砕石 2005	20 ～ 5
砕石 1505	15 ～ 5
砕石 1305	13 ～ 5
砕石 1005	10 ～ 5
砕石 8040	80 ～ 40
砕石 6040	60 ～ 40
砕石 4020	40 ～ 20
砕石 2515	25 ～ 15
砕石 2015	20 ～ 15
砕石 2513	25 ～ 13
砕石 2013	20 ～ 13
砕石 2510	25 ～ 10
砕石 2010	20 ～ 10
砕砂	5 以下

表4-9-8　アルカリシリカ反応性による区分

アルカリシリカ反応性による区分	摘要
A	アルカリシリカ反応性試験結果が無害と判定されたもの
B	アルカリシリカ反応性試験結果が無害と判定されないもの。又はこの試験を行っていないもの

(3) 品質

① 不純物

砕石及び砕砂は、不純物といわれるごみ、泥、有機不純物等を有害量含んでいてはならない。

② 物理的性質

砕石及び砕砂の物理的性質は、表４-９-９の規定に適合しなければならない。

表４-９-９　物理的性質

試験項目		砕石	砕砂
絶乾密度	g／cm³	2.5 以上	2.5 以上
吸水率	％	3.0 以下	3.0 以下
安定性試験における損失質量分率	％	12 以下	10 以下
すりへり減量	％	40 以下	―

③ **アルカリシリカ反応性**

　　アルカリシリカ反応性による区分Ａの砕石及び砕砂は、アルカリシリカ反応性試験の結果が無害なものとする。

④ **粒度**

　　砕石及び砕砂の粒度は、粒の大きさによる区分にしたがい表4-9-10に示す範囲のものでなければならない。

表4-9-10　粒度

粒の大きさによる区分		各ふるいを通過する質量百分率　%　ふるいの呼び寸法(1) mm														
		100	80	60	50	40	25	20	15	13	10	5	2.5	1.2	0.6	0.3	0.15
砕石	4005	—	—	—	100	95~100	—	35~70	—	—	10~30	0~5	—	—	—	—	—
	2505	—	—	—	—	100	95~100	30~70	—	—	0~10	0~5	—	—	—	—	—
	2005	—	—	—	—	—	100	90~100	—	—	20~55	0~10	0~5	—	—	—	—
	1505	—	—	—	—	—	—	100	90~100	—	40~70	0~15	0~5	—	—	—	—
	1305	—	—	—	—	—	—	—	100	85~100	—	0~15	0~5	—	—	—	—
	1005	—	—	—	—	—	—	—	—	100	90~100	0~15	0~5	—	—	—	—
	8040	100	90~100	45~70	—	0~15	—	0~5	—	—	—	—	—	—	—	—	—
	6040	—	100	90~100	35~70	0~15	—	0~5	—	—	—	—	—	—	—	—	—
	4020	—	—	—	100	90~100	20~55	0~15	—	—	0~5	—	—	—	—	—	—
	2515	—	—	—	—	100	95~100	—	0~15	—	—	0~5	—	—	—	—	—
	2015	—	—	—	—	—	100	90~100	0~15	—	—	0~5	—	—	—	—	—
	2513	—	—	—	—	100	95~100	—	—	0~15	—	0~5	—	—	—	—	—
	2013	—	—	—	—	—	100	85~100	—	0~15	—	0~5	—	—	—	—	—
	2510	—	—	—	—	100	95~100	—	—	—	0~15	0~5	—	—	—	—	—
	2010	—	—	—	—	—	100	90~100	—	—	0~15	0~5	—	—	—	—	—
砕砂		—	—	—	—	—	—	—	—	—	100	90~100	80~100	50~90	25~65	10~35	2~15

注(1)　ふるいの呼び寸法は、それぞれ JIS Z 8801 に規定する網ふるいの呼び寸法 106mm、75mm、63mm、53mm、37.5mm、26.5mm、19mm、16mm、13.2mm、9.5mm、4.75mm、2.36mm、1.18mm、600μm、300μm 及び 150μm である。

⑤ **粒形**

　　砕石及び砕砂の粒形は、次に示すとおりである。

　1）砕石は、薄い石片又は細長い石片を有害量含んではならない。

　2）砕石の粒形判定実積率は、56％以上でなければならない（8040、6040、4020の砕石には適用しない）。

　3）砕砂の粒形判定実積率は、54％以上でなければならない。

④ セラミックタイル（JIS A 5209：2020）

(1) 適用範囲
　セラミックタイル（以下、タイルと記す）とは、セメントモルタル及び有機系接着剤によるタイル後張り工法とタイル先付けプレキャストコンクリート工法に用いるタイルのことで、JIS としては「JIS A 5209　セラミックタイル」があり、次のような内容について規定されている。

(2) 用語
　タイルに関する用語の定義は、次のとおりである。

セラミックタイル：主に壁・床の装飾又は保護のための仕上げ材料として用いられる、粘土又はその他の無機質原料を成形し、高温で焼成した、厚さ 40mm 未満の板状の不燃材料のこと。

平物：建物の壁又は床の平面を構成するもの。平物には、定形タイルと不定形タイルがある。

定形タイル：正方形及び長方形タイル。ただし、装飾のため側面を非直線上にしたタイルは含まない。

不定形タイル：定形タイル以外の形状のタイルのこと。

役物：一つの面又は複数の面で構成された、開口部又は隅角部に用いるタイル。単体又は一列に施工する。役物には、定形タイルと不定形タイルがある。ただし、有機質接着剤を用いて接着加工を行ったタイルは含まない。

裏あし：モルタルなどとの接着をよくするため、タイルの裏面に付けたリブ又は凹凸のこと。

素地（きじ）：タイルの主体をなす部分。施ゆうタイルの場合は、うわぐすりを除いた部分のこと。

ユニットタイル：施工しやすいように、多数個のタイルを並べて連結したもの。ユニットタイルには、表張りユニットタイルと裏連結ユニットタイルとがある。

製作寸法：タイル及びユニットタイルを製作するときの製品の基本となる寸法。外観の大きさを示す、長さ、幅、厚さなどが製作寸法である。

目地共寸法：タイル及びユニットタイルの製作寸法に目地寸法を加えた寸法のこと。

モジュール呼び寸法：タイル及びユニットタイルの割付けに用いる寸法のこと。

標準見本：品質の標準を示した見本のこと。

限度見本：品質の限界を示した見本で、合否の判断基準となるもののこと。

ばち：正方形状のタイルの四辺又は長方形状のタイルの相対する二辺における寸法の不ぞろいのこと。

反り：タイルの湾曲の総称のこと。

ねじれ：タイル表面の2本の対角線方向の湾曲の差のこと。

貫入：施ゆうタイルのうわぐすり面に生じた亀裂のこと。

切れ：タイルの表面、裏面又は側面に生じた素地の亀裂のこと。

層剥離：素地に生じた層状の剥離のこと。

(3) 種類
　タイル及びユニットタイルの種類は、次による。
　　a）成形方法による種類：押出し成形（A）及びプレス成形（B）

exterior planner handbook

b）吸水率による種類：Ⅰ類、Ⅱ類及びⅢ類
c）うわぐすりの有無による種類：施ゆう及び無ゆう

(4) 外観

タイルの外観は、表4-9-11の規定を満足しなければならない。

表4-9-11　タイルの外観

検査項目	平物・役物の区分	欠点区分	欠点の種類	規定
個々のタイル[c]	平物及び役物	重欠点[a]	貫入・切れ・層剥離・裏面の著しい破損・裏面の著しい異物の付着・裏面の著しい変形	タイルを手にとって観察したとき、認められない。
		軽欠点	欠け・小穴・ゆうとび・凸凹・端部の荒れ・きず・異物の付着・装飾むら・色むら・色ぽつ・光沢むら・反り・直角性・ばち	タイルを並べ、約1m離れて観察したとき、目立たない。
平物相互間	平物	-	色調の不ぞろい[b] 光沢の不ぞろい[b]	タイルを並べ、約2m離れて観察したとき、目立たない。
平物、役物相互間	役物	-	色調の不ぞろい[b] 光沢の不ぞろい[b]	平物と役物を隣接して並べ、約2m離れて観察したとき、目立たない。

注a）装飾上及び/又は設計上、意図的に施したもの並びに製品の特徴として存在するものは、使用上及び施工上有害でなく、かつ、タイルの接着性を阻害するおそれがなければよい。
　b）装飾上及び/又は設計上、意図的に施したものや製品の特徴として存在するものは除く。
　c）複数の面をもつ役物は、それぞれの面に適用する。

(5) 裏あし

① 一般事項

次の使用部位で、セメントモルタルによるタイル後張り工法又はタイル先付けプレキャストコンクリート工法で施工するタイルには裏あしがなくてはならない。
1）屋外壁
2）屋内壁のうち、吹き抜けなどの高さが2階以上に相当する部分

② 形状

裏あしの形状は、図4-9-2に示すようなあり状とし、製造業者が定める。

図4-9-2　裏あしの形状の例

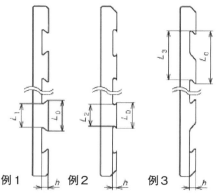

③ 高さ

製作寸法で定めた部分の裏あしの高さは、表4-9-12に示す数値とする。ただし、端部に傾斜を設けたときは、その部分を除く。

表4-9-12 裏あしの高さ

タイル表面の面積[a]	裏あしの高さ （mm）
15cm² 未満	0.5 以上　3.5 以下
15cm² 以上　60cm² 未満	0.7 以上　3.5 以下
60cm² 以上	1.5 以上　3.5 以下

注　a）複数の面で構成された役物の場合、大きい方の面の面積に適用する。

(6) 長さ、幅及び厚さ

タイルの長さ、幅及び厚さの製作寸法は、製造業者が定める。

(7) 吸水率

タイルの吸水率は、規定の測定を行ったとき、Ⅰ類は3.0%以下、Ⅱ類は10.0%以下、Ⅲ類は50.0%以下でなければならない。

(8) タイルの寸法表示

製作寸法の大きい方を先に表示することが望ましい。

例1　モジュール呼び寸法及び製作寸法の場合

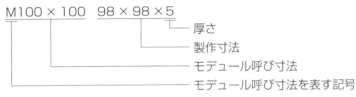

例2　製作寸法だけの場合

（長方形の例）

（正方形の例）

5　プレキャスト無筋コンクリート製品（JIS A 5371：2016）

(1) 適用範囲

プレキャスト無筋コンクリート製品とは、積みブロック、インターロッキングブロック、平板等の無筋コンクリート製のプレキャストコンクリート製品（URC製品と呼ばれることもある）のことをいい、そのJISとしては「JIS A 5371　プレキャスト無筋コンクリート製品」がある。又、鉄筋コンクリート造とすることを意図せず、

施工上の安全確保などを目的として鋼材などを使用している製品も無筋コンクリート製品とする。ただし、建築用コンクリートブロックなどのように別途日本産業規格が定められているものは除く。

（2）製品の種類

プレキャスト無筋コンクリート製品には、次のようなものがある。

① 暗きょ類

無筋コンクリート管など、主として下水道用又はかんがい排水用として用いられるもの。

② 舗装・境界ブロック類

平板、境界ブロック、インターロッキングブロック等、主として道路舗装用及び境界に用いられるもの。

③ 路面排水溝類

L形側溝など、主として道路の路肩に用いられるもの。

④ ブロック式擁壁類

積みブロック、大型積みブロック等、主として道路、河川、宅地造成などに用いられるもの。

⑤ その他

用排水路類、のり面被覆ブロック類、緑化ブロック類などのコンクリート製品。

（3）積みブロック

宅地造成などに用いるブロック式擁壁類に属する無筋コンクリート製の積みブロックに関する JIS には、「JIS A 5371　無筋コンクリート製のプレキャストコンクリート製品」があり、製品に関する詳細は「附属 D（規定）ブロック式擁壁類」並びにその「推奨仕様 D-1　積みブロック」に規定されている。

① 種類

積みブロックは質量及び面の形状によって区分され、その種類は表 4-9-13 に示すとおりである。又、質量による区分は、施工面積 1m² 当たりの質量によって A 及び B に区分され、A は 350kg 以上、B は 300kg 以上 350kg 未満である。

表 4-9-13　積みブロックの種類

種類		適用
質量区分	面の形状	
1 2 3 4 5 6 7	長方形	面の形状 長方形
8 9 10	A 及び B 正方形	正方形
11 12	正六角形	正六角形

備考 1　積みブロックは、空積及び練積とする。
　　 2　質量区分は、施工面積 1m² 当たりのブロック質量によって、A は 350kg 以上、B は 350kg 未満に区分したものである。

② 性能

　積みブロックの性能は、コンクリートの圧縮強度を代用特性とし、18N / mm² 以上とする。

③ 形状、寸法及び寸法の許容差

　積みブロック形状、寸法及び寸法の許容差は、図4-9-3及び表4-9-14に示すとおりである。

図4-9-3　積みブロックの形状例

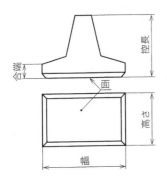
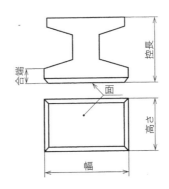

形状例1.　　　　　　　　　　形状例2.

表4-9-14　積みブロックの形状、寸法及び寸法の許容差

単位　mm

種類			寸法		
	質量区分	面の形状	幅 (a)	高さ (b)	控長 (r)
1	A及びB	長方形	360	300	350～500
2			400	250	
3			400	300	
4			420	280	
5			424	283	
6			450	300	
7			500	250	
8		正方形	300	300	
9			330	330	
10			350	350	
11		正六角形	190 （一辺の長さ c）		
12			200 （一辺の長さ c）		
寸法の許容差			±3	±3	±5

備考1　面には、実用上差し支えない範囲で適切な凹凸を設けることができる。
　　2　面には、面取りを施してもよい。
　　3　面取りに相当する部分は、控長に含めることができる。
　　4　施工目地などを考慮した面寸法のものも含めることができる。
　　5　記号 (a)、(b)、(c) 及び (r) は、次の図を参照する。

記号	記号の意味
a	面の幅
b	面の高さ
c	面の一辺の長さ
r	控長
y	面取り幅
y'	面取りに相当する幅
$d、d'$	合端

④ **使用するコンクリートの圧縮強度**

　積みブロックに使用するコンクリートの圧縮強度は、製品と同一の養生を行った供試体の圧縮強度又は製品から抜き取った供試体の圧縮強度で検証し、所定の材齢において 18N / mm^2 以上でなければならない。

⑤ **最終検査**

　製品の最終検査は、外観、性能、形状及び寸法について行う。

１）検査ロット

　最終検査の検査ロットの大きさは、製造者が定める。ただし、検査ロットの大きさは、種類及び呼びを異にするごとに、1000 個又は端数を１ロットとしてもよい。

２）外観

　製品の最終検査として行う外観の検査は、１ロットから任意に２個抜き取り規定の試験を行い、２個とも規定に適合すればそのロットを合格とする。この検査で１個でも適合しないときは、そのロット全数について検査を行い、規定に適合すれば合格とする。

３）性能

　製品の最終検査として行う性能の検査は、１ロットから任意に２個抜き取り規定の試験を行い、２個とも規定に適合すればそのロットを合格とし、２個とも適合しなければそのロットを不合格とする。この検査で２個のうち１個だけ規定に適合しないときは、そのロットからさらに４個抜き取り４個とも規定に適合すれば、初めの不合格品を除きそのロットを合格とし、１個でも適合しないときはそのロットを不合格とする。

４）形状及び寸法

　製品の最終検査として行う形状及び寸法の検査は、１ロットから任意に２個抜き取り２個とも規定に適合すればそのロットを合格とし、この検査で１個でも適合しないときは、そのロット全数について検査を行い規定に適合すれば合格とする。

⑥ **受渡検査**

　製品の受渡検査は、外観、形状及び寸法について行う。

(4) インターロッキングブロック

　道路等の舗装に用いる縦横の寸法が概ね 300mm 以下で、隣り合うブロックがなんらかの形で互いにかみ合って荷重を分散する機能を有するプレキャスト無筋コンクリート製のインターロッキングブロックに関する JIS には、「JIS A 5371　無筋コンクリート製のプレキャストコンクリート製品」があり、製品に関する詳細は「附属書 B（規定）舗装・境界ブロック類」並びにその「推奨仕様 B - 3　インターロッキングブロック」に規定されている。

① **種類**

　インターロッキングブロックは、厚さ及び機能により区分され、その種類は表 4-9-15 に示すとおりである。

表4-9-15 インターロッキングブロックの種類

種類	略号	呼び[1]	機能
普通ブロック	N	60	—
		80	—
透水性ブロック	P	60	透水性
		80	透水性
保水性ブロック	M	60	保水性
		80	保水性

注 [1] 呼びは、厚さ寸法による区分とし、数値は厚さ(mm)を示す。
備考1 ブロックに孔及び/又は凹部を設け、植生を目的としたブロックとすることができる。

② 強度

規定の強度試験を行ったインターロッキングブロックの強度は、表4-9-16に示すとおりである。

表4-9-16 インターロッキングブロックの強度

単位 N/mm^2

種類	略号	曲げ強度による区分	曲げ強度	圧縮強度	用途
普通ブロック	N	3	3.0	17.0	主に歩道用
		5	5.0	32.0	主に歩道、車道用
透水性ブロック	P	3	3.0	17.0	主に歩道用
		5	5.0	32.0	主に歩道、車道用
保水性ブロック	M	3	3.0	17.0	主に歩道用
		5	5.0	32.0	主に歩道、車道用

③ 透水性

規定の透水性試験を行ったインターロッキングブロックの透水性は、表4-9-17に示すとおりである。

表4-9-17 インターロッキングブロックの透水性

単位 m/s

種類	略号	透水係数[2]
透水性ブロック	P	1×10^{-4}

注 [2] 透水性は、透水性ブロックだけに適用する。

④ 形状、寸法及び寸法の許容差

インターロッキングブロックの形状、寸法及び寸法の許容差は、図4-9-4、図4-9-5及び表4-9-18に示すとおりである。又、インターロッキングブロックの寸法の呼び方の例及び目地キープの使用イメージは、図4-9-6に示すとおりである。

図4-9-4 長方形ストレートタイプの形状及び寸法の例

図4-9-5 長方形波形タイプの形状及び寸法の例

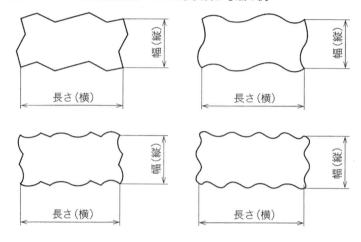

表4-9-18 インターロッキングブロックの寸法及び寸法の許容差

単位 mm

種類	略号	寸法[3] 幅（縦）	長さ（横）	厚さ
普通ブロック	N	50以上	50以上	60　80
	許容差[4]	±2.5	±2.5	±2.5
透水性ブロック	P	50以上	50以上	60　80
	許容差[4]	±2.5	±2.5	＋4.0 －1.0
保水性ブロック	M	50以上	50以上	60　80
	許容差[4]	±2.5	±2.5	＋4.0 －1.0

備考1　意匠として着色や表面加工（ショットブラスト、研磨、洗い出しなど）を施すことができる。
　　2　面には実用上差し支えない範囲で、適切な凹凸を設けることができる。
　　3　面の角には、面取りを行ってもよい。
　　4　目地幅を確保するために周囲にスペーサー的突起（以下、目地キープという。）を設ける。ただし、製品によっては、設けない場合もある。
　　5　上記にない用途の場合には、種類及びその厚さ寸法は別途考慮する。
注[3]　寸法は、モジュール呼び寸法（目地キープ幅を含めた寸法）とする。なお、製品寸法は、モジュール呼び寸法から目地キープ幅を差し引いたものとする。
　[4]　製品寸法に対する値である。

図4-9-6 寸法の呼び方の例と目地キープの使用イメージ

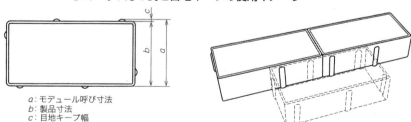

a：モジュール呼び寸法
b：製品寸法
c：目地キープ幅

⑤ **使用するコンクリートの強度**

インターロッキングブロックに使用するコンクリートの圧縮強度又は曲げ強度は、製品と同一の養生を行った供試体の圧縮強度又は曲げ強度で検証し、所定の材齢において表4-9-19の値を満足しなければならない。

表4-9-19 コンクリートの圧縮強度又は曲げ強度

単位 N/mm^2

種類	コンクリートの圧縮強度 [5]	コンクリートの曲げ強度 [6]
インターロッキングブロック	17、32	3、5

注 [5] インターロッキングブロックは、製品の圧縮強度をコンクリートの圧縮強度として代用してもよい。
 [6] インターロッキングブロックのコンクリートの曲げ強度は、製品の曲げ耐力試験から求めてよい。

⑥ **最終検査**

製品の最終検査は、外観、性能、形状及び寸法について行う。

1) 検査ロット

最終検査の検査ロットの大きさは、製造者が定める。ただし、検査ロットの大きさは、種類及び呼びを異にするごとに、1,000m² 又は端数を1ロットとしてもよい。

2) 外観

製品の最終検査として行う外観の検査は、目視により全数について行い、規定に適合するものを合格とする。

3) 性能

製品の最終検査として行う性能の検査は、1ロットから任意に3個抜き取り規定の試験を行い、3個とも規定に適合すればそのロットを合格とする。この検査において1個だけ規定に適合しないときは再検査ができる。再検査は、そのロットからさらに6個抜き取り規定の試験を行い、6個とも規定に適合すればそのロット全部を合格とし、1個でも適合しないときはそのロット全部を不合格とする。

4) 形状及び寸法

製品の最終検査として行う形状及び寸法の検査は、1ロットから任意に3個抜き取り3個とも規定に適合すればそのロットを合格とし、この検査で1個だけ適合しないときは再検査ができる。再検査は、そのロットからさらに6個抜き取り規定の試験を行い、6個とも規定に適合すればそのロット全部を合格とする。1個でも適合しないときはそのロット全部を不合格とする。

⑦ **受渡検査**

製品の受渡検査は、外観、形状及び寸法について行う。

(5) 平板

道路等の舗装に用いるプレキャスト無筋コンクリート製の平板（以下、平板と記す）に関するJISには、「JIS A 5371 プレキャスト無筋コンクリート製品」があり、製品に関する詳細は「附属書B（規定）舗装・境界ブロック類」ならびにその「推奨仕様B-1 平板」に規定されている。

① **種類**

平板は、寸法及び機能により区分され、その種類は表4-9-20に示すとおりである。

表4-9-20 平板の種類

単位 mm

種類			厚さ [2]	機能
	略号	呼び [1]		
普通平板	N	300	30 60 80	—
		400		
		450	60 80	
		500		
透水性平板	P	300	60 80	透水性
		400		
		450		
		500		
保水性平板	M	300	60 80	保水性
		400		

注 [1] 呼びは、寸法による区分とする。
　 [2] 厚さは、60mm を標準とする。施工において 60mm の厚みを取れない場合は、厚さ 30mm とし、厚さ 80mm は、車乗り入れ部などに設置する。

② 製品の強度

　　平板は、規定の曲げ耐力試験を行い、表4-9-21に示す曲げひび割れ荷重を加えたとき、ひび割れが発生してはならない。又、コンクリートの曲げ強度は、表4-9-22に示すとおりである。

表4-9-21 平板の曲げひび割れ荷重

単位 kN

種類			曲げひび割れ荷重			スパン L
	略号	呼び	厚さ30mm	厚さ60mm	厚さ80mm	mm
普通平板	N	300	3.0	12.0	21.4	240
		400	4.0	16.0	28.5	
		450	—	18.0	32.0	
		500	—	20.0	35.6	
透水性平板	P	300	—	9.0	16.0	240
		400	—	12.0	21.4	
		450	—	13.5	24.0	
		500	—	15.0	26.7	
保水性平板	M	300	—	9.0	16.0	240
		400	—	12.0	21.4	

表4-9-22 コンクリートの曲げ強度

単位 N/mm²

種類			曲げ強度荷重		
	略号	呼び	厚さ30mm	厚さ60mm	厚さ80mm
普通平板	N	300	4.0	4.0	4.0
		400	4.0	4.0	4.0
		450	—	4.0	4.0
		500	—	4.0	4.0
透水性平板	P	300	—	3.0	3.0
		400	—	3.0	3.0
		450	—	3.0	3.0
		500	—	3.0	3.0
保水性平板	M	300	—	3.0	3.0
		400	—	3.0	3.0

③ **透水性**

平板の透水性は、表4-9-23に示すとおりである。

表4-9-23 平板の透水性　　　　　　　単位 m/s

種類	略号	透水係数[3]
透水性平板	P	1×10^{-4}

注[3] 透水性は、透水平板に適用する。

④ **形状、寸法及び寸法の許容差**

平板の形状、寸法及び寸法の許容差は、図4-9-7及び表4-9-24に示すとおりである。

図4-9-7 平板の形状例

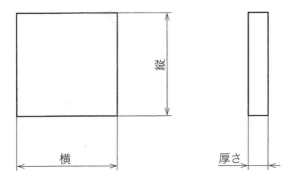

表4-9-24 平板の形状、寸法及び寸法の許容差　　　　単位 mm

種類	略号	呼び	縦	横	厚さ
普通平板	N	300	300	300	30　60　80
		400	400	400	
		450	450	450	60　80
		500	500	500	
透水性平板	P	300	300	300	60　80
		400	400	400	
		450	450	450	
		500	500	500	
保水性平板	M	300	300	300	60　80
		400	400	400	
許容差			±3	±3	+2 −3

注記1 露出面を着色したり、表面加工（研ぎ出し、洗い出し、たたき出しなど）を施すことができるものとする。
注記2 面取り、切欠き、突起のような形状に影響を与えず、強度を損なわない程度の加工は差し支えない。

⑤　**使用するコンクリートの強度**

　平板に使用するコンクリートの曲げ強度は、製品と同一養生を行った供試体の曲げ強度で検証し、所定の養生終了時において 3 〜 4N/mm^2 以上の曲げ強度を満足しなければならない。

⑥　**最終検査**

　製品の最終検査は、外観、性能、形状及び寸法について行う。

１）検査ロット

　最終検査の検査ロットの大きさは、製造者が定める。ただし、検査ロットの大きさは、種類及び呼びを異にするごとに、2000 個又は端数を 1 ロットとしてもよい。

２）外観

　製品の最終検査として行う外観の検査は、目視によって全数について検査を行い、規定に適合すれば合格とする。

３）性能

　製品の最終検査として行う性能の検査は、1 ロットからそれぞれ任意に 3 個抜き取り規定の試験を行い、3 個とも規定に適合すればそのロットを合格とし、3 個とも適合しなければそのロットを不合格とする。この検査において 3 個のうち 1 個だけ規定に適合しないときは、そのロットからさらに 6 個抜き取り規定の試験を行い、6 個とも規定に適合すれば初めの不良品を除きそのロットを合格とし、1 個でも適合しないときはそのロットを不合格とする。

４）形状及び寸法

　製品の最終検査として行う形状及び寸法の検査は、1 ロットから任意に 3 個抜き取り 3 個とも規定に適合すればそのロットを合格とし、1 個だけ適合しないときは、さらに 6 個を抜き取り試験を行い、6 個とも規定に適合するときは、そのロット全数を合格とする。

⑦　**受渡検査**

　製品の受渡検査は、外観、形状及び寸法について行う。

6　建築用コンクリートブロック（JIS A 5406：2023）

（1）適用範囲

　建築用コンクリートブロック（以下、ブロックと記す）とは、主として建築物に用いられる配筋のための空洞をもつブロックのことをいい、JIS としては「JIS A 5406 建築用コンクリートブロック」があり、次のような内容について規定されている。

（2）用語

空洞ブロック：主として、補強ブロック造に用いるもので、通常は継目地空洞部、鉄筋を挿入した空洞部などに充填剤を部分充填して使用するブロックのこと（図 4-9-8 参照）。

型枠状ブロック：主として、鉄筋コンクリート組積造に用いるもので、縦横に連続した大きな空洞部をもち充填材を全充填して使用するブロックのこと（図 4-9-8 参照）。

exterior planner handbook

素地ブロック：フェイスシェル表面に意匠上有効な仕上げを施さないブロックのこと。

化粧ブロック：フェイスシェル表面に、割れ肌仕上げ、こたたき仕上げ、研磨仕上げ、塗装仕上げ、ブラスト仕上げ、リブなど、意匠上有効な仕上げを施したブロックのこと。

基本形ブロック：空洞ブロックのうち、建築物の組積体に使用する基本的な形状のもので、一方向だけ鉄筋の配置が可能な空洞部をもつ形状のブロックのこと（図4-9-8参照）。

基本形横筋ブロック：縦横二方向の鉄筋の配置が可能な空洞部をもつ形状のブロックのこと（図4-9-8参照）。

異形ブロック：隅（コーナー）用、半切などの用途によって形状が異なり、基本形ブロック及び／又は基本形横筋ブロックと組合せて使用するブロックのこと（図4-9-8参照）。

防水性ブロック：透水性試験による水分の透過が、規定量以下のブロックのこと。

フェイスシェル：組積後、外部に現れるブロックの構成部材のこと。

ウェブ：長さ方向のフェイスシェルを固定する役割をもち、外部に現れないブロックの厚さ方向の構成部材のこと。

モジュール呼び寸法：組積したときのブロックの両端の縦目地及び上下の横目地の中心間の寸法で表す、ブロックの長さ及び高さの寸法のこと。

実厚さ：化粧ブロックにおけるフェイスシェル表面の化粧部分を含めたブロックの最大の厚さのこと。（図4-9-9参照）。

正味厚さ：フェイスシェル表面の化粧部分を除いた厚さのこと。（図4-9-9参照）。

正味肉厚：フェイスシェル及びウェブの最小の肉厚のこと（図4-9-9参照）。

容積空洞率：空洞部全体の容積を有効外部形状体積[注]で除した値の百分率のこと。

（注）有効外部形状体積とは、ブロックの長さ、高さ及び正味厚さの積をいう。

正味体積：有効外部形状体積から空洞部全体の容積を減じた値のこと。

標準目地幅：製造業者が定める標準的な施工における目地の寸法のこと。

（3）種類

ブロックの種類は、表4-9-25に示すとおり断面形状、外部形状、圧縮強さ、化粧の有無、防水性及び寸法許容差によって区分される。又、ブロックの断面形状を例示すると、図4-9-8に示すとおりである。

表4-9-25　種類及び記号

断面形状による区分	外部形状による区分	圧縮強さによる区分 [a]	化粧の有無による区分	防水性による区分（記号）	寸法許容差による区分（記号）
空洞ブロック	基本形ブロック、基本形横筋ブロック、異形ブロック	A（08）、B（12）、C（16）、D（20）	素地ブロック、化粧ブロック	普通ブロック、防水性ブロック（W）	普通精度ブロック、高精度ブロック（H）
型枠状ブロック	基本形横筋ブロック、異形ブロック	20、25、30、35、40、45、50、60			

注 [a]　圧縮強さによる区分は、（　）内の記述によってもよい。

exterior planner handbook

図 4-9-8 ブロックの形状の例

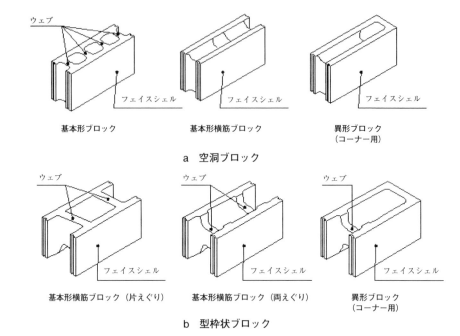

(4) 性能

ブロックの性能は、規定の試験を行い、表 4-9-26 の規定を満足しなければならない。

表 4-9-26 ブロックの性能

断面形状による区分	圧縮強さによる区分	圧縮強さ (f_1) N/mm²	全断面積圧縮強さ (f_1) N/mm²	質量吸水率 (Q) %	防水性 [a] mL (m²h)
空洞ブロック	A (08)	8 以上	4 以上	30 以下	300 以下
	B (12)	12 以上	6 以上	20 以下	
	C (16)	16 以上	8 以上	10 以下	
	D (20)	20 以上	10 以上		
型枠状ブロック	20	20 以上	—	10 以下	200 以下
	25	25 以上		9 以下	
	30	30 以上		8 以下	
	35	35 以上		7 以下	
	40	40 以上		6 以下	
	45	45 以上		5 以下	
	50	50 以上			
	60	60 以上			

注 [a] 防水性は、防水性ブロックだけに適用し、透水性試験によって判定する。

(5) 寸法及び形状
① 基準寸法

ブロックの形状例は、図 4-9-9 に示すとおりである。

図4-9-9 ブロックの形状例

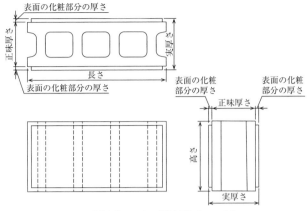

a 空洞ブロック(基本形ブロック)

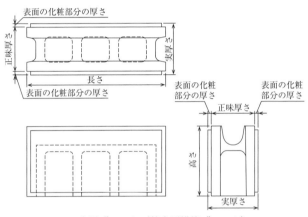

b 空洞ブロック(基本形横筋ブロック)

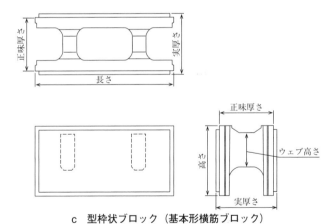

c 型枠状ブロック(基本形横筋ブロック)

② **モジュール呼び寸法、正味厚さ及び標準目地幅**

　ブロックのモジュール呼び寸法、正味厚さ及び標準目地幅は、表4-9-27に示すとおりである。ただし、特に要求がある場合には、受渡当事者間の協議によって表の範囲を超えてもよい。

表 4-9-27 モデュール呼び寸法、正味厚さ及び標準目地幅

単位 mm

断面形状による区分	モデュール呼び寸法 長さ	モデュール呼び寸法 高さ	正味厚さ[a]	標準目地幅[b]
空洞ブロック	300以上 900以下	100以上 300以下	100以上 200以下	1～10[c]
型枠状ブロック			120以上 400以下	

注　製品の寸法は、モデュール呼び寸法から標準目地幅を減じたものとする。
[a] 化粧ブロックの水切り用目地において、厚さ方向に対して3mm以内の部分は正味厚さに含む。
[b] 縦目地と横目地とで異なる寸法としてもよい。
[c] 打込み目地用型枠状ブロックでは、0mmとしてもよい。

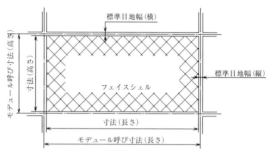

③　寸法許容差

ブロックの寸法許容差は、表4-9-28に示すとおりである。

表 4-9-28　寸法許容差

単位　mm

寸法許容差による区分	記号	長さ	高さ	正味厚さ
普通精度ブロック	−	± 2.0	± 2.0	± 2.0
高精度ブロック	H	± 1.0	± 0.5	± 1.0

④　各部の寸法及び形状

ブロック各部の寸法及び形状は、表4-9-29に示すとおりである。素地ブロックの水切り用目地の寸法は、厚さ方向3mm以内でなければならない。

表 4-9-29　各部の寸法及び形状

断面形状による区分	正味肉厚 mm フェイスシェル	正味肉厚 mm ウェブ	モデュール呼び寸法の長さに対するウェブ厚率 %	モデュール呼び寸法によるフェイスシェルの鉛直断面積に対するウェブの鉛直断面積の割合 %	モデュール呼び寸法の高さに対するウェブ高さの比 %	容積空洞率 %
空洞ブロック	15以上	15以上	15以上	−	−	25～50
型枠状ブロック	25以上	25以上	15以上	8以上	65以下	50～70

(6)　鉄筋を挿入する空洞部の寸法

ブロックの鉄筋を挿入する空洞部の寸法は、規定の試験をしたとき、表4-9-30の規定に適合しなければならない。

表4-9-30 鉄筋を挿入する空洞部の寸法

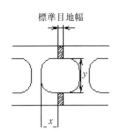

a. 縦筋を挿入する空洞部

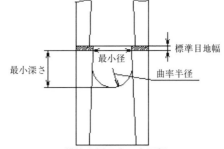

b. 横筋を挿入する空洞部

断面形状による区分	正味厚さ mm	縦筋を挿入する空洞部[a] 断面積[b] mm²	最小幅[c] mm	横筋を挿入する空洞部[d] 最小径 mm	最小深さ mm	曲率半径 mm
空洞ブロック	100	3000 以上	50 以上	50 以上	40 以上	—
	100 を超え 110 以下	3500 以上				
	110 を超え 120 以下	4200 以上	60 以上	60 以上	50 以上	
	120 を超え 130 以下	4500 以上				
	130 を超え 140 以下	5400 以上	70 以上	85 以上 (70 以上)	70 以上	42 以上 (35 以上)
	140 を超え 200 以下	6000 以上				
型枠状ブロック	120 以上　130 未満	—	60 以上	—	—	—
	130 以上　140 未満		70 以上			

注 [a] 複数のブロックの組積によってできる空洞部及び目地を含む。
　 [b] 図 a に示す x の2倍の長さに標準目地幅を加えた値と y との積とする。
　 [c] 図 a に示す x の2倍の長さに標準目地幅を加えた値及び y のうち、小さい方の値とする。
　 [d] 括弧内の数値は、化粧ブロックに適用する。

(7) 検査

検査は、形式検査[1]と受渡検査[2]とに区分し、次の検査の項目によって規定の試験を行ったとき、本項（4）性能、同（5）寸法及び形状及び JIS A 5406 の「外観」の規定に適合したものを合格とする。ただし、附属書B（圧縮強さ試験方法についての規定）によって試験を行う場合で、角柱試験体数を3体として検査を行ったとき、1体だけ規定に適合しない場合は、角柱試験体を切り出した同一のブロックの角柱試験体を切り出した位置の近傍からブロック1個につきさらに2体の角柱試験体を切り出した計6体について試験を行い、6体とも規定に適合すればそのロットを合格とし、6体のうち1体でも適合しないときはそのロットを不合格とする。

なお、形式検査及び受渡検査の抜取検査方式は、合理的な抜取方式によるか、又は受渡当事者間の協議によって定めてもよい。

注 [1] 形式検査とは、製品の品質が、設計で示す全ての特性を満足しているかどうかを判定するための検査であり、製造設備の新設及び変更、生産条件の変更などを行ったときに実施する検査。
　 [2] 受渡検査とは、既に形式検査に合格したものと同じ設計・製造による製品の受渡しをする場合、必要と認める特性が満足するものであるかどうかを判定するための検査。

① 形式検査項目
　ⅰ．寸法及び形状
　ⅱ．外観
　ⅲ．全断面積圧縮強さ（空洞ブロックに適用する。）
　ⅳ．圧縮強さ（附属書B（圧縮強さ試験方法についての規定）によって行う。）

ⅴ．質量吸水率
  ⅵ．防水性（防水性ブロックに適用する。）
  ⅶ．フェイスシェル吸水層の厚さ（5.2 の規定を適用する型枠状ブロックに適用する。）
  ⅷ．容積空洞率

② **受渡検査項目**
  ⅰ．寸法及び形状
  ⅱ．外観
  ⅲ．全断面積圧縮強さ（空洞ブロックに適用する。）
  ⅳ．圧縮強さ（型枠状ブロックに適用する。）
  ⅴ．防水性（防水性ブロックに適用する。）
  ⅵ．フェイスシェル吸水層の厚さ（5.2 の規定を適用する型枠状ブロックに適用する。）

(8) 製品の呼び方
　製品の呼び方は、次の例による。ただし、表 4-9-25 に記号の規定があるものについては記号を用いてもよい。又、必要のない部分は、省略してもよい。

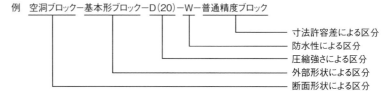

(9) 表示
① **製品の表示**
　ブロックには、次の事項を表示する。
  a．種類　種類の表示は、次の例による。ただし、必要のないものを省略してもよい。
   例１：空洞ブロック・基本形ブロック・D（20）・普通精度ブロックの場合　D
   例２：空洞ブロック・化粧ブロック・基本形横筋ブロック・B（12）・普通精度ブロックの場合　B
   例３：型枠状ブロック・基本形横筋ブロック・30・高精度ブロック（H）の場合　30－H
  b．製造業者名又はその略号
  c．JIS R 5214 に規定するセメントを用いた場合及び／又は 6.2 c）及び d）に規定する骨材を用いた場合は、圧縮強さによる区分に下線を記して表示する。
   例４：空洞ブロック・基本形ブロック・普通精度ブロック・C（16）の場合　C

② **寸法表示**
　ブロックの寸法は、次のように表示される。

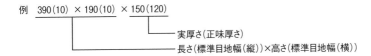

ただし、素地ブロックでは、実厚さと正味厚さが同値となるので、実厚さだけを表示してもよい。

7 レディーミクストコンクリート（JIS A 5308：2024）

(1) 適用範囲

レディーミクストコンクリートとは、設備の整った品質管理のよい専用の工場で製造され、荷卸し地点まで配達されるコンクリートのことをいい、レディーミクストコンクリートのJISとしては、「JIS A 5308 レディーミクストコンクリート」があり、次のような内容について規定されている。

なお、この規格には、配達されてから後の運搬、打込み及び養生については規定されていない。

(2) 種類

レディーミクストコンクリートの種類は、普通コンクリート、軽量コンクリート、舗装コンクリート及び高強度コンクリートに区分され、粗骨材の最大寸法、スランプ又はスランプフロー、及び呼び強度を組合わせた、表4-9-31に示す○印のものである。

表4-9-31 レディーミクストコンクリートの種類及び区分

コンクリートの種類	粗骨材の最大寸法 mm	スランプ又はスランプフロー[a] cm	呼び強度 18	21	24	27	30	33	36	40	42	45	50	55	60	曲げ4.5
普通コンクリート	20、25	8、12、15、18	○	○	○	○	○	○	○	○	○	—	—	—	—	—
		21	—	○	○	○	○	○	○	○	○	○	—	—	—	—
		45	—	—	—	—	—	—	○	○	○	○	—	—	—	—
		50	—	—	—	—	—	—	○	○	○	○	—	—	—	—
		55	—	—	—	—	—	—	○	○	○	○	—	—	—	—
		60	—	—	—	—	—	—	○	○	○	○	—	—	—	—
	40	5、8、12、15	○	○	○	○	○	—	—	—	—	—	—	—	—	—
軽量コンクリート	15	8、12、15、18、21	○	○	○	○	○	○	○	○	—	—	—	—	—	—
舗装コンクリート	20、25、40	2.5、6.5	—	—	—	—	—	—	—	—	—	—	—	—	—	○
高強度コンクリート	20、25	12、15、18、21	—	—	—	—	—	—	—	—	—	○	—	—	—	—
		45、50、55、60	—	—	—	—	—	—	—	—	—	○	○	○	—	—

注[a] 荷卸し地点の値であり、45cm、50cm、55cm及び60cmはスランプフローの値である。

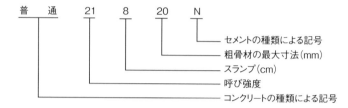
レディーミクストコンクリートの呼び方

(3) 品質
　レディーミクストコンクリートの強度、スランプ又はスランプフロー、空気量及び塩化物含有量は、荷卸し地点において次の条件を満足しなければならない。

① 強度
　　レディーミクストコンクリートの強度は、規定の試験を行ったとき、次の条件を満足しなければならない。ただし、強度試験における試験体の材齢は、指定がない場合は 28 日、指定がある場合は購入者の指定した日数とする。
　１）１回の試験結果
　　１回の試験結果は、購入者が指定した呼び強度の強度値の 85％以上でなければならない。
　２）３回の試験結果
　　３回の試験結果の平均値は、購入者が指定した呼び強度の強度値以上でなければならない。

② スランプ
　レディーミクストコンクリートのスランプは、荷卸し地点で表 4-9-32 に示す条件を満足しなければならない。

表 4-9-32　スランプの許容差　　単位 cm

スランプ	スランプの許容差
2.5	± 1
5 及び 6.5	± 1.5
8 以上 18 以下	± 2.5
21	± 1.5

③ 空気量
　レディーミクストコンクリートの空気量及びその許容量は、荷卸し地点で表 4-9-33 に示す条件を満足しなければならない。

表 4-9-33　空気量及びその許容差　　単位 %

コンクリートの種類	空気量	空気量の許容差
普通コンクリート	4.5	± 1.5
軽量コンクリート	5.0	
舗装コンクリート	4.5	
高強度コンクリート	4.5	

④ 塩化物含有量
　レディーミクストコンクリートの塩化物含有量は、荷卸し地点で、塩化物イオン（Cl⁻）量として $0.30 kg/m^3$ 以下でなければならない。ただし、購入者の承認を得た場合には、$0.60 kg/m^3$ 以下とすることができる。

(4) 容積
　レディーミクストコンクリートの容積は、荷卸し地点で、納入書に記載した容積を下回ってはならない。

(5) 運搬

レディーミクストコンクリートの運搬は、次の規定による。

① 運搬車

レディーミクストコンクリートの運搬は、規定の運搬車で行う。ダンプトラックは、スランプ 2.5cm の舗装コンクリートを運搬する場合に限り使用することができる。

② 運搬時間

レディーミクストコンクリートは、練混ぜ開始から 1.5 時間以内に到着しなければならない。ただし、購入者と協議のうえ、運搬時間の限度を変更することができる。又、ダンプトラックでレディーミクストコンクリートを運搬する場合の運搬時間は、練混ぜの開始から 1 時間以内である。

⑧ 金属製格子フェンス及び門扉（JIS A 6513：2020）

(1) 適用範囲

金属製格子フェンス（以下、格子フェンスと記す）及び門扉とは、アルミニウム合金製、鋼製又はステンレス鋼製の角パイプ、丸パイプ、平板、丸棒、鋳物などの材料を格子状又は意匠的に組み立て、主として敷地の区画に用いるもので、格子フェンス及び門扉に関する JIS として「JIS A 6513　金属製格子フェンス及び門扉」がある。

(2) 用語及び定義

格子フェンス　格子フェンスとは、柱などを使って連続して設置できるもの、又はコンクリートブロック積みなどの間に組み込まれるものであり、その種類の例は、図 4-9-10 に示すとおりである。

図4-9-10　格子フェンス

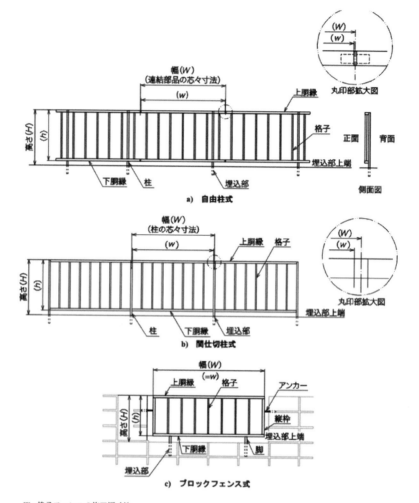

W：格子フェンスの施工幅寸法
H：格子フェンスの施工高さ寸法（埋込部上端からフェンス上端までの寸法）
w：格子フェンス本体の幅寸法
h：格子フェンス本体の高さ寸法

門　扉　門扉とは、開き戸又は引戸として門に用いられるもので、その種類の例は、図4-9-11に示すとおりである。

図4-9-11 門扉

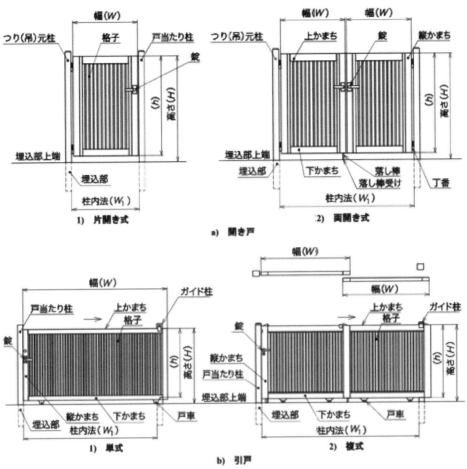

W：門扉の施工幅寸法（＝w）　　w：門扉本体の幅寸法
H：門扉の施工高さ寸法　　h：門扉本体の高さ寸法
W_1：柱の内法寸法

（3）種類

格子フェンス及び門扉の種類は、表4-9-34に示すとおりである。

表4-9-34　格子フェンス及び門扉の種類

種類			記号	説明
格子フェンス	自由柱式		FF	フェンス同士が連結して設置され、背面を柱で支えられるもの
	間仕切柱式		FC	フェンス本体が柱で区切られて設置されるもの
	ブロックフェンス式		FB	コンクリートブロック積みなどの間に設置されるもの
門扉	開き戸	片開き式	WS	門柱などに丁番を用いてつり込み、回転によって開閉するもの
		両開き式	WD	
	引戸	単式	LS	門柱などの間を平行移動によって開閉するもの。ただし、複式は、扉2枚以上のものとする
		複式	LD	

(4) 性能

格子フェンス及び門扉は、規定の試験を行い、表4-9-35に適合しなければならない。

表4-9-35　格子フェンス及び門扉の性能

性能項目		種類	性能
荷重性能	鉛直荷重	格子フェンス 門扉	測定箇所での最大残留たわみ量が5mm以下で、かつ、各部材及び部品に損傷、緩み及び外れがあってはならない。
	水平荷重	格子フェンス	測定箇所での最大残留たわみ量が、高さ（H）1000mm以下の場合は10mm以下、1000mmを超える場合はH/100以下で、かつ、各部材及び部品の損傷、緩み及び外れがあってはならない。
		格子フェンス用柱	
		引戸	147N以下で脱輪してはならない。又、196Nで脱輪しても、転倒してはならない。
	衝撃性	格子フェンス 門扉	部材及び部品の折れ及び外れ、並びに溶接の外れがなく、かつ、使用上支障があってはならない[a]。
開閉繰返し性能	開き戸の開閉	開き戸	落し棒、錠などが通常に作動しなければならない。又、試験前及び試験後の開き力及び閉じ力が49N以下でなければならない。
	引戸の開閉	引戸	転倒防止装置及び抜け防止装置の緩み、並びに脱輪があってはならない。又、試験前及び試験後の開き力及び閉じ力が49N以下でなければならない。

注[a]　使用上支障がないとは、正常な使用が可能なことをいう。ただし、引戸については、脱輪した場合でも元に戻して正常な使用が可能なことをいう。

(5) 寸法及び許容差

格子フェンス及び門扉の寸法は、本体の幅寸法（w）及び本体の高さ寸法（h）で表し、それらの許容差は表4-9-36に示すとおりである。

表4-9-36　格子フェンス及び門扉の寸法許容差　　　　単位　mm

寸法	2000以下	2000を超え3000以下	3000を超え5000以下
許容差	±4	±6	±8

(6) 構造

格子フェンス及び門扉の構造は、次に示すとおりである。

a) 人体又は衣服の触れるおそれのある部分には、鋭い突起などがなく、安全でなければならない。

b) 鋼材の呼び厚さは、柱、胴縁又はかまちにあっては1.6mm以上、格子にあっては1.2mm以上とする。ただし、パイプの内側、溶接部分などの見え隠れ部分に防せい処理を施したものは、この限りでない。

c) 各部の組立は、溶接、ボルト締め又はその他の方法によって堅ろうに結合し、外力に対して容易に外れない構造でなければならない。

d) 見えがかり接合面は、滑らかに仕上げ、組立は、緩みが生じないように確実に緊締される構造でなければならない。

e) 製品は、耐久性及び変形防止を考慮した構造でなければならない。

f) 格子フェンスの埋込部の深さは100mm以上、門扉の埋込部の深さは250mm以上とする。

g) 格子の内法間隔及び各部の隙間は、110mm以下でなければならない。

h) 門扉の構造は、a）～g）によるほか、次による。

1）丁番及び戸車の開閉操作は、円滑に作動するものでなければならない。
2）引戸は、脱輪したとき、ガイド部分からの抜け防止及び転倒防止の構造を備えていなければならない。
3）丁番、戸車、落し棒及び錠は、必要な場合、交換できるような構造でなければならない。

9 ネットフェンス構成部材（JIS A 6518：2008）

(1) 適用範囲

ネットフェンスの構成部材（以下、構成部材と記す）とは、主として敷地の区画に用いるもののことをいい、構成部材のJISとしては、「JIS A 6518　ネットフェンス構成部材」があり、次のような内容について規定されている。

なお、ネットとは、ひし形金網、被覆エキスパンドメタル及び被覆溶接金網のことであり、ネット及び張り線は除かれる。

(2) 各部の名称

構成部材の各部の名称は、図4-9-12に示すとおりである。

図4-9-12　ネットフェンス

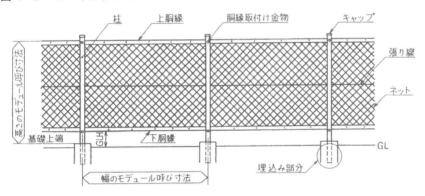

(3) 種類

構成部材の種類は、表4-9-37に示すとおりである。

表4-9-37　構成部材の種類

種　類	記号	適用ネット
ひし形金網ネットフェンス用	ND	JIS G 3552による。
エキスパンドメタルネットフェンス用	NE	被覆エキスパンドメタル
溶接金網ネットフェンス用	NW	被覆溶接金網

(4) 性能

構成部材は、規定の試験により試験を行い、表4-9-38の性能に適合するものでなければならない。又、構成部材に使われる柱、胴縁等の鋼材の厚さは、1.6mm以上とする。

表4-9-38　ネットフェンス構成部材の性能

試験項目		性能
強度試験	鉛直荷重試験	最大残留たわみ量は5mm以下 緩み、外れがないこと。
	水平荷重試験	最大残留たわみ量は10mm以下
	耐衝撃性試験	部材の折れ、溶接の外れがなく、かつ、使用上支障がないこと。
塗膜試験	付着試験	$\frac{100}{100}$
	耐衝撃性試験	異常がないこと。
	硬度試験	H以上
耐久性試験	促進耐候性試験	光沢保持率 80％以上
		変色 著しい変色が起きてないこと。
	塩水噴霧試験	さび、塗装の浮き、はがれがないこと。
	耐アルカリ性試験	膨れ、はがれ、ひび割れがないこと。

（5）モジュール呼び寸法

　構成部材によって組立てられた製品の幅及び高さのモジュール呼び寸法は、表4-9-39に示すとおりである。

表4-9-39　製品の幅及び高さのモジュール呼び寸法　　　　　単位　mm

	モジュール呼び寸法 [(2)]								
幅（W）[(3)]	900	1200	1500	1800	2000				
高さ（H）[(4)]	800	900	1000	1200	1500	1800	2000	2500	3000

注 [(2)]　この寸法は、投影寸法を示し、取付けのためのねじ類や金物類などの突起部分は含まない。又、柱などを固定するための埋込み部分は含まない。
注 [(3)]　幅（W）のモジュール呼び寸法は、柱心間寸法をいう。
注 [(4)]　高さ（H）のモジュール呼び寸法は、基礎上端から上胴縁の上端までをいう。

（6）構造及び加工

　構成部材の構造及び加工は、次に示すとおりである。

　1）各部の組立ては、溶接、ボルト締め又はその他の方法によって堅ろうに結合し、外力に対して容易に外れない構造でなければならない。

　2）見えがかりの接合面は滑らかに仕上げ、組立ては、緩みを生じないように確実に緊締される構造でなければならない。

　3）構成部材は、ネットフェンスとして組立てられたとき、耐久性及び変形防止を考慮した構造でなければならない。なお、胴縁の接合部は、外力を受けて変形した場合、簡単な方法で復元できる構造でなければならない。

　4）構成部材にひし形金網を張る場合は、張り線を必ず1本以上入れ、十分な引張力をもち、張り線の間隔は750mm以下となる構造でなければならない。

　5）あらかじめ防せい処理又は表面処理した鋼板を加工した場合は、加工又は組立てによって生じたはがれ又は劣化の部分は、防せい処理又は表面処理の補修をしなければならない。

　6）キャップ類を使用する場合には、容易に外れないような構造でなければならない。

⑩ 鉄筋コンクリート用棒鋼（JIS G 3112：2020）

（1）適用範囲

　鉄筋コンクリート用棒鋼とは、コンクリートの補強に使用する熱間圧延によって作られる丸鋼及び異形棒鋼のことをいい、鉄筋コンクリート用棒鋼のJISとしては「JIS G 3112　鉄筋コンクリート用棒鋼」があり、次のような内容について規定されている。

（2）種類及び記号

　丸鋼及び異形棒鋼の種類及び記号は、表4－9-40に示すとおりである。

表4-9-40　種類及び記号

区分	種類の記号
丸鋼	SR235
	SR295
	SR785[a]
異形棒鋼	SD295
	SD345
	SD390
	SD490
	SD590A
	SD590B
	SD685A
	SD685B
	SD685R[a]
	SD785R[a]

注a）　主にせん断補強筋に用いる。

（3）機械的性質

　丸鋼及び異形棒鋼は、規定の試験を行い、その降伏点又は耐力、引張強さ、降伏比及び伸びは、表4－9-41に示す機械的性質に適合するものとする。

表4-9-41 機械的性質

種類の記号	降伏点又は耐力 N/mm²	引張強さ N/mm²	降伏比 %	引張試験片	伸び %
SR235	235 以上	380～520	—	2号	20 以上
				14A号	22 以上
SR295	295 以上	440～600	—	2号	18 以上
				14A号	19 以上
SR785	785 以上	924 以上	—	2号に準ずるもの	8 以上
				14A号に準ずるもの	
SD295	295 以上	440～600	—	2号に準ずるもの	16 以上
				14A号に準ずるもの	17 以上
SD345	345～440	490 以上	80 以下	2号に準ずるもの	18 以上
				14A号に準ずるもの	19 以上
SD390	390～510	560 以上	80 以下	2号に準ずるもの	16 以上
				14A号に準ずるもの	17 以上
SD490	490～625	620 以上	80 以下	2号に準ずるもの	12 以上
				14A号に準ずるもの	13 以上
SD590A	590～679	695 以上	85 以下	2号に準ずるもの	10 以上
				14A号に準ずるもの	
SD590B	590～650	738 以上	80 以下	2号に準ずるもの	10 以上
				14A号に準ずるもの	
SD685A	685～785	806 以上	85 以下	2号に準ずるもの	10 以上
				14A号に準ずるもの	
SD685B	685～755	857 以上	80 以下	2号に準ずるもの	10 以上
				14A号に準ずるもの	
SD685R	685～890	806 以上	—	2号に準ずるもの	8 以上
				14A号に準ずるもの	
SD785R	785 以上	924 以上	—	2号に準ずるもの	8 以上
				14A号に準ずるもの	

(4) 形状、寸法、質量及び許容差

鉄筋コンクリート用棒鋼の形状、寸法、質量及び許容差は、次のとおりである。

① 異形棒鋼の形状

異形棒鋼の形状は、図4-9-13に示すとおりである。

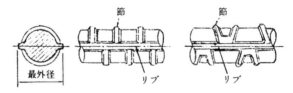

図4-9-13 異形棒鋼の形状

1) 異形棒鋼は、表面に突起をもつものとし、軸線方向の連続した突起をリブ、軸線方向以外の突起を節という。
2) 異形棒鋼の節は、全長にわたり、ほぼ一定間隔に分布し、同一形状・同一寸法をもつものでなければならない。
3) 寸法が呼び名D16以上の異形棒鋼の節の付根部は、応力集中の少ない形状としなければならない。

② 異形棒鋼の寸法、質量及び節の許容限度

異形棒鋼の寸法、質量及び節の許容限度は、表4-9-42に示すとおりである。

表4-9-42　寸法、質量及び節の許容限度

呼び名	公称直径 (d) mm	公称周長 (1) mm	公称断面積 (s) mm²	単位質量 (w) kg/m	節の許容限度				
					節の平均間隔の最大値 mm	節の高さ		節のすき間の合計の最大値 mm	節と軸線との角度の最小値
						最小値 mm	最大値 mm		
D4	4.23	13.3	14.05	0.110	3.0	0.2	0.4	3.3	
D5	5.29	16.6	21.98	0.173	3.7	0.2	0.4	4.3	
D6	6.35	20.0	31.67	0.249	4.4	0.3	0.6	5.0	
D8	7.94	24.9	49.51	0.389	5.6	0.3	0.6	6.3	
D10	9.53	29.9	71.33	0.560	6.7	0.4	0.8	7.5	
D13	12.7	39.9	126.7	0.995	8.9	0.5	1.0	10.0	
D16	15.9	50.0	198.6	1.56	11.1	0.7	1.4	12.5	
D19	19.1	60.0	286.5	2.25	13.4	1.0	2.0	15.0	45度
D22	22.2	69.8	387.1	3.04	15.5	1.1	2.2	17.5	
D25	25.4	79.8	506.7	3.98	17.8	1.3	2.6	20.0	
D29	28.6	89.9	642.4	5.04	20.0	1.4	2.8	22.5	
D32	31.8	99.9	794.2	6.23	22.3	1.6	3.2	25.0	
D35	34.9	109.7	956.6	7.51	24.4	1.7	3.4	27.5	
D38	38.1	119.7	1140	8.95	26.7	1.9	3.8	30.0	
D41	41.3	129.8	1340	10.5	28.9	2.1	4.2	32.5	
D51	50.8	159.6	2027	15.9	35.6	2.5	5.0	40.0	

③ 丸鋼及び異形棒鋼の標準長さ

丸鋼及び異形棒鋼の標準長さは、表4-9-43に示すとおりである。

表4-9-43　標準長さ　　　　　　　　　　　　　　　　　　　　　単位　m

3.5	4.0	4.5	5.0	5.5	6.0	6.5	7.0	8.0	9.0	10.0	11.0	12.0

11 普通れんが及び化粧れんが（JIS R 1250：2011）

(1) 適用範囲

主として、粘土を原料として焼成した普通れんが及び化粧れんが（以下、れんがと記す）は、JISとして「JIS R 1250　普通れんが及び化粧れんが」があり、次のような内容について規定されている。

(2) 用語及び種類

れんがの種類及び記号は、次のとおりである。

① 普通れんが（記号N）

建築、土木、築炉などに使用されるれんが。

② 化粧れんが（記号F）

外断熱工法、れんが積張り（添積み）工法などの非構造の外装仕上げ工事などに使用されるれんが。

exterior planner handbook

(3) 性能及び形状による区分
① 吸水率及び圧縮強度による区分
れんがは、性能により区分され、吸水率及び圧縮強度による区分は表4-9-44aに、飽和係数による区分は表4-9-44bに示すとおりである。

表4-9-44a　性能（吸水率及び圧縮強度）による区分

種類（記号）	区分	吸水率（%）	圧縮強度（N/mm²）
普通れんが （記号：N）	2種	15 以下	15 以上
	3種	13 以下	20 以上
	4種	10 以下	30 以上
化粧れんが （記号：F）	a種	20 以下	15 以上
	b種	9 以下	20 以上

表4-9-44b　性能（飽和係数）による区分

区分	飽和係数
t1形	0.8 以下
t2形	0.8 を超える

② 形状による区分
れんがは、形状により図4-9-14に示す中実（f）及び孔あき（h）に区分される。なお、孔の形状、寸法及び数については規定がない。

図4-9-14　れんがの形状による区分

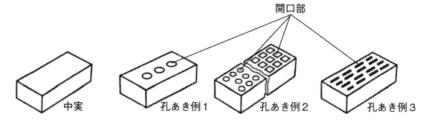

(4) 品質
① 外観
れんがは、規定の試験を行ったとき、使用上有害なひずみ、ひび割れ、欠け、亀裂及びきずがあってはならない。

② 寸法
れんがの寸法は、表4-9-45に示すとおりである。ただし、表4-9-45以外の寸法のれんがを使用する場合は、当事者間の協議による。

表4-9-45　寸法　　　　　単位　mm

種類（記号）	長さ	幅	厚さ
普通れんが（N）	210	100	60
化粧れんが（F）	210	60	60、65、76
	210	100	60
	215	102.5	65
	230	110	76

第5章

植　栽

5-1　植物の基礎知識（1級、2級）

5-2　樹木の基礎知識（1級、2級）

5-3　草花の基礎知識（1級、2級）

5-4　配植の基礎知識（1級、2級）

5-5　配植の手法（1級）

5-6　植栽の施工（1級）

5-7　植栽の管理（1級、2級）

5-8　人工地盤と建築壁面の植栽（1級、2級）

5-1 植物の基礎知識

① 植物の名前

エクステリアで使用されているものを含むすべての植物には名前がつけられている。日本では和名がよく用いられる。日本以外の国でもそれぞれの国の言語でつけられた名前がある。しかし、これらは他の国では通じない場合が多いことから、国際的には共通言語として学名が用いられている。

（1）和名

日本では一般的に植物名は和名で呼ばれることが多い。和名は、一つの植物につき一つとは限らず、地域によって様々な呼び方がある。そのため、最も一般的と思われる和名一つだけを「標準和名」と定め、それ以外の和名は「別名」と呼ぶ。和名には、黒松（クロマツ）、梅（ウメ）、大島桜（オオシマザクラ）、銀杏（イチョウ）、欅（ケヤキ）などがある。長きにわたって使用されてきただけに、覚えやすく親しみが湧きやすい。和名にはそれぞれ植物の形質（大きさ、形状、色彩など）、似た部分のある動物、歴史上の人物名、神社仏閣や仏具、昔の生活用品、産地・自生地などの由来がある。

（2）学名

日本でみられる植物が国外でもみられることは珍しくない。そのような時に同じものを指し示す万国共通の言葉が必要になる。これが学名である。学名は基本的に「属名」＋「種小名」で表すことになっている。例えば、クロマツは *Pinus thunbergil*、ウメは *Prunus mume*、オオシマザクラは *Cerasus speciose*、イチョウは *Ginkgo biloba*、ケヤキは *Zelkova serrata* と学名では表記する。学名は、国際藻類・菌類・植物命名規約によって国際的な基準が厳格に示されており、必ずこの規約に沿った形でしか名前をつけることができない。学名の表記には、斜字体で書く、属名の先頭は大文字にするなどの明確なルールもある。斜字体にすることによって他の文章と区別でき、属名の先頭を大文字にすることによってそれが属名であることが明示されている。

② 植物の生活形

生物は生育地の環境に適した生活様式をもっている。似た生活様式の生物は、異なる分類群に属していても、似た外部形態、適応型をとる。このような生活様式を反映した形態に基づいて生物を類型化したものを生活形という。植物では、大きさや、葉や茎の形態、葉をつける時期などの観点から分類される。

生活形としては、例えば、葉や茎の形態からは、針葉樹や広葉樹、多肉植物やつる植物に分類することができる。また、樹木が葉をつけている時期の違いからは、常緑樹や落葉樹に分類することができる。さらに、樹木の高さの違いにより、高木類、中木類、低木類、地衣類などと分類することができる。

exterior planner handbook

③ 植物の分布

植物の生育する場所は種類ごとにおおよそ決まっている。地域の気候や地質、地形、地史、人間を含む他の生物との相互作用に対する植物の適応の結果が表れているといえる。そのため、地域の植生を観察すると、地域の環境の特性を読み取ることができる。

④ 生態系の中の植物

地球上には、1,000万近い生物がいると考えられており、一つひとつの生物は他の生物と関わり合いながら生きている。そうした生物たちと、それらが生きる自然の環境を合わせて「生態系」という。生態系のなかでは、生物と環境との間でさまざまな相互作用が営まれている。

植物は、太陽からの光と空気中の二酸化炭素を用いて光合成を行なって有機物をつくり、その植物を動物が食べる。動物の排泄物や死骸を微生物が分解し、その養分を植物が取り入れる。このように、生物がそれぞれの役割を担当しているのが生態系である。光合成によって養分をつくる植物などは生産者、草食動物と肉食動物は消費者、ミミズなどの土壌動物や菌類、細菌類などの微生物は分解者と呼ばれる。気候の変化や人間の活動により、ある生物の数が大きく増えたり減ったりすると、生態系に乱れが出て、他の生物全体に影響が生じる。

植物はこの一連の過程の中で、大量の二酸化炭素を吸収して酸素を放出し、土の中の水や栄養を吸い上げ、多くの水を大気に返し、枯葉や枯れ枝を落として土壌を作る。これらの活動は、人類を含む生物の呼吸を支え、大気の組成を維持し、気温上昇（温暖化）を抑えるたいへん重要な役割を担い、無くてはならない存在である。

日本には、樹木や草花など約7,000種もの豊かな植物が生育している。そのうちの約4割、2,900種は日本固有の植物である。しかし、こうした植物のうち数十種が既に絶滅してしまい、1,000種を超える植物が絶滅の恐れにさらされている。その原因は、開発による自然破壊や貴重な植物の盗掘、外来植物の移入による在来植物の生育環境への圧迫などである。

外来種は、元来その地域に生育していなかったものが、人間の活動によって他の地域から入ってきたものをいう。日本にもともと生育していた在来種であっても、人の関わりによって他の地域に移動することで外来種問題は生じてしまう（国内由来の外来種）。環境省では、日本の在来植物の生育環境に被害を及ぼす又は及ぼす恐れのある外来植物（オオキンケイギク、オオハンゴンソウなど19種、2024年7月1日現在）を「特定外来生物」として指定し、栽培や運搬等を禁止している。

エクステリアでは、植物を修景や境界、緑陰、目隠しなどの機能を持たせる目的で植栽する場合が多いが、環境にも配慮が行き届いた植物の利用は、豊かな生態系を保全していくためにも重要な役割を担っていることを常に意識しておく必要がある。

5-2　樹木の基礎知識

1　エクステリアの樹木

　エクステリアに使用する植物材料としては、樹木類がその大部分を占める。日本は亜寒帯から亜熱帯までの幅広い気候帯を持ち、樹木の種類もきわめて多い。それに加えて、近年は海外からも多くの樹木や園芸品種が導入され、多種多彩な樹木を使えるようになってきた。

　しかしエクステリアの分野は、住宅の外部空間や、庭園という限られた広さや、周囲に他の住宅が隣接しているなどの条件を考慮すると、どんな樹木でも使えるというわけではない。生長が早く、大木になる種類（ヒマラヤスギ、メタセコイア、クス、ケヤキ、プラタナス、ユリノキ、イチョウ、サクラ、ニセアカシア、エンジュ等）のように公園や街路樹にふさわしい樹種であっても、エクステリアでは必ずしもふさわしいとはいえない。エクステリアにおいては、剪定がしやすく、ある程度の大きさで維持でき、そして樹形を損なわない樹種が求められるのである。

エクステリアにふさわしくない樹木例
メタセコイア

樹形が整い紅葉も美しいが成長が早く大木となる

推定樹齢50年位でもこれほど大木になる

2　樹木の選定

　樹木は使用するにあたって、それぞれの樹種特有の形状、性質、特徴等を考慮して選択しなければならない。なおかつ、それらの樹種の個性を生かしながら組合せ、総体としての景観をつくり上げるためには、樹木の選定はきわめて重要な作業である。

　樹木は一般的に、広葉樹と針葉樹、常緑樹と落葉樹などに分類されるが、本項では、エクステリアではどのような目的で使用するか、又、目的に応じてどのような樹種を選定するか、という利用上の観点から、樹木類の形状や性質、特徴を分類した。

(1) 広葉樹と針葉樹

　樹木類は、葉の形状によって広葉樹と針葉樹とに分けることができる。広葉樹はその名のとおり、カシ類やハナミズキのように幅の広い葉の形状をもつ樹木類であり、これに対してマツやマキのように幅が細く、針のような形状の葉をもつ樹木類

を針葉樹という。針葉樹にはサワラやヒバ類のように、鱗片状の葉をもつ樹木類も含まれる。

① 広葉樹の中の常緑・落葉

広葉樹の中には、シラカシ・ツバキ・キンモクセイのように冬でも落葉しない常緑性のものと、コブシ・ハナミズキ・ナツツバキのように冬季は葉を落として越冬する落葉性のものがある。

常緑性の樹木類は常緑広葉樹とよばれ、例外はあるが主に関東以西の温暖な地域に生育するものが多く、四季を通じて常に変わらない姿は常盤木(ときわぎ)とも称されてその常緑性（冬でも緑を保つ姿）が評価される。

落葉性の樹木類は落葉広葉樹とよばれ、温暖な地域から寒冷な地域にまで広く生育する。落葉広葉樹の中には、美しい花を咲かせるものが多く含まれており、又秋の紅・黄葉の美しさも楽しめるところから、季節感を強く印象づける樹木類として利用される。

落葉広葉樹　ハナミズキ

② 針葉樹

針葉樹はメタセコイアやカラマツのように、一部落葉性の樹木類を含んでいるが、エクステリアで利用する針葉樹のほとんどのものは常緑性の樹木類である。針葉樹の多くは耐寒性が強く、東北地方から北海道、標高の高い高原などの寒冷地に分布し、植栽も行われる。寒冷地では多くの常緑広葉樹は生育することができないために、冬季の緑は針葉樹によって確保される。

針葉樹の中でも、特にコニファーとよばれる一群の樹木類は、欧米で園芸的に品種改良された針葉樹類で、樹形や葉の色にさまざまな変化を示す多くの品種がある。又、コニファーの中にドワーフコニファーというグループがあるが、これは成長が遅く、又葉も細かいわい性種の性質を有し、小型の樹

コニファー類の植栽

形を維持しやすいためにあまり広くない庭や玄関まわりでも使いやすい針葉樹である。

コニファーの導入によって、エクステリアの植栽も大きな変化を示してきたが、中でも植栽が花や紅・黄葉のみならず、葉の色の多様な色合いによってより多彩になったことは重要な点である。又、寒冷地では、特に耐寒性のあるコニファーを利用することで、これまでの在来種に加えて樹形、葉の色共にバリエーションに富む植栽のデザインが可能になったことは、大きな意味をもつ。

(2) 樹高による分類

植栽のデザインでは、樹木類をそれぞれの樹種のもつ性質の一つとして樹高の違いによって使い分けることが行われる。樹高の高いものを高木、低いものを低木といい、その中間の高さのものは中木と称される。さらに低木よりも低く、地表面を

exterior planner handbook

覆う植物、地被（グランドカバー）があり、植栽のデザインではこれらの樹高の高さの異なる樹木類の組合せによって景観を構成する。

植栽による空間構成では、高木は垂直性を現し、高木を見る人間の視線は上下動を示す。これに対して低木、地被（グランドカバー）は群植されると水平性を現し、人間の視線は低く、水平動を示す。中木はほぼ人間のアイレベルに近い高さであり、視線をそのまま受ける。

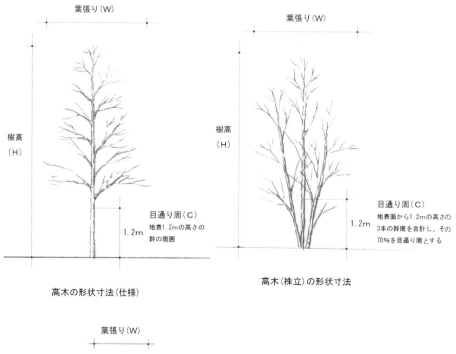

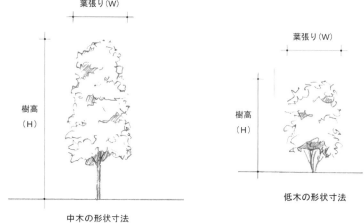

① 高木類（植栽時 H ＝ 3.0m 以上を目安とする）

庭園や街並の景観では主木、シンボルツリー、又はそれに準ずる樹木で、植栽による空間構成では景観の骨格を形成する。又、同時に高木類は、建物の様式やデザインに合わせた庭のデザインイメージを決定する役割も果たすなど強い影響力をもつ。

伝統的な和風の庭や門廻りではアカマツやクロマツ、マキなど針葉樹の幹を屈曲させて樹形を形づくった、仕立物といわれる高木が主木や役木といわれる主要な役割を果たしていたが、同じ針葉樹ではあってもドイツトウヒやモミ、

コニファー類などはイングリッシュガーデンのイメージを生かす高木として利用される。

同様に、和風の庭でも近代生み出された雑木の庭では、コナラやエゴ、ヤマボウシなどの雑木林を構成する落葉広葉樹が使われ、明るく軽やかな、そして自然風の印象を生み出すなど、高木の樹種の選定が庭のイメージを決める上できわめて重要な役割りを果たしていることがわかる。

又雑木の庭は、庭の様式という固定的なイメージと比較して、もう少しゆるやかで幅広い地域性や自然風というイメージを印象づけることができる。例えば、針葉樹と落葉広葉樹の組合せは冷涼な高原や寒冷な北国のイメージを示すのに対し、常緑広葉樹を中心とした植栽は温暖な南国のイメージを感じる。これらは、その土地の気候条件によって自然植生が異なることに起因しているのであるが、雑木の庭は、寒冷な北海道と温暖な九州・沖縄という地域条件の差が大きい地域よりも、そのどちらの植栽も可能である中間地域において意味をもつ。

エクステリアの植栽では、明確な庭園の様式性に合致する植栽よりも、ゆるやかな地域性や自然風、モダン和風等の比較的軽いイメージで植栽を選定することも多いが、いずれも高木類が庭園のイメージを決定することに変わりはない。

このように一定のイメージを表現する役割以外にも、高木類は花を楽しむ、実を楽しむ、緑陰をつくる、目隠しに利用するなど様々な役割りがあり、選定に当たってはこれらを複合的に考えたうえで樹種を決めることが必要になる。

表5-2-1　樹木の選定（高木類／H＝3.0以上）

常緑樹	
針葉樹	広葉樹
アカマツ　イチイ　イヌマキ　カヤ　クロマツ　コウヤマキ　サワラ　スギ　ドイツトウヒ　モミ　コニファー類	アラカシ　クロガネモチ　シラカシ　スダジイ　ソヨゴ　ヒメユズリハ　モチ　モッコク　ヤマモモ　シマトネリコ
落葉樹	
アカシデ　イヌシデ　イタヤカエデ　イロハモミジ（ヤマモミジ）　ウメ　エゴノキ　カツラ　カリン　ケヤキ（株立ち／武者立ち）　コナラ　コブシ　サルスベリ　シモクレン　シラカバ　シャラ（ナツツバキ）　ナナカマド　ハクモクレン　ハナミズキ　ヒメシャラ　ヤマボウシ　リョウブ	

② **中木類（植栽時H＝1.0m以上、H＝3.0m未満を目安とする）**

植栽では高木と低木の中間層をなす樹木類である。高木と高木の間や高木に添えて植栽される他、列植や低木の寄植えの中にもアクセントとして用いられる。これら中木は、庭の奥深さを生み出し高木とは又異なる樹形、花や紅葉・黄葉、実により、景観的変化を見せる。又、中木は人のアイレベルで枝葉が茂るため、視線をさえぎる効果が高い。

中木は、高木のように景観的イメージを具現化し、空間構成の骨格を作るわけではないが、高木が生みだすイメージの補強、あるいは骨格に肉づけをする役割りを持つ。これらは、高木に比較すると樹高がさほど高くならないものが多く、高木類が自然のままでは10mを超えるか、又はそれに近い高さになるのに対し、中木は4～5mにとどまる。しかし、常緑針葉樹のイチイやコウヤマキ、常緑広葉樹のモッコクなどは高木類としても分類されるが、中木として

exterior planner handbook

も利用され、中木としての樹高、樹形を維持する。

表5-2-2　樹木の選定（中木類／H＝1.0〜3.0未満）

常緑樹	
針葉樹	広葉樹
イチイ　カイズカイブキ　コウヤマキ　コニファー類　チャボヒバ　ニオイヒバ　ニッコウヒバ（シノブヒバ）	イヌツゲ　オリーブ　カクレミノ　カナメモチ　キンカン　キンモクセイ　ゲッケイジュ　サザンカ　サンゴジュ　ツバキ類　ナンテン　ネズミモチ　ヒイラギモクセイ　ベニカナメモチ　ベニバナトキワマンサク　ヤブツバキ　ユズ　モッコク　レッドロビン
落葉樹	
ウグイスカグラ　ウメモドキ　オトコヨウゾメ　ガマズミ　キブシ　クロモジ　サンシュユ　トサミズキ　ニシキギ　ハナカイドウ　ハナズオウ　ボケ　ホザキナナカマド　マユミ　ムクゲ　ライラック	

③　**低木類（植栽時 H＝1.0m 未満を目安とする）**

　　低木類は、高木類、中木類が1本、2本と数えられるのに対して、1株、2株と単位名称が異なって数えられる。これは根元から数多くの短い幹が立ち上がり、特に主となる幹がはっきりとしない樹形的特徴によって区分されていることによる。

　　低木類は、高木や中木の根元に添えて植栽されたり、つくばいのまわり、景石の添え、又、建物の基礎やアプローチ、園路などに沿った列植、あるいは芝生や花壇の縁取り、生垣や竹垣の裾植え、そして寄植え（群植）等々、和風・洋風を問わず多くの場所に植栽される。

　　高木、中木類の根元に添える植栽は根締めとよばれるが、これは地表面から高木、中木への枝葉の連続性をもたせ、地表と樹木とをなじませる手法であり、又根元まわりに植栽することによって緑による重心を低く見せて安定感を感じさせる手法でもある。しかし、特に高木では幹の状態、根張りの状態によっては、

表5-2-3　樹木の選定（低木類／H＝1.0未満）

常緑樹	
針葉樹	広葉樹
イブキ玉　キャラ玉　コノテガシワ　コニファー類　ハイビャクシン	アオキ　アセビ　アベリア　エリカ　オタフクナンテン　カルミア　カンツバキ　キンシバイ　クチナシ　コクチナシ　サツキ　シャクナゲ類　シャリンバイ　ジンチョウゲ　センリョウ　チャノキ　ツツジ類　トベラ　ハマヒサカキ　ヒイラギナンテン　ヒサカキ　ビョウヤナギ　ボックスウッド　マンリョウ
落葉樹	
アジサイ　ガクアジサイ　クサボケ　コデマリ　サンショウ　シモツケ　ドウダンツツジ　ハマナス　バラ類　ヒュウガミズキ　ブルーベリー　ミツバツツジ　ミヤギノハギ　ヤマブキ　ユスラウメ　レンギョウ　レンゲツツジ	

exterior planner handbook

低木類を使わず、草丈の低いタマリュウやコケなどで根元や幹を見せる場合もあり、これは高木の樹形や景観の状態によって決める。

又、低木は1株だけ単植することは少なく、多くの場合数株から数十株を列植又は寄植え（群植）として植栽されるが、特に寄植え（群植）は庭の地表を面として覆う植栽で、垂直のラインをつくる高木に対して、面としての植栽は水平ラインをつくる。そのために花は集団として大きな色彩のボリュームを見せることになり、庭園景観にも強い色彩の効果を与える。

④ 地被類（グランドカバー）

地被類とは、これまでの高木・中木・低木という樹高による分類では低木よりもさらに地表面に近い、最も低い高さの植栽のことであるが、必ずしも樹木（木本類）に限らず、宿根草類、球根類などの草本類、ツル植物類、ササ類、シダ類、コケ類、芝等きわめて広い範囲の植物を包含する。共通しているのは、平坦地、法面を問わず地表面を被覆修景する目的に合う植物であり、それらを総称する名称といえよう。

そのため、低木類、宿根性草花類、球根性草花類、ツル植物、特殊樹木のそれぞれの分類とは重複する植物も多く見られるが、植物の性質や生活形態に基づく分類ではなく、あくまで利用目的に応じた分類であることは理解しておく必要がある。

地被類（グランドカバー）

地被類の目的は第一には地表面の緑による被覆であり、それは風雨による表土の流亡を防ぐことであり、又雑草の繁茂を抑える役割りである。目的の第二は修景といえるが、それは必ずしも華やかな花である必要はなく、緑の葉による修景でも良いと考えられている。花物による修景は、その次で、上記2つの目的を果たし、そのうえ花が咲けばなお修景の効果は高まるという考え方である。

このような地被類についての考え方は、大規模な緑地や公園、沿道の法面等々、ランドスケープや造園の業界での必要性から生まれたものである。エクステリアの分野、あるいはガーデン、住宅造園では、一面に同じ植物を利用するというよりは、何種類もの植物を使い分けて、景観的にも季節的にも変化があり楽しみともなる修景要素として利用することが多い。

表5-2-4 樹木の選定（地被類・下草類）

常緑性
アジュガ　エビネ　オカメザサ　コグマザサ　コトネアスター　サルココッカ　シダ類　シバザクラ　シャガ　シュンラン　セキショウ　タマスダレ　タマリュウ　ヒメツルニチニチソウ　ツワブキ　トクサ　ハラン　フイリヤブラン　フッキソウ　マツバギク　ミヤコワスレ　ヤブコウジ　リュウノヒゲ
落葉性
アマドコロ　イカリソウ　ギボウシ　クサソテツ　シラン　スイセン　スズラン（ドイツスズラン）　ヘメロカリス　ホトトギス　シダ類　ミズヒキ　シュウカイドウ

(3) 特異な樹形
① ツル植物

エクステリアではパーゴラや棚、アーチ、フェンス、トレリスをはじめブロック塀や建物の外壁、土留用擁壁などに利用される。いずれも構造物や工作物等に吸着し、あるいは絡み、垂れ下がるもので立面的、立体的となり、樹木類とは異なる効果を見せる。

ツル植物（棚に絡んだツルバラ）

クレマチスやツルバラなどのように、花を観賞する目的で利用する他、アケビ、ブドウなどのように、実を観賞すると共に収穫する楽しみを兼ね備えるものもある。又ブロック塀や擁壁の緑化修景や地表面を被覆するためには、アイビーやヒメツルニチニチソウなどが利用されるなど、目的や用途に合わせて選択を行う。

なお、ツル植物の一部は、地被類（グランドカバー）としても重複して分類されている。

表5-2-5 樹木の選定（ツル植物）

常緑性		
吸着タイプ	巻き付きタイプ	下垂タイプ
アイビー類　イタビカズラ　ツルマサキ　テイカカズラ　ヒメイタビカズラ	カロライナジャスミン　クレマチス（常緑種）　ビナンカズラ（サネカズラ）　スイカズラ　ツキヌキニンドウ　トケイソウ　ハゴロモジャスミン　ビクノニア　ムベ	ツルニチニチソウ（ビンカ・マジョール）　ヒメツルニチニチソウ（ビンカ・ミノール）

落葉性	
吸着タイプ	巻き付きタイプ
ツルアジサイ　ナツヅタ　ノウゼンカズラ	アケビ　キウイ　クレマチス類　ツルウメモドキ　ツルバラ　ナツユキカズラ　ノウゼンカズラ　フジ　ブドウ　モッコウバラ（半落葉）

② 特殊樹木

このグループは、それぞれがきわめて独特の樹形を示し、一般的な樹木類と異なる強い個性を持つ。そのため庭園のイメージや景観に強い影響を与える。竹や笹は和風の印象を与えるが、モダンスタイルの洋風に合わせても違和感はない。モダンスタイルの建物の持つ無機質なイメージと直線的な構成とに竹の幹の直線が調和するためである。

ドラセナやソテツ、ヤシ類は、個性的な樹形ではあるが、そのイメージから連想させる地域

特殊樹木　ドラセナ・ソテツ

は広く、南ヨーロッパの地中海沿岸地域から中近東、東南アジア、中南米、北米の南部沿岸地域にわたる。建物スタイルとしてはスペイン風、イタリア風、イスラム風、東南アジア風、コロニアル風、北米ではカリフォルニアやフロリダなどの建物のスタイルに合う。

特殊樹木　ヤシ類

表5-2-6　樹木の選定（特殊樹木）

竹・笹類	その他
カンチク　クロチク　ダイミョウチク（ナリヒラダケ）　モウソウチク　オカメザサ　コグマザサ	アロエ　トウジュロ　ドラセナ（ニオイシュロラン）　ソテツ　ヤシ類　ユッカ　ニューサイラン

③ 生垣に向く樹木

生垣は、エクステリアにおける植栽の中でも最も多く利用される手法である。敷地の境界に多く利用されることが見うけられるが、その役割りは目隠しのみならず、まちなみ景観にとっても、その緑量は多大な影響を与える。又、庭としては背景をつくり、借景の構図を定め、特に西洋的な整形式庭園では、生垣によってその空間構成の骨格がつくられるといってもよい。

生垣に向く樹木の分類で、常緑樹のうち針葉樹及び広葉樹に該当する樹木及び落葉樹の樹木を整理すると表5-2-7のとおりである。

表5-2-7　樹木の選定（生垣に向く樹木）

常緑樹	
針葉樹	広葉樹
イチイ　イヌマキ　カイズカイブキ　カヤ　キャラボク　コノテガシワ　サワラ　ヒマラヤスギ　レイランドヒノキ	アオキ　アベリア　アラカシ　イヌツゲ　ウバメガシ　カナメモチ　サザンカ　サツキ　サンゴジュ　シラカシ　キンモクセイ　ツツジ類　ツバキ類　ナンテン　ネズミモチ　ハクチョウゲ　ヒイラギ　ヒイラギモクセイ　ヒサカキ　ベニバナトキワマンサク　ピラカンサ　マサキ　モッコク　レッドロビン
落葉樹	
ウツギ類　カラタチ　コデマリ　トウカエデ　ドウダンツツジ　ニシキギ　ヒュウガミズキ　ボケ　ムクゲ　モミジ類　ヤマブキ　ユキヤナギ　レンギョウ	

(4) 花・実・紅葉（黄葉）を楽しむ樹木類

樹木の選定を行う際には、さまざまな要素を考え合わせたうえで樹種を定めるものである。それらは常緑・落葉という要素だけではなく、美しい花を咲かせる樹木、実をつける樹木、そしてみごとな紅葉（黄葉）を見せる樹木など、人に楽しみを与える要素は樹木選定にも大きく影響する。

花・実・紅葉は、樹木それぞれに異なっていて、個性ともいえるものでもあるが、植栽のデザインはそれらの個性を生かし、組合せ、景観的にまとめあげることであり、

その景観に季節ごとの彩りや楽しみを織り込んで、人の生活の舞台となる庭をつくり出すことが大切である。

樹木類の大部分は、花を咲かせ、実をつける。落葉広葉樹の紅葉も又それぞれに色づく。しかし、エクステリアで花や実や紅葉という時には、それらが鑑賞の対象になり得る魅力をもつ花であり、実であり、紅葉の鮮やかさであって、美しい花を咲かせる樹木は花木とよばれ、食用となる実をつける樹木は果樹といわれそれぞれ区分される。

① 花木類

花は植物のもつ魅力の中でも、最も強く人を引きつけるといってもよい。そのため現在では門廻りのシンボルツリーや庭の主木をはじめ高木・中木・低木に至るまで、花の咲く樹木が使われている例は多い。これらの花木は春・夏・秋・冬それぞれの季節を象徴する存在であり、こうした季節感覚は日本の歴史文化の中で花暦（はなごよみ）として完成し、現代にも受け継がれてきた文化的感覚といえるだろう。

表 5-2-8　樹木の選定（花木類）

常緑樹
アセビ　キンモクセイ　クチナシ　サザンカ　サツキ　ジンチョウゲ　セイヨウシャクナゲ　ツバキ　ベニバナトキワマンサク　ビヨウヤナギ
落葉樹
アジサイ　ウメ　エゴノキ　コブシ　サルスベリ　サンシュユ　ハナカイドウ　ハナミズキ　ムクゲ　モクレン　ヤマボウシ　ヤマブキ　ライラック

② 実をつける樹木類

□ 雌雄異株の樹木類

多くの樹木は花を咲かせ実をつける。種子によって繁殖するためである。しかし、中には雌雄が別々の木という性質を持った樹木群があり、これらは雌雄異株とよばれる。雌雄異株の樹木では、雄株も花は咲くものの実はつけず、雌株は雄株の花の花粉を受粉して実をつける。

雌雄異株の樹木類は、イチイやカヤといった針葉樹、クロガネモチ、ソヨゴなどの常緑広葉樹、落葉広葉樹では、ウメモドキなど少なくない。実を楽しむためには、このような性質を理解した上で、雌株を使うようにする。しかし、時には実が落ちてつぶれ、舗装が汚れるのを嫌うケースもあり、こうした場合には雄株のみを選んで植栽する。

表 5-2-9　樹木の選定（実をつける樹木類）

常緑樹	
針葉樹	広葉樹
イチイ　カヤ　ナギ	アオキ　クロガネモチ　ソヨゴ　モチ　ヤマモモ
落葉樹	
ウメモドキ　サンショウ　マユミ	

□実を見て楽しむ樹木類

樹木の実は、樹種によってその形、大小、色などにさまざまな変化を見せる。

exterior planner handbook

大きく色も鮮やかな実は果樹として食用にされるものが多いが、食用ではなく、あくまで見て楽しむものは、実は小型であっても色の鮮やかさがきわ立つものが選ばれる。

秋は実りの季節といわれるように、秋に色づく種類は多い。秋に樹木類の花が咲くものが少なくなる中で、ウメモドキやクロガネモチなどの赤

実を見て楽しむ樹木　クロガネモチ

い実やカリンやユズの黄色い実は、晩秋の落葉後の庭に生気を感じさせる色彩を見せる。赤色系、黄色系の他には数は少ないが青紫色系、白色系のものが観賞用として用いられる。

こうした樹木の実は、人が鑑賞して楽しむだけではなく、野鳥類にとっては餌となるために、時にすっかり食べられて鑑賞する間もなく裸木となることがある。しかし、餌になる実を着ける樹木をあえて植栽し、野鳥をよぶことも行われ、庭に飛来した姿や鳴声を楽しむことができる。

表5-2-10　樹木の選定（実をつける樹木類＜実を見て楽しむ樹木類＞）

常緑樹
アオキ　クロガネモチ　クチナシ　サンゴジュ　センリョウ　ソヨゴ　ナンテン　ピラカンサ　マンリョウ
落葉樹
ウメモドキ　オトコヨウゾメ　ガマズミ　サンシュユ　ナナカマド　ハナミズキ　ムラサキシキブ

□食べられる実をつける樹木類

食べられる実の代表的なものは果樹である。果樹は専門的な栽培技術によって商品として生産されるが、一般家庭で栽培できる果樹は家庭果樹といわれる。その中にはヤマモモやフェイジョア、ジューンベリーのように、商品としてはほとんど流通していない

食べられる実をつける樹木　ヤマボウシ

ものもあり、これらは庭木として植栽されていて、果実だけではなく花や紅葉、樹形も意味を持つ。

食べられる果実は多くの人の興味を引くが、とりわけ自分の庭で収穫することができることは、より大きな楽しみとなる。あまり手をかけなくても収穫できるとはいえ、ある程度の管理を行えば味も収量もよくなる。しかし、人が食べてもおいしい果実は、野鳥やカラスなどにも食べられることも多く、又果樹園のように全体をネット等で覆うこともできないため、収量はあまり期待しない方がよい。

家庭果樹を植栽する場合、果樹の収穫を主として考えるか、庭の樹木としての形を主として考えるかによって、植栽する場所や周辺の植栽、樹形のつくり方なども異なる場合があり、それは庭全体のデザインにも関係することとなるため、施主との十分な打合せが必要となる。

exterior planner handbook

表5-2-11　樹木の選定（実をつける樹木類＜食べられる実をつける樹木類＞）

常緑樹
オリーブ　キンカン　ビワ　フェイジョア　ミカン　ヤマモモ　ユズ
落葉樹
イチジク　ウメ　カキ　カリン　ザクロ　スモモ　ジューンベリー　ブルーベリー　ヤマボウシ

③　紅葉・黄葉の美しい樹木類

　樹木類の中でも落葉広葉樹の紅葉・黄葉は、秋という季節を強く印象づける現象である。わが国では古来から詩歌をはじめ絵画、服飾、工芸などに紅葉と紅葉の織りなす風景が好まれて、題材として取り上げられてきた。庭園でも紅葉は欠かすことのできない要素として、モミジやカエデ類の鮮やかな紅色はひときわ好まれて植栽されてきた。

　現代では、和風の庭よりも洋風の庭が多くなってはいるが、それらの庭においても紅葉・黄葉は季節感を演出する上からも、又その色彩によっても大きな魅力であり、花と共に樹種選定の重要な要素となっている。

紅葉の美しい樹木　イロハモミジ

　庭に植栽する際には、できるだけ日照条件の良い場所に植えるようにする他、紅葉・黄葉時にその色が引き立つ背景をも考慮すると、その美しさが生きる。

　紅葉は、ハナミズキやニシキギなどの赤色系、イタヤカエデ、カツラなど黄色系が色づきの鮮やかさから評価されるが、イヌシデやコナラなどのように黄色から褐色に近い雑木類の紅葉も、派手さはないものの、紅葉の色の多様性と自然らしさを感じさせて味わいがある。

表5-2-12　樹木の選定（紅葉・黄葉の美しい樹木類）

赤色系
イロハモミジ　ドウダンツツジ　ニシキギ　ナナカマド　ハナミズキ　ヤマボウシ
黄色系
イタヤカエデ　カツラ　クロモジ　シラカバ
黄色～褐色系
イヌシデ　ウメ　エゴノキ　ケヤキ　コナラ　コブシ　モクレン

④　新芽・新葉の美しい樹木類

　紅葉・黄葉といえば、落葉広葉樹が秋に見せる現象を思い浮かべるが、樹木の中には新芽や新葉が赤や黄色に美しく色づく種類があり、春から初夏にかけての季節と夏の土用芽が吹く時には鮮やかな彩りを見せる。これらの樹木は落葉樹だけではなく、常緑広葉樹や針葉樹の中にもみられ、その色彩は花に劣らない魅力となるが、その多くは成葉となるにしたがい緑色に変わる。

　新芽や新葉が赤色系に色づくものには、アカシデ（落葉）、アセビ（常緑）、カツラ（落葉）、サルスベリ（落葉）、ナンテン（常緑）、ベニカナメモチ（常緑）、レッドロビン（常緑）などがあり、黄色系ではオウゴンヒバ（針葉樹）、オウゴ

ンキャラ（針葉樹）、キンメツゲ（常緑）がある。白色系は少なく、シロダモがあげられる程度である。

⑤ **葉が緑以外の色を持つ樹木類（カラーリーフツリー）**

カラーリーフとは、葉が通常の緑色ではなく、赤色、黄色、銅色、青色、白色又は銀色となる植物や斑入りの葉を示すが、樹木類にもカラーリーフをもつものが多数あり、海外から導入された樹木類に多く見ることができる。花や新芽、紅葉と異なり、葉がついている間はその色彩が持続するので、植栽のデザインとしては色彩を含めた表現が広がる。

針葉樹ではコニファー類にカラーリーフが多く、黄色系や青緑系、銀青色系など微妙な色あいの違いが選択できるが、多くの品種があるので品種の指定が必要となる。

常緑広葉樹では、よく知られているものにベニバナトキワマンサクの銅色の葉やオリーブの銀白色の葉があるが、モチノキやヒイラギ、ツゲ、サカキ、イボタなどの品種には黄色の斑入りの品種も多い。その他アオキ、ジンチョウゲ、マサキ、アベリア、ゲッケイジュの仲間にも黄色や白色の斑入り種がある。

落葉広葉樹ではモミジ、カエデの仲間が多く、赤色系ではイロハモミジの品種 "ベニシダレ" や "ショウジョウノムラ" など日本在来の品種があり、黄色系ではトウカエデ、ネグンドカエデ、ノルウェーカエデ、銅色にはノルウェーカエデのそれぞれ品種がある。他の樹種では、ベニスモモやスモークツリーの銅色、シモツケ、アジサイ、メギ、ハナミズキなどには黄色系の品種や斑入り種がある。

これらのカラーリーフツリーは品種改良によって生まれた園芸種が多く、一般的な樹木名だけではなく品種名も併用しなければ特定することができない。

⑥ **日陰に耐える樹木**

日陰に耐える樹木の分類で、常緑樹を高木、中木及び低木別にそれぞれ針葉樹と広葉樹の樹木を、又落葉樹を高木及び低木別に整理すると表 5-1-13 のとおりである。

exterior planner handbook

表 5-2-13　樹木の選定（日陰に耐える樹木）

	常緑樹	
	針葉樹	広葉樹
高木	カヤ　イヌマキ　コウヤマキ　ドイツトウヒ　アスナロ	アラカシ　シラカシ　ヒメユズリハ　モチノキ　モッコク　ソヨゴ
中木	イチイ　チャボヒバ　ニオイヒバ　サワラ	カクレミノ　ヒイラギモクセイ　ヤブツバキ　イヌツゲ　サザンカ　サンゴジュ　ネズミモチ
低木	キャラボク	アオキ　アセビ　ヒイラギナンテン　マンリョウ　クチナシ　コクチナシ　シャクナゲ　シャリンバイ　ジンチョウゲ　センリョウ　トベラ　ナンテン　ヒサカキ
	落葉樹	
高木	イロハモミジ	
低木	アジサイ　ガクアジサイ　ヤマアジサイ　ヤマツツジ（半落葉）　ヤマブキ	

5-3 草花の基礎知識

① エクステリアの草花

　エクステリアは、イギリスで発達した草花類を多用する、イングリッシュガーデンの影響を強く受け、エクステリア＆ガーデンといった趣きをもつようになってきている。それまでのエクステリアでは、植栽といえば樹木類のみであったことと比較すれば、きわめて大きな変化といえよう。

　草花類は、日本では長い間園芸の分野として扱われ、エクステリアや造園では、一部の草花が下草類として利用されてきたにすぎず、その他では花壇用としてわずかに認知されていたといってよい。

　イングリッシュガーデンにおいては、草花は樹木同様、庭園をつくるうえで主役ともいえる役割を与えられており、草花を抜きにした庭は考えられないほど重要な要素と考えられている。

　このような時代背景の中で、エクステリアとしても、草花類を活かした植栽の設計が求められているが、多種多彩な草花類は利用方法あるいは使い勝手から次の2つのグループに分類することができる。

　　A.　一度植え付ければ数年間はそのままで維持管理をすればよい草花類
　　　　宿根草（多年草）、球根類（ある年数植えたままで生育し、花を咲かせるもの）、地被類（地被類としての利用もするが、花を楽しむために花壇や他の草花と一緒に植えられるもの）

　　B.　季節ごとに苗や種子、球根を植え付ける草花類
　　　　1～2年草（季節に合わせて苗を植え、あるいは種子を播くもの）、球根類（季節ごとに球根を植え付け、又掘り上げを行うもの）、非耐寒性植物（冬期には掘り上げて保管、保護するもの）

② 草花類の選定

A. 一度植え付ければ、数年間はそのままで維持管理すればよい草花類

① 宿根性草花類（宿根草・多年草）

　宿根性草花類とは、一度種子をまいて株となったものが越冬し、翌年開花、結実しても枯れずに生育し、毎年開花、結実を繰返す草花類である。エクステリアの施工の中では、種子まきが行われることはほとんどないが、利用する時には苗を購入して植栽する。アジュガやアガパンサスのように、冬季に葉をつけたまま越冬するものを常緑性、シランやギボウシのように冬は地上部の葉を枯らし、地中の根株のみが越冬するものを落葉性という。

　宿根性草花類の常緑性・落葉性をこのように区別するのは、冬季の庭園景観に影響するからである。落葉種は、冬には地上部の葉や茎が枯れ地中の根株のみの状態で越冬するため、落葉性の草花のみを植栽した場合、春から秋には葉を茂らせ、花を咲かせるものの、冬には地上部が枯れて地表面がむき出しの状態となり、庭園景観としては緑が失われて寒々しく単調な印象をもまぬがれな

exterior planner handbook

いからである。このため、常緑種と落葉種のバランスを考え、冬季の景観にも配慮した配植が必要とされる。

1）常緑種

常緑種を開花期別に細分すると表5-3-1のとおりである。

表5-3-1 草花類の選定（常緑種の開花期）

開花期	常緑種
春	アルメリア　シバザクラ　マーガレット
春〜夏	アイリス類　シャスターデージー　宿根ダイアンサス（宿根ナデシコ）ブルーデージー　マツバギク　デモルフォセカ　ラベンダー類
春〜秋	ゼラニウム
初夏	アジュガ　シロタエギク　ミヤコワスレ
夏	アガパンサス　アカンサス　アキレア（セイヨウノコギリソウ）　宿根フロックス
夏〜秋	スカビオサ（コーカサスマツムシソウ）　宿根バーベナ　ペンタス
秋	ブルーデージー　ラベンダー類
秋〜春	ユリオプスデージー
冬〜春	クリスマスローズ

2）落葉種

落葉種を開花期別に細分すると表5-3-2のとおりである。

表5-3-2 草花類の選定（落葉種の開花期）

開花期	落葉種
春	スミレ
春〜夏	アイリス類　カンパニュラ
初夏	シラン　スズラン（ドイツスズラン）
夏	アスチルベ　キョウガノコ　ギボウシ　タチアオイ　ベロニカ（ルリトラノオ）　ミソハギ
夏〜初秋	ジンジャー
夏〜秋	キキョウ　ハナトラノオ（カクトラノオ）　ヘメロカリス　リンドウ
秋	シュウメイギク　ホトトギス
春〜秋	サルビア（セージ類）

② **球根草花類（ある年数植えたままで生育し、花を咲かせるもの）**

球根類は、広い意味では宿根草に含まれるが、葉や茎、根の一部が球状に肥大し、そこに養分を貯える性質をもつものがあり、宿根草とは異なる性質であるために球根植物、又は球根とよばれる。

球根類の中には、スイセンやゼフィランサス（タマスダレ）などのように数年植えたままでも毎年花を咲かせるグループがあり、これらは宿根草と同様の扱い方ができる。植栽する際には、球根を購入して植え付けるが、季節的に適していない時期には、あらかじめポット栽培をしているポット物を使うと、季節に関わらず使うことができる。

これらの球根類は、宿根性草花類と一緒に花壇に寄せ植えをするほか、樹木

類と組合わせて低木の代わりに根締めのように植栽されることもあり、その他宿根性草花類とほぼ同様の利用ができる。

このグループの球根類は、日本原産のものをはじめ、中国や北米の東海岸など気候が日本と似た気候帯に原産するものが多く、比較的丈夫で育てやすくあまり手間のかからない草花類である。ただ球根類の特徴として、冬季又は夏季に休眠期を必要とし、地上部の茎、葉を枯らして球根で過ごす時期があるので、この点は落葉性の宿根草と似ている。スイセンやリコリス（ヒガンバナ）のように、夏季に休眠し、冬季には緑の葉を茂らすものもあるので、うまく組合わせると冬でも裸地に見えないようにすることもできる。

表5-3-3　草花類の選定（球根類の開花期）

開花期	落葉種
春	クロッカス　ムスカリ
春〜初夏	アッツザクラ
春〜夏	オキザリス
夏	ユリ
夏〜秋	ゼフィランサス（タマスダレ）
秋	ネリネ　リコリス（ヒガンバナ）
秋〜春	オキザリス　スイセン
冬〜春	スノードロップ

③　**日照条件による好陽種、耐陰種**

　　草花類を利用する際には、日照条件を考慮しなければならない。建物や構造物の影の影響はもちろんのこと、樹木類の影によって生育条件が大きく変わってしまうこともあり得るからである。

1）好陽種

　　好陽種を常緑種、落葉種、球根類に分類すると表5-3-4のとおりである。

表5-3-4　草花類の選定（好陽種）

常緑種	落葉種	球根類
アイリス類　アキレア　アルメリア　シバザクラ　シャスターデージー　宿根バーベナ　宿根ダイアンサス（宿根ナデシコ）　シロタエギク　ブルーデージー　ペンタス　マーガレット　ユリオプスデージー　デモルフォセカ　ゼラニウム　ラベンダー類	アイリス類　カンパニュラ（好陽種）　キキョウ　スミレ（好陽種）　サルビア（セージ類）　タチアオイ　ヘメロカリス　ミソハギ　リンドウ	アッツザクラ　オキザリス　クロッカス　スイセン　スノードロップ　ムスカリ　リコリス（ヒガンバナ）

2）半陽種

　　半陽種を常緑種、落葉種、球根類に分類すると表5-2-5のとおりである。

表5-3-5　草花類の選定（半陽種）

常緑種	落葉種	球根類
アガパンサス　アカンサス　アジュガ　クリスマスローズ　宿根フロックス　スカビオサ　ミヤコワスレ	アスチルベ　カンパニュラ（半陽種）　キョウガノコ　ギボウシ　シュウメイギク　ジンジャー　シラン　スズラン（ドイツスズラン）　スミレ（半陽種）　ハナトラノオ（カクトラノオ）　ベロニカ（ルリトラノオ）　ホトトギス	ゼフィランサス　ネリネ　ユリ　ハナニラ

3）耐陰種

　耐陰種を常緑種、落葉種に分類すると表5-3-6のとおりである。

表5-3-6　草花類の選定（耐陰種）

常緑種	落葉種
エビネ　ヒマラヤユキノシタ　シャガ　アジュガ　ツワブキ　フッキソウ　ヤブラン　キチジョウソウ　クラマゴケ　リョウメンシダ	クサソテツ　オシダ　シュウカイドウ

B. 毎年種子をまき、苗や球根を植え付ける草花類

① 1・2年草

　1・2年草とは、種子をまいて生長・開花・結実という生活サイクルを、その年のうちに、あるいは越冬して翌年には終えて枯死し、植物としての一生を終える草花類をいう。

　エクステリアでは種子まきを行うことはほとんどなく、苗を購入して植栽するが、花期が終わると種子を実らせて枯死するため季節物として扱われる。春のプリムラ、夏から秋に咲くサルビア、秋から春までのパンジーなどがよく知られている。

　このように季節ごとに植え替えが必要となるが、花壇などでは、そのためにはっきりとした季節の変化が感じられて、植え替えることによってまったく趣を変える。宿根性草花類や球根類と混植にして、他の植物の花の少ない時期に花を見せることもできるので、使い方によっては庭に一年中花を咲かせることも可能となる。

　又、コンテナや鉢植え、ハンギングにも利用されるが、これらはエクステリアの施工というより、住まい手が楽しむガーデニングの要素が強い。ガーデニングを趣味とする施主であれば、花壇や家庭菜園、コンテナ、鉢物の栽培、飾りつけを行う場所は、できるだけ日当たりの良い場所を選び、良質な客土を入れ、土壌改良などを行うとよい。

　1～2年草を開花期別に細分すると、表5-3-7のとおりである。

exterior planner handbook

表5-3-7　草花類の選定（1～2年草の開花期）

開花期	1～2年草
春	スイートアリッサム　プリムラ類　ペチュニア（秋まで開花）　ポピー
春～夏	イベリス　カスミソウ　スイートピー　ジギタリス　ナスタチウム（秋まで開花）　ニチニチソウ　フロックス　マリーゴールド（秋まで開花）　メランポディウム（秋まで開花）　ロベリア
夏	アゲラタム　アサガオ　タチアオイ　トレニア　フウセンカズラ　ベニバナ
夏～秋	インパチェンス　コキア　コリウス（葉を観賞）　サルビア　ハゲイトウ　バーベナ　ヒマワリ　ポーチュラカ　マツバボタン
秋	アキランサス　スイートアリッサム
秋～春	クリサンセマム　パンジー　ビオラ
冬～春	デージー　ハボタン

② **球根草花類（毎年球根を植付け、又、掘り上げを行うもの）**

　球根類の中には、花が終わった後そのまま置いておくと、生育に障害が生じたり、枯損するグループがある。これらの種類は日本と異なる気候帯に原産するもので、開花期の後は一定期間置いて球根に養分を蓄えさせ、その後掘り上げて乾燥休眠させる必要がある。

　これらの中でも種類が多いのが、地中海沿岸地域を原産とする球根類で日本ではチューリップやヒアシンス、フリージアなどが秋植え球根として利用される。原産地の気候は、乾燥期と湿潤期がはっきりと分かれており、球根類は夏の乾燥期に地上部を枯らせて養分を貯えて休眠する。日本ではこの休眠期は多湿となるため生活サイクルが合わず、場合によっては腐って枯死することもある。そのためこのグループの球根類は、毎年秋の適期に植付けを行い、又掘り上げて休眠させる必要があり、秋植え球根ともいわれる。

　これに対して、南米、東南アジア、アフリカなどの熱帯・亜熱帯原産の球根類は温暖な時期には屋外でも生長し、花を咲かせるが、冬の寒さに対しては弱く、秋には球根を掘り上げて凍らないように室内などで冬越しをさせるグループがある。春暖かくなる頃に植え付けるため春植え球根ともいわれ非耐寒性の球根ともいわれる。クルクマ、グロリオーサ、カラーなどがあげられる。

　球根類のうち、季節ごとに植え替えるものを、開花期別に細分すると表5-3-8のとおりである。

表5-3-8　草花類の選定（球根類の開花期）

開花期	1～2年草
春	ヒアシンス　フリージア　ラナンキュラス
春～夏	チューリップ
夏	アマリリス　クルクマ　グロリオーサ　ダリア
夏～秋	カンナ　グラジオラス

③ **ハーブ類**

　ハーブ類は、エクステリアの植栽としては、他の草花類といっしょに寄せ植えなどに利用するほか、ハーブ類だけを集めた一画を設けてハーブガーデンと

exterior planner handbook

することもある。ハーブ類には、低木、宿根草（多年草）、一年草が含まれる。なお、ハーブ類は一般的に日照を好むものが多い。

1）低木性、宿根性（多年生）ハーブ
低木性、宿根性（多年生）ハーブを整理すると表5-3-9のとおりである。

表5-3-9　草花類の選定（低木性・宿根性ハーブ類）

低木性・宿根性（多年生）ハーブ
オレガノ　カレープラント　サフラン　サントリナ　セージ類　タイム類　チャイブ　ヒソップ　ヤロー（セイヨウノコギリソウ）　ラベンダー類　ラムズイヤー　レモンバーベナ　ローズマリー　ローマンカモミール（ローマンカモマイル）

2）1～2年草ハーブ
1～2年草ハーブを整理すると表5-3-10のとおりである。

表5-3-10　草花類の選定（1～2年草ハーブ類）

1～2年草ハーブ
アニス　イタリアンパセリ　ガーデンクレス　キャラウェイ　コリアンダー　コーンフラワー（ヤグルマギク）　サフラワー（ベニバナ）　サポリー　セロリ　チャービル　ニゲラ　パセリ　ボリジ　ラディッシュ

④　芝生
芝生は、エクステリアにおいては欠かすことのできない植栽要素の1つである。鮮やかな緑の芝生が美しく刈込まれている様は庭の景観を引き立てるだけではなく、機能的にも土砂の飛散を防ぎ、雨後のぬかるみを防止し、転倒した時にも柔らかくクッションのように身体を受け止め、時に芝生に寝ころんだり、座ったりすることのできる緑のカーペットと呼ばれる存在でもある。
エクステリアで使われる芝生には日本芝と西洋芝とがあるが、多くは日本芝が使われている。これはマット状になった芝を貼るため芝生としての完成が早いこともあるが、病害虫の発生が比較的少ないためである。一方、西洋芝は常緑性であることが高く評価されるが、関東以西の暖地では夏の高温・多湿に弱く病害を受けやすいため、冷涼地で使われることが多い。又西洋芝は草丈が高くなるので、日本芝に比べて刈込みの回数を多く行う必要がある。西洋芝は播種によって芝生をつくることが多いが、近年マット状のロール芝も使われるようになってきた。

表5-3-11　住宅の庭に向く芝の種類

	名称	植栽分布	土性	土壌水分	踏圧	備考
日本芝	ノシバ	北海道北部を除く全国	砂壌土	乾	強	やや粗い芝
	コウライシバ	東北以南	砂壌土	乾	強	細密な芝
	ヒメコウライシバ	関東以西	砂壌土	乾	強	密度の高い芝
西洋芝	ベントグラス類	冷涼地	壌土	湿	中	密度の高い芝
	ブルーグラス類	冷涼地	壌土	湿	強	細密な芝

exterior planner handbook

5-4 配植の基礎知識

1 配植の基礎知識

　植栽をそれぞれの場所における機能や性質、特徴、そしてボリュームや樹形、さらには花や実、紅葉の有無等を考慮して樹種を選択し、配置を決めることを配植という。

　エクステリアの設計の手順では、配植は設計の最後の段階において行う作業である。外構と総称される門廻り、アプローチの舗装、車庫廻り、園路、門扉やフェンス等の他、庭園工作物であるテラス、デッキ、パーゴラ、池等、さらに和風庭園に設けられる灯籠、つくばい、景石、延段、飛石、竹垣等々の配置が定まり、図面に描かれてはじめて植栽の設計を行うことができる。

図5-4-1　配植にあたっての留意事項

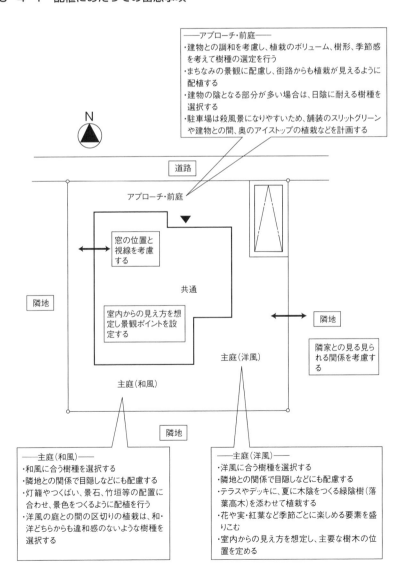

2 配植の手順

配植の計画は以下のような手順で行うのが一般的である。

① 境界部

敷地の環境を調査した結果必要とあれば、生垣や列植等で道路や隣地との境界部に、人の立入りを防ぐ植栽や隣家からの目隠しの植栽を計画する。

② 門廻り・アプローチ・前庭

a．門廻りやアプローチ、前庭等の配植は、建物や外構のデザインとの調和を考慮し、ボリューム、常緑・落葉のバランス、樹形、花や実・紅葉等の季節感、日照条件、施主の好みなどを検討し、さまざまな樹種を組合せ、デザイン性の高い植栽の計画を行う。

b．前庭はまちなみ景観や近隣の環境にも多大な影響を与えるので、道路からの見え方にも十分に配慮する。

③ 主庭（洋風）

a．主庭（洋風）は、庭園工作物や装飾物等の配置やデザイン、色彩などと調和する樹木や草花類を選択し、最も景観的にふさわしい場所をそれぞれに定める。

b．隣家からの視線や庭園空間の構成、冬季（落葉期）の状態、室内からの眺めなどを総合的に判断し、樹木の大きさ、樹形、常緑・落葉の選択、花・実・紅

図5-4-2　配植の手順

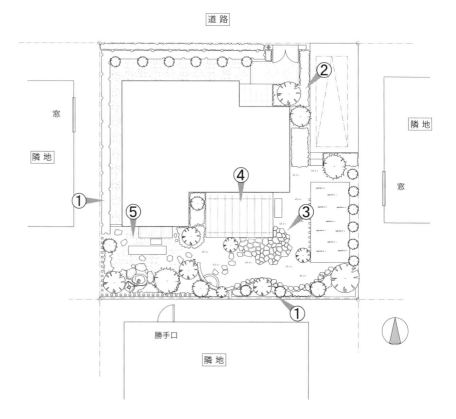

葉等の季節感、花の色等々の条件により、樹種とその位置を定める。

c. 住まい手が自ら植栽し栽培する家庭菜園、ハーブガーデン、花壇等ガーデニングが楽しめる場所は日照条件を考慮し、位置を定める。

④ **夏季の緑陰**

夏季の利用を考慮し、木陰をつくる緑陰樹をテラスやデッキの近くに計画するか、パーゴラとツル植物を計画する。

⑤ **主庭（和風）**

a. 主庭（和風）は、灯籠、つくばい、景石、延段、飛石、池、流れ、竹垣等により庭園イメージがつくられる。植栽は和風のイメージを持つ樹木、下草類を適切に選択する。

b. 和風庭園は、植栽に関して多くの決めごとがあり、例えば、灯籠に合わせ背景をつくる「控え」や灯をちらつかせる「火障り」、釣り合いをとる「副え」などの樹木類の役割が定められている他、つくばいや景石、池、流れ、竹垣にもそれぞれ役木や添える植栽が定型化されているものが多い。このため本格的な和風庭園をつくるには、そうした多くの植栽手法を学ぶ必要がある。

5-5 配植の手法

植栽の設計では、樹木類の植栽位置を定めるだけでは十分とはいえず、樹木類の大小、あるいは高木と低木、中木と地被などのように組合せることによって、はじめて植栽がまとまりのある景観として見えてくる。以下は、そのための基本的な組合せ例をきわめて単純化したパターン図として示す。

1 単植

単植は、普通高木類の植栽についていわれることであり、前庭、門廻りに植栽するシンボルツリーや、主庭における主木又はそれに準じる高木類、和風では真木、添、対等の役木の場合、多くは単植とする。1本で見せることが求められるため、他の高木よりひとまわり大きいか、樹形が秀れているもの、強い個性を持つものなどの条件を備えた樹木を選択する。

図5-5-1 単植のパターン図

1) 高木類1本植え　　　　　　2) 高木類1本植え

2 双植・対植

双植（そうしょく）は、2本の樹木を接するように植栽するもので、2本合わせた姿が樹形として整った状態のものをさす。ただし株立ちとは異なる。

対植（たいしょく）とは、左右にやや間をあけて一対として植栽するもので、整形式の庭園や神社仏閣の参道脇等に見られる。同じ樹種だけではなく、異種の樹木を植栽することもある。エクステリアでは、門廻りにゲートツリーとして使うほか、紅梅と白梅、ハナミズキの紅白等の使い方がある。

3 三植

平面図では、3本の樹木を不等辺三角形に配置し、3本で景をつくる手法である。日本の庭園では、この三植（さんしょく）が最も基本となる植栽手法であり、3本、5本、7本と数が増えてもこの基本に変わりはない。高・中・低のバランスとしても、前・中・後の奥行き感としても、最も日本人にはなじみもあり、安定感を感じる形である。

exterior planner handbook

図5-5-2 双植・対植のパターン図

1）高木類2本植え

2）高木・中木類2本植え

図5-5-3 三植のパターン図

1）落葉高木3本植え

2）コニファー3本植え

4 寄植え

　数は特に規定しないが、和風庭園では、奇数を良しとする。雑木類などを自然な感じで見せる雑木の庭などに、最も利用される。高木以外では低木類の寄植えは、数本あるいは多い時には数十本を、一つのまとまりとなるように植栽する手法である。

図5-5-4 寄植えのパターン図

1）落葉高木5本寄植え

2）低木類寄植え

5　列植

　同形、同種の樹木を、一定の間隔をあけて列状に植栽するもので、高木よりも中木、あるいは玉物での利用が多い。生垣よりもゆるやかに空間を仕切ることができ、物理的というよりも心理的な側面が強い。

図5-5-5　列植のパターン図

　　　1）中木類列植　　　　　　　　2）常緑低木（玉物）

6　境栽（ボーダー）

　幅が狭く長さが長い帯状の植栽で、道路沿いや境界沿い、建物沿い等に利用される。イングリッシュガーデンで使われるボーダーガーデンと考えてよい。コニファーや中・低木類、草花類を混植し、さまざまな花を楽しむのに向いている手法である。

図5-5-6　境栽のパターン図

1）寄植え
　落葉中木
　コニファー
　常緑草花
　ハーブ
　落葉草花

7　生垣

　エクステリアでは、最も利用される植栽である。人止め、目隠し、防風、境界等々多面的な機能をもつ。同一樹種だけではなく、数種類の樹木を使った混ぜ垣も、季節の変化が楽しめる。草花の寄植えやボーダーガーデンの背景として使うと花色がより際立つ。

図5-5-7 生垣のパターン図

1) 生垣

2) 生垣と低木の2段植栽又は生垣と草花の2段植栽

8 組合せ植栽

植栽は、高木・中木・低木のそれぞれの長所を組合せることにより、その美しさが表現できる。又、常緑と落葉のバランス、草花や下草の色どり、これらを総合的に考え一つの景色として見えるように計画することが植栽の設計（デザイン）である。

図5-5-8 組合せ植栽の平面図

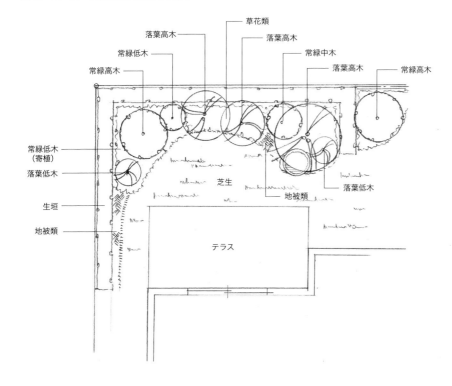

図5-5-9 組合せ植栽のスケッチ

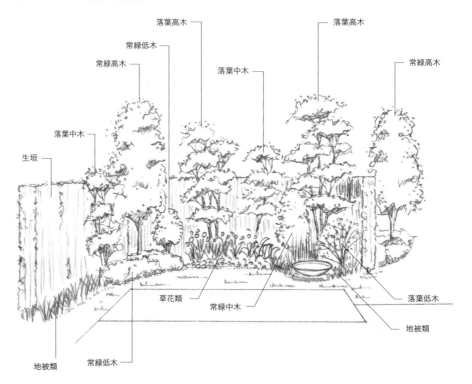

5-6　植栽の施工

1　樹木の移植

　移植は、もともとその地（庭）に植栽されていた樹木を掘り取って、同じ敷地内や他の場所へ植え替えることである。
　移植にあたっては、移植の時期、根回しができるか否か、移植しやすい樹種であるか、樹勢、植栽地の状況などについて総合的に判断を行い、移植の可能性の有無を決めなければならない。

（1）樹木移植の適期

　樹木の移植は、常緑広葉樹、常緑針葉樹、落葉広葉樹によって移植の適期が異なるため、それぞれの適期を選ぶことにより、移植後の活着率を高めることができる。以下に東京地方の標準的な適期を示す。

- 常緑広葉樹
  適期は3月下旬〜4月中旬、6月中旬〜7月中旬、9月中旬〜10月中旬
- 常緑針葉樹
  適期は2月中旬〜4月初旬、6月中旬〜7月中旬、9月中旬〜12月中旬
- 落葉広葉樹
  適期は11月下旬〜3月下旬

（2）根回し

　庭などに長い間植えられていた樹木は、根が四方に広く伸びているため、そのまま掘り上げると細根がなく、根鉢がくずれて活着しにくい状態となる。そのため移植する1年ぐらい前に、将来の根鉢の外周部の大部分の根を、3〜4本の支持根（樹木を支える太い根）を残して切断し、細根を発生させることによって、活着しやすくする方法である。大木や老木、あるいは移植の難しい樹種に行う。

図5-6-1　溝掘式根回しの方法

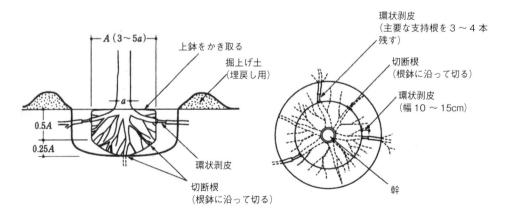

（出典：『緑化マニュアル』中島宏）

(3) 移植の困難な樹木

　移植の困難な樹木は、移植の適期に行っても活着しにくい。そのため、事前に根回しを行ったうえで移植することが、活着率を高めるためには必要となる。移植の困難な樹種を示すと表5-6-1のとおりである。

表5-6-1　移植の困難な樹種

常緑広葉樹	オガタマ　カナメモチ　シャリンバイ　ジンチョウゲ　チヤ　トベラ　ピラカンサ　ユズリハ
常緑針葉樹	キャラボク　スギ　トウヒ　モミ
落葉広葉樹	カキ　コブシ　トチ　ネムノキ　ハクモクレン　ホオノキ　フジ

(4) 掘取り

　移植する樹木を掘り上げるとともに、掘り上げた根鉢を運搬できる形態に整える作業を掘取りという。掘り取る方法には、根巻き、ふるい、追掘り、凍土法の4つの方法があり、その方法は表5-6-2のとおりである。

表5-6-2　掘取りの方法

名称	掘取りの方法と適用樹木
根巻き	針葉樹、常緑樹のほか、落葉樹で大木や老木、不適期の移植に適用する。根元まわりを鉢状に掘り、根鉢を縄やワラ、コモなどで固く巻き締め、掘り上げる方法
ふるい	移植適期の落葉樹に適用する。根元まわりを掘るが、土をつけずに掘り上げる方法
追掘り	移植の困難な樹木類に適用する。根元まわりを掘って、出てきた太根を切らずに、先端までたぐって掘り上げる方法
凍土法	冬期の寒冷地で、土壌の凍結深度が深い場合、凍結した土とともに掘り上げる方法

(5) 運搬

　移植木は、掘り上げる前に、下枝を幹に沿わせて縛り付け（枝しおり）、又枯れ枝や不要な枝を切り取り、枝をつめるようにする（枝おろし）が、特に敷地外に運ぶ場合には、運搬に当たって枝折れや根鉢の崩れるのを防ぐとともに、根鉢を風や日差しにあてないようシートなどをかけて保護する。

(6) 植付け

　移植樹木の植付けは、新植の植付けと基本的に同じ作業である。しかし、根は大きく切られていることから、根からの水分吸収と地上部の蒸散のバランスを考慮して、いくつかの処置を行うことも活着の確率を高めるために必要である。

- ●枝葉はできるだけ切りつめる。
- ●幹巻きや根元にマルチングを施す。
- ●枝葉に蒸散抑制剤を散布する。

2 樹木類の植栽

(1) 植穴掘削

植栽を行うために、植栽する位置をあらかじめ確認する。図面に表示された位置に基づいて定めるが、主たる観賞位置からの景観的バランスや、他の庭園工作物との関係、地下埋設物等の有無を確認し、修正を行ったうえ植穴の掘削を行う。

図5-6-2　植穴

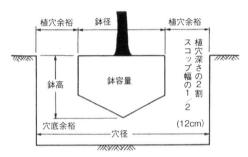

(出典：『緑化マニュアル』中島宏)

植栽地の土壌によっては、植栽に適さない瓦礫が多く混入した土や、粘土質の土等の不良土壌の場合もある。そうした土壌では、あらかじめ土壌改良を行うとともに、埋戻し用の客土も良質な畑土だけではなく、土壌改良材を混合した客土を用いるようにする。

(2) 植付け（立込み）

現場に搬入された樹木類は、枝しおりをはずし、折損した枝や徒長枝、密生した枝などを剪定して、木の正面を見定め植穴に立込む。その後掘り上げた土又は客土を、根鉢の周囲に入れて埋め戻すが、埋戻しについては水極めと土極めの2つの方法があり、いずれかの方法を用いる。それらを整理すると表5-6-3のとおりである。

表5-6-3　植付け（埋戻し）の方法

方法	作業手順
水極め	一般に多く行われる。立込み後に掘り上げた土や客土を、植穴に1/2～1/3程度埋め戻し、鉢の周囲に水を注いで泥水状態として、棒でよく突き、全体に泥水がまわるようにする。その後残りの土を水は使わずに埋め戻し、根元を静かに踏み固める。
土極め	マツ類、ハクモクレン、シモクレン、コブシ、ジンチョウゲ等のように根の湿気をきらう樹種に適用する。水を使わずに、埋戻し用土を少しずつ鉢周りに入れながら棒ですき間のないように突き固め、その後水をかけるようにする。

(3) 支柱

支柱は植え付けた木が倒れるのを防ぐとともに、風で揺れ動いて根が傷むのを防ぐ目的で取り付ける。普通杉丸太や唐竹等を使って、樹木の大きさに合わせて型を選択する。支柱の型は表5-6-4のとおりである。

表5-6-4 支柱の型の分類

支柱の名称	形態	樹高(m)	幹周(cm)
添木（添え柱）	中木程度の樹木に利用する。唐竹1本で幹に添えて結束する。	1.5～1.9	―
鳥居型（二脚鳥居）	二脚の丸太に横木として丸太を取りつけ、幹を支える。	―	9～29
鳥居型（三脚鳥居）	二脚の鳥居にさらにもう一脚丸太を取りつけ、三脚としたもの。	―	30～50
鳥居型（十字鳥居）	2組の二脚鳥居を十字型に組合せたもの。	―	30～50
八ツ掛	3本の支柱を幹の高い位置に取りつける。支柱は立面的に正三角形になるように配置する。竹と丸太を幹周や樹高により使い分ける。	2.0～2.5	9～29
		―	20～74
布掛	中木類に適用する。植栽間隔が狭く列状に植栽する際に、両端及び中間は丸太材を打ち込むか、唐竹控えを組み、横に必要に応じ一段～三段の唐竹を取り付け、それに幹を結束するもの。	1.5～2.5	―
ワイヤー支柱	樹高の高い大径木など、一般の支柱では効果が得られない場合にワイヤーロープ数本で引っ張り支柱とするもの。	―	75以上
方杖（ほおづえ）	斜めに傾いた幹や太枝を支えるもの。	―	―

図5-6-3 支柱の型 ①添木（添え柱）

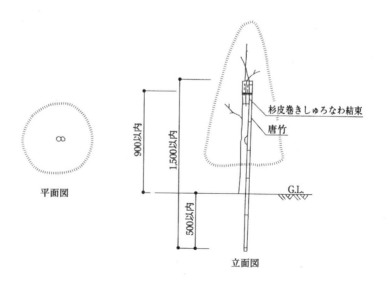

図5-6-4　支柱の型　②鳥居型（二脚鳥居）

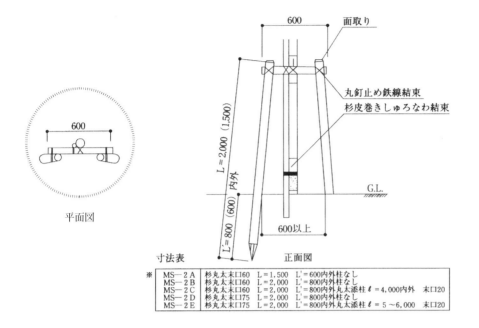

図5-6-5　支柱の型　③ハツ掛（三脚唐竹）

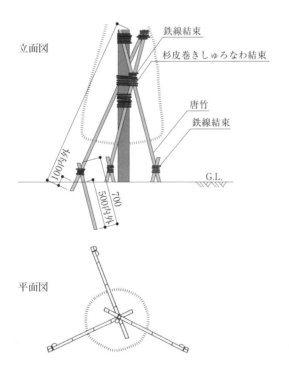

図5-6-6 支柱の型 ④布掛

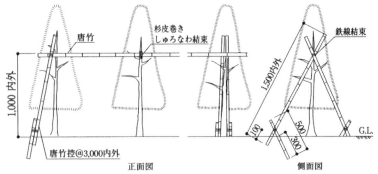

(①〜④出典:『公共住宅屋外整備工事積算基準』)

(4) 養生

新規に植栽する場合であっても、植栽適期以外では活着率を高めるために、以下のような養生を行う。

ア) 幹巻

　幹を保護するために、ワラ、コモ、緑化テープ（ジュート製）などで幹を巻く。

イ) マルチング

　根元回りにワラ、コモ、樹皮チップ、バーク堆肥、落葉などを敷き込むもので、夏期における地表面からの水分の蒸散防止、雑草の生育防止、冬期における凍結の防止などを目的とする。

ウ) 蒸散抑制剤

　葉面や若い新梢などに散布し、表面に被膜をつくり、水分の蒸散を防止する。

③ 地被類（グランドカバー）の植栽

① 地拵え

地被類を植付ける場所は、植栽予定地全体の土を20〜30cm掘り起し、土壌が不適と判断される場合には、土壌改良材（バーク堆肥・ピートモス・パーライト等）を混合するか、全面客土を行いその後元肥（基肥）を施す。

② 植付け

地被類の多くはポット栽培のため、根が伸びて巻いているものがあれば根をほぐして植付けるようにする。植栽の密度は、高い場合には完成度も高く見栄えもするが、反面将来健全な生長に支障が出ることがあり、又密度が低すぎると見劣りがし、雑草も出やすい。又樹種によって株の大きさ、生長速度の違いによっても適正な密度の設定は容易ではない。しかし一般的な目安としては、1m²当たり低木性地被類で9〜16株、草本性地被類では36〜49株、ツル性地被類では25〜36株、笹類では36〜49株とする。

④ 草花類の植栽

① 地拵え

花苗の植付ける場所は、季節ごとに植え替える場合でも、土を掘り起こして耕転するが、その際に元肥（基肥）を施すことが大切である。又、ハーブ類の

ようにアルカリ性を好む草花では、石灰を施して土壌を中和することも必要となる。

② 花苗の植付け

花苗は、植付け後の生育を考えて、ゆとりをもたせるように間隔を開けて植付けを行う。又、数種類の花苗を植え付ける場合には、草花の生長後の草丈を考え、配置を決めることが必要である。

③ 球根類の植付け

球根類は、種類によって植込みの深さが異なる。標準的には球根の高さの2倍程度の深さを目安として植付けを行う。

5 芝の植付け（芝張り）

① 整地

芝張りを行う場所は、全体に表土を耕転し、小石や雑草を取り除く。芝は水はけが悪いと生育が不良となるため、排水用のマス等に向けて勾配をつけ、雨水が停滞しないように整地を行う。排水性の悪い土壌の場合には、地中に集水管を埋設したり、土壌改良材を土壌に混合させて透水性をよくするなどの対策を行う。

② 芝の植付け

1）張芝

張芝は、切り取った芝を土の上に張り付ける方法であり、べた張り、目地張り、互の目張り、市松張り、筋張りなどの方法がある。図5-6-7に示す。

又近年は、芝を細長くロール状に巻かれたロール芝も使われる。

いずれの張り方も、張り終わった後には、畑土等の良質な目土をかけ、目地などにも目土を均等にかき入れて、凹凸のないようにする。斜面では、活着するまで芝が動かないように、芝ぐし（竹ぐし）を打ち込んでおく。

張芝に利用される芝の種類は、コウライシバ、ノシバ、ヒメコウライシバがあるが、西洋芝でもマット状に生育されたロール芝が使われるようになった。

図5-6-7 芝の張り付け

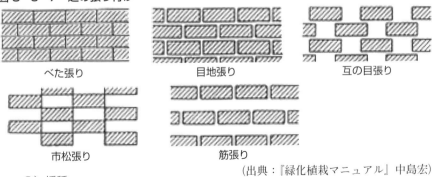

（出典：『緑化植栽マニュアル』中島宏)

2）播種

整地をした後に芝の種子を播く方法である。常緑性の西洋芝で、ベントグラス類、ブルーグラス類が利用される。播種の適期は春（3月中旬～5月）と秋（9月中旬～10月上旬）であり、夏と冬は発芽しても枯死しやすいので避けるようにする。

5-7 植栽の管理

1 樹木類の管理

樹木類の管理は、庭木を美しい樹形に仕上げるとともに、これを維持していくという目的を有している。したがって、樹木類の管理で、一般に行う作業は、施肥、病害虫防除、剪定・刈り込み等である。

これらの作業の必要性をあげると、次のことがいえる。

1 樹木を活着させる

この管理を「保護管理」といい、これは幹巻きや支柱取付け等の保護養生と灌水等である。

2 樹木を育成させる

この管理を「育成管理」といい、施肥や病害虫を防除し、計画的に生育を促進させることである。

3 現在の姿を保つ

この管理を「抑制管理」といい、育成管理された樹木がいつまでもその姿を維持できるようにするためのもので、剪定・刈り込み等がこれにあたる。

(1) 施肥 (せひ)

① 施肥の意義

肥料は植物がすこやかに生育するために与えるものである。したがって、肥料の種類や効用などについて、あらかじめ、理解しておかなければならない。

植物は必要な養分が不足すると葉色が悪くなったり、開花や結実が遅れる等の原因となる。又、病害虫に対しても、抵抗性が弱くなったりするので、計画性をもった施肥が大切である。

② 肥料の種類と効用

1) 肥料の3要素（大量要素）

植物がすこやかに生育するために大量に必要となる肥料に、チッ素、リン酸、カリウムがある。

チッ素肥料は、葉肥料とも呼ばれる。植物の原形質であるタンパク質や葉緑素生成には不可欠なものである。不足すると、葉が黄変し、葉枯れ現象が生ずる。主な肥料に、硫安、尿素、石灰窒素、硝安、油かす等がある。

リン酸肥料は、花・実肥料とも呼ばれる。植物の生理作用を促進し、開花、結実には不可欠なものである。不足すると、葉が暗緑色となり、次第に葉枯れし、花の色も悪くなる。主な肥料に、過リン酸石灰、溶性リン肥、鶏糞等がある。

カリウム肥料は、根肥料とも呼ばれる。植物の新陳代謝を促進し、根、茎、葉の生長には不可欠なものである。不足すると、水分代謝が悪くなり、根や茎の生長が止まる。主な肥料に、塩化カリウム、硫酸カリウム、草木灰等がある。

2) 中・微量要素肥料

植物の生長にとって多くは必要としないが、植物の生長過程に生ずる種々の現象を緩和し、改善する効果がある。

exterior planner handbook

カルシウム肥料は、一般に酸性土壌を中和させるのに有効であり、その他、植物の新陳代謝の促進の結果、発生する酸類を中和させるはたらきがある。不足すると、根の生長を阻害し、幹の芯腐れを起こす。又、酸性土壌となり、リン酸、マグネシウム等が吸収されなくなる。主な肥料には、生石灰、消石灰、炭酸カルシウム等がある。

　中・微量要素肥料は、植物にとってビタミン剤をはじめとする健康食品的要素を持つものである。したがって、施肥の加減が重要である。例えば、カルシウム肥料の過多は、微量要素肥料の鉄、マンガン、ホウ素等を植物が吸収しなくなり、逆に欠乏症となる場合があるので注意が必要である。

　主な肥料には、マグネシウム、硫黄、鉄、マンガン、ホウ素、亜鉛、モリブデン、銅、塩素等がある。

③　肥料効果の種類

　肥料の種類によって、表5-7-1のとおり、緩効（遅効）性タイプと速効性タイプのものに類別される。

表5-7-1　肥料効果の種類

肥料効果の種類	特徴	適用肥料名
緩効性タイプ	主に固形状のもので、施肥後、ゆっくりと効果が出始め、それが長時間継続するものである。	石灰窒素　油かす　溶性リン肥　焼成リン肥　鶏糞　生石灰　消石灰　炭酸カルシウム等
速効性タイプ	主に水溶性もしくは液状のもので、施肥後すぐに効果が現れるが、それが長続きせず、定期的に施肥する必要がある。	硫安　尿素　過リン酸石灰　塩化カリウム　硫酸カリウム　草木灰等

④　施肥の種類

　施肥の種類は、表5-7-2のようなものがある。

表5-7-2　施肥の種類

施肥の種類	特徴
元肥（基肥） （もとごえ（きひ））	植栽する以前にあらかじめ土に施すもので、緩効性の肥料が適する。
追肥 （ついひ）	植栽後、生長に応じて与えるもので、速効性、緩効性の肥料を組合せたものが適する。
寒肥 （かんごえ）	春の生長期に向けて、植物が休眠している冬季に施すものである。緩効性の肥料が適する。
お礼肥 （れいごえ）	花が咲き終わった後や果実の収穫後に、弱った植物の回復を図るために与えるもので、速効性の肥料が適する。

⑤　施肥の方法

　施肥の方法には、表5-7-3のように輪肥、車肥、つぼ肥等があるが、樹木の種類、植栽位置や状況、他の樹木との状態に応じて、施肥の方法を選択する。

269

5
-
7

植栽の管理

exterior planner handbook

表5-7-3 施肥の方法

施肥の方法	特徴
輪肥(わごえ)	木の幹を中心に、葉張り外周線に沿って、深さ20cm程度の溝を掘り溝底に肥料を平均になるように施し、土をよくかぶせ覆う方法である。
車肥(くるまごえ)	木の幹を中心に、車輪の幅のように放射状に溝を掘る。溝は外側に向かうほど幅を広くかつ深くする。溝の深さは15〜20cm程度、長さは葉張りの3分の1程度とする。溝の底に平均になるように肥料を施し、土をかぶせ覆う方法である。
つぼ肥(つぼごえ)	木の幹を中心に、葉張り外周線に沿って、放射状に縦穴を掘り、そこに肥料を施し、土をかぶせ覆う。穴の深さは20cm程度とする。
置肥(おきひ)	鉢土の表面に置くもので、緩効性の肥料が適する。

(2) 病害虫防除

① 病害虫防除の意義

病害虫防除は、病害虫の被害防止により樹木の美観を守り、損傷を防ぐ等、樹木が健全に生育するために必要不可欠なものである。

樹木には多くの種類があり、それぞれの樹木がかかる病気や害虫も様々である。したがって、対象となる樹木の病気や害虫に対して、有効な薬剤を選択し、有効な時期に使用し、計画的で適正な方法で防除することが大切である。

病害虫防除で留意しなければならないことは、防除は病害虫の被害が顕著になってからでは、手遅れという場合が多いということである。

害虫は、季節や状況により、発見するのが容易な場合が多い。病気の場合は、葉が変色したり、落ちた後の発見になり、その時に薬剤を散布しても手遅れということがある。

樹木を病害虫から守るには、病気又は害虫の発生前か発生直後に有効な薬剤の散布や物理的方法で、計画的に不断に防除することが大切である。

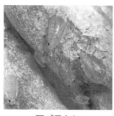
アブラムシ

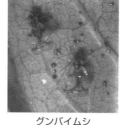
グンバイムシ

スリップス

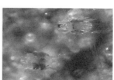
ダニ類

ナメクジ

チャドクガ

カイガラムシ

ヨトウムシ

② 樹木の主な病気の種類と症状及び防除方法

　　樹木の主な病気の種類と症状及び防除方法を整理すると、表5-7-4のように
なる。

表5-7-4　樹木の主な病気の種類と症状及び防除方法

病名	特徴・主な対象植物	薬剤名	物理的防除法
赤星病 (あかぼしびょう)	ナシ、リンゴ、ボケ等の病気である。葉の裏側に毛が突起したような赤い星状の病斑ができる。サビ病の一種である。	ジマンダイセン、マンネブダイセン、サプロール、オーソサイド等。	中間宿主の除去（ナシはカイズカイブキ、ボケはビャクシンが中間宿主である）。病葉の焼却等。春から初夏に発生する。
うどんこ病 (びょう)	枝や葉にうどん粉を振りかけたような白いカビが一面に発生する。多くの庭木が発病する。特にバラ、カエデ、マサキ、カシ類、サルスベリ等に顕著。	サプロール、ミラネシン、カリグリーン、オルトランC、ポロポンV、ベニカソフトC、ベンレート等。	枝透かしして通風、採光をよくする。病枝、病葉を焼却する。
黒星病 (くろぼしびょう)	特にバラ科の植物に多く見られ、葉に円形（星状）の斑紋ができる。病気が進むと葉が落ち、幹が衰弱する。	ダニコール、サプロール、オルトラン、サボロン、ベニカソフト等。	罹病した枝や葉の切除及び焼却をする。
褐斑病 (かっぱんびょう)	多くの植物に見られ、葉に淡褐色の斑点が表れ、病状が進むとそれが拡大し、その上に黒い斑点ができ、葉が枯れる。	ベンレート、ジマンダイセン、ダニコール等。	罹病した葉の切除及び焼却をする。
炭そ病	ヒイラギナンテン、アオキ、マサキ等に多く発生し、葉、枝、花、果実と発生する箇所は異なる。葉に円形の病斑ができ、それが進むと葉に穴があき、果実は途中で落下する。	ベンレート、ジマンダイセン、ダニコール等。	罹病した枝や葉の切除及び焼却をする。
テングス病	枝の一部から多数の小枝が発生し、ほうき状に密生する。タケ、サクラ、キリ等に見られる。	ペイント、コールタール等。	枝を切除し、焼却する。切口を消毒し、ペイントやコールタール等を塗布しておく。
もち病	葉がもちを焼いたように膨れ、それが進行すると黒褐色となり、腐敗する。	ダニコール、サンボルドー等。	葉を切除し焼却する。

exterior planner handbook

③ 樹木の主な害虫の種類と症状及び防除方法

　　樹木の主な害虫の種類と症状及び防除方法を整理すると、表5-7-5のようになる。

表5-7-5　樹木の主な害虫の種類と症状及び防除方法

害虫名	特徴・主な対象植物	薬剤名	物理的防除法
チャドクガ	ツバキ、サザンカ、チャ等に群棲し、葉に被害を与える。毛虫類で黄色地に黒斑があり、毒蛾の一種で、人が触れると発疹ができ、かぶれ、赤くはれあがる。必要に応じて医師の診察を受ける。幼虫は4月から9月にかけて2回発生する。	オルトラン、スミチオン、ベニカ、スミソン、スミナイス、アクテリック、トアロー等。	チャドクガの群棲している葉の切除及び焼却等。
カイガラムシ類	葉、枝、幹等に発生し、枝や幹の樹液を吸う。移動するもの、しないもの、殻のあるもの、ないもの等様々である。ムシの糞等の排泄物により、スス病を併発する場合がある。被害が進行すると枝枯れから枯れ死に至る。	マラソン、スミチオン、オルトラン、ポロポン、アクテリック等。	剪定や枝透かし等により通風・採光をよくし、必要に応じ、掻き落とす。
アブラムシ類	アブラムシの寄生しない樹木はないと言われている。新芽、新葉、新梢等に群棲し、5〜7月にかけて多く発生する。ムシの糞等の排泄物により、スス病やコウヤク病を併発する時もある。	オルトラン、スミチオン、ベニカソフト、スミソン、マラソン、モスピラン、ハイベニカ等。	早めの薬剤散布が必要である。
ダニ類	葉汁を吸い、特に夏の高温時の被害が顕著である。	スミナイス、オサダン、ハイベニカ、マラソン、ベニカ、ケルソン等。	薬剤に対し、抵抗性が強いので、一つの薬剤では駆除は困難である。したがって、4〜5種の薬剤を交互に散布すると効果的である。
グンバイムシ	主にツツジ、サツキ類の葉に群棲し、葉汁を吸う。葉裏が分泌物で黒く汚れる。ムシが相撲の軍配の形をしているのでこの名がある。	オルトラン、スミチオン、スミソン、スミナイス、ベニカ、アクテリック等。	有効な薬剤散布が必要である。

exterior planner handbook

④ 薬剤タイプの種類

　　薬剤タイプは薬品製造会社により、若干異なるものもあるが、一般には表
5-7-6のようなものがある。

表5-7-6　薬剤タイプの種類・特徴・使用方法

薬剤タイプ	特徴	使用方法
エアゾールタイプ	薬剤をエアゾールに混入させた容器から、直接噴霧するもので手も汚さず、種類によっては、害虫と病気の双方に効果を発揮するものもある。	エアゾールを使用しているので、近距離からの散布は冷害を引き起こすおそれがあるので、用法に従うことが大切である。
スプレータイプ	薬液量に限度があり、少量散布には便利である。	――
粉タイプ	散布した形跡がはっきりとし、かけむらを防止することができる。	散布する時は薬剤が飛散したり、吸引するおそれが高いので注意が必要である。
粒タイプ	そのままの状態で、必要に応じて、種を播くように散布できる。長時間効果が継続するものが多い。	――
ペレットタイプ	植物が被害を受ける前に、害虫を駆除しようとするもので、ナメクジ・ネキリムシ等、夜、活動するムシの加害防止に有効である。	――
乳剤及び水和剤タイプ	少量の薬剤で大量の薬液が作れるのが特徴である。	水で薄めた薬液は、一般に保存できないので、その都度、必要量だけ作ることが大切であり、用法に従い、薬液を濃くしないように注意する。散布には必ず噴霧器を使用する。

⑤ **薬剤散布**

　　薬剤又は薬液を散布する場合には、次のような注意が必要である。

ａ．散布前

　・薬剤の使用にあたっては、使用濃度、使用上の注意を良く読み、薬液を正しく作ること。特に、使用濃度は用量に従うこと。

　・高い樹木や大量に散布する時は、マスク、防護メガネ、ゴム手袋、長袖の服、長靴等を着用し、皮膚の露出部分を少なくすること。

　・室内での散布作業は行わないこと。

　・体調の悪い時は、散布作業を中止すること。

　・薬剤の散布を、周辺に周知すること。

　・使用器具は事前に点検しておくこと。

ｂ．散布時

　・日中の高温時や強風時の散布は避けること。

　・薬液が、家屋・洗濯物・ペット・池等にかからないように、風向き等を考慮すること。

exterior planner handbook

・粒剤以外の薬剤又は薬液は、天気の良い日を選んで散布すること。
・散布する時は、葉だけでなく、必要に応じて、植物全体又は局所にていねいに行うこと。
・散布時は、煙草を吸ったり、食事等はしないこと。

c．散布後
・散布終了後は、速やかに顔や手等の露出部分を石けん等で良く洗い流し、使用した器は洗浄し、衣服等も洗濯すること。
・散布後も散布区域には、小児やペット等が立ち入らないようにすること。
・余った薬液は、下水に放流せず、土等にまいて処理すること。
・開封後の薬剤は、密栓又は密封して、涼しい場所に保管すること。

(3) 整姿・剪定・刈込み

① 整姿・剪定・刈込みの意義

樹木は植栽後そのまま生長させると大きくなり、葉や枝も茂り過ぎる。成り行きにまかせていると、樹形が乱れるとともに樹木全体のバランスを欠くようになるため、人為的に樹形をつくり、他の樹木や庭とのバランスをとる必要が生じる。これが、整姿・剪定・刈込み等である。

整姿・剪定・刈込みは、現在の姿を保つという点ではこれを樹木の「抑制管理」と呼ぶ。

樹幹や枝の生長を調節し、美観ある樹形をつくり、それを継続させるものが「整姿」である。これは一度つくられた樹形を維持するものである。

採光や通風を良くし、樹木の健全な生育、開花、結実等を図るために枝・幹・梢等を切り除くことが「剪定」である。又、樹木の樹冠上に伸びた枝や小枝葉等を一様に切り揃えることが「刈込み」である。

② 剪定の時期

a．冬季剪定

一般的に落葉樹は、落葉したら剪定の適期に入る。樹木の休眠期あるいは翌年の萌芽直前に行う剪定を冬季剪定といい、樹形をつくるために強い剪定を行っても、樹木に与える影響は少ない。したがって、思い切った枝の間引きや主枝の剪定、病害虫に侵された枝や枯れ枝等の除去には最適といえる。

花木類は、葉芽と花芽とをよく見定め剪定する。

b．春季剪定

樹木が開花ないしは萌芽し始める3〜5月頃に行う剪定を春季剪定という。花木類は、開花後すぐに剪定を行い、花の咲いた枝を切り戻し、充実した枝と更新する。これを花後剪定と呼ぶ。

常緑樹は、古葉が落ち、新葉と交代する5月頃が剪定の適期であり、春季剪定で強い剪定を行い、樹形を整える。

春は樹木の生育が盛んで、伸張する新梢の摘心、摘芽、生垣の刈込み等はこの時期に行う。マツのみどり（新芽）摘みはこの時期である。

c．夏季剪定

6〜8月頃になると、樹木は枝や葉が茂り、通風や日照が妨げられ、病害虫

図5-7-1 高木の剪定のポイント

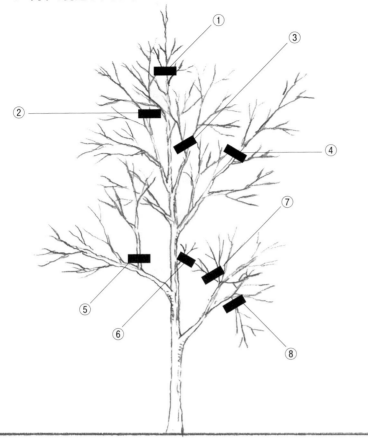

①芯止め　　高さを抑えるために主幹の先端を止める。
②平行枝　　隣接して同じ方向に伸びる枝を切る。
③内向枝　　樹冠の内側に向かって不自然に伸びる枝を、枝の付け根から切る。
④徒長枝　　枝先や幹から極端に長く伸びた枝を切る。
⑤絡み枝　　不自然な伸び方をしていて、他の枝と交差している枝を切る。
⑥ふところ枝　幹や太い枝から出た小枝を切る。
⑦車　枝　　同じ位置から四方に伸びた枝で、2本を残して切り取る。
⑧下がり枝　真下に向かって伸びた枝で樹形が悪くなるため切り取る。

図5-7-2 低木の剪定・刈込みのポイント

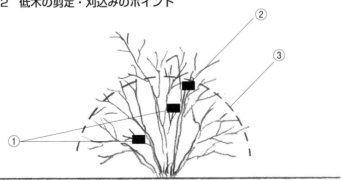

①枯枝　　樹冠の内部で枯れた枝を切り取る。
②切戻し　強い枝が伸びている時は、樹冠の内部で切り戻しをし、新芽が伸びて樹冠のラインをつくるようにする。
③刈込み　枝の伸び具合と予定する樹高を考え合わせ樹冠のラインを想定し、刈込みを行う。

の発生の原因ともなる。したがって、密生枝、徒長枝等を剪定し、樹木の健全な生育を図る。

又、台風に備える剪定も重要である。

d．秋季剪定

9〜11月頃にかけて行う剪定で、夏季剪定以降伸びた乱れ枝や土用枝を切り透かす程度である。

常緑樹は、冬の寒さに耐えるため樹勢を弱めるので、強い剪定は行わない。マツのもみあげはこの時期に行う。

2 生垣の管理

一般に常緑樹を用いるので、春（4〜5月頃）に1回目、徒長枝が伸びて生垣の形が乱れたりする場合は夏（7〜8月頃）に2回目の剪定・刈込みを行うが、花が咲く樹種の場合には開花期によってその時期は異なる。落葉樹は冬（2〜3月頃）に行う。

古い生垣は、下枝が上がるのを防ぐために、根切りを行う。（2〜3月頃）

健全な生育を図るために、施肥をする。生垣用樹種は一般に病害虫には強いものを選択するが、アブラムシやうどんこ病等が発生しやすい樹木があるので防除しなければならないこともある。

3 芝生の管理

① 刈込み

芝の管理で重要なものに芝刈りがある。芝刈りは、芝生面を均一にし、美観を高めることにある。又、分けつが盛んになり、芝の密度を高めて雑草の発生を抑える。

芝刈りは、定期的に行い、草丈が伸び過ぎないようにする。

② 施肥

刈込み後は、刈込みによって失われた葉を再生させるために肥料を施す。肥料は、一般に窒素量のやや高いものを用いる。芝生専用の肥料も市販されている。

③ 目土散布

目土散布は、芝生面の凹凸を調整し、面を均一にすると同時に芝の発芽を促す。又、肥料と目土を混合して用いることによって、芝の生育に適した土壌が造成できる。公園等の目土には、雑草の種子の少ない山砂を用いることが多い。

散布の時期は、芝の成長初期と生育盛んな時がよい。

④ 灌水

夏は高温でさらに乾燥する度合いが高くなるので、水分の補給が必要となる。したがって、十分灌水し、乾燥を防ぐことが大切である。

灌水は、日中の高温時は避け、早朝か夕方に行うようにする。

exterior planner handbook

⑤　転圧

　転圧は、芝の伸長生育を抑え、茎の節間が短縮し、密度が増す効果があり、芝生面の凹凸の補正ができる。

⑥　エアーレーション

　土壌の通気性をよくするために行うものであり、フォーク状のもので、芝生土壌に穴あけすることである。芝の良好な生育を図るための効果は大きい。

⑦　除草

　芝生にはえた雑草類は、芝生の生育を妨げるので、入念に取り除くことが重要である。最近では除草剤が市販されているが、雑草は数種類にわたる場合が多いので、除草剤の効果に併せ、組合せて用いるようにする。

4 草花の管理（宿根草）

　草花類（宿根草）は、季節ごとに咲く色とりどりの花を楽しむもので、四季それぞれに咲く花を計画的に植栽することによって、あまり手間をかけずに庭に華やぎと色どりを添える。

　しかし花を毎年咲かせ続けるためには、それなりの管理も必要であり、一般的には施肥、病害虫防除、花がら摘み、切りつめ、株分け等を適期に行う。

①　施肥

　施肥には、新たに植付けたり、植替えを行う時の元肥と、すでに植えてある場合に行う追肥がある。毎年花を咲かせるためには、適期に適切な肥効を持つ肥料を施す。

１）元肥

　株分けや、新たに植え付ける場合、元肥として遅効性の有機質肥料や、緩効性肥料を植穴の底に施し、根が肥料に直接触れないように土を少し入れた後、株を植え付ける。

２）追肥

　一般的には、春と秋には追肥を施す。草花類であっても一年草の場合とは異なり、生育期間が長いため、緩効性の肥料を追肥として使うが、生育が悪い時には速効性肥料を用いる。

　植栽してある株の周囲の土を軽く掘り返すようにしながら、土と肥料をよく混ぜて埋め戻す。

②　病害虫防除

　草花は病害虫の被害によって、開花しなくなるだけではなく、株全体が枯損することにもなる。そのため、葉の状態を常に観察するとともに、病斑等の症状や兆候が見えたら、ただちに薬剤の散布を行う。

③　花がら摘み・切りつめ

　草花類は花が咲き終わった後、花がらや枯葉等をこまめに取り除くようにす

exterior planner handbook

る。病気の予防であるとともに、見た目の美しさに配慮した作業である。又切りつめは、種類によって異なるが、長く伸びた茎を切りつめることによって、脇芽から伸びた茎に再び開花させる場合もあり、倒伏を防ぐ目的で行う場合もある。

④ **株分け**

宿根草は、植え付けて数年たつと、株が太り大きくなる。葉が混み合うと通気性が悪くなり、花付きが悪くなったり、病害虫が発生しやすくなるため、株分けを行う。又株分けは増殖の手段ともなり、この二つを兼ねて行うことが多い。

一般的には秋から春にかけて、開花後又は休眠期に行う。

⑤ **主な病害虫と防除法**

主な病害虫と防除法を整理すると表5-7-7のとおりである。

表5-7-7　主な病害虫と防除法

病気		
病　害	症　状	防除法
うどんこ病	葉の全面に白い粉がつく。若い葉や蕾につくと変形し、枯れることもある。	早めに切除する。トップジン、ベンレートを散布。
灰色かび病（ボトリチス病）	若い葉や花に病斑を発生させ腐らせる。灰色のかびを生じる。	発生部分を切除する。ベンレートを散布。
黒斑病・褐斑病	葉、茎、花に黒斑や褐斑を生じ枯れる。	発生部分を切除、焼却する。ベンレートを散布。
さび病	葉や茎に病斑が出る。褐さび、黒さび、白さびがある。	予防的にマンネブダイセン、オーソサイドを定期的に散布。

害虫		
害　虫	症　状	防除法
アブラムシ	新芽や若葉に寄生して、汁を吸い、生育を阻害する。	スミチオンを散布。予防的にオルトランを散布。
ハダニ	葉裏に寄生して吸汁し、葉の色を変色させる。	アンチオ乳剤、ケルセン乳剤を散布。
ヨトウムシ	夜間に花や蕾、葉を食害する。	オルトランを散布。
ナメクジ	柔らかい葉や新芽、花を食害する。	落葉などを除き、湿気を防ぐ。ナメトールを散布。
スリップス	葉裏や花弁に入りこんで吸汁しケロイド状の跡を残す。ウイルス病の伝染源ともなる。	乾燥を防ぐ。オルトランを散布。

5-8 人工地盤と建築壁面の植栽

① 多様化する植栽の背景

エクステリアの分野は、これまで戸建住宅の外廻りを主たる業務の範囲としてきた。しかし、今後それだけに留まらず、新しい分野にもその対象を広げることが求められている。

そうした背景には、地球温暖化が世界的に注目され、1997年のいわゆる「京都議定書」により、地球温暖化の要因と考えられる二酸化炭素をはじめ、温暖化ガスの削減の数値目標が定められ、国家をあげてその実現に取り組むことを国際的にも約束していることが挙げられる。又、国内的にも都市部におけるヒートアイランド現象が加速し、社会的問題として広く認識されるようになったこともある。

このように広い意味の環境問題に対し、緑化はきわめて重要な意味をもち、そのため特に大都市においては建築物の屋上や、壁面の緑化の必要性が指摘されている。各地の自治体でも、屋上緑化の推進をはかるため、それぞれ独自の条例を制定するなど義務化することによって、早期の実施をはかろうとしている。

都市部の大規模な建築物を対象とした屋上緑化の動きも、オフィスビルや集合住宅のみならず、条例の対象外である一般住宅にまで波及しはじめているのが現在の状況である。

② 屋上緑化に期待される効果

① 空気の浄化

植物は二酸化炭素を吸収し、酸素を排出することによって空気の浄化を行う作用がある。

② 気温の調節

植物は根から水分を吸収し、葉から水分の蒸散を行うことによって、周囲の熱を奪う効果がある。又、緑の葉の遮光で地面や空気の温度の上昇を防ぐ効果も大きい。

③ エネルギー消費量の削減

屋上を緑化することにより、夏季の太陽熱が建築物に伝わることを防ぎ、冷房効率を高め、又冬季には建築物の冷却を緩和するため、暖房効率を高める。こうした効果によって、エネルギーの消費を削減するとともに、排出される熱も減少させることができる。

④ 建築物の保護

紫外線をさえぎることにより、防水層の劣化の進行を遅らせるとともに、日射や急激な温度変化による建築物への影響を緩和する。

⑤ 騒音の低減

植物のもつ遮音及び吸音効果により、騒音の低減をはかる。

exterior planner handbook

⑥ 精神的効果

庭のとれない場合にも、屋上を利用することにより、植栽を眺め、あるいは触れることのできる空間をもつことが可能となり、ストレスを解消し、心を癒す効果が期待できる。

3 屋上緑化と屋上庭園

前項まで建築物の屋上の緑化については、屋上緑化という表現で説明をしてきたが、エクステリアの視点からは、単純な緑化と庭園的機能を持った屋上庭園との2種類があることを明確にしておく必要がある。

屋上緑化の場合には、必ずしも利用、観賞を目的としていないため、人の立入りや歩行、休憩等の施設、設備も考慮する必要はなく、目的とする機能を充足させることが可能であれば、植栽基盤をはじめ植栽の種類も限定された仕様で緑化が可能となる。

一方、屋上庭園とする場合には、人が屋上に立入り、何らかの利用、観賞のための行為を行うことを前提とするため、歩行や休憩等の施設が必要とされる。植栽についてもその利用目的のためには、多種類の植物を想定する必要から、植栽基盤もある程度の土層厚が要求される。

このように、屋上緑化、屋上庭園における条件がそれぞれ異なることにより、資材や植栽手法、植物の種類、管理等についてもそれぞれに適した方策が求められる。

(1) 屋上緑化の特徴
① 人の立入り利用、観賞を前提としないため、それに伴う施設、設備は不要。
② 植栽は、環境に耐える植物を少数一律でも良い。
③ 植栽基盤は薄層でも可能。
④ 軽量化が可能なため荷重は小さい。

(2) 屋上庭園の特徴
① 人の立入り、利用、観賞を前提とするため、それに伴う施設、設備が必要。
② 植栽は多種類を想定。
③ 植栽基盤は、荷重の範囲内で土の厚さが必要。
④ 管理はある程度行う必要がある。
⑤ 荷重が大きくなりがちである。

屋上庭園例1

屋上庭園例2

(写真提供：安行造園)

4 屋上緑化・屋上庭園の設置条件

① 陸屋根

一般の住宅では、屋上緑化、屋上庭園は陸屋根をもつ建物に設置することが多い。勾配屋根を緑化する場合もまったくないわけではないが、陸屋根の建物は屋根が水平であるため植栽基盤の設置が行いやすく、設置後のズレや落下の恐れも少なく、完成後のメンテナンスも作業性や安全性が高いことなど、最も適している。

② 積載荷重

一般的な住宅の屋上では、積載荷重は約180kg／m^{2}以上（建築基準法施行令第85条）と定められており、通常その数値以上の強度は備えていない建物が多い。さらに地震が起きた時の建物を揺らす力を考慮した地震力計算時の積載荷重は約60kg／m^{2}以上という数値であり、屋上緑化、屋上庭園を設置するうえではきわめてきびしい条件となっている。

③ 軽量化

きびしい積載荷重をクリアするために、屋上で使用する資材はあらゆるものの軽量化をはかる必要があった。現在では土の軽量化と土層厚の薄層化が進み、屋上緑化では土を使わず植栽基盤はシート化されるまでになっている。またプランター（広い意味での植栽容器）も軽さだけではなく、保水性、排水性を共に備えたものが開発されるなど、屋上用の資材の改良は急速に進んでいる。

5 壁面緑化

壁面緑化は建物の外壁、あるいは土留擁壁等の構造物の緑化を行うことによって、屋上の緑化と同様の効果を期待する緑化手法である。エクステリアでは、大規模、高層の建築物ではなく、2階及び3階建の一般戸建住宅や小規模な集合住宅を対象とする。

① 建物の外壁面の緑化

建物の外壁面を緑化する主たる目的は、夏季に太陽熱が壁面に蓄熱し室内温度を上昇させることを防止するものであり、一般的には西側の壁面に対して緑化する。緑化手法については、表5-8-1のような方法がある。

壁面緑化　間知石よう壁の緑化例

壁面緑化　集合住宅の緑化例

② 外構構造物の壁面緑化

緑化の主目的は、壁面が太陽熱を蓄熱するのを防止することだが、外構構造物の場合には修景的効果をねらう場合も多く、西側壁面に限らず緑化をすることが多い。緑化手法は表5-8-2のとおりである。

表5-8-1　壁面緑化の手法（1）

対象構造物		手　法	特　徴
建築物	鉄筋コンクリート造等	・吸着性のツル植物による緑化（落葉性）	・緑化の効果が出るまで時間がかかる。（数年） ・成長後は目的とする壁面以外にも伸長する。
	木造又は鉄筋コンクリート造等	・ワイヤー又はメッシュ状のパネル等を壁面から浮かせて取りつけ、巻きつきタイプのツル植物をからませて緑化（落葉性）	・緑化の効果が出るまで時間がかかるが、吸着タイプよりは早く緑化できる。（数年） ・壁面への金物等の取りつけに際して、防水に十分注意が必要。
		・ワイヤー又はメッシュ状のパネル等を壁面から浮かせて取りつけ、巻きつきタイプの1年生ツル植物（アサガオ、ヘチマ等）をからませて緑化	・春から夏の間だけツルを伸ばし緑化する方法で緑化の効果は数ヶ月で表れる。 ・毎年苗を植えつける必要がある。 ・花や実をつける。
		・敷地に余裕があれば、落葉高木を壁面沿いに植栽	・壁面を緑化するわけではないが、効果は同様にある。 ・植栽後すぐに一定の効果が出る。

表5-8-2　壁面緑化の手法（2）

対象構造物		手　法	特　徴
外構構造物	擁壁 ・鉄筋コンクリート ・間知積	・吸着性ツル植物による緑化（常緑性・落葉性）	・緑化の効果が出るまで時間がかかる。（数年）
		・下垂タイプのツル植物による緑化（常緑性）	・下垂タイプの方が早く緑化できるが使用数量が多くなる。
	塀 ・鉄筋コンクリート ・ブロック積	・吸着性ツル植物による緑化（常緑性・落葉性）	・緑化の効果が出るまで時間がかかる。（数年）
		・ワイヤー、メッシュパネル、トレリス等を取りつけ、巻きつきタイプのツル植物により緑化（常緑性・落葉性）	・巻きつきタイプの方が早く緑化できる。（数年）
		・ワイヤー、メッシュパネル、トレリス等を取りつけ、巻きつきタイプの1年性又は多年性落葉植物をからませて緑化	・春から夏の間だけツルを伸ばし緑化する方法で、数ヶ月で緑化できる。 ・毎年苗や種子を植える。（1年性） ・毎年地上部は枯死。（宿根性）

第6章

構　造

6-1　構造力学の基礎（1級）

6-2　コンクリートブロック塀の設計規準（1級）

6-3　土の性質（1級）

6-4　地盤（1級）

6-5　擁壁（1級）

6-1 構造力学の基礎

構造力学とは、人や物品の重み、地震、風等が建築物に作用するとき、建築物がどのように挙動するかを知るためのものである。

1 力のつりあい

(1) 力とモーメント

力とは、静止又は運動している物体に働いて、その運動の状態を変化させる原因となるものをいい、力の三要素と呼ばれる力の大きさ、力の方向と向き及び力の作用点により示すことができる。したがって、力はベクトルの一種であり、図6-1-1のように矢印で表現することができる。

なお、力は、Powerの「P」又はForceの「F」を記号として用い、力の単位はN（ニュートン）又はkN（キロニュートン）とする。

図6-1-1 力

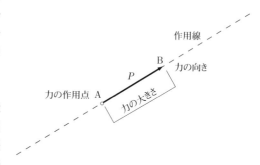

モーメントは、図6-1-2に示すように力の大きさ P、力の作用線外の1点Oから力 P までの垂直距離をLとするとき、P とLの積（$P×L$）を力 P のO点に対するモーメントといい、Momentの「M」を記号として用いる。モーメントの符号は、一般に力の作用線外の点Oに対して、時計の針と同じ方向の回転であれば「＋（正）」、それと逆方向の回転であれば「－（負）」とする。なお、モーメントの単位は、N·mm 又は kN·mm とする。

図6-1-2 モーメント

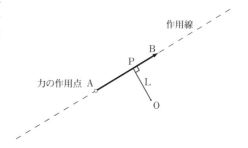

偶力は、図6-1-3に示すような、互いに平行で大きさが等しく方向が反対である2つの力をいい、偶力はその性質として、いかなる点に対しても一定のモーメントを生じる。なお、偶力の単位は、モーメントと同じである。

図6-1-3 偶力

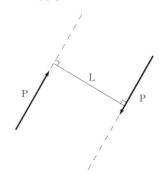

(2) 力の合成と分解

ある剛体に複数の力が作用するとき、いくつかの力と同じ効果を与える1つの力を求めることを力の合成という。合成した力を合力といい、「R」を記号として用いる。

又、1つの力をこれと同じ効果を与えるいくつかの力に置き換えることを力の分解といい、分解した力を分力という。

力を合成や分解するには、力の平行四辺形の法則を用いる。力の平行四辺形の法則とは、「剛体の1点に作用する2力 P_1、P_2 の効果は、その2力を2辺とする平行四辺形の対角線の大きさ及び方向をもつ1つの力 R に等しい。」である。これを、図示すると図6-1-4のとおりで、A、B、C、D を力の平行四辺形といい、R を求めることを合成という。

又、図6-1-5に示すように、P_1、P_2 及び R の3つの力によって描かれる三角形を力の三角形という。

力の合成や分解を図上で行うとき、力の矢印で描かれる多角形のことを示力図という。

図6-1-4 力の平行四辺形　　図6-1-5 力の三角形

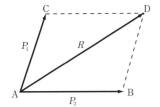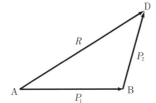

(3) 力のつり合い

いくつかの力が同時に作用している剛体が、移動も回転もしない静止の状態にあるとき、これらの力はつり合っているという。

1点に作用する力のつり合い条件は、図式解法では「つり合っている示力図が閉じる。」ことであり、数式解法では、任意の位置に座標軸の X 軸と Y 軸を設定したとき、力の X 方向の分力の総和及び力の Y 方向の分力の総和が共に0（零）になることである。この条件を式で示せば、

　　$\Sigma X = 0$
　　$\Sigma Y = 0$

となる。

作用点の異なる力のつり合い条件は、図式解法では図6-1-6に示す「示力図と連力図が閉じる。」ことであり、数式解法では、1点に作用する力のつり合い条件に、任意点 n に対する各力のモーメントの総和が0（零）になることである。この条件を式で示せば、

　　$\Sigma X = 0$
　　$\Sigma Y = 0$
　　$\Sigma M_n = 0$

となる。

図6-1-6 連力図及び示力図

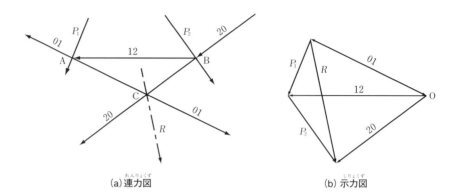

(a) 連力図　　　　　　　　(b) 示力図

2　構造物の応力

(1) 構造物のモデル化

外部から作用する力に耐えることができるように柱、はり、壁、床及び基礎等の各種部材を組合わせたものを構造物という。構造物を力学的に解析するにあたり、経済性や時間的制約から構造物の各部をモデル化する。

① 部材

構造物は、立体的なものであるが、多くの構造物では平面状の骨組みと考えて解析する。柱やはりのような棒状部材は図6-1-7に示すように、断面の重心を通る線で表示する。又、壁や床のような板状部材は、板状部材として解析する場合と線材置換やブレース置換等のモデル化を行い解析する。

図6-1-7 部材のモデル化

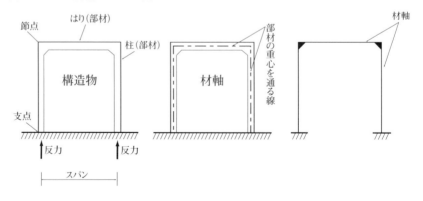

② 支点と反力

構造物を支持する点を支点といい、支点はその支持状態に応じて、移動端（ローラー支承）、回転端（ピン支承）及び固定端のいずれかに区分され、図6-1-8に示すように工学的にモデル化する。

移動端とは、構造物の支持面に垂直方向のみに反力が生じ、それ以外の方向には自由に移動でき、かつ回転の自由な支点のことである。

回転端は、構造物の支点において、外力に対し回転はするが移動はしない支点のことである。
　固定端は、移動も回転もしないように支持された支点のことである。

図6-1-8　支点及び反力

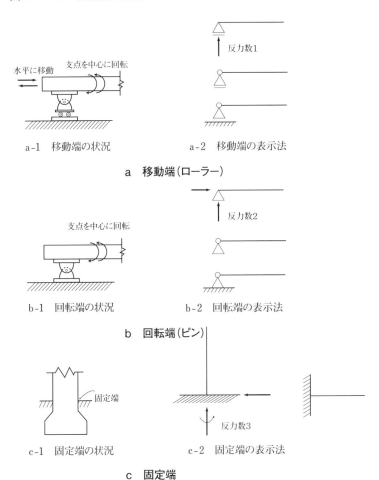

a　移動端（ローラー）

b　回転端（ピン）

c　固定端

③　荷重

　構造物には、構造物自身の重さ（固定荷重）をはじめ、構造物が支える人や家具等の物品（積載荷重）、台風や暴風（風荷重）、地震（地震荷重）などが力として作用する。これらを総称して、荷重又は外力という。又、荷重は、その作用形態から図6-1-9に示すような、一点に集中して作用する集中荷重、部材のある区間に一様な力が作用する等分布荷重、作用する力の大きさが直線的に変化する等変分布荷重、モーメント荷重などに区分される。

図6-1-9 荷重

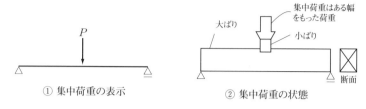

a 集中荷重

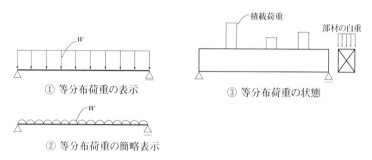

b 等分布荷重

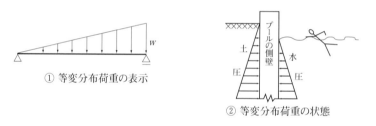

c 等変分布荷重

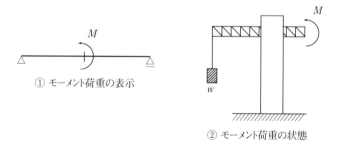

d モーメント荷重

(2) 構造物の種類と応力
① 節点

部材と部材の接合部分を節点といい、その力学的特性より図6-1-10に示すような剛節点と滑節点（ピン）に区分される。剛節点は、接合されている部材は回転も移動もできない接合点のこと。滑節点は、回転は自由であるが部材どうしの相対的な移動は拘束されている接合点のことである。

図6-1-10 節点

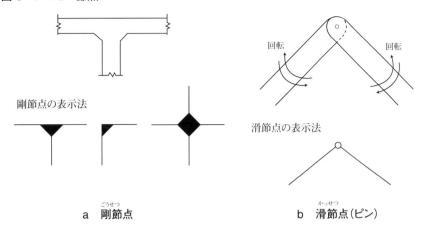

a 剛節点　　　　b 滑節点(ピン)

② 構造形式

　構造物は、部材の構成、形状、支点、節点等の形状により分類される。柱及びはりなどの部材を組合わせた構造形式を架構構造といい、図6-1-11に一例を示すラーメン構造、トラス構造などがある。ラーメン構造は、構造物の各節点で部材が剛に接合されている骨組のことで、一体構造ともいわれ、鉄筋コンクリート造や鉄骨造の代表的な構造形式である。トラス構造は、節点において部材がピンで接合され、構造的に安定な形状である三角形を基本単位として形成されている骨組のことで、鉄骨造や木造に採用される構造形式である。

　壁及び床版などの部材を組合わせた構造形式には、壁式構造、シェル構造などがある。壁式構造には、鉄筋コンクリート造や組積造がある。組積造はメーソンリーともいわれ、石造、れんが造、補強コンクリートブロック造、鉄筋コンクリート組積造など、石、れんが及びコンクリートブロック等のメーソンリー

図6-1-11 ラーメン構造及びトラス構造の例

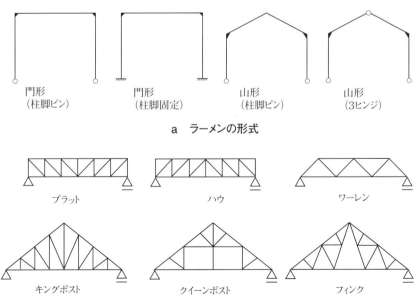

ユニットを組積して造られる構造物のことである。

又、構造形式は、支点の形式により片持ち形式、単純支持形式、連続支持形式、固定形式及び3滑節（3ヒンジ）形式等に区分される。

③ 応力

構造物には、荷重などの力に対する抵抗力が各部材内に生じる。この抵抗力のことを、応力又は内力といい、応力には図6-1-12に示す軸方向力、せん断力及び曲げモーメントがある。

軸方向力は、部材の重心軸（材軸）方向に作用する引張力又は圧縮力であり、各点では引張力と圧縮力の大きさは等しく反対方向の一対の応力である。軸方向力は、一般に引張応力を「＋（正）」、圧縮応力を「－（負）」とし、軸方向力は記号「N」で表され、その単位はN又はkNを用いる。

せん断力は、材軸に直交する方向に生じる大きさが等しく方向が反対な一対の応力で、せん断力は記号「Q」で表され、単位は軸方向力と同じN又はkNを用いる。

曲げモーメントは、材軸をわん曲させるように作用する一対の応力で、曲げモーメントは記号「M」で表され、その単位はN・mm又はkN・mmを用いる。

図6-1-12 応力の種類

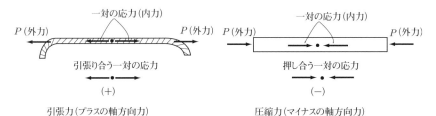

a 軸方向力

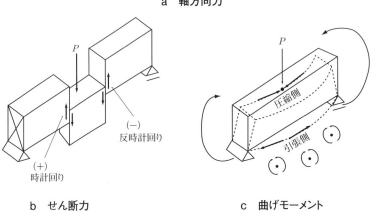

b せん断力　　　　　　c 曲げモーメント

(3) 静定ばり及び静定ラーメン

はりやラーメン構造のなかで、力のつり合い条件のみで反力や応力を求めることができるはりを静定ばり、ラーメンを静定ラーメンという。静定ばりには、支持形式により、図6-1-13に示す片持ちばりや単純ばりがある。静定ラーメンには、支持形式により図6-1-14に示す片持ち支持形式、単純支持形式、3滑節形式がある。ここに、ラーメンとは、剛節点により架構が形成される構造形式の総称である。ラー

メン構造の各部材には、軸方向力、せん断力及び曲げモーメントが生じ、各節点では軸方向力、せん断力及び曲げモーメントが連続的に伝達される。

図6-1-13 静定ばりの例

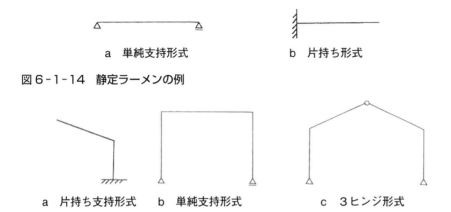

a 単純支持形式　　b 片持ち形式

図6-1-14 静定ラーメンの例

a 片持ち支持形式　　b 単純支持形式　　c 3ヒンジ形式

③ 断面算定

(1) 応力度

部材に外力が作用すると、部材内には応力又は内力が生じる。断面の単位面積当たりの応力を応力度といい、引張応力度、圧縮応力度、せん断応力度、曲げ応力度などがある。一般に、応力度を示す記号として、せん断応力度は「τ（タウ）」、その他の応力度には「σ（シグマ）」を使用し、「σ」に応力度の種類を示す添え字をつけて区分する。添え字には、引張応力度を示す「t」、圧縮応力度を示す「c」及び曲げ応力度を示す「b」を用いる。

引張応力度及び圧縮応力度は、図6-1-15に示すような部材断面に垂直に生じる応力度であるので垂直応力度ともいわれ、引張応力度は「＋（正）」、圧縮応力度は「－（負）」で示され、次の式で求められる。

$\sigma_t = P / A$ （N/mm²）
$\sigma_c = P / A$ （N/mm²）

ここに、Pは、引張力又は圧縮力（N）
　　　　Aは、断面積（mm²）

図6-1-15 垂直応力度

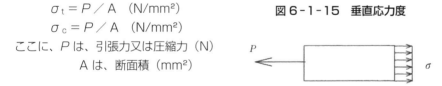

せん断応力度は、図6-1-16に示すように材軸を垂直に切断するような方向に作用する力であり、この垂直面の単位面積当たりの応力をせん断応力度という。長方形断面における最大せん断応力度は、次の式により求められる。

$\tau_{max} = 1.5 \times (Q / A)$ （N/mm²）

ここに、Qは、せん断力（N）
　　　　Aは、部材断面積（mm²）

図6-1-16 せん断応力度

図6-1-17に示すような曲げモーメントを受ける部材は、材軸に垂直な面の上側が引っ張られ下側が圧縮される。この部材断面内に生じる垂直応力の単位面積当たりの応力を曲げ応力度という。この時、部材の断面内には、引張力も圧縮力も受けない部分が生じ、その面を中立面といい、中立面と材軸に垂直な面との交線を中立軸という。曲げ応力度は、次の式により求められる。

$$\sigma_b = (M/I) \times y \quad (N/mm^2)$$

ここに、M は、曲げモーメント（N·mm）
　　　　I は、部材の断面二次モーメント（mm⁴）
　　　　y は、中立軸からの距離（mm）

又、曲げ応力度は、部材の最外端で最大となる。この縁の曲げ応力度は、次の式で求めることができる。

$$\sigma_b = M/Z \quad (N/mm^2)$$

ここに、Z は、部材の断面係数（mm³）

図6-1-17　曲げ応力度

(2) ひずみ度

棒の両端を力 P で引張ると、棒は図6-1-18に示す点線のように、力方向に伸びる。このように応力を受けて生じる形状の変化をひずみ又は変形という。

棒の初めの長さを L、力を加えたときの全体長さを L'、伸びた長さを △L とすると、
　△L = L' − L

となり、元の長さ L に対する △L の比を、縦ひずみ度といい、次の式により求められる。

$$\varepsilon_1 = \Delta L / L$$

ここに、ε_1 は、縦ひずみ度である。

図6-1-18　ひずみ度

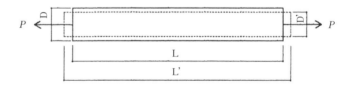

(3) ヤング係数

物体は外力を受けるとひずみを生じ、外力を取り除くと再び元の状態に戻る。この性質を弾性といい、このような性質を示す物体を弾性体という。弾性体における力と変形との間には比例関係が成立し、これをフックの法則といい、次の式が成立する。

$$\sigma = E \times \varepsilon$$

ここに、σ は、応力度（N/mm²）
　　　　E は、定数　（N/mm²）
　　　　ε は、ひずみ度

又、定数 E は、ヤング係数又は弾性係数といわれ、単位は「N/mm²」である。

一方、塑性とは、物体に外力を加えて変形させた後、外力を完全に取り除いても元の長さに戻らない変形（残留変形）を生ずるような性質のことである。

(4) 許容応力度

許容応力度とは、構造部材の外力に対する安全性確保を目的として、部材各部に生ずる応力度が超えないように定められた限界の応力度のことをいう。許容応力度は、材料の強さに応じて、次のような考え方により求められる。

$f = F ／ n$

ここに、f：許容応力度（N/mm²）

F：材料の強さ（N/mm²）

n：安全率

構造設計の許容応力度設計法においては、部材各部に生じる応力度が許容応力度以下になるように、部材断面等を決定する。

なお、各種材料の許容応力度は、建築基準法施行令に定められている。

(5) 構造物の変形

はりは、外力を受けると変形する。その変形量は、はりの位置によって異なるが、実用上重要なのは最大変形量である。はりの最大変形量は、はりの構造形式や荷重状態などにより決まり、代表的なはりの構造形式における最大変形量は、表 6-1-1 に示す式により求めることができる。

表 6-1-1　はりの最大変形量

梁の支持状態	梁の形状と荷重状態	梁の変形と最大変形量の生じる位置	最大変形量計算公式
片持ち梁（一端固定他端自由）	集中荷重　P　A　L　B	A　y_{max}　B　位置：A点	$y_{max} = \dfrac{P L^3}{3EI}$
	等分布荷重　W（全荷重）　A　L　B	A　y_{max}　B　位置：A点	$y_{max} = \dfrac{W L^3}{8EI}$
単純梁（一端ピン他端ローラー）	中央集中荷重　P　A　L　B	A　B　y_{max}　$x = L／2$	$y_{max} = \dfrac{P L^3}{48EI}$
	等分布荷重　W（全荷重）　A　L　B	A　B　y_{max}　$x = L／2$	$y_{max} = \dfrac{5 W L^3}{384EI}$

備考　　E：材のヤング係数（N/mm²）

I：材の図心の断面2次モーメント（mm⁴）とする。

W：全荷重（$w×$L）

exterior planner handbook

6-2　コンクリートブロック塀の設計規準

　コンクリートブロック塀（以下、ブロック塀と記す）は、図6-2-1に示すような鉄筋コンクリート造の布基礎、コンクリートブロックを鉄筋等で補強して組積した壁体、壁体の転倒を防ぐ控壁、かさ木、金属製フェンス等により構成される。ただし、かさ木及び金属製フェンスは、必要に応じて設けられるものである。
　ブロック塀の設計は、（一社）日本建築学会・コンクリートブロック塀設計規準により行われる。又、建築基準法施行令、第4節の2・補強コンクリートブロック造、第62条の8（塀）に、ブロック塀の基準が示されている。

図6-2-1　ブロック塀の構造

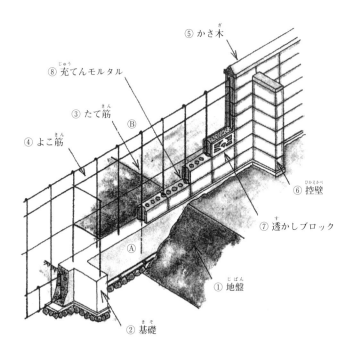

1　ブロック塀の規模

①　ブロック壁体の厚さ

　ブロック壁体の厚さは120mm以上、ただし、高さ2mを超えるブロック塀にあっては150mm以上とする。（（一社）日本建築学会設計規準に準拠）

②　ブロック塀の高さ

　ブロック塀の高さは、ブロック塀の形式及び基礎の形状ならびに基礎周囲の土質により表6-2-1に示す数値以下とする。

表6-2-1　ブロック塀の高さ

単位：m

基礎の形状及び土質 ブロック塀の形式	I形 普通土	I形 改良土	逆T形・L形 普通土	逆T形・L形 改良土
控壁・控柱なし塀	1.2	1.6	1.6	1.6
控壁・控柱付き塀	1.4	1.8	1.8	2.2

注）改良土とは基礎周辺をコンクリートで固めた、又はそれに類するものとする。

③　布基礎の形状

1）ブロック塀の壁体下部には、鉄筋コンクリート造の布基礎を設ける。ただし、布基礎の立上がり部分には型枠状ブロックを用いることができる。
2）布基礎は、控壁のある場合は控壁下の基礎と一体となるように設ける。
3）布基礎の標準形状は、図6-2-2及び表6-2-2による。

図6-2-2　塀の布基礎の標準形状

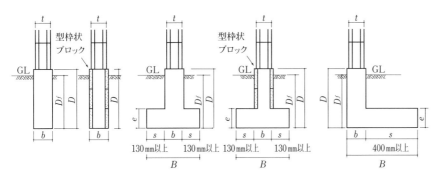

（a）I形基礎　　　　　　（b）逆T形基礎　　　　　　（c）L形基礎

記号　D_f：根入れ深さ　　　　　　B：基礎スラブの幅
　　　D：布基礎のせい　　　　　　e：基礎スラブの厚さ
　　　b：立上がり部分の幅　　　　t：ブロック壁体の厚さ
　　　s：基礎スラブの張出し幅

表6-2-2　ブロック塀の布基礎の形状及び標準寸法

基礎の形状	根入れ深さ D_f mm	基礎のせい D mm	立上がり部分の幅 b mm	基礎スラブの張出し幅 s mm	基礎スラブの幅 B mm	基礎スラブの厚さ e mm
I形	ブロック塀の種別及び基礎形状により表6-2-3に定める値以上	D_f + 50 程度	厚壁（t）以上	—	—	—
逆T形				立上がり部分の両側に各130以上	b + 260 以上	150 以上
L形				立上がり部分の片側に400以上	b + 400 以上	

4）布基礎の根入れ深さ D_f は、表6-2-3による。

表6-2-3　布基礎の根入れ深さ　D_f

単位：mm

ブロック塀の種類＼基礎の形状	Ｉ形基礎	逆Ｔ形及びＬ形基礎
補強ブロック塀	350以上かつ (H＋200)/4以上	350以上かつ (H－400)/4以上
型枠ブロック塀	450以上かつ (H＋600)/4以上	450以上かつ H/4以上

注）H：ブロック塀の高さ（mm）

2　ブロック塀の構造

(1)　ブロック塀の構造

1）ブロック塀の高さが1.2mを超えるものは、ブロック塀の長さ3.4m以下ごとに、基礎及びブロック塀に接着する控壁又は控柱を設け、かつブロック塀の端部より800mm以内に控壁又は控柱などを設け補強する。

2）ブロック塀は原則として、長さ30m以下ごとにエキスパンションジョイントを設ける。

3）高さが異なるブロック塀の構造は、高いブロック塀の長さがブロック塀全体の長さの過半を超える場合は高さが高い方の規定によるものとし、かつ高さが変化する部分は、縦横ともD13以上の鉄筋で補強する。

4）透かしブロックは、縦筋が挿入できる形状のものとし、2個以上の連続配置、最上部・最下部及び端部に配置しない。

5）かさ木ブロックは、縦筋が空洞部内に定着できる形状のものとする。

6）ブロック塀は土に接して設けてはならない。ただし、土に接する部分の高さが400mm以下でその部分の耐久性，安全性を考慮した揚合は、この限りではない。

(2)　控壁・控柱・門柱

①　控壁の構造

1）鉄筋コンクリート造又はコンクリートブロックを使用した構造とする。

2）壁面より400mm以上突出し、その厚さはブロック壁体の厚さ以上とする。高さはブロック塀の高さより450mm以上下げてはならない。

②　控柱の構造

1）現場打ち鉄筋コンクリート造とする。

2）断面短辺の正味厚さは250mm以上とし、高さはブロック塀の高さと同一とする。

③　ブロック造による門柱の構造

1）門柱ブロックを使用した構造とする。

2）門柱は、角門柱と平門柱の2種類とし、門柱水平断面において長辺の長さに対し短辺の長さが75％以上あるものを角門柱、他を平門柱という。

3）門柱の高さは、2.2m以下とする。

4）角門柱の断面短辺の正味厚さは260mm以上、フェイスシェル肉厚は25mm以上とし、空洞部の数は4以上、空洞部の幅は90mm以上とする。

5）平門柱の断面短辺の正味厚さは180mm以上、フェイスシェル肉厚は25mm以上とし、空洞部の数は3以上、厚さ方向の空洞部の幅は90mm以

上とする。
　　6）門柱ブロックの空洞部にはすべてコンクリートを充填する。
　④　控壁、控柱、門柱は、ブロック塀と一体となる構造とする。

(3) その他

1) 既設のブロック塀には上部に増設計画がある場合を除き増積みはしない。
2) 高さ1m以上の鉄筋コンクリート造などの擁壁の上部にブロック塀を設ける場合は、図6-2-3に示すとおりで高さは1.2m以下とする。ただし、擁壁の高さが1m未満の場合には擁壁下部の地盤面より高さ2.2mまでブロック塀を設けることができる。又、縦筋は、擁壁に十分定着する。

図6-2-3　擁壁上のブロック塀

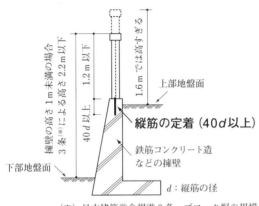

（※）日本建築学会規準3条　ブロック塀の規模

3) ブロック壁体に出入口などの開口部を設ける場合は、安全上支障のない構造とする。

3 ブロック塀の配筋

1) ブロック壁体に挿入する縦筋及び横筋は、D10以上の異形鉄筋とし、縦筋間隔は表6-2-4に示す数値以下、横筋間隔は800mm以下とする。

表6-2-4　ブロック塀の縦筋間隔

控壁・控柱	ブロック塀の高さ m	補強ブロック塀		
^	^	空洞ブロックを使用する場合	化粧ブロックを使用する場合	
^	^	縦筋間隔 mm	ブロックの長さ(※) mm	縦筋間隔 mm
付き	1.6以下	800	400、500、600	600
^	^	^	900	450（900）
^	1.6を超え2.2以下	400	400、500、600	600
^	^	^	900	450（900）
なし	1.2以下	800	400、500、600	600
^	^	^	900	450（900）
^	1.2を超え1.6以下	400 (800)	400、500、600	450（600）
^	^	^	900	（450）

備考　（　）内数値はD13使用の場合の間隔
（※）モジュール寸法（目地幅含む）

2）ブロック壁体の横筋は、横筋用ブロック内に配置し壁頂には横筋を挿入する。

3）ブロック壁体の横筋は、塀端部において控壁、控柱、門柱等に定着する。

4）ブロック壁体の縦筋は、基礎に定着するほか壁頂横筋に余長 4 d 以上の 180°フック又は余長 10 d 以上の 90°フックでかぎ掛けとする。

5）ブロック壁体の縦筋はブロックの空洞部内で重ね継ぎしない。

6）控壁の外端部の縦筋は基礎に定着する。又、控壁頂部横筋はブロック壁体内の縦筋にかぎ掛けし、控壁外端部縦筋に 90°に折り曲げて重ね継ぎする。

4　金属製フェンス付きブロック塀の構造・配筋

1）金属製フェンス付きブロック塀（以下、フェンス塀という）には、フェンスを壁体に組み込んだブロック塀（以下、組込フェンス塀という）とフェンスを壁体の上部に連続して設置したブロック塀（以下、連続フェンス塀という）がある。

2）フェンス塀のフェンス及びその支持・定着部の構造は、風圧力などの荷重及び外力に対して安全でなければならない。

3）フェンス塀のフェンス支持金物の壁体への定着は縦筋以外の位置とし、壁頂横筋に支障のないようにする。横筋の配筋が困難な場合は、定着部分を除き横筋を挿入するとともに、壁頂部から 2 段目のブロックに横筋を配置する。

4）組込フェンス塀

a）組込フェンス塀の高さは 1.6 m 以下とし、控壁を設けないことができる。

b）組込フェンス塀に挿入する縦筋及び横筋は D10 以上の鉄筋とする。縦筋間隔はブロック壁体の立上がりを有する部分（以下、立上がり壁という）及び立上がりのない部分（以下、腰壁という）とも表 6-2-5 に示す数値以下とし、横筋間隔は 800 mm 以下とする。

表 6-2-5　組込フェンス塀の縦筋間隔

ブロック塀の高さ m	空洞ブロックを使用する場合 縦筋間隔 mm	化粧ブロックを使用する場合		型枠状ブロックを使用する場合 縦筋間隔 mm
		ブロックの長さ^(※) mm	縦筋間隔 mm	
1.2 以下	800	400、500、600	800	800
		900	800（900）	
1.2 を超え 1.4 以下	800	400、500、600	600（800）	500（800）
		900	700（900）	
1.4 を超え 1.6 以下	400（800）	400、500、600	400（800）	400（700）
		900	500（800）	

備考　（　）内数値は D13 使用の場合の間隔
（※）モジュール寸法（目地幅含む）

c）立上がり壁の頂部横筋は、端部において 90°に折り曲げて縦筋に重ね継ぎするほか、立上がり壁と腰壁が交差する部分は、縦筋・横筋とも D10 以上の鉄筋で補強する。

5）連続フェンス塀

a）連続フェンス塀の高さは 2.2 m 以下とし、そのうちブロック壁体部分の高さは 1.2 m 以下、フェンス部分の高さは 1.2 m 以下とする。又、フェンスに作用する地震力及び風圧力を考慮して定めた表 6-2-6 に示す数

値をブロック壁体の高さに加算した高さ（以下、換算高さという）は 1.6
m 以下でなければならない。ただし、換算高さは建設される地域の風圧
力を適切に評価して求めた値を用いてもよい。

b）前号で定めた換算高さを塀の高さとし、高さの規定を満たさなければなら
ない。

表6-2-6　ブロック壁体の高さに加算する高さ

単位：m

使用するブロックの種類	フェンス部分の高さ（m）	フェンスの風圧作用面積係数（γ）		
		$\gamma \leqq 0.4$	$0.4 < \gamma \leqq 0.7$	$0.7 < \gamma \leqq 1.0$
空洞・化粧ブロック	0.6 以下	0.2	0.4	0.5
	0.6 を超え 0.8 以下	0.3	0.5	0.6
	0.8 を超え 1.0 以下	0.4	0.6	0.8
	1.0 を超え 1.2 以下	0.5	0.8	1.0
型枠ブロック	0.6 以下	0.1	0.2	0.3
	0.6 を超え 0.8 以下	0.2	0.3	0.4
	0.8 を超え 1.0 以下	0.2	0.4	0.5
	1.0 を超え 1.2 以下	0.3	0.5	0.6

備考　γ：フェンスの風圧作用面積をフェンスの長さと高さとの積で除した値

c）連続フェンス塀に挿入する縦筋及び横筋は D10 以上の鉄筋とし、縦筋間
隔は換算高さに適用して求めた数値以下とし、横筋間隔は 800 mm 以下
とする。

6-3 土の性質

(1) 土の粒度

土の粒径の区分及び呼び名は、「日本統一土質分類法（土質工学会基準）」によると表6-3-1に示すとおりである。

表6-3-1　粒径の区分と呼び名

1μm	5μm	74μm	0.42mm	2.0mm	5.0mm	20mm	75mm	30cm
細粒分			粗粒分					
コロイド	粘土	シルト	細砂	粗砂	細礫	中礫	粗礫	コブル	ボルダー
			砂		礫				
土質材料							岩石質材料	

注1) 土質材料の粒径区分による粒子名を意味するときは、上記粒径区分名に「粒子」という言葉をつけ、上記粒径区分幅の構成分を意味するときは、上記区分名に「分」という言葉をつけて、分類名、土質名と区分する。
2) 土質材料の74μm以下の構成分を「細粒分」、74μmから75mmまでの構成分を「粗粒分」という。
（土質工学会基準－日本統一土質分類による）

(2) 土の強さ

土の強さとして、引張強さは無視できるほど小さく、圧縮力を受けた土は作用方向に対してある角度を持った斜面に沿って破壊することから、せん断強さが重要であるといえる。つまり、土の強さとは一般にせん断強さのことをいう。

土は、外力によるせん断力Sに対して、図6-3-1のa-a断面に生じる土粒子のかみ合いと摩擦により抵抗し、このような抵抗力のことを内部摩擦角という。内部摩擦角は、砂は大きく、粘土は小さい。一方、粘土では、粘着力といわれる、吸着水の相互作用により生じる土粒子と土粒子を接着させる力がある。このように、土では、砂は内部摩擦角が大きく、粘土は粘着力が大きいという特徴があり、土のせん断強さとは内部摩擦角と粘着力により決まる。

図6-3-1　土粒子間の互いのかみ合いと摩擦

(3) 安息角

安息角とは、砂や礫などの粒体状のかたまりが、長い年月の間に自然に作る斜面の傾斜と水平面のなす角の最大の角度のことをいう。つまり、粘着力がない土を締め固めずに盛り上げた場合、その安定を保つことができる最大の傾斜角のことで、乾いたゆるい砂では28°～34°といわれ、その角度は粒子の形状、粒度分布などにより変化する。

(4) 斜面の安定

道路の建設や宅地造成などにおいて、盛土や切土によって図6-3-2に示すような人工的な斜面が造られ、その斜面は建設中はもとより建設後においても崩壊しないようにしなければならない。

図6-3-2 斜面

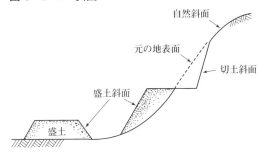

① すべり面

　斜面の土の内部には重力の作用により、図6-3-3に示すような斜面をすべらそうとする方向にせん断力が作用する。斜面に作用するせん断力は、平衡状態といわれる破壊しないで釣り合っている状態でも一様に分布することはなく、斜面先に集中する傾向がある。

図6-3-3 斜面に作用するせん断力

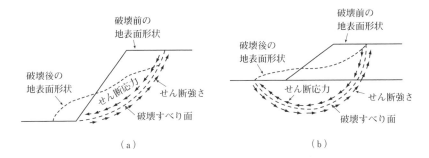

　斜面のすべりは、最初に斜面先部分に強度の限界状態といわれるせん断応力がせん断強さに等しくなる状態が起こり、斜面先の局部的な破壊によりそれまでの平衡が失われ、その隣接部分の局部破壊が次々に上部に移動し、最終的にすべり面と呼ばれる一つの曲面をなして斜面を形成する土塊が滑動して破壊する。その破壊した曲面をすべり面という。

② 斜面破壊

　斜面の安定計算において、盛土のような均一な土質でかつ斜面形状が比較的単純な場合は円弧すべり面を仮定して計算する。又、円弧すべり面は、斜面の傾斜の度合いや地盤の条件より、図6-3-4に示すような三種類の破壊形状に分類される。

図6-3-4 斜面破壊の種類

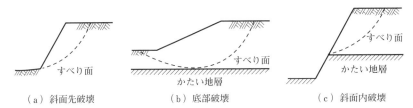

斜面先破壊は、すべり面の下端が斜面先と一致する破壊で、砂質土で急な斜面に起こりやすい。

底部破壊は、すべり面の下端が斜面先から離れた地表面に現れる破壊で、軟弱地盤に盛土した場合に起こりやすい。

斜面内破壊は、すべり面が固い地盤に接して斜面の途中を切る破壊で、固い地層がかなり浅い場合に起こりやすい。

③ 円弧すべりの力学的発生条件

図6-3-5 円弧すべりの力学的発生条件

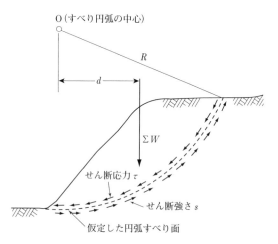

円弧すべりを仮定した面では、図6-3-5に示すような円弧に沿ってすべりを起こそうとするせん断応力 τ とそれに抵抗するせん断強さ s が働いている。

このとき、すべり面に生じているせん断応力の総和 $\Sigma\tau$ とせん断強さの総和 Σs の関係が、

$\Sigma\tau < \Sigma s$

であれば、この円弧に沿ったすべりは生じない。

(5) 法面（のりめん）の保護

法面とは、切土や盛土により作られる人工的な斜面のことで、道路建設や宅地造成などに伴う、地山掘削、盛土などにより形成される。法面は、植生又は構造物で被覆し、浸食や風化を防止する。

植生による法面保護は雨水による浸食防止、凍上崩壊の抑制と自然環境との調和を目的とする。構造物による法面保護は風化、浸食、法面崩壊の防止と法面小崩壊の抑制を目的とし、植生の不適な斜面での法面保護に用いられる。構造物に大きな土圧がかかると予測されるときはアンカーなどの併用も行われる。

(6) 山留め

山留めとは、根切りにより掘削除去された土に代わって周辺地盤の崩壊を防止するために設けられる構造物であり、中小規模の建築で使用される主な山留め壁の種類及びその特長は図6-3-6及び表6-3-2に示すとおりである。

図6-3-6 山留め壁の種類

表6-3-2 山留め壁の特徴

使用条件 山留めの種類	地盤条件 軟弱層	地盤条件 礫岩層	地盤条件 地下水のある層	規模 深い	規模 広い	剛性・止水性 壁の曲げ剛性	剛性・止水性 止水性	公害 騒音・振動	公害 周辺地盤の沈下	公害 排泥水の処理	工期・工費 工期	工期・工費 工費
(1) 親杭横矢板壁	×	◎	×	×	○	×	×	×	×	◎	◎	◎
(2) 鋼製矢板壁	◎	×	○	○	○	○	○	○	○	◎	◎	◎

① **親杭横矢板壁**

親杭横矢板壁の形状例は、図6-3-7に示すとおりで、止水を必要としない根切り工事に採用される代表的な山留め壁である。経済的であるが、背面地盤の移動や沈下が生じやすい。

図6-3-7 親杭横矢板壁

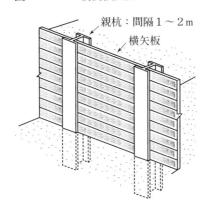

② **トレンチシートパイル壁・鋼製矢板壁**

シートパイルと呼ばれる鋼製矢板（軽量・簡易鋼矢板を含む）を用いた山留め壁の形状例は、図6-3-8に示すとおりで、材料の安全性、施工性、経済性に優れているが、剛性が低くたわみやすい。

図6-3-8 鋼製矢板壁

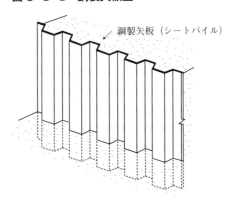

6-4 地盤

地盤の分類とその土の成分等は、図6-4-1に示すとおりである。

図6-4-1 地盤の分類とその成分

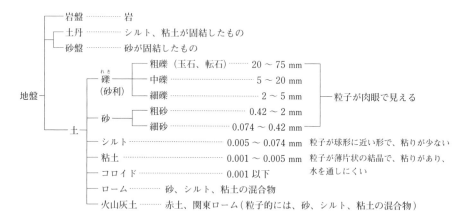

又、建築物の地震力算定における地盤の定義は、表6-4-1に示すとおりである。

表6-4-1 地盤の種類（地震力算定用）

地盤識別	地盤
第1種地盤（硬質）	岩盤、硬質砂礫層その他主として第三紀以前の地層によって構成されているもの、又は地盤周期等についての調査もしくは研究の結果に基づき、これと同程度の地盤周期を有すると認められるもの
第2種地盤（普通）	第1種地盤及び第3種地盤以外のもの
第3種地盤（軟弱）	腐植土、泥土その他これらに類するもので大部分が構成されている沖積層（盛土がある場合においてはこれを含む）で、その深さがおおむね30m以上のもの、沼沢、泥海等を埋め立てた地盤の深さがおおむね3m以上であり、かつ、これらで埋め立てられてからおおむね30年経過していないもの、又は地盤周期等についての調査もしくは研究の結果に基づき、これらと同程度の地盤周期を有すると認められるもの

（昭和55年建設省告示第1793号）

1 調査と試験

建築物の基礎を作るためには、現場の土の持つ力学的性質を知る必要があり、地盤調査が行われる。地盤調査とは、敷地地盤の成層状態や土の性質を調査して地盤に適した地形や基礎構造を選定することであり、地盤の支持力の計算に必要な土のせん断強さと沈下量の算定に必要な圧縮性を調べることである。地盤調査には、図6-4-2に示すような方法がある。

図6-4-2　主な地盤調査の方法

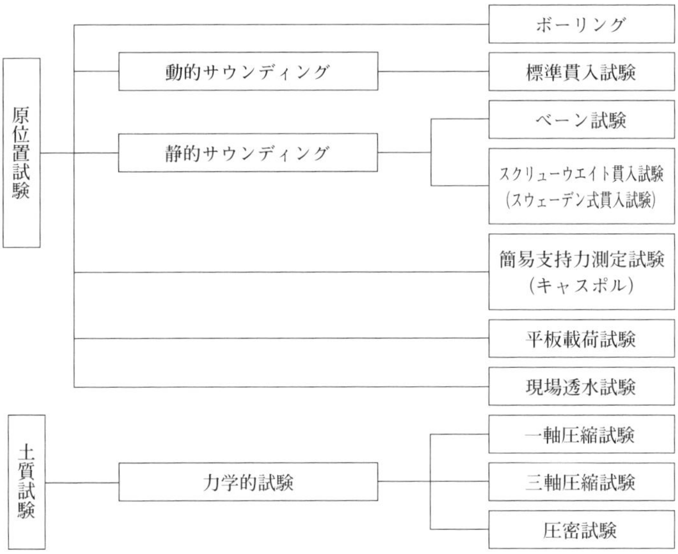

```
                              ┌─────────────── ボーリング
          ┌─── 動的サウンディング ──── 標準貫入試験
          │                         ┌─── ベーン試験
原  ┌──────┤─── 静的サウンディング ──┤
位  │                               └─── スクリューウエイト貫入試験
置  │                                    （スウェーデン式貫入試験）
試 ─┤
験  │     ┌──────────────────── 簡易支持力測定試験
          │                         （キャスポル）
          ├──────────────────── 平板載荷試験
          └──────────────────── 現場透水試験

土                              ┌─── 一軸圧縮試験
質  ─── 力学的試験 ────────────┤─── 三軸圧縮試験
試                              └─── 圧密試験
験
```

（1）サウンディング

サウンディングには、大きく分けて動的サウンディングと静的サウンディングの2種類がある。動的サウンディングとは、ロッドの先に取り付けられた抵抗体をハンマーを用いて打撃し、その打撃回数から地盤を調査する。また、静的サウンディングは、ボーリングロッド先端のやじりのような抵抗体を地盤中に挿入し、これを貫入、回転、引き抜きさせて、その際の抵抗から原位置で地盤の性状を調査する方法である。静的サウンディングには、図6-4-3に示す試験がある。

図6-4-3　静的サウンディング

試験名	ベーン試験	スクリューウエイト貫入試験 （スウェーデン式貫入試験）
特　徴	十字羽（ベーン）を地中で回転させ、抵抗力から粘性土のせん断強さを調べる。	載荷用クランプにおもりを順次のせ、荷重とスクリューポイントの貫入量を調べる。
概念図	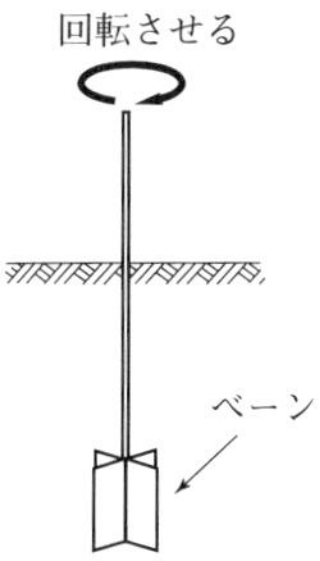 回転させる ベーン	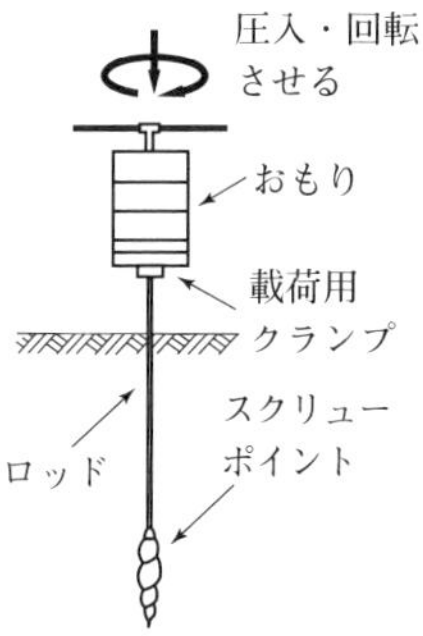 圧入・回転させる おもり 載荷用クランプ ロッド　スクリューポイント

①　標準貫入試験（JIS A 1219）

標準貫入試験は、サウンディングのなかで最も普及している JIS に規定されている動的サウンディングで、その概要は図6-4-4に示すとおりである。試験は、あらかじめ所定の深度まで掘進したボーリング抗を利用して行われ、質

量63.5±0.5kgのハンマーを76±1cmの高さから自由落下させて、試験用サンプラーを30cm打ち込むのに要する打撃数を調べ、そのあと、サンプラーが採取した土の分析を行うものである。標準貫入試験により採取した土質試料は、土質試験（物理試験のみ、力学試験や単位体積質量の測定を除く）に用いられる。

なお、標準貫入試験用サンプラーを地盤に30cm打ち込むのに要する打撃数のことをN値という。N値は、土の種類により変化し、土質により同じN値でも地盤の固さは異なる。

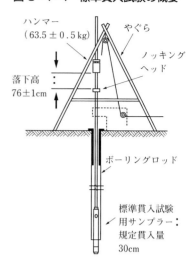

図6-4-4　標準貫入試験の概要

図6-4-5　柱状図の例

調査名	株式会社　　工業様工場建設工事			測点番号	1
調査場所	静岡県　　　　　　　1395番			調査日	2023年07月05日
孔口標高	KBM ±0.00 m			最終貫入深さ	4.10 m
孔内水位	孔内 GL.-0.60 m	天候	曇り	試験者	前橋

備考

荷重 Wsw (kN)	半回転数 (Na)	貫入深さ D (m)	貫入量 L (cm)	1m当りの半回転数 Nsw	音感感触	貫入状況	土質名	推定柱状図	荷重 Wsw(kN) 0 0.50 1.00	貫入量1m当りの半回転数 Nsw 150 250	換算N値	許容支持力 qa kN/m²
0.15	0	0.25	25	0		自沈	盛土礫質土				0.2	4.5
1.00	19	0.50	25	76	ガリガリ		盛土礫質土			▼地下水位	7.0	78.6
1.00	11	0.75	25	44	ガリガリ		盛土礫質土				4.9	58.1
1.00	12	1.00	25	48	ガリガリ		盛土礫質土				5.2	60.7
1.00	1	1.25	25	4	ガリガリ		盛土礫質土				2.2	32.5
0.50	0	1.50	25	0		自沈	粘性土				1.5	15.0
0.50	0	1.75	25	0		自沈	粘性土				1.5	15.0
0.75	0	2.00	25	0		自沈	粘性土				2.2	22.5
1.00	0	2.25	25	0		自沈	粘性土				3.0	30.0
1.00	3	2.50	25	12			粘性土				3.6	37.6
1.00	5	2.75	25	20			粘性土				4.0	42.7
1.00	6	3.00	25	24			粘性土				4.2	45.3
1.00	7	3.25	25	28			粘性土				4.4	47.9
1.00	7	3.50	25	28			粘性土				4.4	47.9
1.00	61	3.75	25	244	ガリガリ		礫質土				18.3	> 126.0
1.00	101	4.00	25	404	ガリガリ	打撃21回以上	礫質土				29.0	> 126.0
1.00	100	4.10	10	1000	ガリガリ	打撃11〜20回	礫質土				69.0	> 126.0

② 簡易支持力測定試験（キャスポル）

　サウンディング以外の方法として簡易支持力測定器を使用した地盤調査方法で、おもりを一定の高さから地盤に自由落下させたときに生ずる衝撃加速度を計測してその数値と関係式から地盤状況を調査するものである。

② 地盤の支持力

　地盤の支持力は、許容応力度として建築基準法施行令第93条により、表6-4-2のとおり規定されている。

表6-4-2　地盤の許容応力度

地盤	長期に生ずる力に対する許容応力度（単位　kN/m²）	短期に生ずる力に対する許容応力度（単位　kN/m²）
岩盤	1,000	長期に生ずる力に対する許容応力度のそれぞれの数値の2倍とする。
固結した砂	500	
土丹（どたん）盤	300	
密実な礫（れき）層	300	
密実な砂質地盤	200	
砂質地盤（地震時に液状化のおそれのないものに限る）	50	
堅い粘土質地盤	100	
粘土質地盤	20	
堅いローム層	100	
ローム層	50	

③ 即時沈下と圧密沈下

　土の沈下には、即時沈下と圧密沈下があり、土の性質により挙動が異なる。即時沈下とは、主に砂質土（粗粒土）に生じるもので、砂質土は、水（隙間）が少なく透水性がよいので荷重を受けた直後に土中の水が移動し、沈下量は少なくそれも瞬時に終局する現象である。圧密沈下とは、主に粘性土（細粒土）に生じるもので、粘性土は、水が豊富で透水性が悪いため沈下量が大きく、長い時間にわたり沈下（排水）が進行する現象である。

　住宅などで、年数を経て顕在化する地盤沈下の問題の多くは、この圧密沈下によるものである。即時沈下と違いすぐに結果が出るわけではなく、又粘性土でも透水性の違いや粘土層の厚さの違いなどがあり一律に沈下しないため、圧密沈下は不同沈下を同時に引き起こすことが多く、その結果、建築物そのものが傾いたり、家を支える基礎の亀裂や、建築物のきしみによる窓や扉への障害などが発生する。

　又、均一な盛土あるいは等分布荷重が作用する場合であっても、図6-4-5に示すとおり地中では端部より中央部の方に大きな応力が作用し、中央部の地盤沈下量が多くなることがあり不同沈下が発生することがある。

exterior planner handbook

図6-4-6 等分布荷重を受ける地盤の応力分布

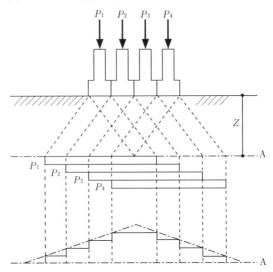

4 地盤の簡易判定

日本建築学会・小規模建築物基礎設計の手引きに示されている試験掘りによる地層の簡易判別法は、表6-4-3のとおりである。

表6-4-3 試験掘りによる地層の簡易判別法

	地層の硬さ	素掘り	オーガーボーリング	推定N値	推定許容地耐力（長期）[kN/m²]
粘性土	極軟	鉄筋を容易に押し込むことができる	孔壁が土圧でつぶれて掘りにくい	2以下	20以下 注1
	軟	シャベルで容易に掘れる	容易に掘れる	2〜4	30 注1
	中位	シャベルに力を入れて掘る	力を入れて掘る	4〜8	50
	硬	シャベルを強く踏んでようやく掘れる	力いっぱい回すとようやく掘れる	8〜15	100
	極硬	つるはしが必要	掘進不能	15以上	200
地下水面上の砂質土	非常にゆるい	孔壁が崩れやすく、深い足跡ができる	孔壁が崩れやすく、試料が落ちる	5以下	30以下 注2
	ゆるい	シャベルで容易に掘れる	容易に掘れる	5〜10	50 注2
	中位	シャベルに力を入れて掘る	力を入れて掘る	10〜20	100
		シャベルを強く踏んでようやく掘れる	力いっぱい回すとようやく掘れる	20〜30	200
	密	つるはしが必要	掘進不能	30以上	300

注1）過大な沈下に注意を要す。
2）地震時の液状化に注意を要す。

(1988年版『小規模建築物基礎設計の手引き』より)

6-5 擁壁

擁壁とは、斜面などの水平土圧に対して、壁自重や底版上部の土砂の重量で抵抗する壁体状の構造物をいう。擁壁は、構成材料から、コンクリートブロックあるいは間知石で造られる練積み造擁壁、無筋コンクリート造擁壁及び鉄筋コンクリート造擁壁に区分される。

又、擁壁は、構造的特性等から、図6-5-1に示すような練積み造擁壁、重力式擁壁、半重力式擁壁、もたれ式擁壁、片持ちばり式（L型、逆L型及び逆T型）擁壁及び控え壁式擁壁に区分される。

図6-5-1 擁壁の構成材料による区分

（※）補強鉄筋を用いたコンクリートブロック造も含む

図6-5-2 擁壁の構造特性による区分

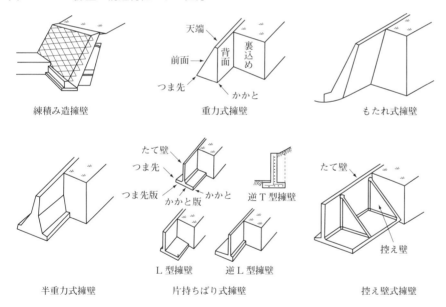

1 擁壁の形状

(1) 練積み造擁壁

練積み造擁壁とは、コンクリートブロック又は間知石を積み重ねた、自立できない簡易な擁壁である。練積み造擁壁は、のり勾配及び積み面を自由に変化させることができ、のり留め及び構造物との取り合いが容易であるなどの理由により、従来から広く用いられている。

背面地山が堅固で土圧の作用が少なく湧水のない箇所に最適で、壁高さが低い場

合には最も経済的といわれる。

(2) 重力式擁壁

重力式擁壁とは、擁壁自体のコンクリート重量により土圧に抵抗するもので、大きな断面を有する擁壁である。この擁壁は、無筋コンクリート造が一般的であり、温度応力によるひび割れを防ぐために、壁長方向に10m程度の間隔で伸縮目地が設けられる。壁高さ5m以下で基礎地盤が良好な場合には経済的な構造である。又、施工性は、他の形式より優れている。

(3) 半重力式擁壁

重力式擁壁と同じ原理であるが、コンクリート量を節約するため、土圧により壁体内に生じる引張力に抵抗する鉄筋を、擁壁の背面側に配置したものである。

(4) もたれ式擁壁

もたれ式擁壁は、練積み擁壁と重力式擁壁との中間的形式で、壁体を地山あるいは裏込め土などの土羽面にもたれかけさせて抵抗する非自立性の、主として切土部分に用いられる擁壁である。無筋コンクリート造及び鉄筋コンクリート造のものがある。

(5) 片持ちばり式擁壁

片持ちばり式擁壁は、鉛直壁とこれに直交する水平な底版からなり、擁壁自身の重量と基礎底版に載る土の重量により土圧に抵抗する形式の鉄筋コンクリート造の擁壁である。L型、逆L型及び逆T型の断面形状をもち、L型はつま先が設けられないような隣地との境界に接する擁壁に用いられ、壁体の断面積は重力式擁壁より小さく、経済的な高さは5〜7mである。ただし、補強鉄筋を用いたコンクリートブロック造擁壁の場合は高さ3m以下となる。

(6) 控え壁式擁壁

控え壁式擁壁は、土圧に抵抗する鉛直な正面壁とこれに直交する水平な底版、及び正面壁と底版とをつなぐ三角形の控え壁からなる擁壁である。高さ6m以上の擁壁に用いられることが多い。

2 擁壁の一般的な形状

擁壁の一般的な形状は、図6-5-4に示すとおりである。離れ距離とは、敷地境界線から擁壁の縦壁までの距離であり、高さ1m以上の擁壁においては少なくとも5cm以上とする。

exterior planner handbook

図6-5-4 擁壁の一般的な形状

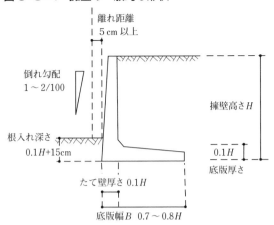

3 擁壁の構造

① 鉄筋コンクリート造、無筋コンクリート造の擁壁は、構造計算によってその安全性を確かめる。（宅造令第9条）
② 高さが5mを超える擁壁は、練積み造とすることができない。（宅造令第10条）
③ 間知石練積みの擁壁の構造は、表6-5-1及び図6-5-5に示すとおりである。
④ 擁壁に使用する材料は、次のとおりである。
  1）コンクリート
    コンクリートの品質は特記事項であるが、特記のない場合のコンクリートの設計基準強度は、18 N/mm² 以上とする。
  2）鉄筋
    鉄筋の品質は、JIS G 3112（鉄筋コンクリート用棒鋼）又は JIS G 3117（鉄筋コンクリート用再生棒鋼）とする。

表6-5-1 練積造擁壁の構造（宅造令第10条：別表第四）

土質		擁壁のこう配 θ 度	擁壁の高さ h(m)、擁壁下端厚 D (cm)				擁壁上端厚 D' (cm)
			$5 \geq h > 4$	$4 \geq h > 3$	$3 \geq h > 2$	$2 \geq h$	
1種	岩・岩屑・砂利・砂利混じり砂	$75 \geq \theta > 70$	—	—	$D \geq 50$	$D \geq 40$	$D' \geq 40$
		$70 \geq \theta > 65$	—	$D \geq 50$	$D \geq 45$	$D \geq 40$	
		$65 \geq \theta$	$D \geq 60$	$D \geq 45$	$D \geq 40$	$D \geq 40$	
2種	真砂土・関東ローム・硬質粘土・その他類似の土質	$75 \geq \theta > 70$	—	—	$D \geq 70$	$D \geq 50$	$D' \geq 40$
		$70 \geq \theta > 65$	—	$D \geq 75$	$D \geq 60$	$D \geq 45$	
		$65 \geq \theta$	$D \geq 80$	$D \geq 65$	$D \geq 50$	$D \geq 40$	
3種	1種・2種以外の土質	$75 \geq \theta > 70$	—	—	$D \geq 90$	$D \geq 85$	$D' \geq 70$
		$70 \geq \theta > 65$	—	$D \geq 105$	$D \geq 85$	$D \geq 75$	
		$65 \geq \theta$	$D \geq 120$	$D \geq 95$	$D \geq 80$	$D \geq 70$	

図6-5-5　間知ブロック練積み擁壁の例
（2種の土質、こう配65°背面土の内部摩擦角30°とする）

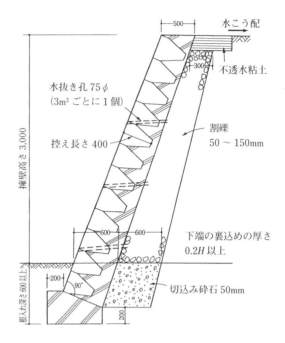

4　荷重

(1) 種類
常時：自重 ＋ 固定荷重・積載荷重 ＋ 土圧
地震時：自重 ＋ 地震時慣性力 ＋ 地震時土圧

(2) 自重
擁壁の設計に用いる自重は、躯体重量のほか、逆T型、L型擁壁等の片持ちばり式擁壁の場合には仮想背面のとり方によって図6-5-6に示すように計算上の擁壁自重が異なる。

図6-5-6　片持ちばり式擁壁における自重の取り方

仮想背面と擁壁に囲まれた部分の土の重量を擁壁の重量として見込む。

(3) 固定荷重と積載荷重
構築物上面には建築物などの固定荷重、そして人や車などの流動性のある積載荷重がある。

(4) 地震時荷重

擁壁に作用する地震時荷重は、図6-5-7に示すように擁壁自体の自重に起因する地震時慣性力と裏込め土の地震時土圧を考慮する。ただし、設計に用いる地震時荷重は、地震時土圧による荷重、又は擁壁の自重に起因する地震時慣性力に常時の土圧を加えた荷重のうち大きい方とする。なお、擁壁の自重に起因する地震時慣性力は、設計用水平震度をk_h、擁壁の自重をWとすると、図に示すように重心Gを通って水平方向に$k_h \times W$として作用させる。

図6-5-7 地震時慣性力の考え方

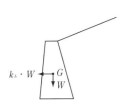 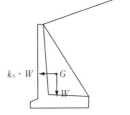 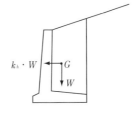

(a) 重量式擁壁の場合　　(b) 片持ちばり式擁壁の場合(1)　　(c) 片持ちばり式擁壁の場合(2)

(5) 土圧

片持ちばり式擁壁が傾斜、転倒する場合の安定計算（転倒、滑動、支持力）における土圧の作用面は、斜線の部分が擁壁とともに壁体の一部と挙動すると仮定すると、一般的には図6-5-8に示す斜線のとおりである。

図6-5-8 土圧作用面の考え方

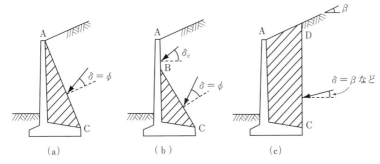

斜線部は擁壁と一体になって動く土の部分

5 擁壁の構造安定に関する検討

擁壁の安定は、図6-5-9に示す転倒、滑動、支持力の安定3条件に基づいて評価する。

図6-5-9　擁壁の安定3条件

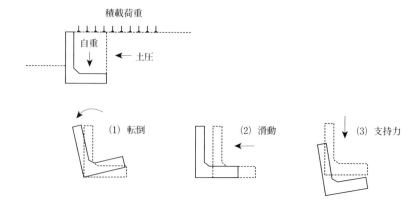

（1）転倒に対する安定

　擁壁の転倒に関する考え方は、図6-5-10に示すとおりで、転倒とは、フーチング底面の前端を中心として擁壁を前方に回転する挙動であり、その原因となる土圧による作用モーメントを転倒モーメントという。これに対して、擁壁の自重とフーチングの上にある土の重量、上載荷重などによって、同じ軸まわりに逆向きに抵抗するモーメントを抵抗モーメントあるいは安定モーメントという。

図6-5-10　転倒に対する検討の考え方

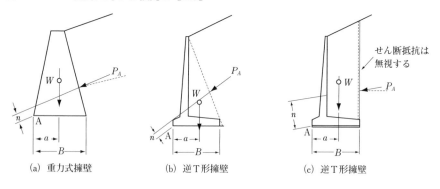

　重力式擁壁における安定モーメントは、図に示すとおり擁壁の自重のみで計算する。転倒モーメント M_0 は、土圧の合力 P_A の作用線とフーチング前端のA点との距離nより、次の式により求まる。

　　　$M_0 = P_A \times n$

　又、安定モーメント M_r は、擁壁の自重とフーチング直上の土の重量及び上載荷重との和をWとし、その作用線とA点との水平距離aより、次の式により求まる。

　　　$M_r = W \times a$

したがって、擁壁の転倒に対する検討としては、
　①終局限界状態及び損傷限界状態
　　　$M_0 \leq M_r$
　②使用限界状態
　　　$M_0 \times 1.5 \leq M_r$
であることを確認する。

(2) 滑動に対する安定

直接基礎の場合には、土圧合力 P_A の水平成分 P_H による水平すべりに対して、フーチング底面の摩擦力（せん断抵抗）により抵抗するものと考える。

摩擦抵抗の合力 R_H は、フーチング底面への鉛直圧力の合力を W とすれば、次の式により求まる。

$$R_H = W \times \mu$$

μ：フーチング底面と地盤との間の摩擦係数

したがって、擁壁の滑動に対する検討としては、

① 終局限界状態及び損傷限界状態

P_A の水平成分に想定する地震動に応じた擁壁自重による地震時慣性力を加えた水平合力、並びに地震動を考慮した土圧による水平合力の両者に対して、R_H が上回ることを確認する。

② 使用限界状態

$$P_A \times 1.5 \leq R_H$$

であることを確認する。

(3) 基礎地盤の支持力に対する安定

基礎に対する荷重の合力は、基礎スラブ幅の中央からの偏心距離 e をもって斜めに作用することから、その鉛直成分を偏心モーメントによる基礎耐力検討用荷重として、基礎の支持力を検討する。

第7章

原価管理

7-1　原価管理（1級、2級）

7-2　積算の基本（1級、2級）

7-3　積算の演習（1級）

7-1 原価管理

1 原価管理の意義

　工事業者が、発注者から工事を請け負い、これを完成し引き渡すことは工事業者の責務である。工事業者は、設計図書に基づいて材料費、労務費、外注費、現場経費などの管理を行い、決められた期間内に、決まった金額で、品質を保証し、適切な利潤を確保し、経営を継続し、発展させなければならない。ここに原価管理の意義があるといえる。

2 原価管理業務の概要

(1) 原価管理の重要性

　工事施工にあたり、工事業者は請負金額内で工事の質を落とさず、工期内に完成させる必要があるが、さらに企業の運営、発展を図る観点から適正利潤を確保することが必要になる。

　このため、工事費を適正な範囲に収める努力が必要になり、この目的を実現させる業務が原価管理である。一般的に工事業者は発注者のために、受注工事を"より早く"、"より良く"、"より安全に"、"より安く"工事管理をしなければならない。

　すなわち

　・早く　　（工程管理）
　・良く　　（品質管理）
　・安全に　（安全管理）
　・安く　　（原価管理）

が工事管理の内容であり、原価管理は、その重要な要素である。

(2) 原価管理の業務の流れ

　原価管理に関する業務の流れは図 7-1-1 に示すとおりである。

exterior planner handbook

図7-1-1 原価管理の業務の流れ

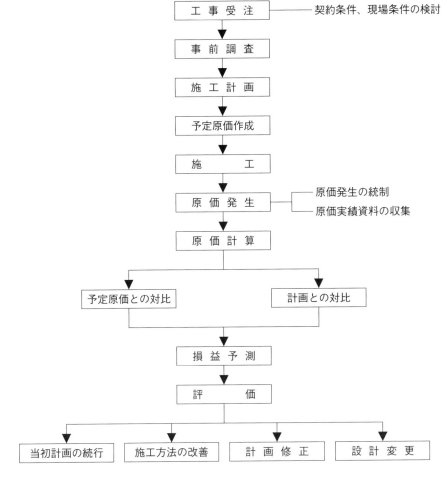

a. 予定原価の設定

施工管理者は契約条件と現場条件を十分に検討し、施工計画を立て、工事現場の実態に即した予定原価を作成する。請負金額は、発注者の承認した全工事金額であるから、工事着手に先だって、その枠内で工事費の予算を作成する必要がある。予定原価の編成は、工事業者における利益管理のための知識・やり方であり、一定の形式や書式はない。一般に予定価格といわれるものは、工事現場を預かる施工管理者の工事費予算を指す。

原価管理の目的は、実際原価を予定原価に近づけるか、それ以下にすることである。そのためには早期に工事の利益を予想するために予定原価は早期に作成すること、予定原価の精度を高めるために継続的に歩掛りなどのデータを整備蓄積しておくこと、及び、予定原価と実際原価が常に対比できるように整理しておくことなどが重要である。

b. 原価発生の抑制

施工管理者は、予定原価の範囲内で工事を完成させる責務がある。

c. 実際原価との対比

実際の施工に則して発生した原価に関連する各種データを整理分析し、実際原

価を計算し、予定原価と対比して損益を予測する。

d. 施工計画の再検討等

　実際原価と予定原価に差異が生じた場合は、その原因を分析・検討し、施工計画の再検討を含む原価引き下げの措置を講じる。これによって生じた結果を吟味し、良好であればその措置を持続・発展させ、そうでない場合は再度見直しを行うというように、計画→実施→検討→処置のサイクルを連続的に反復進行させて、工事を成功に導くようにする。

7-2 積算の基本

① 積算の定義

　積算とは、設計図面と仕様書（標準仕様書と特記仕様書）に基づいて、工事の種類ごとの材料や人工数を算出することを指している。これに単価を乗じて工事費を算出する。一般には、見積に積算の意味を含める場合も多いが、積算は、設計図書で一式計上された工事内容を工種ごとに分類し、数量を算出することが重要であるため、「工事費内訳書」を作成し、種目、科目ごとに内訳を整理する。

　見積とは、当該算出された数量に単価を乗じて工事費を算出することをいう。上記の積算、見積についての定義は狭義のもので、現在の建設業界全般の趨勢としては、積算をより広義に解釈して、数量を算出し、単価を導入することによって、工事費を予測することとされている。

　積算には、概算見積と詳細見積の2種類があり、前者は、計画当初に工事概略を推定して予算編成上の基礎とする場合に用いられ、後者は、一般に見積といい、図面と仕様書に基づいて工事費の内訳を明確に算出表示する分析的見積で、工費内訳明細書と称される。

　これら見積法によって算出された工事費は、請負契約上の基礎となると同時に、施工の指針となり、施工中の原価管理の基準となる。

exterior planner handbook

② 積算業務の流れ

積算は、設計図面及び仕様書に基づき、施工上必要な工事の実費、すなわち予定金額を明らかにする算出法である。設計図書から積算すべき対象物の数量（面積、長さ、体積、個体等の数など）を内訳明細書にまとめ、これに適切な値入れをする（単価を掛ける）ことによって予定価格を算出する。

・積算業務の流れ

設計内容の把握……基本設計図（平面図・立面図）、各種構造図、標準及び特記仕様書

↓

現地調査……………現地条件の把握（敷地・道路・隣地などの条件、現地材料の有無）

↓

数量計算……………対象物の面積、長さ、体積、個体等の数量、土量の計算

↓

施工計画の策定……施工方法の選定、工期の設定、建設機械の機種など

↓

内訳明細書のとりまとめ

↓

各種単価の決定……材料単価、労務単価、歩掛りの決定、機械器具損料等の決定

↓

直接工事費の計算

↓

共通費の計算………共通仮設費、現場管理費、一般管理費等

↓

予定価格の決定……直接工事費 ＋ 共通費 ＋ 消費税相当額

③ 単価の設定

単価とは、工事費、材料費、労務費等の単位当たりの価格のことをいう。

（1）材料単価
a．材料基準単価の設定

一般に工事費の積算に用いる材料の単価は、現場搬入持込費用を加算したもので、時価相場あるいは製造業者・販売業者の取引価格で決定する。このため、積算にあたっては、資材価格の変動に、常に注意を払う必要がある。

官公庁では、年度当初に決定した材料単価及び歩掛りによって作成する。物価

exterior planner handbook

の変動が著しい時はその改訂額を示すこともあるが、通常は年間を通して使用され、設計の能率化と統一を図っている。又、記載されていない単価や歩掛りについては、過大とならないよう複数の物価版ならびに市価の実状調査をして決定している。

b. 材料単価設定のための根拠資料

材料単価設定のための根拠資料として、以下の資料があげられる。資料は正確を期すため、必ず複数以上によることが望ましい。

- ・建設物価…………（一財）建設物価調査会 発行
- ・積算資料…………（一財）経済調査会 発行
- ・各地区建設業協会及び連合会の資材価格表
- ・地域の建材店の資材単価表
- ・製造業者・販売業者のカタログ及び定価表の掲載価格
- ・工事中又は完了工事案件での資材購入価格の実績

c. 材料単価調査上の注意

材料の単価の設定には、標準的なエクステリア工事での取引数量と地域差を考慮する。

例えば、工事量が少ない戸建て住宅のエクステリア工事と、工事量が多い大規模な集合住宅のエクステリア工事では、一回の資材の購入量が大きく異なる。一般に、単位当たりの材料の仕入れ価格、現場への搬入費は、小口取引となる戸建て住宅のエクステリア工事のほうが割高である。

又、建設材料の価格には地域差があり、一般に、産地や工場から近いほうが、材料の価格は安い。搬入現場の条件によっても異なり、郊外の場合と市街地の場合を比較すると、市街地のほうが搬入車両の大きさが限定されたり、搬入に時間がかかるなど、現場への搬入費用が高くなりがちで、資材単価も高くなる例が多い。

(2) 労務単価
a. 労務基準単価の設定

工事費の積算に用いる人件費の労務基準単価は、標準的なエクステリア工事により、地域別に労務基準単価を設定し、それにより見積価格の算定を行い、基準単価はその時点の時価による。

基準単価の設定は、昼間、普通の天候や環境状況の元で、実働8時間を標準にして、公表されている公共事業の労務単価などを参考として、工事に従事している労働者としての条件を反映させて定める。

b. 労務単価設定のための根拠資料

資料は正確を期すため、必ず複数以上によるものとする。

- ・公共工事設計労務単価……………国土交通省
- ・毎月勤労統計調査報告書…………厚生労働省
- ・賃金構造基本統計調査報告書……厚生労働省

c. 労務歩掛り

労務歩掛りは、同種、同作業の統計を参考に、平均的な中程度の技能、能率を有する労働者が、1日実働8時間で行うことのできる作業量から換算し、工事の

exterior planner handbook

作業実業に即して定める。

　各種の歩掛りは、労働者・技能者の技術程度、直請けか下請けか、工法、現場の状況や施工の時期と時間等各種条件によって異なるので、一定にすることは困難である。したがって、書籍などで公表されている例、もしくは工事業者の長い間に得た経験とデータによって、ある範囲内の標準歩掛りを用いることとなる。

(3) 複合単価

内訳の情報を持つ単価で、実際の積算時に用いる単価の大部分は複合単価である。

a. 一次代価表

単位施工当たりに必要とされる数量から構成される歩掛りに、材料単価や労務単価等を乗じて算出する。

表7-2-1（1）　一次代価表の例

①根切り

m³ 当り

細　目	内　容	歩掛り	単位	単　価	金　額
土　工	普通作業員　深さ1mまで	0.3	人工		
経　費					
計					

②埋戻し

m³ 当り

細　目	内　容	歩掛り	単位	単　価	金　額
土　工	普通作業員　締固め共	0.12	人工		
経　費					
計					

③残土処分（場内処分）

m³ 当り

細　目	内　容	歩掛り	単位	単　価	金　額
土　工	普通作業員　小運搬、整地共	0.12	人工		
経　費					
計					

④地業

m³ 当り

細　目	内　容	歩掛り	単位	単　価	金　額
砂　利	クラッシャーラン C-40	1.17	m³		
土　工	普通作業員　敷き均し、突き固め共	0.2	人工		
経　費					
計					

⑤鉄筋

kg 当り

細　目	内　容	歩掛り	単位	単　価	金　額
鉄　筋		1.03	kg		
結束線	鉄筋の0.5%	0.005	kg		
鉄筋工		0.0045	人工		
手元工	普通作業員	0.1	人工		
経　費					
計					

⑥型枠

m² 当り

細　目	内　容	歩掛り	単位	損料率	単　価	金　額
型枠用合板	90×180cm t=1.2cm	0.7	枚	30%		
さん材	60×30	0.008	m³	40%		
角　材	100×100	0.020	m³	20%		
釘金物		0.28	kg			
剥離剤		0.02	ℓ			
型枠工		0.08	人工			
手元工	普通作業員	0.04	人工			
経　費						
計						

exterior planner handbook

表 7-2-1（2） 一次代価表の例

⑦コンクリート
m³ 当り

細　目	内　　容	歩掛り	単位	単　価	金　額
コンクリート	レディミクストコンクリート	1.07	m³		
土木一般世話役		0.01	人工		
土　工	特殊作業員	0.1	人工		
手元工	普通作業員	0.1	人工		
小器具	シュート、バイブレーター等 人工の3%				
経　費					
計					

⑧空洞ブロック（120）積
m² 当り

細　目	内　　容	歩掛り	単位	単　価	金　額
空洞ブロック	C種、390 × 190 × 120	12.5	個		
セメント		18.2	kg		
砂		0.041	m³		
鉄筋	異形鉄筋　D10	2.3	kg		
ブロック工		0.14	人工		
手元工	普通作業員	0.1	人工		
経　費					
計					

b. 複合代価表

　標準構造図によって設計し得る構造物は、各細目の数量を計算し、これに一次代価を乗じることにより、あらかじめ二次的な複合単価として単位当たりの単価を作成しておく。これにより積算の能率化を図ることができる。

　又、設計積算時に用いる単価から、さらに明細な積み上げを必要とするものは別に算出し、その内容として添付しておくものを単価明細表という。

表 7-2-2　複合代価表の例

・空洞ブロック（120）8段積・L形基礎　土工共（人力）　歩掛り表
m 当り

細　　目	内　　容	数量	単位	単　価	金　額	備　　考
根切り	人力	0.389	m³			一次代価　表 7-2-3 ①
埋め戻し	人力	0.221	m³			一次代価　表 7-2-3 ②
残土処分	場内処分	0.169	m³			一次代価　表 7-2-3 ③
地　業	クラッシャーラン C-40	0.063	m³			一次代価　表 7-2-3 ④
鉄　筋		3.64	kg			一次代価　表 7-2-3 ⑤
型　枠		0.800	m²			一次代価　表 7-2-3 ⑥
コンクリート	Fc=18N/mm² 人力 小運搬	0.112	m³			一次代価　表 7-2-3 ⑦
CB120 積	両面化粧目地	0.160	m²			一次代価　表 7-2-3 ⑧
経　費						
計						

図7-2-1 根拠断面図(表7-2-2複合代価表の根拠断面図)

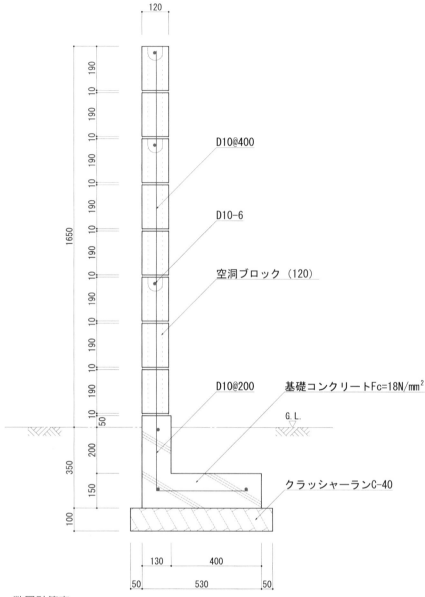

・数量計算表

m 当り

細 目	計 算	数 量	単位
根切り	$V=((0.53+0.2)+(0.53+0.2+0.45\times 0.3\times 2))\times 0.45\div 2$	0.38925	m^3
埋め戻し	$V=0.38925-(0.63\times 1.0+0.53\times 0.15+0.13\times 0.2)$	0.22075	m^3
残土処分	$V=0.38925-0.22075$	0.1685	m^3
地業	$V=(0.53+0.50+0.50)\times 0.10$	0.063	m^3
鉄筋	$W=0.56\times (0.73\times 2.5+0.67\times 2.5+3)$	3.64	kg
型枠	$V=(0.15+0.20+0.05)\times 2$	0.8	m^2
コンクリート	$V=(0.53\times 0.15)+(0.13\times 0.25)$	0.112	m^3
空洞ブロック積	$V=1.60$	0.16	m^2

④ 数量の算出

(1) 数量算出の注意事項

設計図書から積算すべき対象物の数量（面積、長さ、体積、個体等の数など）を拾い出し内訳明細書にまとめ、これに単価を掛けることによって予定価格を算出する。数量算出の注意事項を挙げると次のようになる。

① 積算着手前に設計図書の内容を十分に把握理解する。
② 現地調査を十分行い、適切な施工計画を立てた上で積算を開始する。
③ 積算作業着手前に数量拾いの手順を統一し、拾い落し、重複拾いのないようにする。
④ 数量は積算表に、誰が見てもわかるように取りまとめる。
⑤ やむを得ず図面の分一寸法による場合は、縮尺の確認と分詰まり、分伸びに注意する。　　　　注）分一（ぶいち）…図面にスケールを当てて寸法を測ること
⑥ 建築、設備、その他関連工事との取合いに十分注意する。
⑦ 一通りの積算が終了したら、必ず設計図書を再読し、拾い落しの有無を確認する。
⑧ 必ず計算の再チェックを行い、特に桁違いに注意する。

(2) 数量算出の基本

① 基準寸法

数量算出のための基準寸法は［設計寸法］を原則とする。

② 設計数量

基準寸法によって算出した数量又は個体数等について、設計図書から直接読み取ることができる数量を設計数量といい、これを積算の基準数量とする。

③ 所要数量

設計数量を基に、算出された工事を施工する時に必要な数量（市場寸法により、切無駄及び施工上のやむを得ない損料などを含む予測数量）を所要数量という。

④ 積算数量の表示

積算数量の表示は、受注用は設計数量とし、発注用は設計数量又は所要数量とする。

(3) 数量取扱いの基本

① 数量の単位

長さを示すもの……………m
面積を示すのも……………m^2
体積を示すもの……………m^3
重量を示すもの……………t・kg
その他（細目に応じて）…ヶ所・個・本・枚・株・石・組・人

② 計測及び数量算出過程の数値

計測の単位は、mとし、小数点以下2位までとする。数量を算出する計算過

exterior planner handbook

程においては、m 又は m² によるものは小数点以下3位まで、ヶ所・個・本・枚・株・石・組・人等の単位によるものは小数点以下2位までとし、それぞれ小数点以下4位、3位を四捨五入する。ただし特に定めのある場合は、それぞれに従うものとする。

③　**積算数量の表示の数値**

積算数量の数値が価格に対応する場合は、小数点以下1位までとする。ヶ所・個・本・枚・株・石・組等の単位によるものは小数点以下を切り上げて整数とする。

④　**緊急作業割増し率**

緊急に工事を完了する必要のある工事で、作業人員が標準よりかなり上回る場合及び手待ち、手戻りを生じ、作業能率が著しく低下すると想定される時は、実状により割増しをする。

5 工事費の構成ととりまとめ

工事費の構成は、通常、図7-2-2のようになる。工事費の積算は、まず直接工事費を設計図書から算出した数量に設定した単価を掛け、各工事種目ごとにとりまとめる。次に直接工事費を基に共通費を計算して合計し、工事価格を求める。工事価格に消費税等相当額を合算し工事費とする。

図7-2-2　工事費の構成

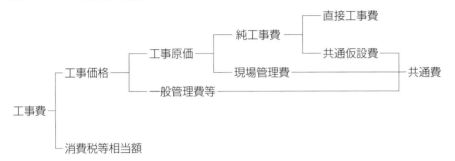

① 直接工事費

直接工事費とは、工事目的物を作るために直接投入される費用で、直接仮設に要する費用を含む。擁壁工事を例にとれば、これに専属的に用いられる機械費、コンクリート、型枠、足場、支保工、床掘り、土留めのような費用である。

② 共通費

共通費は、共通仮設費、現場管理費及び一般管理費等に区分する。
民間工事では、共通費は諸経費として一つにまとめて計上されることが多い。又、共通費の相当額を、直接工事費の単価に含んで工事費を提示することもある。

a. 共通仮設費

工事全体を通じて共通的に必要とする費用で、例えば、仮囲いや安全対策の費用などがこれに当たる（表7-2-4「共通仮設費」）。直接工事費に共通仮設比率を乗じて算定する。

b. 現場管理費

工事施工に当たり、工事現場を管理運営するために必要な費用で、共通仮設費以外の費用とする（表7-2-5「現場管理費」）。費用を積み上げにより算定するか、過去の実績等に基づく純工事費に対する比率により算定する。

c. 一般管理費等

工事と直接の関係はないが、工事施工に当たる受注者の継続運営に必要な経費で、比較的原価性の強い一般管理費と付加利益等からなる（表7-2-6「一般管理費」表7-2-7「付加利益等」）。工事原価に対する比率により算定する。

表7-2-3　工事費のとりまとめ例

・工事費内訳書

名　　称	摘　要	数量	金　額	備　考
直接工事費				
1．仮設工事		一式	×××××	
2．解体・撤去工事		一式	×××××	
3．土工事		一式	××××××	
4．地業工事		一式	×××××	
5．コンクリート工事		一式	××××××	
6．組積工事		一式	×××××	
7．左官工事		一式	×××××	
8．石・れんが・タイル工事		一式	×××××	
9．扉・柵工事		一式	××××××	
10．付帯工事		一式	×××××	
11．植栽工事		一式	×××××	
計			××××××	
共通費				
1．共通仮設費		一式	×××××	
2．現場管理費		一式	×××××	
3．一般管理費等		一式	××××××	
計			×××××	
合　計	（工事価格）		××××××	
消費税相当額			××××××	
総　合　計	（工事費）		×××××××	

・内訳明細書

名　称　（摘　要）	数　量	単位	単　価	金　額	備　考
1．仮設工事					
水盛遣方	×××	m^2	×××	×××××	
清掃片付け	×××	m^3	×××	×××××	
・・・・・					
計				×××××	
2．解体・撤去工事					
・・・・・					
計				×××××	
3．土工事					
根切り	×××	m^3	××××	×××××	
埋戻し	×××	m^3	××××	×××××	
整地及び地均し	×××	m^2	××××	×××××	
残土処分	×××	m^3	××××	×××××	
・・・・・					
計				×××××	
4．地業工事					
・・・・・					
計				×××××	
5コンクリート工事					
・・・・・					
計				××××××	

表7-2-4「共通仮設費」

項　　目	内　　容
準　備　費	敷地測量、敷地整理、道路占有料、仮設用借地料、その他の準備に要する費用
仮 設 建 物 費	監理事務所、現場事務所、倉庫、下小屋、宿舎、作業員施設等に要する費用
工 事 施 設 費	仮囲い、工事用道路、歩道構台、場内通信設備等の工事用施設に要する費用
環 境 安 全 費	安全標識、消火設備等の施設の設置、安全管理・合図等の要員、隣接物等の養生及び補償復旧に要する費用
動力用水光熱費	工事用電気設備及び工事用給排水設備に要する費用並びに工事用電気・水道料金等
屋外整理清掃費	屋外及び敷地周辺の跡片付け及びこれに伴う屋外発生材処分等並びに除雪に要する費用
機 械 器 具 費	共通的な工事用機械器具（測量機器、揚重機械器具、雑機械器具）に要する費用
そ　の　他	材料及び製品の品質管理試験に要する費用、その他上記のいずれの項目にも属さない費用

表7-2-5「現場管理費」

項　　目	内　　容
労務管理費	現場雇用労働者（各現場で元請企業が臨時に直接雇用する労働者）及び現場労働者（再下請を含む下請負契約に基づき現場労働に従事する労働者）の労務管理に要する費用 ・募集及び解散に要する費用 ・慰安、娯楽及び厚生に要する費用 ・純工事費に含まれない作業用具及び作業用被服等の費用 ・賃金以外の食事、通勤費等に要する費用 ・安全、衛生に要する費用及び研修訓練等に要する費用 ・労働保険法による給付以外に災害時に事業主が負担する費用
租税公課	工事契約書等の印紙代、申請書・謄抄本登記等の証紙代、固定資産税・自動車税等の租税公課、諸官公署手続き費用
保険料	火災保険、工事保険、自動車保険、組立保険、賠償責任保険及び法定外の労災保険の保険料
従業員給料手当	現場従業員（元請企業の社員）及び現場雇用労働者の給与、諸手当（交通費、住宅手当等）及び賞与
施工図等作成費	施工図等を外注した場合の費用
退職金	現場従業員に対する退職金給与引当金繰入額及び現場雇用労働者の退職金
法定福利費	現場従業員、現場雇用労働者及び現場労働者に関する次の費用 ・現場従業員、現場雇用労働者に関する労災保険料、雇用保険料、健康保険料及び厚生年金保険料の事業主負担額 ・現場労働者に関する労災保険料の事業主負担額 ・建設業退職金共済制度に基づく証紙購入代金
福利厚生費	現場従業員に対する慰安、娯楽、厚生、貸与被服、健康診断、医療、慶弔見舞等に要する費用
事務用品費	事務用消耗品費、OA機器等の事務用備品費、新聞・図書・雑誌等の購入費、工事写真代等の費用
通信交通費	通信費、旅費及び交通費
補償費	工事施工に伴って通常発生する騒音、振動、濁水、工事用車両の通行等に対して、近隣の第三者に支払われる補償費。ただし、電波障害等に関する補償費を除く
その他	会議費、式典費、工事実績の登録等に要する費用、その他上記のいずれの項目にも属さない費用

exterior planner handbook

表7-2-6「一般管理費」

項　目	内　容
役員報酬等	取締役及び監査役に要する報酬及び賞与（損金算入分）
従業員給料手当	本店及び支店の従業員に対する給与、諸手当及び賞与（賞与引当金繰入額を含む）
退　職　金	本店及び支店の役員及び従業員に対する退職金（退職給与引当金繰入額及び退職年金掛金を含む）
法定福利費	本店及び支店の従業員に関する労災保険料、雇用保険料、健康保険料及び厚生年金保険料の事業主負担額
福利厚生費	本店及び支店の従業員に対する慰安、娯楽、貸与被服、医療、慶弔見舞等の福利厚生等に要する費用
維持修繕費	建物、機械、装置等の修繕維持費、倉庫物品の管理費等
事務用品費	事務用消耗品費、固定資産に計上しない事務用備品、新聞参考図書等の購入費
通信交通費	通信費、旅費及び交通費
動力用水光熱費	電力、水道、ガス等の費用
調査研究費	技術研究、開発等の費用
広告宣伝費	広告、公告又は宣伝に要する費用
交　際　費	得意先、来客等の接待、慶弔見舞等に要する費用
寄　付　金	社会福祉団体等に対する寄付
地代家賃	事務所、寮、社宅等の借地借家料
減価償却費	建物、車両、機械装置、事務用備品等の減価償却額
試験研究償却費	新製品又は新技術の研究のための特別に支出した費用の償却額
開発償却費	新技術又は新経営組織の採用、資源の開発並びに市場の開拓のため特別に支出した費用の償却額
租税公課	不動産取得税、固定資産税等の租税及び道路占有料その他の公課
保　険　料	火災保険その他の損害保険料
契約保証費	契約の保証に必要な費用
雑　費	社内打合せの費用、諸団体会費等の上記のいずれの項目にも属さない費用

表7-2-7「付加利益等」

内　容
法人税、都道府県民税、市町村税等（表7-2-6の租税公課に含むものを除く）
株主配当金
役員賞与（損金算入分を除く）
内部留保金
支払利息及び割引料、支払保証料その他の営業外費用

7-3 積算の演習

① 積算上の注意事項

　工事完成の良否は、見積から始まるとさえ言われている。施工業者は契約に際して、正確でしかも迅速に工事内訳書を作成し、見積価格を算出しなければならない。したがって、積算技術の習得は、企業の発展に欠かせない重要な業務である。

　積算の技術は複雑で至難かつ、永年の経験と蓄積されたデータが必要となる。

　加えて、緻密な数理的判断力と図面に精通して工事内容が把握できる力を持つと同時に、時価の変動にも通じていなければならない。

a. 積算を行う上で特に重要な注意事項

① 設計図、仕様書を十分に理解する。

② 積算を行う前に工事現場を実地踏査し、地質、搬入路、その他積算に重要な現地の状況を把握しておく。

③ 作業工程、諸材料の手配、下請け業者などを事前に把握する。

④ 図面から材料などの拾い落しや縮尺の見誤りのないように注意する。

⑤ 数量や単価の位取りを誤らないようにする。

⑥ 単価の決定は慎重に行う。

⑦ 文字・数字は正確明瞭に記載する。

b. 実際の積算にあたっての配慮

① 材料の地方性、限定性

　エクステリア工事に使われる材料の多くは、地方性や限定性があるので、積算にあたっては、施工する地方における材料の名称、規格等について十分確認することが必要である。又、植物材料や石材等の地方性、限定性の多いものについては、その所在、生産量について市場調査を行うなど、事前の配慮が必要である。

② 労力の工種

　エクステリア工事における労力の工種の判定は、他の工事に比べ困難な部類に属する。例えば、花壇の縁に自然石を据える工事において、単に直線的に規格に合った石を配列するだけならば、土工を使用すれば足りるが、庭園的工夫を用いて配石するには、熟練した造園工が必要となるなど、労力の工種判定は、経験が要ることになる。

③ 他工事との取合せ部分

　土木あるいは建築等の他工事と平行してエクステリア工事を施工する場合、接合部の取合せはエクステリア工事が担当することになる場合が多い。このような部分に関しての設計 G.L. の決定、雨水の排水処理、設計と現場状況の僅かなズレからくる無施工部分の予測などに配慮が必要であり、積算にも相当の経験が必要になる。

exterior planner handbook

④ **施工時期**

冬季にコンクリート工事を行う場合、凍結による品質不良を防止するため、レディーミクストコンクリートの設計強度を上げる場合がある。材料費も高くなることから、積算の際に考慮されなければならない。又、このような事項は、特記仕様書に定めることが望ましい。

2 積算を行う姿勢

積算に携わる個々の者が、最新の施工技術の吸収に努めるとともに、工事の計画、設計に関する十分な準備調査を行い、現場の各種条件を正確に把握し、その工事に応じた施工技術、施工方法を定め、施工計画などによって準備作業から跡片付けに至るまで、一貫した作業処理ができるように配慮し、それに応じた、最も適正な工事費を積算するという姿勢が大切である。

3 積算の実際

a. 工法上の常識

設計図、施工図等の不備とは別に、工法上の常識として、図が省略されることがある。したがって、図が省略されても、積算の拾い落しのないように十分注意しなければならない。さらに、計算に熟達するだけでなく、エクステリア全般の知識に加え、関連知識の習得に努力することが大切である。

b. ロスと補足材

施工現場においては、材料と人工のロスが伴うことが予想される。したがって、実際の積算の際にロスあるいは補足材を加算したものを積算値とする。ただし、その加算分のロス、補足材は、表示数値に加算せず、単価の中で加算分を見込むものとする。

c. 計算

計算の主たる作業は、面積、体積、長さ、個数等の計算であり、算出公式には、数種の公式があるが、計算が容易で速く、かつ正確な答えの出る公式を選択して行う。

d. 一式計上

原則として一式計上は避ける。現場状況において、正確な積算が困難などのやむを得ない場合に限り認められるが、この場合は、備考欄に算出の根拠を付記するようにする。

e. 歩掛り

① 細目別の単位工事量に対しての標準所要数量を歩掛りという。

② 歩掛り値は、過去における多数の施工実績を集計、分析及び建設関係情報より割り出したものである。

③ 歩掛り値は、工事種別、規模、工期、敷地条件、地域の特色等の諸条件を加味し、併せて平均化したものである。

④ 現行の歩掛り値は、決定値として厳守するが、今後のエクステリア工事において、より正しく、かつ、地域性を活かした適切な歩掛りを追求することが大

大切である。

表7-3-1　歩掛り例

細　目	内　　　容	歩掛り	単位
造園工	世話役	0.01	人工
土　工	普通作業員	0.01	人工
雑　品	水杭、水貫、釘、水糸、縄等	人工の5	％
経　費		0	

4　積算の前準備

a.　積算に入る前に決めておくこと
① 拾い方………………数量の単位を決め、時計回りに拾う。
② 数量の表し方………小数点の取り方を決める。
　　　　　　　　　　　　単価と単位の関係を決める。
　　　　　　　　　　　　数量の表示を決める。
③ 数量の計算規定……積算基準書を作成して定める。

b.　値入とは
① 単価を決める前に施工図を作成する。
② 施工方法を決め、施工図に表し、図に基づいて単価を決める。
③ 図面より拾った数量に、上記単価を掛けることを値入という。

c.　積算書とは
① 積算には、概算見積と詳細見積があり、この積算をまとめ、整理したものを積
　算書という。

d.　単価とは
① 工事費、材料費、労務費等の単位当たりの価格のことをいう。

e.　見積りとは
① 事前にあらましの工事費を計算すること。
② 工事を行う前に、工事費の予測をすること。

5　積算表の作成

　エクステリア工事は、建築本体工事を除く敷地内すべての工事を含み、建築、土木、造園の分野まで広範囲にわたっている。しかし、工事は量的、工期的に小規模なものが多く、積算は煩雑になりやすい。このため、積算表を用いて、より分かりやすく、より正確を期することが大切である。

a.　積算表の目的
① 正確に積算を行う。
② 誰が見てもわかりやすいようにする。
③ 軽微な設計変更に、速やかに対処できるようにする。

exterior planner handbook

b. 積算表作成の基本的事項

① 筆記用具は鉛筆（HB～B程度）が使いやすい。

② アルファベット表示の凡例は次の通りとする。

　　L：延長　　　V：体積　　　D：奥行　　　A：延べ面積
　　H：高さ　　　t：厚さ　　　S：断面積　　W：幅

③ 文字は楷書でわかりやすく書く。

④ 数字は活字体で垂直に書き、小数点以下は小さく書く。

　　1　2　3　4　5…… $1.^{25}$　　　$1.^{30}$　　　$1.^{55}$

⑤ 積算表の【項目】の欄には、まず、仮設工事、解体・撤去工事等の大項目を記入し、次の行からは、左側に明細、右側にその部位名称を記入する。

表7-3-2　積算表の例

項　目	部　位	計　算	仕　様
1. 仮設工事			
水盛遣方	門柱	$L=2.^{33} + 0.^{80} = 3.^{13}$	
水盛遣方	南側境界ブロック	$L=10.^{07}$	
水盛遣方	西側境界ブロック	$L=10.^{36} + 1.^{50} + 1.^{85} = 13.^{71}$	
水盛遣方	アプローチ床	$A=1.^{50} \times 3.^{00} - 0.^{30} \times 1.^{80} = 3.^{96}$	
・・・・	・・・・		
・・・・	・・・・		
		計　　　××××	
2. 解体・撤去工事			
・・・・	・・・・		
・・・・	・・・・		
		計　　　××××	
3. 土工事			
掘削	門柱	V=××××	
掘削	南側境界ブロック	V=××××	
掘削	西側境界ブロック	V=××××	
掘削	アプローチ床	V=××××	
		計　　　××××	
埋め戻し	門柱	V=××××	
埋め戻し	南側境界ブロック	V=××××	
埋め戻し	西側境界ブロック	V=××××	
		計　　　××××	
残土処分		V=掘削計 － 埋め戻し	
		計　　　××××	

c. 有効数字

① 拾い出しの数字は小数点第2位以下で、第3位は四捨五入とする。

② 計算式の【計】の欄には、m 又は m² によるものは小数点以下3位まで、ヶ所・個・本・枚・株・石・組・人等の単位によるものは小数点以下2位までとし、それぞれ小数点第4位、第3位を四捨五入する。

③ 数量の欄は小数点第1位まで、第2位は四捨五入とする。ヶ所・個・本・枚・株・石・組等の単位によるものは小数点以下を切り上げて整数とする。

d. 計算式の数字記入順序

① 長さ（横から縦、左から右）　例・$L = 1.^{20} + 0.^{80} + 1.^{20} + 0.^{80}$

② 面積（横×縦）　　　　　　　例・$A = 2.^{00} \times 1.^{00}$

exterior planner handbook

③ 体積（横×縦×長さ）　　　例・V = 2.^{00} × 1.^{00} × 5.^{00}

6　数量拾い出しの例

a.　仮設工事

① 作業順位を考え、まず基点を決める。（エクステリア工事等では門柱等を基点とする）。

② 基点より右回りに作業を進める。（図面の正位より見て右回り）

③ 水盛遣方は、塀、土間、その他工作物に設け、その延面積（m^2）を算出する。

④ 長さで計算する部分（塀、土留め等）は、遣方の幅を 1.0 m と考え、長さ 1 m を 1 m^2 で算出する。

⑤ 算出した数量は、土工事や仕上げ工事の計算基準にもなるので、高さ、仕上げが異なる部分ごとに拾い出し、積算表に行を変えて記入する。（表 7-3-1 参照）

⑥ 立上り（塀、土留め等）部分を拾い、次に土間（床、舗装等）部分を拾う。

⑦ 面積の計算で煩雑な場合は、別欄に略図を描いておく。

b.　解体・撤去工事

① 解体する対象物の面積又は長さと、体積を算出する。

② 搬出処分は、重量（t）又は体積（m^3）を計算する。

c.　土工事（掘削・鋤取り・埋め戻し・残土処分・整地等）

① 掘削から埋め戻しまでは、水盛遣方で拾い出した部分の順に数量を計算する。（表 7-3-2 参照）

② 塀や土留め等の基礎の土工事の場合、仕様欄に基礎のタイプを記入しておくか、別欄に基礎の断面図を描いておく。

③ 土間の土工事の場合、仕様欄に断面のタイプを記入しておくか、別欄に断面図を描いておく。

④ 鋤取りや整地については、数量が m^2 表示のため、水盛遣方で拾い出した値をそのまま記入する。余剰する土がある場合は、その土量の体積も計算する。

⑤ 複合代価により設定された単価を使う場合、土工事は他の項目の単価に含まれている場合がある。この場合、土工事では数量を算出しないこともある。

⑥ 残土処分は、掘削と鋤取りの土量の合計から埋め戻しの土量を差し引いた量を計算する。場内処分できない数量は、場外処分とする。単位はともに m^3 とする。

d.　地業工事

① 塀や土留め等の基礎の地業工事の場合、断面積に長さを掛けて体積を算出する。

② 土間の地業工事の場合、平面積に地業厚を掛けて体積を算出する。

③ 複合代価により設定された単価を使う場合、地業は他の項目の単価に含まれている場合がある。この場合、地業工事の項目では数量を算出しない。

e.　コンクリート工事

① 水盛遣方で拾い出した部分の順に、鉄筋（kg）、型枠（m^2）、コンクリート打設量（m^3）を計算する。

② 各工事の断面図を基に算出し、仕様欄に断面図のタイプを記入しておくか、別欄に断面図を描いておく。

exterior planner handbook

③ 鉄筋・型枠・コンクリート打設等をまとめた複合単価が用いられることがある。この場合、水盛遣方で拾い出した部位の数量を用いる。個別に鉄筋・型枠・コンクリート打設等を算出しない。

f. 組積工事
① 組積材の種類ごと、仕上げ方法ごとに、水盛遣方で拾い出した部位の順に算出する。
② 単位は m^2 とする。
③ 仕様欄に、組積材の材料・種別・寸法、仕上げの方法などを記入する。

g. 左官工事
① 水盛遣方で拾い出した部分の順に、仕上げ方法ごとに拾い出し、積算表に行を変えて記入する。
② 拾い出しの単位は m^2 とする。笠木モルタルや巾木モルタルは m で算出する場合がある。
③ 壁仕上げの面積の計算で煩雑な場合は、別欄に略図を描いておく。

h. 石・れんが・タイル工事
① 水盛遣方で拾い出した部分の順に、仕上げ方法ごとに拾い出し、積算表に行を変えて記入する。
② 拾い出しの単位は m^2 を基本とし、役物材料を用いるコーナー部などは m で算出する。
③ 仕様欄に、材料・種別・寸法、施工の方法などを記入する。
④ 面積の計算で煩雑な場合は、別欄に略図を描いておく。

i. 扉・柵工事
① 扉から柵の順に拾い、さらに正門・勝手口・通用口・車庫扉の順に、扉を拾い終わってから、柵を水盛遣方で拾い出した順に拾う。
② ほとんどが既製品を用いる現状から、材料の数量算出の区分はメーカーカタログの内容にしたがう。扉はセット、柵は部材ごと（本体・柱など）に拾う。
③ 仕様欄に、材料・品番・形式・寸法・色彩・メーカー名などを記入する。
④ 取付費は、人工にて別拾いとするか、取付にかかる費用をまとめた複合単価を用いる。

j. 付帯工事（門柱付属品・照明器具・物置・デッキテラスなど）
① 項目欄に品物を記入し、仕様欄に材料・品番・形式・寸法・色彩・メーカーなどを記入する。
② 取付費は、人工にて別拾いとするか、取付にかかる費用をまとめた複合単価を用いる。

k. 植栽工事
① 樹木は樹種・形状寸法別に拾い出し、積算表に行を変えて数量を記入する。
② 樹木の形状寸法を仕様欄に記入する。
③ 樹木の単価は、植え付け手間及び客土を含むものとする。支柱は単価に含まず、別途計上する。

exterior planner handbook

④ 樹木のうち、高木・中木は本数で拾う。

⑤ 低木及び草花類は株数又は m² 拾いとし、m² 拾いとした場合は、m² 当たりの株数と種類を仕様欄に記入する。

⑥ 芝生は m² 拾いとする。仕様欄に種名と張り方（ベタ張り、目地張りなど）を記入する。

⑦ 地被植物類は m² 拾いとし、m² 当たりの株数と種類を仕様欄に記入する。

第8章

工程管理

8-1　工程管理の基本（1級、2級）

8-2　工程管理の実務（1級）

8-1 工程管理の基本

　工事が工期内にスムーズに進行するか、あるいは完成するかは、工程計画や工程管理によるところが大きいといえる。工程管理は、工程の時間的な管理にとどまらず、むしろ、施工をあらゆる角度から検討し、労務や資材、機械等を効率よく活用する方法と手段でなければならない。

① 工程計画の意義と目的

(1) 工程計画の重要性

　エクステリア工事管理には、品質管理、安全管理、原価管理、そして工程管理の4つの柱がある。これらは相互に関連性をもっており、とりわけ工程管理は他に及ぼす影響が大きく、工事全体をどのように進めて行くかという重要な業務である。その計画の成否は、工事の成否に直接繋がっているといっても過言ではない。

　エクステリア工事において、まず、工期内に間に合わせることが大前提であり、その条件の中で、良く、安く、安全に工事を進めるにはどうするのかという検討が工程計画である。

(2) 品質管理と工程計画

　品質の低下をきたす原因の中で工程に関する点は次のとおりである。これら問題点を克服することが品質管理であり、工程計画との関連性が非常に大きい。

　　a. 決められた施工手順を守らない。
　　b. 必要と考えられる養生期間を取らない。
　　c. 時間に追われておっつけ仕事をする。
　　d. 工程に合わせた検査、確認を怠る。
　　e. 十分な準備期間を取らない。

(3) 安全管理と工程計画

　無理な工期と適切でない手順は、安全性も大きく損なう。安全管理のための工程計画上の具体的な留意点は次のとおりであり、事前に十分検討する必要がある。

　　a. 上下作業が発生しないように工程を計画する。
　　b. 運搬や機器の移動などで動線が錯綜しないような手順を検討する。
　　c. 夜間作業や休日作業など労働安全衛生上好ましくない状態をつくらない。

(4) 原価管理と工程計画

　工程管理の良し悪しが工事原価に影響するのは、次の2つの場合が考えられる。

① 直接工事費の増減

　　直接工事費の増減は個々の作業工程において、一般に工程を急がせるとコストが上昇し、適正な工程を守るとコストも適正になる。急がせた場合にコストが上昇する理由としては、能率の向上のための支出増や深夜残業による労務の上昇、照明・動力などの直接仮設費の上昇などが考えられる。

exterior planner handbook

② 間接工事費の増減

間接工事費の増減は、全体共通の間接費用が工期の長短に相関して増減することによる。現場費用や仮囲い、足場などの共通仮設費は、一般に工期に比例して増加するので、短工期で施工すれば軽減が図れる。

しかし、直接工事費と間接工事費はお互いに拮抗するものであり、これらを上手く組合わせて、最も総コストが低くなるような工程を計画することが要求される。

② 工程計画の作成

工程計画の内容は各工程の施工順序を決め、適切な施工期間を決め、工程全体のバランスを調整し、各部分工事が各々の工期内に完了するように計画する。

(1) 工程計画作成の流れ

工程計画は、手順計画と日程計画に大別して考えることができる。まず図面や仕様書等から数量や仕様を確認し、各部分工事の施工方法と順序を明らかにし、手順を決定することが行われる。これを手順計画という。

次に手順に沿った各工程の日程を決定して工期を計算する。これを日程計画という。

・工程計画の流れ

事前調査……内業　図面、仕様書、内訳書及び契約書の検討
　　　　　　　外業　工事現場諸条件の検討（地形、地質、気象、水理、交通、
　　　　　　　　　　近隣条件、給水、動力、労務、材料、輸送、障害物、補償など）

↓

手順計画……施工方法の決定
　　　　　　施工順序の検討

↓

日程計画……各工程（各部分工事）にかかる必要時間を算出
　　　　　　各工程（各部分工事）をいつ実施するか決める
　　　　　　工程表の作成

(2) 手順計画
① 施工方法の決定

工程計画は手順計画が第一であるが、それには施工方法が決定されることが必要である。又、日程計画においてもどのような条件下で、どのような資源を投入するかを決めることが必要であり、これも施工方法が決定されなければ決まらない。施工方法の決定と工程の決定は表裏一体であり、相互のチェックが随時行われ、計画されなければ決まらない。新しい施工方法や材料の研究は工程計画においては必要なことで、計画に際し、詳細に検討することが大切である。

境界ブロックの施工を例にすると、掘削の方法（人力又は機械掘削）、建設機械の選定、発生土の処理方法（一時保管又は場外搬出）などについて検討し決定する。又、どの状況でコンクリートやブロックなどの材料を投入するかは、具体的な施工方法が決定しないと決められない。このように、一般的には施工

exterior planner handbook

方法の決定が先で、それを基に工程をチェックすることが多いと考えられる。

② 施工順序の決定

どのように工事を進めるかを検討し、各部分工事の施工順序を決定する。経験を要する作業であるが、できるだけ紙に書き出す等して検討するとよい。

施工順序の検討には、まず表の縦軸に各部分工事をおおよその施工順序で書き出すとよい。次にそれぞれの工事を完成するのに必要なおおよその作業日数を横線式に表す。下地工事と仕上げ工事の関係のように、前工程と後工程が明確な各部分工事は、表にその関係を明確にしておく。これは次項で説明する工程表（バーチャートやネットワーク式工程表）に近いものである。

後工程では作業が不可能であったり、全体の工程に影響する場合は、先行して工事をする。先行工事には、境界ブロックや、北入り宅地の主庭の工事などがあげられる。並行作業が可能な部分工事は、施工順序の組合せを検討する。又、並行作業が可能であっても、仕事のやりやすさや段取りの上で後にしておいたほうが良い作業は、そのことを明記しておく。

図 8-1-1　各部分工事と順序のとりまとめ例

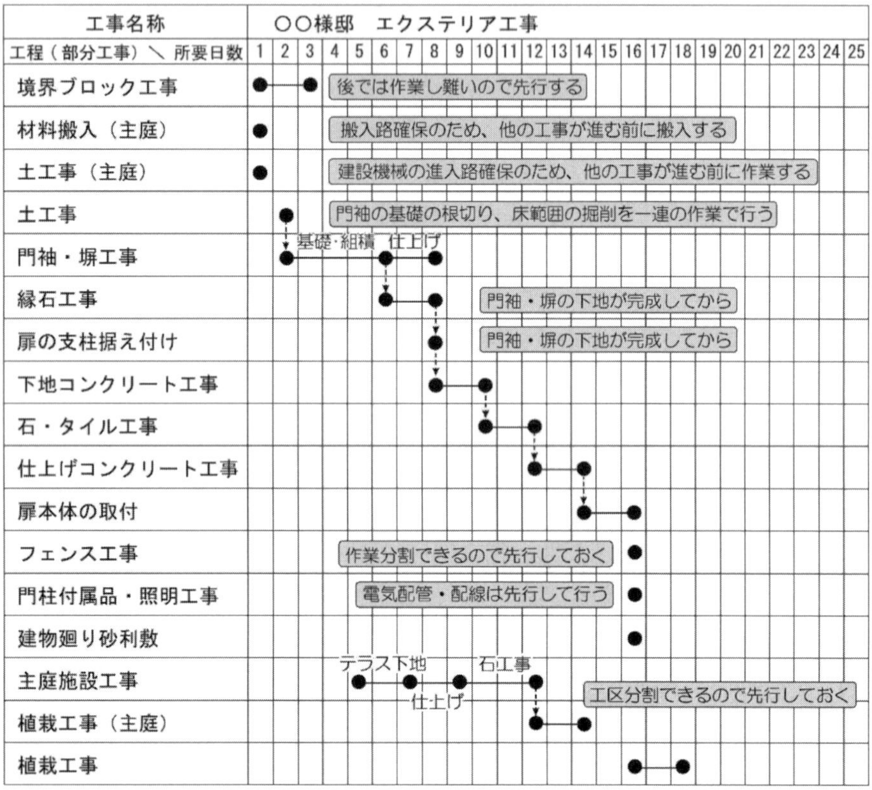

※北入り宅地を想定

(3) 日程計画

日程とは工程の一つひとつに、どの位の時間をかけて、いつ出来上がるかということである。それぞれの工程に必要時間を入れると工事期間が算出される。一つの工程をいつ実施するかを決めることにより全体の日程が決まる。

工程計画は標準的な日程を基礎に成り立ち、この日程計算がいい加減なものであれば、工程計画は意味がなく、そのために、工程あるいは作業ごとの一日平均施工

量を定めなければならない。所要作業日数をそのまま工程計画に当てはめると、計画どおりに行かないことがある。したがって、上記作業可能日数は、月により相違するので、作業可能日数を正しく推定することが、正しい工事期間を作ることになる。

① **作業可能日数**

作業可能日数は、暦日から祝祭日、天候、定休日などを差し引いて計算する。エクステリア工事は屋外工事が主体なので、天候が作業可能日数に与える影響が大きい。又、住宅街で行われることが多いので、早朝や深夜の工事は問題になり、さらに、場所によっては騒音や粉塵などの工事の規制等を受けることや、作業場所の広さ、作業場所への導入、作業場前面の道路幅員、交通事情等も作業可能日数に影響する。

② **所要作業日数**

下記（式1）に示すように、所要作業日数は、作業可能日数の範囲に納まるようにしなければならない。所要作業日数は、一日の平均施工量を設定したのちに（式1）より求める。

> 作業可能日数　≧　所要作業日数　＝　工事量／一日平均施工量　　（式1）

エクステリア工事は工種の範囲が広く、量的には小規模なものが多い。このため実際には、所要作業日数は、工事業者の経験と過去のデータを活用して設定される場合が多い。このほか、理論上は全工事に必要とされる労務歩掛りの総数と動員予定の作業人員数により算定できるが、工事現場は労務歩掛りのとおりには進まない場合もあるので、ある程度の余裕を見ておく必要がある。

③ **一日平均施工量**

工事量は一定であるから、一日平均施工量が（式1）を満足するようにしなければならない。一日の平均施工量は下記（式2）で算定される。

必要な作業人員や建設機械を投入し、（式1）を満足する一日平均施工量とするように計画する。又、作業員一人当たり、建設機械一台当たりの一時間当たり施工量は、施工計画の基本事項として重要な問題であり、施工量が低下しないよう、作業条件や作業環境への配慮が必要である。

> 一日平均施工量　＝　一時間平均施工量×一日平均作業時間　　　（式2）
> 注）一日平均作業時間は、季節や工事条件により異なるが、一般的には8時間である

建設機械については運転時間率が低下しないよう、現場管理及び機械管理をしなければならない。建設機械の一日平均作業時間は、一日当たりの運転時間で、機械運転手の拘束時間から機械の休止時間と日常整備及び修理時間を引いたものであり、運転時間率は（式3）で算出される。運転時間率は現場状況や施工機械の良否によって相違するが、一般的に0.35～0.85、標準は0.70とされる。

exterior planner handbook

運転時間率 ＝ 一日当たり運転時間÷一日当たり運転手の拘束時間　（式３）

③　経済的工程計画

　工程計画は、計画を図式化して工程表として完成する。工程表の作成の前に、施工量の大小や施工の速度などが工事の経済性に大きく影響し、施工管理の上でとても重要となるので、経済的工期について少し触れておく。

(1) 施工速度

　工程計画や管理にとって施工速度は重要な問題である。施工の経済性と品質に適合した実効性のある工期の選定がされているのか、あるいは、所定の品質や工期及び経済性が考えられた合理的な工程計画の作成がなされているかなどにより、施工速度は、大きく影響される。

　施工の経済的な施工速度のことを、一般的に経済速度という。例えば、工程と原価の関係は、施工を速くすると、出来高が増加して、単位数量あたりの原価は安くなるが、施工が早すぎて突貫工事までいくと、原価は高くなるという関係にある。工事を経済的に施工するには、突貫工事にならないように注意し、経済速度を考えて施工量の増大を図ることが大切である。

図8-1-2　施工速度と原価との関係

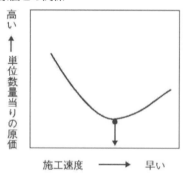

(2) 採算速度

　工事原価は、施工出来高の大小に関係なくかかる固定費と、施工出来高に応じて増大する変動費とから成る。工事原価は、固定費と変動費の関係にあると考えられている。

　工事原価は、固定費と変動費を合わせた直線で表現され、工事原価と施工出来高が等しい工事速度は、45°の直線（実線）で表され、工事速度直線との交点（C）を損益分岐点と呼ぶ。一点鎖線の工事速度直線は、最低の工事採算速度といい、これ以上施工速度が上がってくると、利益が出ることが判る。この施工速度を採算速度という。

　したがって、この速度を維持する工程を計画管理することが求められる。利益を大きくするためには変動費を極力小さくすることがポイントになる。

図8-1-3 工事原価と施工出来高の関係

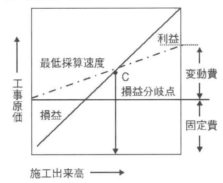

4 工程表の作成

ここでは、最も広く用いられているバーチャートを例に取り上げる。バーチャートは横線式工程表とも呼ばれ、縦軸に工事を構成する部分作業（部分工事）を記入し、横軸に日数を記入したものである。作業の所要日数が分かり、さらに作業の流れが左から右へ移行していることにより、漠然とではあるが、作業間の関連が把握できる。

① バーチャート作成の手順
  a. 全体を構成する全ての工程（部分工事）を縦に列記する。
  b. 利用できる工期を横軸に示す。
  c. 全ての部分工事の施工に要する時間をそれぞれ計画する。
  d. 工期内に全体工事を完成できるように、c）により計画した各部分の所要時間を図表にあてはめて日程を組む。

② 日程の組み方
  a. 順行法は、施工順序にしたがって、着工日から決めていく方法。
  b. 逆算法は、逆に竣工期日からたどって着工日を決める方法。
  c. 重点法は、季節や工事現場条件、契約条件などに基づいて、重点的に着工日、終了日をとりあげ、これを全工程の中のある時点に固定し、その前後を順行法又は逆算法で固めていく方法。

図8-1-4 バーチャートの例

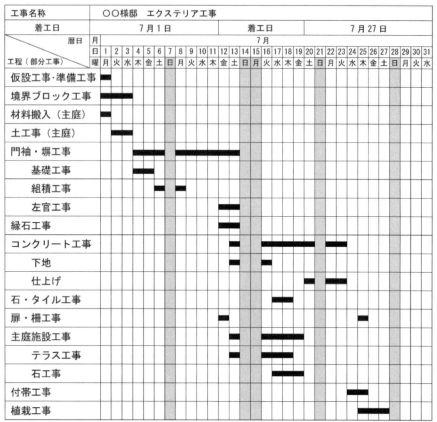

※北入り宅地を想定

5 工程計画作成上の留意点

(1) 単純化

工程の流れは単純なほど良い。工事経験の豊富な人は、一定の仕事の順序が頭に入っており、仕事のやり方や段取りを体得している。工期の許す範囲で、一般的な工程の流れを確保することが重要である。複雑な手順やわかり難い手順を生む工法、工程は、工期短縮効果が大きい場合を除き、採用すべきではない。

(2) 山崩し、山均し

工程計画に際し、同一資材を消費する並行作業の重なり具合が、資材の利用状況に影響を与える。そのピークが、ある一定の資材量を超えないように工程調整することを"山崩し"といい、ギャップを埋めて一定の資材使用状況を作り出すことを"山均し"という。

一般的にはある資材の山崩しを考えると関連する他の資材の使用状況が悪くなり、それら全てを"山崩し"して行くと、工期は延びる一方となる。

"山均し"については、単純に組上げられた工程ではなかなか難しく、特に一作業だけでなく、あらゆる作業の"山均し"を図る場合は、最適な工程を見つけることが大変困難になる。

(3) 工区分割と並行作業による無駄の除去

工区分割を行い、後作業を並行して進めることにより、工期短縮が可能となる。後作業の待ち時間が工区分割により減少することを利用する方法で、日常使われている。この場合は、工区分割するのに適当な作業場の確保、錯綜しない動線、並行作業が可能な仮設計画、人員の確保などの配慮が必要である。

(4) 管理日の設定（区切り日）

工程上、重要な区切りとなる時点、中間工期として指示される重要な作業の終了点などを管理日（区切り日）と呼ぶ。管理日には、各種基礎などの掘削開始日、完了日、コンクリート打設日、コンクリートブロック積み完了日などがある。工程計画時に、工期内に工事が完了するように、これら管理日（区切り日）を設定する。工事の中間検査上においても重要なポイントであり、工事管理上の区切り日として利用することができる。

(5) 搬入・運搬と工程

資材等の搬入と運搬方法を工程計画とよくすり合わせ、搬入量、運搬量に無理がなく、工事の進行に支障をきたさぬようチェックする。エクステリア工事に限らず、工事が工程どおり進むかどうかは、どう搬入し、どう運ぶかにかかっているといっても過言ではない。

⑥ 工程管理

工程管理は、工事の施工過程、すなわち、工程の計画及び管理を最も経済的に検討することで、特に竣工期日を守るため、工程の進捗面から行う管理をいう。

工事が工期内に完成するか否かは、この工程管理によるところが大きく、工事の目標である工期や施工の品質及び経済性の条件を満たすための、標準工程を計画し、その計画に対し、実施工程との比較検討を図るものである。

実施の段階では、工事の指示、進捗管理、手配管理、是正管理といった管理業務になるが、特に進捗管理を中心に行う管理を指す。工程管理の目標は、資金を少なくし、材料費を節減しながら人員や機械で生産力の増大を図り、しかも工期を確実に守ることにある。

exterior planner handbook

8-2 工程管理の実務

1 工程表の種類と特徴

(1) 工程表の種類

エクステリア工事は工種の範囲が広く、量的には小規模なものが多い。このため工程管理は週日単位であり、工程表は作業の順序や作業の進捗が把握できるものでなければならない。

エクステリア工事では工程表の種類はバーチャートが用いられることが多い。この他に用いられる工程表には、ガントチャート、出来高累計曲線工程表、ネットワーク工程表等がある。

表8-2-1　各種工程表の利点・欠点・用途

工程表	利点	欠点	用途
バーチャート (横線式工程表)	・表の作成が容易 ・各作業の所要日数の把握に適している ・作業間の関連がある程度把握できる	・工事の順序関係が曖昧	簡単な工程 マスタープラン 概略工程表
ガントチャート (横線式工程表)	・表の作成が容易 ・各作業の現時点での進行度合いの把握に適している	・工期が不明 ・作業間の関係が不明 ・工期に影響を与える作業(重点管理作業)の特定が難しい	簡単な工程 マスタープラン 概略工程表
出来高累計曲線 (曲線式工程表)	・全体の把握ができ、原価管理、工程の進行状況がわかりやすい	・細部が不明で、作業間の調整が難しい ・所要作業日数の把握に適さない ・工期に影響する作業が分からない	原価管理 傾向の分析
ネットワーク工程表	・全体の把握及び作業間の関係が明瞭 ・計画の変更に速やかに対応ができ、複雑な工事も管理できる	・表の作成が複雑で難しく、熟練を要す ・作成により多くのデータを要する ・一目では全体の出来高が不明	複雑な工事の管理 大型工事

(2) 各種工程表の特徴

① バーチャート

横線式工程表とも呼ばれ、作り方が簡単で見やすいという利点から、工程表の中では最も広く用いられている工程表である。縦軸に工事を構成する部分作業(部分工事)を記入し、横軸に日数を記入したものである。(前出 図8-1-4参照)

作業の所要日数が分かり、さらに作業の流れが左から右へ移行していることにより、漠然とではあるが、作業間の関連がある程度把握できる。しかし、工事の順序関係に曖昧さが残るともいわれる。

exterior planner handbook

② ガントチャート

　バーチャートとともに横線式工程表とも呼ばれる。縦軸に部分作業（部分工事）を記入し、横軸に工事の達成度を百分率で表示したものである。
　各作業の現時点での進行度合（作業の達成度）はよく分かる。しかし、作業に必要な日数は分からず、工期に影響を与える作業の特定が難しい。

図8-2-1　ガントチャートの例

工事名称	○○様邸　エクステリア工事			7月12日出来高	
工　種	単位	数量	進　捗　度 10 20 30 40 50 60 70 80 90 100	数量	比率（％）
準備工事	式	1.0	██████████	1.0	100
境界ブロック工事	m	14.0	██████████	14.0	100
門袖・塀工事	m	9.5	████████	7.6	80
縁石工事	m	20.0	█████	10.0	50
コンクリート工事	m2	40.0		1.0	0
石・タイル工事	m2	6.3		1.0	0
扉・柵工事	式	1.0		1.0	0
庭園施設工事	式	1.0	█	1.0	10
付帯工事	式	1.0	█	1.0	10
植栽工事	本	110		1.0	0

※北入り宅地を想定

③ 出来高累計曲線

　横軸に工期をとり、縦軸に出来高累計をとって、全体工事に対する出来高比率を累計した曲線である。
　作業手順、日程などを直接伝えるものではないが、工事の出来高の予定工程曲線を示し、実施工程曲線と比較して、工程、出来高の進度をチェックするものである。一方、作業に必要な日数、工期に影響する作業は分からないことが短所である。

図8-2-2　出来高累計曲線と毎日出来高曲線

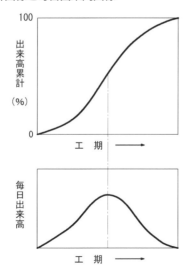

④ ネットワーク工程表

工事全体を個々の独立した作業に分解し、これらの各作業を実施順序に従って矢線（アロー）を用いて表す。ネットワークの表示方法を用いる利点は、工事を構成する全体作業の関係と流れをわかりやすく示すことができる点にある。しかしながら、表の作成が複雑で難しいこと、バーチャートに比べて作成により多くのデータを必要とすることが欠点であり、短期工事・単純工事の工程表には不向きである。

図8-2-3のネットワーク工程表の作業手順では、イの作業が始まると同時にロの作業が始まる。イの作業が終わるとハ・ニの作業が始まり、ロの作業が終わるとトの作業が始まるということを意味している。

又、矢線の長さは、時間の長さとは無関係であり、作業活動・見積合せ・材料入手などの時間を必要とする諸作業を表す。〇印はイベントと呼ばれ、入ってくる矢線は作業の終わり、出て行く矢線は作業が開始される時点を表す。さらに、1つのイベントに複数の矢線が入ってくる場合、、後続する作業はイベントに入ってくる矢線の全てが終了してからでないと次の作業に着手できないことになっている。

ネットワーク工程表内のいくつかのルートのうち、もっとも時間のかかる矢線を結んだルートをクリティカルパスと呼び、これが工期となる。図8-2-3のネットワーク工程表のクリティカルパスは、イ→ニ→ヘ→チ で、工事期間は17日間となる。

又、各作業ごとに人員配置をすると、一日に何人の人が工事現場に入るかが判る。作業人員が一日に集中しないようにバランスよく配置することが、工事をスムーズに進めるポイントであり、ネットワーク工程表ではそのような管理ができる利点がある。

図8-2-3 ネットワーク工程表

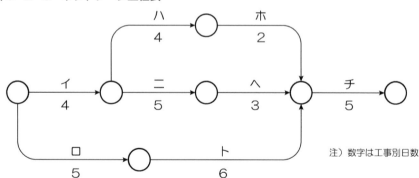

注）数字は工事別日数

2 工事消化日数の計算

ある工事にどの位の日数がかかるのかは、工事全体が何日で終了するかということにつながる。種々の工事で構成されるエクステリア工事では、一つひとつの工事消化日数を加えていくと、全体工事日数が計算され、これに工事を取り巻く現場状況を加味して、工事全体の工期が決定されることになる。

(1) 工事消化日数

工事の消化日数は、工事を行う人の処理能力に大きく関係する。人の能力にはば

らつきがあり「多く、早く、美しく」できる人や「少なく、遅く、汚く」作る人がいる。しかし、これでは、短い工期と長い工期ができてしまう。そこで、技能工として一般的に認められる能力をもった人を標準として、それらの人達の作業能力を工事処理能力として計算することになる。これが人工歩掛りである。

人工歩掛りは、ある一定量の作業を一日で処理するのに必要な「作業員の数」を示したものである。

例えば、樹高 2.5 m（250 cm）の中木を 100 本植栽する工事で、次表の歩掛り表を採用する場合、延べ人数で世話役が 2 人、造園工が 15 人、普通作業員が 12.2 人必要だということになる。

ここで、造園工だけに注目して見ると、15 人投入すれば作業を終了させることができるので、実際には 5 人のチームであれば 3 日、8 人のチームであれば 2 日間あれば余裕をもって作業を終わらせることができると計算する。同様に各工事の工事処理日数を計算し、合計すれば全体工事の消化日数がわかる。

表 8-2-2　植付け（中低木）

（1 本当たり）

名称	摘要	単位	樹高（cm）				備考
			50 未満	50 ～ 100 未満	100 ～ 200 未満	200 ～ 300 未満	
世話役		人	0.001	0.002	0.005	0.02	
造園工		人	0.008	0.012	0.037	0.15	
普通作業員		人	0.006	0.01	0.03	0.122	
その他		式	1	1	1	1	

「公共建築工事標準歩掛り」（国土交通省監修）より

③　工期の検討

歩掛りだけで計算した日数を基に併用工事がないかを検討し、同時にできる工事があれば工期は短縮できる。同時に何人の作業員が同一現場に入れるかによっても、工事処理量に差が生じ、工期に影響する。又、材料が搬入されているかどうかによっても、工事に手待ちなどが生じ、人や時間的支障が生じ、工期に影響する。さらに、下地を必要とする工事の場合は下地の養生期間も含め、仕上げに入る前に下地ができていることが求められる。

このように、歩掛りのみで計算した日数だけでは、工期は決められないことが分かり、工事の段取りも工期に大きく影響することになる。

その他に、日程計画の項で述べたように、工事の段取り以外で工期に影響する事柄を挙げてみると、一つには暦日や天候がある。エクステリア工事は、外で行う工事で、一般的に雨天は工事不能と考え、さらに祝祭日は作業不能日と考える。

次に、勤務時間や作業環境がある。一般的に、作業時間は午前 8 時～午後 5 時の実働 8 時間である。もちろん夏季と冬季による日没時間の差や寒暖の差は、作業効率、作業時間に大きく影響する。エクステリア工事は、住宅街で行われることが多く、早朝や深夜の工事は問題になり、さらに、場所によっては騒音や粉塵などの工事の規制等を受けることや作業場所の広さ、作業場所への導入、作業場前面の道路幅員、交通事情等も工期に影響する。

以上のように、作業能力や段取り以外の作業環境を把握することは、適正な工期を割り出し、スムーズな工事進行や利益につながる工期を作ることになるので、現場状況を十分把握した工期を検討することが重要である。

exterior planner handbook

④ 進捗管理と遅延対策

（1）進捗管理
① 進度調査

　　工程表を用いて、現在の実施工程が計画工程より進んでいるのか遅れているのか、その程度を正確にかつ見やすく表現するとよい。計画工程の横線のところに、実施工程を入れることにより進み具合、遅れ具合が分かる。

　　毎日あるいは毎週、定期的に工事進捗の実績を工程表に記入する。予定工程と実施工程を比較して、実施が計画に対して進んでいるのか遅れているのか、また計画どおり進行しているのか、その進度を調べる。工程の遅延が判明したときは、遅延の原因を追求し、その対策、処置を講じる。

② 進度の表示

　　工事は時間とともに作業を進めていくものであるが、この作業の進度については、次の二通りの考え方がある。
　　　a）過程的進度　　b）数量的進度
　　過程的進度とは、作業がどこまで進んだかを示すものであって、これは工程の進行状況を示すものである。

　　数量的進度とは、作業がどれだけ量的に処理をしたかを示すものであって、出来高の精算は数量で行われ、工事進度の総合的判定に用いられる。

③ 管理日のチェック（区切り日）

　　管理日（区切り日）を十分にチェックし、全体工程の遅れを出さないように注意する。管理日（区切り日）は、工程上、重要な区切りとなる時点、中間工期として指示される重要な作業の終了点などで、各種基礎などの掘削開始日、完了日、コンクリート打設日、コンクリートブロック積み完了日などがある。

（2）遅延対策

　　工程計画では、手順計画（工程）と日程計画（工期）が大きな計画内容の柱であり、一般に、手順計画から日程計画という順で作業が進められている。工期短縮のためには、手順計画に戻って計画を見直す方が効果が大きい。日程計画を無理な人員や資材投入などで短縮するのは、作業手順を崩すことになり、現場が混乱する場合があり、安全上、品質管理上好ましいことではない。

　　例えば、工区分割を行い、後作業を並行して進めることにより、工期短縮を図る。後作業の待ち時間が工区分割により減少することを利用する方法である。この場合、工区分割するのに適当な作業場の確保、錯綜しない動線、並行作業が可能な仮設計画、人員の確保などの配慮が必要である。

　　又、工事初期において、できるだけ予定よりも先行させ、中期においても、この傾向を持続し、かつ工期を短縮するよう実施することが必要である。工事の初期において先行しておくことは、工期の変動に対して十分な弾力性をもつことになり、工期の遅延に至ることは少なくなる傾向にある。

　　各作業において、ムリ、ムダ、ムラのある不必要な作業を排除して、最も疲労が少なく、かつ適切な作業方法を見出し、それを標準化することが必要である。又、これら作業を定められた方式で進められているか否かを調査し、作業の改善と作業の指導を行い、品質の確保、工事費の低減と、作業者の福利を図ることが必要である。

exterior planner handbook

第9章

施 工

9-1 施工（1級）
9-2 施工標準（1級）

9-1 施工

① 一般共通事項

(1) 総則
① 用語の定義
設計図書
　設計図、仕様書及び見積要項書（現場説明書及び質問回答書を含む）のこと。
監理者
　工事請負契約書に監理者として記名捺印した者又はその代理人のこと。
施工者
　工事請負契約書に請負者として記名捺印した者又はその代理人のこと。
専門工事業者
　施工者との契約に基づき、工事の一部を担当する者のこと。
指示
　監理者が施工者に対し、設計図書に従って必要な事項を示し、実施を求めること。
協議
　施工者が立案した内容を監理者に示し、結論を得るまで討議すること。
報告
　施工者が調査・立案又は実施した内容を監理者に通知・説明すること。
承認
　施工者が立案した内容を監理者が了承すること。
検査
　工事の各段階で材料、部材、部品、工場製品、施工法などを設計図書の内容と照合して、その適合性を調べ、適否の判断を下すこと。

② 関連法規の遵守
　施工にあたっては、建築基準法、住宅の品質確保の促進等に関する法律、建設業法、労働基準法、労働安全衛生法、消防法、道路交通法、電気事業法、循環型社会形成推進基本法及びその他の関連法令に従い、計画・実施する。

③ 設計図書の優先順位
　設計図書の優先順位は、次の順序による。
　1）見積要項書（現場説明書及び質問回答書を含む）
　2）特記仕様書
　3）設計図
　4）標準仕様書

④ 疑義
　設計図書に次のような疑義を生じた場合には、速やかに監理者に報告しその処理方法について協議する。
　（ア）設計図書の内容が明確でない場合
　（イ）設計図書の内容が整合していない場合
　（ウ）設計図書と現場の状況が一致しない場合

exterior planner handbook

（エ）設計図書によって施工することが適当でないと認めた場合

⑤　官公署、その他への手続き
施工に必要な官公署、その他への手続きは、遅滞なく行う。

⑥　契約以外の関連工事
本工事契約以外の関連工事については、当該工事関係者と適切に情報交換を行い、工事全体の進捗に支障のないように協力する。

⑦　工事記録
a. 承認あるいは協議を行わなければならない事項については、それらの経過内容の記録を作成し、施工者と監理者が双方で確認し、監理者に提出する。
b. 試験及び検査については、設計図書に示す条件に対する適合性を証明するに足る資料を添えて記録を作成し、整備しておく。

（2）品質管理計画
施工者は、設計図書に規定された品質を確保するために、自らの責任において品質管理を行う。

①　品質管理組織
a. 施工者は、品質管理を行うための有効な組織をつくる。
b. 品質管理者は、次の（ア）～（ウ）を実行できる能力を持つものとする。
（ア）施工目標とする品質の認定
（イ）施工目標とする品質を実現するための品質管理計画の作成及び実施
（ウ）施工した品質の確認及び評価

②　品質管理計画
a. 施工者は、工事開始前に品質管理を行うための品質管理計画を立案し、必要に応じて監理者と協議する。
b. 品質管理計画には、次の事項を含むものとする。
（ア）品質管理組織
（イ）管理項目及び管理値
（ウ）品質管理実施方法
（エ）品質評価方法
（オ）管理値を外れた場合の措置

③　品質管理の実施
a. 施工者は、品質管理計画に基づき、工事を実施する。
b. 施工者は、品質管理計画に基づき、適切な試験・検査を行う。
c. 試験・検査の結果が管理値を外れた場合には、品質管理計画にしたがって適切な処置を施す。

（3）材料・部材・部品
a. 材料、部材及び部品は、仮設工事用のものと特に設計図書に記載されたものを除き、所定の品質を有する新品とする。

exterior planner handbook

b. 設計図書に、JIS（日本産業規格）又はJAS（日本農林規格）などによると指定されたものは、適切な方法によりその適合性を確認する。

c. 品質が明示されていない材料・部材・部品を用いる場合は、他と均衡のとれた品質のものとし、監理者と協議のうえ決定する。

d. 指定の材料・部材・部品のうち、特に入手困難なものがあるときは、それと同等以上の代替品を、監理者の承認を受けて使用することができる。

e. 色及び柄の選定については、監理者の指示を受ける。

f. 設計図書に記載された部材・部品は、見本を提出し、その材質・仕上げの程度について、監理者の承認を受ける。

(4) 施工計画

a. 主要な工事項目とともに、監理者の検査、承認等の日程を記入した基本工程表を作成し、監理者の承認を受ける。

b. 工事敷地内における仮設資材、工事用機械の架設状況などを示す総合施工計画書を作成し、監理者に報告する。又、必要に応じて監理者と協議する。

c. 主要な工事については工事種別施工計画書を作成し、必要に応じて監理者と協議する。

d. 施工に必要な施工図、見本等を作成し、監理者の承認を受ける。

(5) 現場施工

① 一般施工

現場施工は、設計図書、施工計画書及び施工図等に従って行う。

② 整理・整備・整とん

工事現場においては、場内の材料、機械器具等の整理・整とん、点検整備、清掃等を十分に行い、常に場内を清潔に保持するよう努める。

③ 事故・災害及び公害の防止

1) 工事の施工に伴う事故・災害及び公害を防止するため、関係法規などに従い、次の事項を実施する。

a. 工事現場周辺の建築物、道路、埋設物、通行人等に被害を与えないようにする。

b. 工事現場場内の事故、火災、盗難の防止に努め、特に危険な箇所の点検は念入りに行う。

c. 工事中の騒音、振動、じんあい等について適切な処置をとり、公害を生じさせないようにする。

2) 事故・災害又は公害が発生した場合、あるいは発生のおそれがあり緊急を要する場合には、施工者は速やかに適切な処置をとり、その経緯を監理者に報告する。

④ 建物等の養生

a. 既存部分、施工済部分及び未使用材料等で汚染又は損傷のおそれのあるものは適切な方法で養生する。

b. 損傷を受けた部分については、速やかに原形に復旧する。

exterior planner handbook

⑤ 建設副産物の処理

建設副産物は、関係法規に従って適切に処理する。

⑥ 専門工事業者への周知徹底

監理者の指示、承認、協議等により決定された事項及び安全の確保に関する事項について、専門工事業者に周知徹底させる。

⑦ 施工状況に関する報告

作業の工程、施工状況、作業員の就業、天候等のうち、監理者が必要と認めて指示した事項については、それらの状況及び結果を示す報告書を監理者に提出する。

⑧ 施工の検査

a. 施工の検査は、品質管理計画書などに基づいて実施し、必要に応じて監理者の立会を求める。

b. 工場製品の受入れにあたっては、受入れ検査を実施する。

c. 検査の結果は記録し、必要に応じて報告書にまとめて監理者に報告する。

(6) 引渡し

① 完成検査

a. 工事が完了したときは、施工者が自主検査を行い、設計図書と照合し、その適合性を確認したうえで、監理者に申し出て完成検査を受ける。

b. 完成検査の結果、不合格の箇所がある場合は、補修又は改造し監理者の検査を受ける。

② 引渡し

完成検査に合格して工事の目的物を発注者に引き渡す場合、監理者と協議のうえ、物品又はこれに代わる目録を添えて引渡しを行い、必要に応じて発注者に説明する。

③ 瑕疵の担保

a. 工事請負契約に定める瑕疵担保の期間内に、発注者及び監理者と協議のうえ工事全般について瑕疵の調査を行う。

b. 工事目的物に瑕疵が認められた場合は、監理者と協議のうえ、速やかに適切な処置を行う。

exterior planner handbook

9-2 施工標準

1 仮設工事

(1) 総則

① 適用範囲

仮設工事は、施工にあたって品質と安全を確保し、災害を防止し、環境に配慮して工事の円滑な進捗を図ることを目的とするものである。

② 用語の定義

縄張り

工事に先立ち、全体をどのように配置するかを決定するための仮設表示物のこと。

やり方（遣方）

工作物の高低、位置、方向、通り心を定めるために工作物の隅々に、その他所要の位置に設置する仮設表示物のこと。

墨出し

所定の寸法の基準となる位置や高さ等を、所定の場所に表示する作業のこと。

仮囲い

公衆災害の防止を図り、所定の出入口以外からの入退場の防止、盗難の防止を目的に工事現場と外部とを隔離する仮設構築物のこと。

足場

工事において、作業者が作業をするための床や通路のために組立てられる仮設構築物のこと。

単管足場

鋼管を工事現場において緊結金具を用いて組立てる建込み足場のこと。

わく組足場

鋼管を主材としてあらかじめ製作された建わく及びその他の鋼製部材を工事現場で組立てる建込み足場のこと。

防護棚（朝顔）

工事中における落下物を防ぐために、足場又は構造物の外部へはね出して設ける通行人などの頭上防護用の設備のこと。

(2) 仮設工事計画

a. 仮設工事の計画は、工作物に要求される品質の確保、工事における安全性の確保を目的として実施する。この際、工事に関する様々な制約条件のもとで、周辺環境への影響を考慮すると同時に、関係法令による規制を遵守しなければならない。

b. 建築物の一部を仮設工事に使用する場合、又は仮設工事のために開口を設ける場合などには、補強や復旧等を含む計画書を作成し、監理者の承認を受ける。

(3) 事前調査

① 準備

工事に先立ち、敷地及び敷地周辺状況の調査を行う。

exterior planner handbook

② **敷地測量**

a．工事に先立ち、必要に応じて発注者、設計者、隣地所有者、監理者及び関係官
　公庁職員の立会いのもとで、隣地及び道路との境界測量を行う。

b．必要に応じて敷地の高低、形状、障害物等を示す現状測量図を作成し、監理者
　に提出する。

③ **地盤調査**

地盤調査は、基礎設計に必要な地盤調査と同時に、施工計画及び施工の難易度が
判断できるような地質、地下水の調査を併せて計画する。

(4) 測量

① **やり方**

やり方は、工作物の高低、位置、方向、心の基準を明確にするために設ける。工
事が進み躯体に確実に墨が移されるまで、やり方に衝撃を与えないように十分注意
を払う。

② **墨だし**

基準墨をベンチマークから引き出し、監理者の検査を受ける。

③ **測量機器**

a．工事着手前に基準鋼製巻尺を定め、監理者の承認を受ける。

b．測量にあたっては、作業前に測量機器を十分調整するとともに、測量機器は定
　期的に点検する。

c．測量機器は、精度が低下しないように十分な注意を払って保管する。

④ **地上及び地中障害調査**

施工上障害となる敷地内外の地上及び地中の障害物を調査し、それらの保護、配
置換え、撤去の方針をたて、それに応じた施工計画を作成する。

⑤ **近隣建物調査**

a．近隣建物の構造、規模、仕上げの現状を調査する。

b．近隣建物などで、工事により損傷を生ずる恐れのあるものについては、着工前
　に近隣建物の所有者あるいは管理者の立会いを得て測定記録を行う。

⑥ **近隣に及ぼす影響調査**

工事中発生する騒音・振動、大気汚染、水質の汚染、地盤の沈下、廃棄物等によ
る近隣への影響については、十分に検討する。

(5) 仮設

① **仮囲い**

a．工事期間中は、災害防止などのため、関係法令に従って工事現場の周囲に仮囲
　いを設ける。

b．仮囲いには、関係法令で定められた内容が記載された表示板などを適正に設置
　する。

exterior planner handbook

② **仮設通路**

a. 工事現場において、その関係者が現場内を安全に通行するための仮設通路を関係法令に従って設ける。

b. 工事現場及びその周辺において、一般通行者に飛来落下物による危険が及ぶ恐れのある場合は、監理者あるいは道路管理者と協議のうえ、場内の仮設通路及び工事現場の周辺の通路には防護構台を設ける。

(6) 足場

① **一般事項**

足場は、関係法令に従い、工事の種類、規模、場所、工期等に応じた適切な材料及び構造によって堅固に設ける。

② **保守管理**

足場は常時使用できる良好な状態に保全し、「労働安全衛生規則」などに従い、保守管理に努める。

(7) 災害防止対策、その他

① **一般事項**

工事実施に伴う危害、火災、公害等を防止するため、「建築基準法」、「労働安全衛生法」、「騒音規制法」、「建設工事公衆災害防止対策要綱」、「環境基本法」等に従って、常に適切な対策を講じる。

② **災害防止対策**

a. 工事現場は、常に適正な作業環境となるように努め、作業者にとって快適な状態に保つ。

b. 工事現場周辺に災害を及ぼす恐れがある場合には、適切な災害防止設備を設ける。

③ **公害対策**

a. 施工に伴い発生が予想される大気の汚染、水質の汚染、土壌汚染、騒音、振動、地盤沈下、悪臭等の公害については、関係法令などに従い、届出や適切な措置などを行う。

b. 解体工事において発生する石綿（アスベスト）、ダイオキシン、PCB 使用機器などは、各関係法令に従って処理する。

c. 工事の施工に伴い発生する廃棄物については、環境汚染を引き起こさないように、関係法令に基づいて処理する。

④ **災害補償対策**

工事に係わる多種多様の予期せぬ災害による損害を回避するため、法定保険や任意の法定外保険により、補償対策を講じる。

② 土工事及び山留め工事

(1) 一般事項

① 適用範囲

　土工事、山留め工事、地下水処理・仮設の地盤改良などの補助工法による工事、及び擁壁工事に適用する。

② 用語の定義

掘削

　地盤を掘ること。構造物の基礎又は地下部分を構築するための掘削を根切りともいう。

床付け

　掘削後、地盤を所定の深さに掘りそろえること。

地ならし

　地面を平坦にかきならし、歩行に耐えうる程度に締め固めること。

山留め

　掘削時における周辺地盤の崩壊を防止すること、又はそのために設けられる構造物のこと。

法面

　掘削、盛土によって人工的に造られた傾斜地形のこと。

山留め壁

　山留めのために掘削部周囲に設け、側圧（土圧・水圧）を直接受ける部材のこと。

③ 施工計画

a. 工事に先立ち、設計図書及び各種調査結果に基づいた施工計画書を作成し、工事監理者と協議のうえ決定する。

b. 施工計画書の作成にあたっては、工事中の安全、周辺環境の保全について考慮する。

c. 施工計画書には、施工方法・手順、施工管理方法、施工管理体制、工事工程、建設発生土・産業廃棄物及び地中障害物の処理方法等を明記するとともに、必要な計算書、施工図を添付する。

d. 工事を安全かつ円滑に行うことが困難な場合は、施工方法の変更案を提示し工事監理者と協議のうえ変更する。施工方法の変更で解決できない場合は設計変更を求める。

④ 安全管理

a. 工事にあたっては、建築基準法、労働安全衛生法等の関連する諸法規を遵守するとともに工事現場の地盤条件、施工条件等を十分考慮して、安全な施工を行う。

b. 土工事期間中及び山留めの設置・存置期間中は、安全上必要な計測・点検を行い、異常を発見したときは監理者と協議し、速やかに補強その他必要な処置をとる。

⑤ 環境への配慮

a. 工事に伴う山留め壁の変形、地下水位の低下などによって、敷地周辺の地盤、構造物、埋設物等に有害な影響を及ぼしてはならない。

b. 作業に伴う騒音・振動、粉塵、土壌・地下水の汚染等によって、周辺環境に有

exterior planner handbook

害な影響を及ぼしてはならない。

c. 工事中は必要な計測・点検を行い、周辺環境に支障のないように工事を進める。

⑥ 産業廃棄物の処理

工事によって発生する産業廃棄物は、廃棄物処理法などに定められた基準に従い、必要な処置をとる。

⑦ 地中障害物などの処置

障害物、埋設物及び文化財等がある場合、又は工事中に発見した場合は、解体・撤去方法等を監理者と協議して処置する。

(2) 土工事と山留め

① 適用範囲

山留め支保工、掘削・埋戻し等の土工事と、それに伴う地下水の処理、計測管理に適用する。

② 山留め支保工

a. 腹起し・切梁、その他の部材は、組立てに先立ち、材質、断面欠損状況、曲がり、仕口精度などを点検し、施工計画書に適合することを確認する。鉄筋コンクリート部材には、打設後、所定強度が発現するまで荷重を加えないよう注意する。

b. 腹起し・切梁は、施工計画書に従い、所定の深さまで掘削後、速やかに設置する。

c. 腹起し・切梁は、軸線が通るように設置する。また、接合部は緩みや強度不足のないようにする。

d. 腹起し・切梁には、計画以上の荷重を積載してはならない。

③ 掘削

a. 掘削にあたっては、施工計画書に基づき、掘削面が不安定な状態にならないようにバランスよく掘り進める。

b. 掘削の後、法面を長期間存置する場合は、障害が起こらないよう法面の保護を行う。

c. 機械掘削を行う場合は、作業地盤を十分検討し機械の転倒・転落・接触に対し安全であることを確認する。

④ 床付け

a. 床付け面は、乱さないようにする。

b. 掘削が床付け面に達した場合は、所定の地層であるかを確認し、監理者の検査を受ける。直接基礎で、所定の地層が現れない場合は、工事監理者と協議のうえ、適切に処理する。

c. 床付け地盤は、凍結しないようにする。

⑤ 地ならし

地ならしは、その面を掃除してから平坦にかきならし、歩行に耐えうる程度に締め固める。

exterior planner handbook

⑥ 地下水の処理
 a. 工事に支障を及ぼす地下水・雨水・水たまり、外部からの流入水等は適切な方法により処理する。
 b. 地下水処理により、周辺の地下水環境や地盤環境に影響を与えることがないよう配慮する。
 c. 工事中に掘削底面の安定を損なう盤ぶくれ、ボイリングなどが発生しないように、適切な方法により地下水処理を行う。

⑦ 計測管理
 土工事期間中は、安全上必要な計測・点検を行い、異常のある場合は、監理者と協議し適切な処置を行う。

(3) 擁壁
 鉄筋コンクリート造、無筋コンクリート造、コンクリートブロック・間知石などの練積み造擁壁に適用する。

① 材料及び品質
1）鉄筋
 鉄筋の品質は、JIS G 3112（鉄筋コンクリート用棒鋼）に適合するものとする。

2）コンクリート及び型枠用材料
 コンクリート及び型枠用材料は、JASS 5（鉄筋コンクリート工事）による。

3）コンクリートブロック
 コンクリートブロックは、宅地造成及び特定盛土等規制法施行令に規定するものとする。形状・寸法は、設計図書による。

4）石
 石は JIS A 5003（石材）によるほか設計図書によるが、その材料は堅固なものとする。形状・寸法は、設計図書による。

② 施工
1）共通事項
 a. 擁壁の施工に先立ち、基準点を工事監理者の承認を得て決定する。
 b. 擁壁基礎および天端近くには、設計図書に従って排水溝を設けるとともに、雨水や流水が浸透しないよう整地・整備する。

2）鉄筋コンクリート造擁壁および無筋コンクリート造擁壁
 a. 伸縮目地の位置は、設計図書による。また、隅角部は確実に補強する。なお、伸縮目地部分は、コンクリートの伸縮を吸収できるよう隙間を設け、防水材を充填する。
 b. 擁壁背面の裏込め土の埋戻しは、所定のコンクリート強度が確認されてから行う。また、沈下などが生じないように十分に締め固める。

exterior planner handbook

3）練積み造擁壁

 a. 練積み造擁壁の形状・寸法などは設計図書による。裏込めコンクリートおよび排水層の厚さが不足しないよう、組積み各段の厚さを明示した施工図を事前に作成する。また、裏込めコンクリートが排水層内に流入してその機能を損なわないよう、型枠を使用する。

 b. 水抜き穴は、コンクリートで閉塞することのないように養生し、透水管の長さは排水層に深く入り過ぎないようにする。

 c. 胴込め・裏込めコンクリートの打設にあたっては、コンクリートと組積材が一体化するよう十分締め固める。

 d. 擁壁背面の埋戻しは胴込め・裏込めコンクリートが安定してから施工するものとし、十分に締固めを行い、常に組積みと並行して施工する。

 e. 胴込め・裏込めコンクリートは、打設後ただちに養生シートなどで覆い、十分養生する。

③ 鉄筋コンクリート工事

(1) 総則
① 適用範囲
 鉄筋コンクリート造建築物および鉄筋コンクリート構造以外の構造方式による建築物の通常の鉄筋工事、型枠工事およびコンクリート工事に適用する。又、この仕様は、適切な施工体制、工期および工事費が設定されている工事に適用する。

② 用語の定義
計画供用期間

 建築物の計画時又は設計時に、建築主又は設計者が設定する建築物の予定供用期間のこと。JASS5では構造体および部材に対して短期、標準、長期および超長期の4つの級を設定する。

耐久設計基準強度

 構造体および部材の計画供用期間の級に対応した耐久性を確保するために必要とするコンクリートの圧縮強度の基準値のこと。

品質基準強度

 構造体および部材の要求性能を得るために必要とされるコンクリートの圧縮強度で、通常、設計基準強度と耐久設計基準強度を確保するために、コンクリートの品質の基準として定める強度のこと。

調合管理強度

 調合強度を定め、使用するコンクリートの強度を管理する場合の基準となる強度で、品質基準強度に構造体強度補正値を加えた値のこと。

構造体強度補正値

 調合強度を定めるための基準とする材齢における標準養生した供試体の圧縮強度と保証材齢における構造体コンクリート強度との差に基づくコンクリート強度の補正値のこと。

標準養生

 供試体成形後、脱型時まで乾燥しないように（20±3）℃の環境で保存し、脱型後は（20±3）℃の水中又は飽和水蒸気中で行うコンクリート供試体の養生のこと。

現場水中養生

工事現場において、水温が気温の変化に追随する水中で行うコンクリート供試体の養生のこと。

構造体温度養生

構造体コンクリートの温度履歴と類似の温度履歴を与える温度履歴追随養生、又は自己発熱により温度履歴を与える簡易断熱養生のこと。

使用するコンクリート

工事現場に供給され、構造体に打ち込まれるコンクリートのこと。その性能は、フレッシュ状態の性能および硬化後のポテンシャルの性能で表される。

使用するコンクリートの強度

コンクリートが保有するポテンシャルの強度で、標準養生した供試体の材齢28日における圧縮強度。高炉セメントなどの比較的、強度発現が遅いセメントを用いたコンクリートにあっては、28日を超え91日以内の材齢における圧縮強度で表すことがある。

構造体コンクリート

構造体とするために打ち込まれ、周囲の環境条件や水和熱による温度条件の下で硬化したコンクリートのこと。

構造体コンクリート強度

構造体コンクリートが発現している圧縮強度。構造体から採取したコア供試体、構造体と同時に打ち込まれ同じ養生が施された模擬部材から採取したコア供試体、若しくはこれと類似の強度発現特性を有する供試体の圧縮強度で表される。

かぶり厚さ

鉄筋表面からこれを覆うコンクリートの表面までの最短距離のこと。

最小かぶり厚さ

鉄筋コンクリート部材の各面、又はそのうちの特定の箇所において、最も外側にある鉄筋の満足すべきかぶり厚さのこと。

設計かぶり厚さ

構造体において、最小かぶり厚さが確保されるように、施工精度や部材の納まりなどを考慮して、設計者が各部材、部位ごとに設定するかぶり厚さのこと。

セメント

水硬性のカルシウムシリケートを主成分とするクリンカーに適量のせっこうを加えて微粉砕した微粉末、およびこれに少量の無機質微粉末を混合したもののこと。

結合材

セメントおよびセメントと高炉スラグ微粉末、フライアッシュ、シリカフュームなどの活性無機質微粉末とを混合したもので、骨材を結合し、コンクリートの強度発現に寄与する粉状物質の総称のこと。

粉体

結合材および結合材と非活性無機質微粉末とを混合したもので、フレッシュコンクリートの材料分離抵抗性に寄与する微粉末状の物質の総称のこと。

単位セメント量

フレッシュコンクリート1 m^3 中に含まれるポルトランドセメントの質量のこと。混合セメントを用いる場合には、その中に含まれる混和材（高炉スラグ微粉末の場合、添加されているせっこうを含む）を除いたものの質量のこと。

単位結合材料

フレッシュコンクリート1 m^3 中に含まれる結合材の質量のこと。

単位粉体量

exterior planner handbook

フレッシュコンクリート1m^{3}中に含まれる粉体の質量のこと。

単位粗骨材量

フレッシュコンクリート1m^{3}中に含まれる粗骨材の質量のこと。ただし、軽量骨材は、絶対乾燥状態（絶乾状態）で表し、その他の骨材は、表面乾燥飽水状態（表乾状態）で表す。

単位細骨材量

フレッシュコンクリート1m^{3}中に含まれる細骨材の質量のこと。ただし、軽量骨材は、絶対乾燥状態（絶乾状態）で表し、その他の骨材は、表面乾燥飽水状態（表乾状態）で表す。

空気量

フレッシュコンクリートに含まれる空気の容積のコンクリート容積に対する百分率のこと。ただし、骨材内部の空気は含まない。

水セメント比

フレッシュコンクリートにおいて、単位セメント量に対する単位水量の割合で、質量百分率のこと。

水結合材比

フレッシュコンクリートにおいて、単位結合材量に対する単位水量の割合（百分率）のこと。

水粉体比

フレッシュコンクリートにおいて、単位粉体量に対する単位水量の割合（百分率）のこと。

(2) 構造体および部位・部材の要求性能

① 要求性能の種類

構造体および部位・部材に要求される性能の種類は、次に示すものとする。

　　 i ．構造安全性
　　 ii ．耐久性
　　 iii ．耐火性
　　 iv ．使用性
　　 v ．環境性
　　 vi ．位置・断面寸法の精度および仕上がり状態

② 構造安全性

構造安全性は、固定荷重、積載荷重、積雪荷重、風圧・土圧・水圧、地震その他の振動、衝撃荷重、温度変化、疲労荷重、およびその他の特殊な作用によってもたらされる外力に対して、計画供用期間中は構造体および部材の崩壊、又は許容できない変形が生じないものとする。

③ 耐久性

　a. 耐久性は、構造部材においては、一般的な劣化作用および特殊な劣化作用に対して、計画供用期間中は鉄筋腐食やコンクリートの重大な劣化が生じないものとする。なお、非構造部材においては、構造部材と同等の耐久性を有するか、又は容易に保全ができる構造詳細になっているものとする。

　b. 一般的な劣化作用は、構造体コンクリートの温度および含水状態に影響を及ぼす環境作用、並びに空気中の二酸化炭素とする。

c. 計画供用期間の級は次の4水準とし、その級は、部材ごとに特記による。

  i. 短期（計画供用期間としておおよそ30年）

  ii. 標準（計画供用期間としておおよそ65年）

  iii. 長期（計画供用期間としておおよそ100年）

  iv. 超長期（計画供用期間として100年超）

④ 耐火性

耐火性は、火災に対して一定時間、崩壊又は許容できない変形が生じず、延焼を生じる熱が裏面に伝わらず、かつ炎が噴出する損傷を生じないものとする。

(3) コンクリートの品質

① 品質

a. 使用するコンクリートは、受入れ時にそれぞれ定める材料および調合の規定を満足し、所定又は所要のワーカビリティー・気乾単位容積質量・強度・ヤング係数・乾燥収縮率・耐久性・資源循環性・低炭素性・環境安全性を有するものとする。

b. 構造体コンクリートは、構造体および部位・部材が要求性能を満足するように、所定又は所要の気乾単位容積質量・強度・ヤング係数・耐久性・耐火性を有し、有害な欠陥部のないものとする。

② ワーカビリティーおよびスランプ

ワーカビリティーは、打込み箇所および打込み・締固め方法に応じて、型枠内および鉄筋周囲に密実に打ち込むことができ、材料分離がなく過度のブリーディングが生じないものとする。

③ 強度

a. コンクリートの設計基準強度は、18 N/mm^2 以上48 N/mm^2 以下とし、部材ごとに特記による。

b. コンクリートの耐久設計基準強度は、構造体又は部材の計画供用期間の級に応じて特記による。特記がない場合、一般劣化環境（腐食環境）の耐久設計基準強度は表 9-2-1 による。

表 9-2-1 コンクリートの耐久設計基準強度（抜粋）

	結合材の種類	短期	標準	長期	超長期
一般劣化環境 （腐食環境）	ポルトランドセメント 高炉セメントA種 高炉セメントA種相当	18	24	30 (注1)	36 (注2)
	高炉セメントB種 高炉セメントB種相当	18	24	30 (注1)	—
	エコセメント	18	24	—	—
一般劣化環境（非腐食環境）		設定しない			

注1 設計かぶり厚さおよび最小かぶり厚さを10 mm増やした場合は、3 N/mm^{2}減じることができる。

 2 設計かぶり厚さおよび最小かぶり厚さを10 mm増やした場合は、6 N/mm^{2}減じることができる。

c. コンクリートの品質基準強度は、設計基準強度又は耐久設計基準強度の大きい方の値とする。

d. 使用するコンクリートの強度は、材齢28日において調合管理強度以上とする。

exterior planner handbook

e. 構造体コンクリート強度は、次のiおよびiiを満足するものとする。
　i. 材齢91日において、品質基準強度以上
　ii. 施工上必要な材齢において、施工上必要な強度以上

④　かぶり厚さ
a. かぶり厚さは、構造体および部位・部材の耐久性、耐火性及び構造安全性が得られるように、部位・部材ごとに、計画供用期間の級、コンクリートの種類と品質、部材が受ける環境作用の種類と強さ、特殊な劣化作用などの暴露条件、並びに耐火性上および構造安全性上の要求を考慮して定める。
b. 最小かぶり厚さは、特記によるが、特記のない場合は表9-2-2に示す値以上として定め、工事監理者の承認を受ける。

表9-2-2　最小かぶり厚さ

(単位：mm)

部位・部材の種類		一般劣化環境 (非腐食環境)	一般劣化環境 (腐食環境) 計画供用期間の級		
			短期	標準・長期	超長期
構造部材	柱・梁・耐力壁	30	30	40	40
	床スラブ・屋根スラブ	20	20	30	40
非構造部材	構造部材と同等の耐久性を要求する部材	20	20	30	40
	計画供用期間に保全を行う部材	20	20	30	30
直接土に接する柱・梁・壁・床および布基礎の立上り部		40			
基礎		60			

※計画供用期間の級が標準、長期及び超長期で、耐久性上有効な仕上げが施されている場合は、一般劣化環境（腐食環境）では、最小かぶり厚さを10mm減じた値とすることができる。（ただし、基礎、直接土に接する柱・梁・壁・床および布基礎の立上り部を除く）

c. 設計かぶり厚さは、表9-2-3に示す値以上として定め、工事監理者の承認を受ける。

表9-2-3　設計かぶり厚さ

(単位：mm)

部位・部材の種類		一般劣化環境 (非腐食環境)	一般劣化環境 (腐食環境) 計画供用期間の級		
			短期	標準・長期	超長期
構造部材	柱・梁・耐力壁	40	40	50	50
	床スラブ・屋根スラブ	30	30	40	50
非構造部材	構造部材と同等の耐久性を要求する部材	30	30	40	50
	計画供用期間に保全を行う部材	30	30	40	40
直接土に接する柱・梁・壁・床および布基礎の立上り部		50			
基礎		70			

※計画供用期間の級が標準、長期及び超長期で、耐久性上有効な仕上げが施されている場合は、一般劣化環境（腐食環境）では、最小かぶり厚さを10mm減じた値とすることができる。（ただし、基礎、直接土に接する柱・梁・壁・床および布基礎の立上り部を除く）

exterior planner handbook

(4) コンクリートの材料

コンクリートの材料は、予め品質が確かめられているものを使用する。

① セメント

a. セメントは、JIS R 5210（ポルトランドセメント）、JIS R 5211（高炉セメント）、JIS R 5213（フライアッシュセメント）又は JIS R 5214（エコセメント）に規定する普通エコセメントに適合するものとする。

b. セメントの種類は、部位・部材ごとに特記による。特記がない場合は、種類を定めて工事監理者の承認を受ける。

② 骨材

a. 骨材は、特記による。又、骨材は、有害量のごみ・土・有機不純物・塩化物などを含まず、所要の耐火性および耐久性を有するものとする。

b. 粗骨材の最大寸法は、鉄筋のあきの 4/5 以下かつ最小かぶり厚さ以下とし、特記による。特記がない場合は、表 9-2-4 の範囲で定めて、工事監理者の承認を受ける。

表 9-2-4 使用箇所による粗骨材の最大寸法

(単位：mm)

使用箇所	砂利	砕石・高炉スラグ粗骨材
柱・梁・スラブ・壁	20、25	20
基礎	20、25、40	20、25、40

c. 普通骨材において、砂利・砂は、表 9-2-5 および表 9-2-6 に示す品質を有するものとする。ただし、砂利および砂を用いたコンクリートが所定の品質を有することが確認された場合は、計画供用期間の級が長期および超長期の場合を除いて、工事監理者の承認により、絶乾密度 2.4 g/cm^3 以上、吸水率 4 %以下の砂利・砂および塩化物が 0.04 %を超え 0.1 %以下の砂を用いることができる。

表 9-2-5 砂利および砂の品質

種類	絶乾密度 (g/cm^3)	吸水率 (%)	粘土塊量 (%)	微粒分量 (%)	有機不純物	塩化物 (NaCl として) (%)
砂利	2.5 以上	3.0 以下	0.25 以下	1.0 以下	－	－
砂	2.5 以上	3.5 以下	1.0 以下	3.0 以下	標準色液又は色見本より淡い	0.04 以下 (注)

注 計画供用期間の級が長期および超長期の場合は、0.02 %以下とする。

exterior planner handbook

表9-2-6 砂利および砂の標準粒度

種類	ふるいの呼び寸法(mm) 最大寸法(mm)	ふるいを通るものの質量百分率（%）												
		50	40	30	25	20	15	10	5	2.5	1.2	0.6	0.3	0.15
砂利	40	100	95〜100	—	—	35〜70	—	10〜30	0〜5	—	—	—	—	—
	25	—	—	100	90〜100	—	30〜70	—	0〜10	0〜5	—	—	—	—
	20	—	—	—	100	90〜100	—	20〜55	0〜10	0〜5	—	—	—	—
砂		—	—	—	—	—	—	100	90〜100	80〜100	50〜90	25〜65	10〜35	2〜10

d. 使用する骨材がアルカリシリカ反応性に関して「無害でない」と判定された場合、その他化学的・物理的に不安定であるおそれのある場合は、その使用の可否、使用方法について工事監理者の承認を受ける。なお、計画供用期間の級が長期および超長期の場合は、アルカリシリカ反応性に関して「無害」と判定されたものを使用する。

③ 練混ぜ水

a. コンクリートの練混ぜ水は、JIS A 5308（レディーミクストコンクリート）附属書C（規定・レディーミクストコンクリートの練混ぜに用いる水）に適合するものとする。

b. 計画供用期間の級が超長期の場合は、スラッジ水を用いない。

④ 混和材料

a. AE剤、減水剤、AE減水剤、高性能減水剤、高性能AE減水剤、流動化剤および硬化促進剤は、JIS A 6204（コンクリート用化学混和剤）に、収縮低減剤は、JIS A 6211（コンクリート用収縮低減剤）に、防錆（せい）剤は、JIS A 6205（鉄筋コンクリート用防せい剤）に適合するものとする。

b. 結合材又は粉体の一部として用いるフライアッシュ、高炉スラグ微粉末、シリカフューム、火山ガラス微粉末および膨張材の品質は、それぞれJIS A 6201（コンクリート用フライアッシュ）、JIS A 6206（コンクリート用高炉スラグ微粉末）、JIS A 6207（コンクリート用シリカフューム）、JIS A 6209（コンクリート用火山ガラス微粉末）およびJIS A 6202（コンクリート用膨張材）に適合するものとする。ただし、結合材としてフライアッシュを用いる場合は、JASS 5M-401（結合材として用いるフライアッシュの品質基準）に適合するものとする。又、粉体の一部として用いる砕石粉の品質は、JIS A 5041（コンクリート用砕石粉）に適合するものとする。

c. 上記"a."および"b."以外の混和材料の品質は、特記による。特記がない場合は、適切な品質基準を定め、工事監理者の承認を受ける。

(5) 調合

① 調合管理強度

a. 調合管理強度は、次式によって算出される値とする。

exterior planner handbook

$$Fm = Fq + mSn \quad (N/mm^2)$$

ここに、Fm ：コンクリートの調合管理強度（N/mm²）

Fq ：コンクリートの品質基準強度（N/mm²）

mSn：コンクリートの構造体強度補正値で、調合管理強度を定める材齢（m日）における標準養生供試体の圧縮強度と構造体コンクリート強度を保証する材齢（n日）における圧縮強度との差（N/mm²）。ただし、mSn は、0（N/mm²）以上とする。

b. 構造体強度補正値 mSn は、特記によるが、特記のない場合は m を 28 日又は 56 日、n を 91 日とし、設計基準強度が 36（N/mm²）以下の場合は、結合材の種類およびコンクリートの打込みから材齢 28 日までの予想平均気温の範囲に応じて、設計基準強度が 36（N/mm²）を超え 48（N/mm²）以下の場合は、結合材の種類に応じて定める。設計基準強度が 36（N/mm²）以下の場合における、構造体強度補正値 $_{28}S_{91}$ の標準値を表 9-2-7 に示す。

表 9-2-7　構造体強度補正値 $_{28}S_{91}$ の標準値（抜粋）

セメントの種類	コンクリートの打込みから材齢28日までの予想平均気温 θ の範囲（℃）	
早強ポルトランドセメント	$0 \leq \theta < 5$	$5 \leq \theta$
普通ポルトランドセメント	$0 \leq \theta < 8$	$8 \leq \theta$
高炉セメントA種 高炉セメントA種相当	$0 \leq \theta < 8$	$8 \leq \theta$
高炉セメントB種 高炉セメントB種相当	$0 \leq \theta < 13$	$13 \leq \theta$
構造体強度補正値 $_{28}S_{91}$ （N/mm²）	6	3

c. 調合強度算定時における調合管理強度に対する不良率の最大値は 4 %、調合管理強度の 85 %に対する許容不良率はほぼ 0 %とする。

② **空気量**

使用するコンクリートの空気量は、特記によるが、特記がない場合は4.5 %とする。

③ **水粉体比**

水粉体比の最大値は、65 %とする。

④ **単位水量の最大値**

単位水量は、185 kg/m³ 以下とし、要求されるコンクリートの品質が得られる範囲内で、できるだけ小さくする。

⑤ **単位粉体量の最小値**

単位粉体量の最小値は、270 kg/m³ とする。

(6) レディーミクストコンクリートの発注

レディーミクストコンクリートの発注は、次のとおりとする。

a. レディーミクストコンクリートの呼び強度の強度値は、調合管理強度以上とする。

b. 呼び強度を保証する材齢は、原則として 28 日とする。

exterior planner handbook

c. 練混ぜ水としてスラッジ水を使用する場合は、レディーミクストコンクリート工場のスラッジ濃度の管理記録を確認する。スラッジ濃度の管理が十分でないと考えられる場合には、スラッジ水は使用しない。

(7) コンクリートの運搬、打込みおよび締固め

① コンクリートの運搬

a. コンクリートの練混ぜから打込み終了までの時間の限度は、外気温が25℃未満で120分、25℃以上で90分とする。

b. 運搬および打込みの際に水を加えてはならない。化学混和剤を添加してスランプを回復させる場合は、工事監理者の承認を受ける。

② 打込み

a. コンクリートは、目的の位置にできるだけ近づけて打ち込む。その際、打込み箇所以外の鉄筋、型枠などにコンクリートが付着しないようにする。

b. 打継ぎ部におけるコンクリートの打込みおよび締固めは、打継ぎ部に締固め不良やブリーディング水の集中などによる脆弱部を生じないように行う。

c. コンクリートの自由落下高さおよび水平移動距離は、コンクリートが分離しない範囲とする。

③ 締固め

a. 締固めは、鉄筋および埋設物などの周辺や型枠の隅々までコンクリートが充填され、密実なコンクリートが得られるように行う。

b. 締固めは、内部振動機、外部振動機又は突き棒を用いて行い、必要に応じて他の用具を補助として用いる。

c. 内部振動機を用いる場合は、締固めは打込み各層ごとに行い、その下層に振動体が入るようにほぼ鉛直に振動機を挿入する。振動機の挿入間隔は、振動体の呼び径に応じて振動により充填ができる範囲とし、加振はコンクリートの上面にペーストが浮くまでとする。内部振動機を引き抜くときは、コンクリートに穴を残さないように加振しながら徐々に引き抜く。

④ 表面の仕上げおよび処理

a. 打込み・締固め後のコンクリートの表面は、所定の精度および仕上がり状態が得られるように仕上げる。

b. コンクリートの沈み、材料の分離、ブリーディング、プラスチック収縮ひび割れなどによる欠陥は、コンクリートの凝結が終了する前にタンピングなどにより処置する。

⑤ 打継ぎ

a. 打継ぎ部の位置は、構造耐力への影響の最も少ない位置に定める。

b. 打継ぎ部の形状は、打継ぎ面が鉄筋に直角となり、構造耐力の低下が少なく、コンクリート打込み前の打継ぎ部の処理が円滑に行え、かつ新たに打ち込むコンクリートの締固めが容易に行えるものとする。

c. コンクリートの打継ぎ面は、レイタンス、脆弱なコンクリート、ごみなどが残らないように処置する。

d. 打継ぎ部のコンクリートは、散水などにより湿潤にしておく。ただし、打継ぎ

面の水はコンクリートの打込み前に取り除く。

(8) 養生
a. コンクリートは、打込み終了直後からセメントの水和、およびコンクリートの硬化が十分に進行するまでの間、急激な乾燥、過度の高温又は低温の影響、急激な温度変化、並びに振動および外力の悪影響を受けないように養生を行う。
b. 施工者は、養生の方法・期間、養生に用いる資材などの計画を定めて、工事監理者の承認を受ける。

① 湿潤養生
a. 打込み後のコンクリートは、透水性の小さいせき板による被覆、養生マット又は水密シートによる被覆、散水・噴霧、JASS5 T-407（コンクリート養生剤の水分逸散抑制効果試験方法）によって効果が確認された養生剤の塗布などにより、湿潤養生を行う。その期間は、計画供用期間の級に応じて表 9-2-8 によるものとする。

表 9-2-8　湿潤養生の期間（抜粋）

セメントの種類	計画供用期間の級	
	短期および標準	長期および超長期
早強ポルトランドセメント	3 日以上	5 日以上
普通ポルトランドセメント 高炉セメント A 種 高炉セメント A 種相当 エコセメント（注）	5 日以上	7 日以上
高炉セメント B 種 高炉セメント B 種相当	7 日以上	10 日以上

注　エコセメントの計画供用期間の級は、短期および標準のみとする。

b. コンクリート部分の厚さが 18 cm 以上の部材において、早強、普通および中庸熱ポルトランドセメントを用いる場合は、上記 "a." の湿潤養生期間の終了以前であっても、次の 1) 又は 2) で得られたコンクリートの圧縮強度が、計画供用期間の級が短期および標準の場合は 10 N/mm² 以上、長期および超長期の場合は 15 N/mm² 以上に達したことを確認すれば、以降の湿潤養生を打ち切ることができる。混合セメントを用いる場合の湿潤養生を打ち切ることができる圧縮強度は、実験又は信頼できる資料による。
　1) JASS5 T-603（構造体コンクリートの強度推定のための圧縮強度試験方法）による方法における供試体の養生方法は、現場水中養生、現場封かん養生とし、できるだけ構造体コンクリートの温度に近くなるように保持する。
　2) その他の信頼できる構造体コンクリートの強度推定の方法とし、工事監理者の承認を受ける。
c. 規定のせき板の存置期間後、上記 "a." に示す日数又は "b." に示す圧縮強度に達する前にせき板を取り外す場合は、その日数の間又は所定の圧縮強度が発現するまで、コンクリートを散水・噴霧、その他の方法によって湿潤に保つ。
d. 気温が高い場合、風が強い場合又は直射日光を受ける場合には、コンクリートの表面が乾燥することがないように養生を行う。

exterior planner handbook

② 養生温度

外気温の低い時期においては、コンクリートを寒気から保護し、打込み後5日間以上コンクリートの温度を2℃以上に保つ。ただし、早強ポルトランドセメントを用いる場合は、この期間を3日間以上としてよい。

③ 振動・外力からの保護

a. 打込み後硬化過程にあるコンクリートが、振動や外力による悪影響を受けないように、周辺における作業の管理を行う。

b. コンクリートの打込み後、少なくとも1日間はその上で作業をしてはならない。やむを得ず歩行したり作業を行ったりする必要がある場合は、工事監理者の承認を受ける。

(9) 型枠

型枠は、所定の形状・寸法、所定のかぶり厚さ、および所要の性能を有する構造体コンクリートが、所定の位置に成形できるものでなければならない。

① せき板

a. せき板は、コンクリートの品質に悪影響を及ぼさず、コンクリート表面を所要のテクスチャーおよび品質に仕上げる性能を有するものとする。

b. せき板の種類・材料は、特記による。特記がない場合は、合板、製材、金属製型枠パネル、床型枠用鋼製デッキプレート、透水型枠、打込み型枠又はプラスチック型枠とし、次の1）～3）などによる。

　1）合板は、日本農林規格の「コンクリート型枠用合板の規格」に適合するものを用いる。化粧打放しコンクリート用には日本農林規格の"表面加工コンクリート型枠用合板"又は"表面加工コンクリート型枠用合板を除く合板で表面の品質が［A］のもの"で、表面加工コンクリート型枠合板における耐候性および耐アルカリ性の規定に適合するものを用いる。

　2）製材の板類は、コンクリートに硬化不良などの悪影響を及ぼさないものを用いる。

　3）金属製型枠パネルは、JIS A 8652（金属製型わくパネル）に規定するもの、又は工事監理者の承認を受けたものを用いる。

c. せき板に用いる木材は、コンクリート表面の硬化不良などを防止するため、製材、乾燥および集積などの際にできるだけ直射日光にさらされないよう、シートなどを用いて保護する。

d. せき板を再使用する場合は、コンクリートに接する面をよく清掃し、締付けボルトなどの貫通孔又は破損箇所を修理のうえ、必要に応じて剥離剤を塗布して用いる。

② 型枠の加工および組立て

a. せき板に接するコンクリート表面が所定の仕上がり状態になるように、型枠の加工・組立てに際してせき板の表面状態の管理を十分に行う。

b. 型枠は、セメントペースト又はモルタルを継目などからできるだけ漏出させないように緊密に組み立てる。また、型枠には、打込み前の清掃用に掃除口を設ける。

③ 型枠の存置期間

a. 基礎・梁側・柱および壁のせき板の存置期間は、コンクリートの圧縮強度[注]が、計画供用期間の級が短期および標準の場合は 5 N/mm² 以上、長期および超長期の場合は 10 N/mm² 以上に達したことが確認されるまでとする。ただし、せき板の取外し後、本項（8）①に示す圧縮強度が得られるまで湿潤養生を行わない場合は、それぞれ 10 N/mm² 以上、15 N/mm² 以上に達するまでせき板を存置するものとする。

注　コンクリートの圧縮強度は、JASS5 T-603 又は構造体コンクリートの履歴温度の測定に基づく信頼できる方法（例えば、建設省告示第 110 号に基づく方法）によるものとし、JASS5 T-603 による場合は、供試体の養生方法は、現場水中養生又は現場封かん養生とする。

b. 計画供用期間の級が短期および標準の場合、せき板存置期間中の平均気温が 10 ℃以上であれば、コンクリートの材齢が表 9-2-9 に示す日数以上経過すれば、圧縮強度試験を必要とすることなく基礎、梁側、柱および壁のせき板を取り外すことができる。なお、取外し後の湿潤養生は、本項（8）①に準じる。

表 9-2-9　基礎等のせき板存置期間を定めるためのコンクリートの材齢（抜粋）

平均気温（℃）	コンクリートの材齢　（日）		
	早強ポルトランドセメント	普通ポルトランドセメント 高炉セメント A 種 高炉セメント A 種相当	高炉セメント B 種 高炉セメント B 種相当
20 ℃以上	2	4	5
20 ℃未満　10 ℃以上	3	6	8

(10) 鉄筋工事

鉄筋工事の適用は、次のとおりとする。

a. 鉄筋工事は、JIS G 3112（鉄筋コンクリート用棒鋼）に適合するもので、径が 19 mm 以下で種類の記号が 235 〜 295 の丸鋼、および呼び名の数値が 41（D41）以下で種類の記号の数値が 295 〜 490 の異形鉄筋、並びに JIS G 3551（溶接金鋼及び鉄筋格子）に適合する溶接金網および鉄筋格子の加工、組立ておよび継手に適用する。JASS5 に記載されていない種類、径および強度の鉄筋の加工、組立ておよび継手は、特記による。

b. 鉄筋の種類、径、本数および形状、寸法は、使用箇所ごとに特記による。ただし、主筋には異形鉄筋を使用する。

c. 溶接金網および鉄筋格子の種類、径などは、使用箇所ごとに特記による。

d. 鉄筋の継手は重ね継手、ガス圧接継手、機械式継手又は溶接継手によることとし、使用箇所ごとに特記による。特記がない場合は、継手の方法を定めて工事監理者の承認を受ける。ただし、呼び名の数値が 35（D35）以上の異形鉄筋には、原則として重ね継手を用いない。

e. 鉄筋の加工・組立ては、最小かぶり厚さが確保されるように設計かぶり厚さを目標に行う。

① 施工計画

a. 設計図書に基づいて施工計画書および施工図を作成し、工事監理者の承認を受ける。

exterior planner handbook

b. 施工図は、設計かぶり厚さを確保するとともに、かぶり厚さが過大にならないように配筋詳細図を作成する。また、配筋に関連する付属物、コンクリートに埋め込まれる設備配管類の位置・寸法および型枠とのあきを明示する。

c. 鉄筋の組立て方法は、直組み又は先組みとし、鉄筋の組立て方法を定め工事監理者の承認を受ける。鉄筋の加工・組立て作業中は、職業能力開発促進法による一級鉄筋施工技能士（鉄筋組立て作業）を1名以上配置する。

② 鉄筋の加工

a. 有害な曲がり又は損傷のある鉄筋を用いない。

b. コイル状の鉄筋は、直線機にかけて用いる。この際、鉄筋に損傷を与えてはならない。

c. 鉄筋は、施工図に従い、所定の寸法に切断する。切断はシヤーカッター又は直角切断機などによって行う。鉄筋の折曲げは、手動鉄筋折曲げ機、自動鉄筋折曲げ機などによって行う。

d. 鉄筋の加工は、設計図書および施工図に従い、次の1）および2）により行う。

　1）加工寸法の許容差は、特記による。特記がない場合は表9-2-10による。

表9-2-10　加工寸法の許容差

（単位：mm）

項　目		符号	許容差
各加工寸法	主筋 D25 以下	a, b	±15
	主筋 D29 以上　D41 以下	a, b	±20
	あばら筋、帯筋、スパイラル筋	a, b	±5
加工後の全長		l	±20

加工寸法および加工後の全長の測り方例を次に示す。

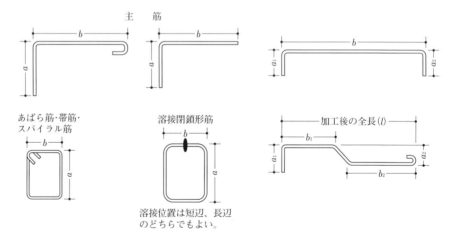

　2）折曲げは冷間加工とし、その形状・寸法は特記による。特記がない場合は、表9-2-11による。

表9-2-11 鉄筋の折曲げ形状・寸法

図	折曲げ角度	鉄筋の種類	鉄筋の径による区分	鉄筋の折曲げ内法寸法 (D) (注)
180° 余長4d以上 135° 余長6d以上 90° 余長8d以上	180° 135° 90°	SR235 SR295 SD295 SD345	16 Φ以下 D16 以下	3d 以上
			19 Φ D19 ～ D41	4d 以上
		SD390	D41 以下	5d 以上
	90°	SD490	D25 以下	
			D29 ～ D41	6d 以上

注　dは、丸鋼では径、異形鉄筋では呼び名に用いた数値とする。

e. 次に示す鉄筋の末端部には、フックを設ける。
　・丸鋼
　・あばら筋および帯筋
　・柱および梁（基礎梁を除く）の出隅部の鉄筋
　・煙突の鉄筋

③　鉄筋の取扱いおよび保管

a. 鉄筋および溶接金網は、種類・径・長さごとに整頓して保管する。

b. 鉄筋および溶接金網は直接地上に置いてはならない。又、雨露・潮風などにさらされず、ごみ・土・油などが付着しないように保管する。

c. 鉄筋は、組立てに先立ち、浮き錆・油類・ごみ・土などコンクリートとの付着を妨げるおそれのあるものは除去する。

d. 加工された、又は組み立てられた鉄筋および溶接金網は、工事現場搬入後、その種類・径、使用箇所などの別を明示して、順序を乱さないように保管する。

e. 鉄筋の組立てからコンクリートの打込みまで長期間を経過した場合は、コンクリートの打込みに先立ち、上記 "c." により再度検査し、必要に応じて鉄筋を清掃する。

④　鉄筋組立て前の準備

a. 部材の位置およびかぶり厚さを確保するため、鉄筋の加工精度および墨の精度の確認を十分に行う。

b. 鉄筋の組立てに伴う資材の運搬・集積などは、これらの荷重を受けるコンクリートが有害な影響を受けない材齢に達してから開始する。

⑤　直組み鉄筋

a. 鉄筋を直組みする場合は、施工図に基づき所定の位置に正しく配筋し、コンクリートの打込み完了まで移動しないよう堅固に組み立てる。

b. 鉄筋のあきは、粗骨材の最大寸法の 1.25 倍以上かつ 25 mm 以上とし、加えて丸鋼では径の 1.5 倍以上、異形鉄筋では呼び名の数値の 1.5 倍以上とする。

⑥　鉄筋の定着長さ

鉄筋の定着長さおよび方法は特記による。特記がない場合は、表 9-2-12 に示す

exterior planner handbook

とおりとする。ただし、dは、異形鉄筋の呼び名に用いた数値以上とする。

表9-2-12　鉄筋の定着長さ
(a) 直線定着の長さ L_2

コンクリートの設計基準強度 F_c (N/mm²)	SD295	SD345	SD390	SD490
18	40d	40d	—	—
21	35d	35d	40d	—
24～27	30d	35d	40d	45d
30～36	30d	30d	35d	40d
39～45	25d	30d	35d	40d
48～60	25d	25d	30d	35d

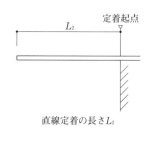

直線定着の長さL_2

(b) フック付き定着の長さ L_{2h}

コンクリートの設計基準強度 F_c (N/mm²)	SD295	SD345	SD390	SD490
18	30d	30d	—	—
21	25d	25d	30d	—
24～27	20d	25d	30d	35d
30～36	20d	20d	25d	30d
39～45	15d	20d	25d	30d
48～60	15d	15d	20d	25d

[注]（1）表中の d は、異形鉄筋の呼び名の数値を表し、丸鋼には適用しない。
（2）フック付き鉄筋の定着長さ L_{2h} は、定着起点から鉄筋の折曲げ開始点までの距離とし、折曲げ開始点以降のフック部は定着長さに含まない。
（3）フックの折曲げ内法直径 D および余長は、特記がない場合は表 9-2-11 による
（4）軽量コンクリートを使用する場合の定着長さは、特記による。突起がない場合は、$F_c \leq 36$ N/mm² の軽量コンクリートと SD490 以外の異形鉄筋を対象として、表 9-2-12 の数値に 5d 以上加算した定着長さとし、工事監理者の承認を受けること。

90°フック　余長 8d以上
135°フック　余長 6d以上
180°フック　余長 4d以上
フック付き定着の長さL_{2h}

⑥　鉄筋の重ね継手長さ

　鉄筋の重ね継手の長さは、表 9-2-13 に示すとおりとする。ただし、d は、異形鉄筋の呼び名に用いた数値以上とする。

表9-2-13 鉄筋の重ね継手長さ
(a) 直線重ね継手の長さ L_1

コンクリートの設計基準強度 F_c (N/mm²)	SD295	SD345	SD390	SD490
18	45d	50d	—	—
21	40d	45d	50d	—
24～27	35d	40d	45d	55d
30～36	35d	35d	40d	50d
39～45	30d	35d	40d	45d
48～60	30d	30d	35d	40d

(b) フック付き重ね継手の長さ L_{1h}

コンクリートの設計基準強度 F_c (N/mm²)	SD295	SD345	SD390	SD490
18	35d	35d	—	—
21	30d	30d	35d	—
24～27	25d	30d	35d	40d
30～36	25d	25d	30d	35d
39～45	20d	25d	30d	35d
48～60	20d	20d	25d	30d

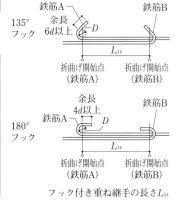

(10) 検査
① 使用するコンクリートの品質の確認
使用するコンクリートの試験は、日本産業規格および日本建築学会制定の試験方法（JASS5 T）によって行う。

② レディーミクストコンクリートの受入れ時検査
a. JIS A 5308の規定に適合するレディーミクストコンクリートを使用する場合は、施工者は、レディーミクストコンクリートの受入れ時に納入されたコンクリートが発注したコンクリートであることを表9-2-14により検査する。表9-2-14によらない場合は、検査の項目、判定基準、試験・確認方法および時期・回数を定めて工事監理者の承認を受け、検査を実施する。

b. JIS A 5308の規定に適合するレディーミクストコンクリートを使用する場合、検査の項目、判定基準、試験・確認方法および時期・回数は、特記による。

表9-2-14 レディーミクストコンクリートの受入れ時の検査（抜粋）

項目	判定基準	試験・確認方法	時期・回数
コンクリートの種類 呼び強度 指定スランプ 等	発注時の指定事項に適合すること	配合計画書、納入書、又はコンクリートの製造管理記録による確認	受入れ時、運搬車ごと
運搬時間 納入容積	発注時の指定事項に適合すること	納入書による確認	受入れ時、運搬車ごと
ワーカビリティーおよびフレッシュコンクリートの状態	ワーカビリティーがよいこと。品質が安定していること。	目視	受入れ時、運搬車ごと 打込み時随時
スランプ	JIS A5308の品質基準による。JIS A5308の品質基準によらない場合は特記による。	JIS A1101	圧縮強度試験用供試体採取時、および打込み中に品質変化が認められた場合
空気量		JIS A1116 JIS A1118 JIS A1128	
圧縮強度		JIS A1108 供試体の養生方法は標準養生^(注)とし、材齢は28日とする。	1回の試験は、打込み工区ごと、かつ150 m³以下にほぼ均等に分割した単位ごとに3個の供試体を用いて行う。3回の試験で1検査ロットを構成する。上記によらない場合は特記による。

注 供試体成形後、翌日まで常温で、日光および風が直接当たらない箇所で、乾燥しないように養生して保存する。

④ メーソンリー工事 （組積工事）

(1) 総則

① 適用範囲

工事現場で施工するメーソンリー工事に関して適用する。

本項（3）以降のメーソンリー工事に関する規定は、本項（1）及び本項（2）に規定する共通事項に優先する。

② 用語の定義

メーソンリー工事における各種工事に関する用語は、次のとおりとする。

メーソンリー工事

コンクリートやセラミック及び石等のメーソンリーユニットを建築物あるいは敷地に組積又は敷設し、建築用部材を構築あるいは敷地環境を整備するなどの工事の総称のこと。

鉄筋コンクリート組積造工事

高強度のメーソンリーユニットと鉄筋コンクリート部とを効果的に複合化したもので、地上階数5以下の建築物に適用できる構造の建築物等を構築する工事のこと。

補強コンクリートブロック造工事

空洞コンクリートブロックを用いて部分充填工法により地上階数3以下の建築物に適用できる構造体を構築する工事。

補強コンクリートブロック塀工事

空洞コンクリートブロックを用い、鉄筋とモルタル等で補強した塀を構築する工事のこと。

exterior planner handbook

メーソンリー床工事
　床用メーソンリーユニットをモルタルを用いて張り付けるメーソンリー工事のこと。

メーソンリー積み工事
　メーソンリーユニットを用い、目地モルタルで組積する花壇・暖炉・階段・防水押さえ・低い擁壁・低い帳壁等を構築するメーソンリー工事のこと。

ガラスブロック工事
　ガラスブロックを壁、屋根、天井あるいは床に使用するメーソンリー工事。

インターロッキングブロック工事
　インターロッキングブロックをサンドクッション及び目地砂を用いて、乾式工法により敷設する建築物周辺及び建築敷地の広場、歩行者系道路などの舗装用メーソンリー工事のこと。

(2) 共通事項
① 一般事項
1) 適用範囲
　共通事項は、メーソンリー工事に共通する材料、工事現場におけるモルタル及びコンクリートの調合・製造、並びに施工一般に関するものである。

2) 適用の原則
　各種メーソンリー工事に規定する事項は、共通事項の規定と併せて適用する。ただし、同じ事項について異なる規定がある場合は、各工事の規定を優先して適用する。

② 基本要求品質
1) 使用材料
　メーソンリー工事に使用する材料は、所定の品質を有するものとする。

2) 壁体
　メーソンリー壁体には、所定の形状・寸法・かぶり厚さを確保し、充填コンクリート又は充填モルタルを密実に充填する。

3) 設計基準強度
　メーソンリー組積体、充填コンクリート又は充填モルタル、目地モルタル等は、所定の圧縮強度を有し、構造耐力、耐久性、耐火性等に対する有害な欠陥がないものとする。

③ 施工管理及び品質管理
　a. コンクリートの圧縮強度の管理方法は、JASS 5 による。
　b. 目地モルタル、充填モルタル、充填コンクリート等の設計基準強度が設計図書で特記される場合は、次の方法による。
　目地モルタルの設計基準強度が 24 N/mm^2 以下の場合は、本項⑥「工事現場におけるモルタル及びコンクリートの調合・製造」の材料・調合が満足されるように管理する。モルタルの設計基準強度が 24 N/mm^2 を超える場合及び充填モルタル・充填コンクリートの場合は、コンクリートの強度管理方法に準じて管理する。

exterior planner handbook

④ **用語の定義**

メーソンリーユニット

　組積単体で組積する石、れんが、ブロック等の総称で、単にユニットともいう。

れんが

　メーソンリーユニットのうち、モデュール長さが 300 mm 未満のもの。狭義には、粘土を主原料とし、砂、石灰等を混ぜて直方体に成形し、乾燥・焼成したメーソンリーユニットのこと。

ブロック

　メーソンリーユニットのうち、モデュール長さが 300 mm 以上のもののこと。

フェイスシェル

メーソンリーユニットの長さ方向の表裏面の構成部材のこと。

ウェブ

メーソンリーユニットの厚さ方向の構成部材で、フェイスシェルを固定する役割を有する部材。鉄筋を保持する機能を有するものもある。

目地モルタル

　目地に用いるセメントモルタルで、一般的には目地幅 10 mm 程度の普通目地用モルタルのこと。

薄目地モルタル

　目地に用いるセメントモルタルで、一般的には目地幅 3mm 程度の薄塗り目地用モルタルのこと。

既調合モルタル

　乾燥したセメント、細骨材、混和材料等があらかじめ適量混合されたモルタルのこと。

張付けモルタル

　薄形れんがを張り付けるためのモルタルのこと。

敷きモルタル

　れんが積みにおいて積み面にあらかじめ敷き込む根付け用モルタル、又はれんがを床に張る場合の下地用モルタルのこと。

普通目地

　組積によって生じる目地幅あるいは厚さが 10 mm 程度の目地のこと。

打込み目地

　メーソンリーユニット相互間を充填可能な形状に工夫した目地のこと。

押し目地

　目地仕上げの一種で、目地ごてを用い目地モルタルを押し込んで仕上げた目地のこと。

目地ずり

　目地モルタルの硬化に先立ち、目地を密実にすり込むこと。

段逃げ

　れんが積み工程で、1 日の作業終了時において、端部を段形に積み留めておくこと。

水湿し

　ユニット又は下地が目地モルタル、充填モルタルあるいはコンクリートの練混ぜ水を過度に吸収しないよう、前もってユニットなどに適切な散水又は浸漬を行うこと。

薄目地工法

　高精度メーソンリーユニットを専用の既調合モルタルによって 3 ～ 6mm 程度の目地幅で組積・接着して部材を構築する工法のこと。

打込み目地工法

打込み目地用ユニットを用い、目地部には目地モルタルを用いずに組積し、充填モルタル又は充填コンクリートを充填することにより目地を形成する工法のこと。

部分充填工法

空洞ブロックを組積し、すべての空洞部に充填モルタルあるいはコンクリートを詰めないで部分的に充填する工法のこと。

階高充填工法

メーソンリーユニットを階高又は階の1/2程度の高さまで組積し、目地モルタルの硬化後に充填モルタル又は充填コンクリートを空洞部に充填する工法のこと。

逐次充填工法

ユニットの積み高さ2ないし3段ごとに、目地モルタルが硬化しないうちに充填モルタル又は充填コンクリートを空洞部に充填する工法のこと。

かぶり厚さ

鉄筋表面とこれを覆うモルタルやコンクリート表面までの最短距離のこと。

縦やり方

ユニットの組積の際に、高さ方向の精度・寸法の基準として設置する仮設物のこと。

メーソンリー組積体

メーソンリー壁体を代表する複合体をイメージしたものであり、全充填工法では、メーソンリーユニットを目地モルタル等で組積し、その空洞部に充填モルタルまたは充填コンクリートを充填し、一体化したもの。

プリズム試験体

メーソンリーユニット、目地モルタル及び充填モルタルまたは充填コンクリートで構成される角柱状の試験体のこと。

メーソンリー壁体

メーソンリーユニットを組積した壁体の総称のこと。

⑤ **材料一般**

1) メーソンリーユニット

　a. コンクリートメーソンリーユニットは、JIS A 5406（建築用コンクリートブロック）、又はこれと同等以上の品質を有するものとする。

　b. セラミックメーソンリーユニットは、JIS A 5210（建築用セラミックメーソンリーユニット）及び JIS R 1250（普通れんが及び化粧れんが）、又はこれと同等以上の品質を有するものとする。

　c. メーソンリーユニットには、使用上有害なひび割れ、反り、きず、角欠けなどがあってはならない。又、メーソンリーユニットの色及びテクスチャー（肌合い）などは、設計で指定されたものを満足するものでなければならない。これらの判定基準は、工事監理者と協議して定めた方法による。

2) セメント

メーソンリー工事に使用されるセメントの種類は、特記による。特記のない場合は、JIS R 5210（ポルトランドセメント）に規定する「普通ポルトランドセメント」、あるいは工事監理者の承認を受けたものとする。

3) 骨材

　a. 骨材は、ごみ及び有害量の土、有機質不純物、塩分などを含まず、所要の耐火

exterior planner handbook

性・耐久性を有するものとする。

b. 骨材の種類は、特記による。特記のない場合は、普通骨材とする。

c. 普通目地モルタルに用いる細骨材の最大寸法及び標準粒度は、表9-2-16に示す普通目地モルタル用の細骨材とする。

d. 充填モルタル及び充填コンクリートに用いる細骨材の最大寸法及び標準粒度は表9-2-16に示す充填モルタル又は充填コンクリート用の細骨材とする。

e. 裏込めモルタル、敷きモルタル（床用）の粒度は、充填モルタルと同様とし、敷きモルタル（壁最下段用）の粒度は、普通目地モルタルと同様とする。又、張付けモルタルの場合は、塗厚及び塗付け工法に応じて骨材の最大寸法を2.5mm又は1.2mmとする。

f. 充填コンクリートの粗骨材の最大寸法は、特記による。特記のない場合は、メーソンリーユニット空洞部の最小幅の1/4以下、かつ20mm以下とする。

表9-2-16 普通骨材（細骨材）の最大寸法及び標準粒度

用途	最大寸法 (mm)	ふるいを通るものの質量百分率（%）						
		10	5	2.5	1.2	0.6	0.3	0.15
普通目地モルタル	2.5	—	100	90～100	60～90	30～70	15～45	5～15
充填モルタル 充填コンクリート	2.5 又は 5	100	90～100	80～100	50～90	25～65	10～25	2～10

［注］・裏込めモルタル、敷きモルタル（床用）の粒度は、充填モルタルと同様とする。
・敷きモルタル（壁最下段用）の粒度は、普通目地モルタルと同様とする。
・張付けモルタルの骨材の最大寸法は、塗厚及び塗付け工法に応じて2.5mm又は1.2mmとする。

4) レディーミクストコンクリート

a. レディーミクストコンクリートは、JIS A 5308（レディーミクストコンクリート）による。

b. 施工者は、JIS A 5308（レディーミクストコンクリート）の「4. 種類、区分及び製品の呼び方」によって必要事項を指定し、発注する。なお、呼び強度の強度値の算定方法はJASS 5による。

5) 材料の取扱い及び貯蔵

a. メーソンリーユニットの置き場は、平坦な場所とする。

b. メーソンリーユニットは、形状・品質により区分し、その積み高さは1.6m以下とする。

c. セメント及び既調合モルタルは、雨水がかからないよう、又吸湿しないよう貯蔵する。

⑥ 工事現場におけるモルタル及びコンクリートの調合・製造

1) 適用範囲

a. 目地モルタル及び充填モルタル等の工事現場における調合・製造、並びに工事現場における充填コンクリートの調合・製造に適用する。なお、充填コンクリートの調合・製造は、JASS 5に準じることができる。

b. 基礎、スラブ、がりょう、壁梁に用いるコンクリートを工事現場で調合・製造する場合は、JASS 5による。

exterior planner handbook

2) 目地モルタル

a. 目地モルタルの調合は、表9-2-17を標準とする。

b. 薄目地モルタルは、既調合を原則とし、その調合及び練混ぜ方法等は、製造所の仕様による。

表9-2-17　目地モルタルの調合

モルタルの種類		容積調合比(細骨材/セメント)
目地モルタル	壁用	2.5 ～ 3.0*
	床用	3.0 ～ 3.5
化粧目地モルタル		1.0 ～ 1.5

[注] ＊鉄筋コンクリート組積造工事、補強コンクリートブロック造工事、補強セラミックブロック造工事の場合は2.5とする。

　1. 計量は次の状態を標準としている。

　　　セメント：軽装状態の容積(単位容積質量1.2 kg/l程度)

　　　細 骨 材：表面乾燥飽水状態で、軽装状態の容積＊

　2. 混和材料を用いる場合は、所要の性能を損なわない範囲とする。

　　　＊軽く詰めた状態の容積

3) 張付けモルタル・敷きモルタル及び裏込めモルタル

張付けモルタル、敷きモルタル及び裏込めモルタルの調合は、表9-2-18に示すとおりである。

表9-2-18　張付けモルタル・敷きモルタル及び裏込めモルタルの調合

モルタルの種類		容積調合比(細骨材/セメント)
張付けモルタル	壁用	1.5 ～ 2.5
	床用	0.5 ～ 1.5
敷きモルタル	根付け用	2.5 ～ 3.0
	床用	3.0 ～ 6.0
裏込めモルタル		2.5 ～ 3.0

[注] 1. 計量は次の状態を標準としている。

　　　セメント：軽装状態の容積(単位容積質量1.2 kg/l程度)

　　　細 骨 材：表面乾燥飽水状態で、軽装状態の容積

　2. 混和材料を用いる場合は、所要の性能を損なわない範囲とする。

4) 充填モルタル及び充填コンクリート

逐次充填工法の工事における充填モルタル及び充填コンクリートの調合は、表9-2-19に示すとおりである。

表9-2-19　充填モルタル及び充填コンクリートの調合

用途	容積比		
	セメント	細骨材	粗骨材
充填モルタル	1	2.5	―
充填コンクリート	1	2	2

[注] 1. 計量は次の状態を標準としている。

　　　セメント：軽装状態の容積(単位容積質量1.2 kg/l程度)

　　　細 骨 材：表面乾燥飽水状態で、軽装状態の容積

　2. 混和材料を用いる場合は、所要の性能を損なわない範囲とする。

5) モルタル及びコンクリートの製造

a. モルタル及びコンクリートの練混ぜは機械練りとし、原則として手練りでは行

exterior planner handbook

わない。

b. モルタル及びコンクリートの練置き時間の限度は、表9-2-20に示すとおりである。なお、空練置きを行う場合は、この時間を練置き時間に含める。

c. 練混ぜ後のモルタル及びコンクリートは、著しい水分の蒸発を防ぐことが必要である。

表9-2-20　最大練置き時間

材　料	時間（分）
目地モルタル	60
充填モルタル	90
充填コンクリート	120*

＊レディーミクストコンクリートの場合はJASS5
（鉄筋コンクリート工事）による。

⑦　施工一般

1）鉄筋の加工

a. 鉄筋の折曲げは、冷間加工とする。

b. 次の（ア）～（カ）に示す鉄筋の末端部には、フックをつける。

（ア）丸鋼

（イ）耐力壁の端部及び交差部の縦補強筋、並びに開口縁の縦補強筋にかぎ掛けする横筋

（ウ）開口縁（開口部上・下の小壁）の横補強筋にかぎ掛けする縦筋

（エ）帳壁の持放し端部の鉄筋にかぎ掛けする縦筋及び横筋

（オ）塀、パラペット等の壁頂及び端部の縦筋並びに横筋

（カ）がりょう及び壁梁の出隅部分の鉄筋

2）組積一般

a. 最下段のメーソンリーユニットの組積にあたっては、水糸により正確に陸出しするとともに、下地の乾燥程度に応じた水湿しを行い、又、完成後において水漏れのないよう、すき間なく敷きモルタルを敷く。

b. 縦やり方を基準とし、これに水糸を張り、この水糸にならって隅角部から積む。

c. メーソンリーユニットは目地塗面全体に目地モルタルがゆきわたるようにし、又適宜水糸を用いて水平に組積する。

d. 上下のフェイスシェル厚さに差のあるメーソンリーユニットは、原則としてフェイスシェル厚さの大きい方を上にして積む。

e. 化粧となるメーソンリーユニット面に作業中汚れが生じた場合は、直ちに清掃する。

f. 階高充填工法の場合でウェブが片えぐりの場合は、ウェブの繰り込まれている面を下にして積むことを原則とする。

3）普通目地工法の組積

a. 階高充填工法によって充填モルタル又は充填コンクリートを充填する場合には、目地モルタルが空洞部にはみ出さないように、又空洞部に落下しないように組積する。

b. 目地モルタルは、特記のない限り、横目地及び縦目地ともにメーソンリーユニットの接合部全面にすき間が生じないように塗布する。

exterior planner handbook

c. 普通目地工法の組積における1日の積み高さは、1.6 m以下を原則とする。
実際の積み高さの上限は環境条件を考慮して決定し、工事監理者の承認を受ける。

4）薄目地工法の組積
a. 高精度メーソンリーユニットを用い、目地幅は特記による。
b. 目地には、既調合の薄目地用モルタルを用いる。
c. 1日の積み高さの上限は、1.6 mとする。ただし、特記により1.6 m以上とすることができる。

5）セラミックメーソンリーユニットの組積
a. セラミックメーソンリーユニット相互の接着面に付着した有害な付着物を除去し、セラミックメーソンリーユニットの吸水率に応じ、適度な水湿しを行う。
b. 無筋のれんが積みの場合、1日の積み終わり面は、段逃げとする。

6）目地仕上げ
a. 化粧目地仕上げ（化粧一本目地仕上げ）
（ア）目地モルタルの硬化に先立ち目地掘りし、メーソンリーユニットの表面を清掃する。
（イ）目地掘りの深さは、メーソンリーユニットの種類、工法及び化粧目地形状を考慮して、工事監理者の指示による。
（ウ）化粧目地仕上げは、目地モルタルの硬化後に行う。
b. 押し目地仕上げ（一本目地仕上げ）
（ア）押し目地仕上げは、目地モルタルの硬化前に目地ごてを用いて行う。
（イ）目地はすき間なく十分に押さえ、必要に応じて目地モルタルを加え、一様な密度にする。
（ウ）目地押さえの深さは、3mm以内を原則とする。
c. 塗り目地仕上げ
（ア）塗り目地仕上げは、吸水率が小さいセラミックメーソンリーユニット、釉薬のあるセラミックメーソンリーユニットのみに適用し、化粧面の吸い込みの小さいメーソンリーユニットに用いる。
（イ）目地モルタルに凸のある場合は、目地モルタルの硬化前に除去する。
（ウ）目地モルタルの硬化後にユニット面に十分水打ちし、化粧目地材を目地部に均等に塗り込み仕上げる。

7）養生
a. メーソンリーユニット積み隅角部の突出部及び踏み面等の破損のおそれのある部分は、板などを用い適切に保護する。
b. 目地モルタル、充填モルタル及び充填コンクリートには、十分硬化するまで有害な衝撃・振動を与えてはならない。

8）清掃
a. メーソンリーユニット化粧面に付着したモルタル等の汚れは、水やブラシを用いて除去する。必要に応じて温水を使用してもよい。
b. 汚れの落ちにくいものは、水又は温水に中性洗剤を用いて洗浄する。
c. 酸洗いは、モルタルや埋込み金物に悪影響を与えるので、原則として用いては

ならない。

9）ボルトその他の埋込み金物の埋込み

埋込みボルト、とい受け金物、煙突支持金物等の埋込み金物の埋込み箇所は、目地裏が充填される目地位置を原則とし、その他の位置に埋め込む場合は、定着に支障のないようにする。

10）配管

上下水道やガス配管は、原則として壁体内に埋め込まない。

(3) 補強コンクリートブロック造工事

① 適用範囲

メーソンリーユニットに建築用コンクリートブロックを用い、部分充填工法によりメーソンリー壁体を構築する補強コンクリートブロック造工事に適用する。

② 施工

1）縦筋

縦筋は、基礎梁、がりょうの打込みに先立って配筋することを原則とする。

2）横筋

横筋は、横筋用メーソンリーユニット内を移動しないように所定の位置に配筋する。

3）かぶり厚さ

鉄筋表面からフェイスシェル裏面及びウェブまでの距離（かぶり厚さ）は、2cm以上とする。

③ 充填方法

壁体空洞部への充填モルタル又は充填コンクリートの充填は、次のとおりとする。

a. メーソンリーユニットの組積によって生じる縦目地空洞部（鉄筋を挿入しない空洞部も含む）に対する充填モルタル又は充填コンクリートの充填は、充填圧力によりメーソンリーユニットが滑り移動しなくなった時期とする。

b. 充填モルタル又は充填コンクリートの充填は、細長い丸棒などを使用し、豆板や「す」ができないように入念にかつ密実に突き固めを行う。

c. 充填モルタル又は充填コンクリートの充填は、原則としてメーソンリーユニットの組積2〜3段ごとに行う。

d. 横目地空洞部への充填モルタル又は充填コンクリートの充填は、メーソンリーユニットの上端と同一面以上の高さとなるようにする。

e. 1日の作業終了時の縦目地空洞部への充填モルタル又は充填コンクリートの打込み高さは、メーソンリーユニットの上端から約5cm下がりとする。

④ メーソンリー壁体の端部及び取合い部の鉄筋コンクリート工事

1）配筋

配筋は、型枠組立てに先立ち行う。

exterior planner handbook

2）清掃
　コンクリートの打込み箇所に、ごみや目地モルタルの突出があるときは、これら
を取り除く。

3）型枠
　型枠工事は、原則としてメーソンリー壁体の組積完了後、がりょう用型枠の施工
と同時に行う。

4）コンクリートの打込み高さ
　コンクリートの1回の打込み高さは、十分に充填できる高さ以下で行い、コンク
リートの打継ぎ欠陥が生じないようにする。

(4) 補強コンクリートブロック塀工事
① 適用範囲
　建築用コンクリートブロックを用いて鉄筋で補強した、高さ60cmを超える補
強コンクリートブロック造の塀（以下、ブロック塀と記す）の工事に適用する。

② モルタル及びコンクリートの調合・製造
　目地モルタル、充填モルタル、充填コンクリート及びコンクリートの調合及び製造は、
本項（2）⑥「工事現場におけるモルタル及びコンクリートの調合・製造」による。

③ 施工
1）縦筋及び横筋の組立ては、次のとおりとする。
　a. 鉄筋には、有害な曲がりがあってはならない。
　b. 鉄筋の表面からフェイスシェル裏面及びウェブまでの距離は、2cm以上とする。
　c. 縦筋は、基礎等のコンクリート打ちに先立ち配置する。又、縦筋は、空洞ブロッ
　　クの空洞部内で重ね継手してはならない。
　d. 横筋は、横筋用ブロック内の正しい位置に、移動しないように配置する。
　e. 縦筋の頂部並びに塀の端部及び隅角部の縦筋に定着する横筋の端部にはフック
　　を設ける。

2）組積
　コンクリートブロックの組積は、本項（2）⑦2）「組積一般」による。

3）コンクリートブロックの空洞部への充填モルタル又は充填コンクリートの充填
　a. 空洞ブロックを用いる場合は、本項（3）③「充填方法」による。
　b. 型枠状ブロックを用いる場合は、「JASS 7」による。

4）基礎
　a. 基礎は、丈を35cm以上、根入れ深さを30cm以上とし、幅はブロック壁
　　体の厚さ以上とする。
　b. 鉄筋コンクリート造による場合は、「JASS 7」による。
　c. 鉄筋コンクリート組積造による場合は、「JASS 7」による。

exterior planner handbook

5）控壁・控柱
    a. 控壁又は控柱は、ブロック塀の基礎及びブロック壁体と一体となるようにする。
    b. 空洞ブロックを用いる場合は、全充填して本項③ 2）「組積」による。
    c. 鉄筋コンクリート組積造による場合は、「JASS 7」による。
    d. 鉄筋コンクリート造による場合は、「JASS 7」による。

6）フェンスの固定
    フェンスは、支持金物等によりブロック塀壁体に堅固に定着する。

7）頂部処理
    ブロック壁体及び控壁又は控柱の頂部は、雨水等が浸入しないように処理する。

(5) メーソンリー床工事
① 適用範囲
    モルタルを用いてコンクリート下地にメーソンリーユニットを張り付ける床工事に適用する。

② 工法の選定
1）工法の種類
    メーソンリー床工事は、ウエットタイプ工法、ドライタイプ工法に分類される。

2）工法の選定
    工法は、当該床の下地、位置、周辺状況、環境条件、使用目的、メーソンリーユニットの種類・形状・寸法等を考慮して選定する。

③ 工法
1）ウエットタイプ工法
    a. 敷きモルタルは、コンクリート床の上に厚さ 30 mm 程度敷き込み、木ごてでならす。
    b. 薄型メーソンリーユニットを敷く場合は、敷きモルタルの上に張付けモルタルを施し、張付けモルタルにくい込むように十分たたき込む。
    c. 目地幅は 10 mm を標準とする。
    d. 目地の充填はすき間なく詰め込む。
    e. 目地詰めの高さは、メーソンリーユニット表面と同レベルとする。

2）ドライタイプ工法
    a. 敷きモルタルは、硬練りモルタルとし、十分に撹拌したものを用いる。
    b. 敷きモルタルは、コンクリート基盤又は床の上に厚さ 30 mm 程度敷き込み、木ごてでならす。
    c. メーソンリーユニットは、裏面にすき間が生じないよう軽くたたき込んで敷き込む。
    d. 薄型メーソンリーユニットを敷く場合は、硬練りモルタルの上に張付けモルタル又はセメントペーストを塗り、メーソンリーユニットを平らに張り付ける。
    e. 目地幅は 3 mm を標準とし、メーソンリーユニットの寸法誤差を考慮して定める。

exterior planner handbook

３）水勾配

　メーソンリーユニットは、仕上がり面の水勾配を確保し得るように敷き込む。又、屋外から屋内に通じる床では、屋内への水の浸入を防ぐ処置を施す。

(6) メーソンリー積み工事

①　適用範囲

　メーソンリーユニットを目地モルタルを用いて現場において組積する花壇、暖炉、階段、防水押さえ、低い擁壁、低い帳壁等の軽微なメーソンリー積み工事に適用する。

②　材料

　あと施工アンカーの種類・寸法・形状は、特記による。

③　組積

１）準備

　メーソンリーユニットは、接着上有害な付着物を除去し、メーソンリーユニットの吸水率に応じ、適度な水湿しを行う。水湿しの程度については、工事監理者の承認を受ける。

２）最下段の組積

　最下段のメーソンリーユニットの組積にあたっては、水糸により正確に陸出しするとともに、下地の乾燥程度に適合した水湿しを行う。

３）組積

　メーソンリーユニットは目地塗り面全体に目地モルタルがゆきわたるように、又適宜水糸を用いて水平に組積する。

(7) 積み石工事

①　総則

１）適用範囲

　石材を用いる積み石工事に適用する。

２）用語の定義

だぼ

　石材のあいばに小穴をあけて差し込む棒状の金物のこと。

あいば

　隣合う石材の相対する面のこと。

道切り

　かすがいなどを納めるために、あいばに掘る溝のこと。

根石

　基礎に接する部分に用いる石材のこと。

段逃げ

　積み終わりの端部を階段状に積むこと。

exterior planner handbook

② **材料**

1) 金物

積み石工事に用いる金物は、次のとおりとする。

a. 組積に用いる金物は、いずれも石材の大きさ、質量並びに施工箇所に応じた十分な強度と耐久性を有するものとし、少なくとも石材1個につき2個以上使用する。

b. 金物の種類、材質、形状及び寸法は、表9-2-21を標準とし、防錆処理を施したものとする。

表9-2-21　金物（最小寸法）

単位　mm

棒鋼・再生棒鋼製（丸鋼・異形棒鋼）	
だぼ	かすがい
径φ9又はD10	径φ9又はD10
長さ100	働き150

2) モルタル・コンクリート

a. 積み石工事に用いるモルタルの調合及び目地幅は、特記のない限り表9-2-22に示すとおりである。

b. 間知石積み工事に用いるモルタルの調合は、特記のない限り表9-2-22に示すとおりである。

表9-2-22　モルタルの調合及び目地幅

材料		セメント	砂	目地幅
種類	用途			
堅石	組積用	1	3	6～13mmとして1mm程度の沈み目地とする。
	化粧目地用	1	0.5	
	充填用	1	3	
軟石	組積用	1	3	
	化粧目地用	1	1	
	充填用	1	3	

③ **工法**

1) 石材の組積

石材の組積は、次のとおりである。

a．組積は、施工図により正しく行う。

b．基礎、がりょう等の上面の作業開始前に、濡れたはけ等で十分清掃の後、あいばを適当に水で湿し、縦やり方にならい水糸を引通して、隅角部など基準となるべき位置より入念に安定よく据え付ける。縦やり方に代えて目地定規を使用する場合は、水準器と下げ振りを併用する。

c．根石の据付けに際しては、墨出しに合わせ石下に木製くさび等をかい、だぼ、かすがい等を取り付けて目地塗面全面にモルタルがゆきわたるようにして水平・鉛直かつ引通しを確かめ据え付ける。木製くさびはモルタル硬化後除去し、その跡はモルタルで埋める。

d．隣接する石材とは、目違い、高低差、傾斜等が生じないよう注意し、目地を一様に引通しよく据え付け、順次積み回る。

e．縦目地につぎとろを行う場合は、あいばを適当に水で湿し、目地には清潔な布、紙類等を詰め、つぎとろに空隙を生じないようにする。

ｆ．つぎとろは石積み１段ごとに行う。

ｇ．軟石の組積に際しては、あいばを適度に水で湿す。

ｈ．石材の据付けは、下段の石のだぼ穴にモルタルを充填しておき、前もって上段の石の下端にモルタルを用いて取り付けただぼを挿入しながら、静かに上段の石を据え付ける。

ｉ．１日の積み終わり後、はみ出したモルタルを取り除く。

ｊ．だぼ、かすがいなどのかぶり厚さは２cm以上とする。

ｋ．１日の積み高さは１ｍ以内を標準とし、上段の石は下段の石の目地モルタルが硬化した後に積む。

ｌ．据付け終了後は、つぎとろの硬化の程度を見計らい、順次目地の布、紙類等を取り除く。

ｍ．組積中に汚染した箇所はそのたびに清掃する。

ｎ．１日の積み終わり箇所は段逃げとする。

2）充填モルタル及び充填コンクリートの充填

ａ．縦目地空洞部に充填モルタル又は充填コンクリートを充填する場合は、あいばを適度に水で湿し、細長い丸棒などを用い、じゃんか等ができないように入念かつ密実に突き固める。なお、充填は、標準として石積み２〜３段ごとに行い、その打込み高さは石材の上端から約５cm下がりとする。

ｂ．横目地空洞部の充填は石材の上端と同一の高さになるように平坦にする。ただし、上段の石材の下端に空洞部がある場合は、充填材を余盛りし、できるだけ上部に空隙が生じないようにする。

3）目地

ａ．目地ごて等を用い所定の形状に引通しよく、空洞が生じないようにモルタルを十分に押し込んで下詰めをする。

ｂ．化粧目地は、水洗後に化粧目地モルタルで仕上げる。

4）養生

ａ．組積の際は、雨や雪などがかからないようにシートで覆いをする。

ｂ．仕上げ表面の汚染を防止する必要のあるものは、工事監理者の指示により養生する。

ｃ．出隅など破損の恐れのある部分については、破損防止のために板類等で養生カバーを取り付ける。

5）清掃

ａ．据付け終了後は、工事監理者の指示する時期に清水を注ぎかけ、ブラシ等を用いて付着した養生材及びモルタル等を除去し、清掃する。

ｂ．石面の清掃には原則として塩酸の類を使用禁止する。やむを得ずこれらを使用する場合は、工事監理者の指示を受ける。

exterior planner handbook

(8) コンクリート積みブロック擁壁工事

① 総則

1) 適用範囲

建築敷地内に築造するコンクリート積みブロック練積み造擁壁工事に適用する。

2) 用語の定義

練積み造擁壁

コンクリート積みブロックの胴込めあるいは胴込め及び裏込めの部分にコンクリートを打ち込み両者を一体の構造とした擁壁のこと。

根石ブロック

擁壁に用いるコンクリート積みブロックのうち、最下段に位置するコンクリート積みブロックのこと。

天端ブロック

擁壁に用いるコンクリート積みブロックのうち、最上段に位置するコンクリート積みブロックのこと。

裏込め透水層

擁壁背面にかかる土圧や水圧を減少させることを目的として裏込めコンクリートと背面土の間に設ける透水性を持つ層のこと。

水抜きパイプ

擁壁背面の浸透水や湧水を擁壁前面に排出するために設けるパイプのこと。

胴込めコンクリート

コンクリート積みブロック擁壁に打ち込む現場打ちコンクリートのうち、ブロックの合端より控尻までの部分のコンクリートのこと。

裏込めコンクリート

コンクリート積みブロック擁壁に打ち込む現場打ちコンクリートのうち、ブロックの控尻より後方の部分のコンクリートのこと。

基礎コンクリート

コンクリート積みブロック擁壁に打ち込む現場打ちコンクリートのうち、基礎部分のコンクリートのこと。

谷積み

谷積みの根石を用い、2段目のブロックを根石ブロックの谷に落として積み、3段目以降のブロックを前段のブロックの谷にブロックの向きが各段ごとに互い違いになるように落として積み上げる積み方のこと。

面

コンクリート積みブロックで、施工後表面に露出する部分のこと。

裏型枠

胴込めコンクリート及び裏込めコンクリートの打設に用いる型枠のこと。

② 材料

1) コンクリート

胴込め、裏込め及び基礎に用いるコンクリートは、設計基準強度が 15 N/mm² 以上の普通コンクリートとする。

2) 水抜きパイプ

水抜きパイプは、内径が 75 mm 以上の硬質塩化ビニール管 JIS K 6741（硬質

塩化ビニール管）とする。

3) 目地材料
 a. 伸縮目地は、歴青系材料で厚さは 10 mm 程度とする。
 b. 施工目地及び目地仕上げは、モルタルとする。

③　ブロック積み工事

1) コンクリートブロック積み
 a. 積み方は、特記のない場合は谷積みとする。
 b. 根石ブロック、基本ブロック及び天端ブロックの据付けは、ちょうはりの水平
  糸を標準として 1 段ずつ正確に施工する。
 c. 1 日の積み高さは、1.0 ～ 1.5 m 以内とする。

2) 目地仕上げ
 目地仕上げは、目地ごてを用いてすき間なく目地ずりを行い、ていねいにモルタル仕上げを行う。

3) 水抜きパイプ
 水抜きパイプは、3 m² に 1 箇所以上設ける。

4) 胴込め及び裏込めコンクリート打込み
 胴込め及び裏込めコンクリートの打込みは、裏型枠を用いて 1 段ずつ行い、型枠は打込み後は必ず撤去する。

5) 裏込め透水層
 裏込め透水層は、ブロック 1 段ごとに並行して材料を充填し、十分に締め固める。

5　左官工事

(1) 総則

①　適用範囲
 工事現場内で内外壁、床、天井等に施工する左官工事、他の工事のための左官工事による下地づくり、並びにコンクリートブロック等の左官による表面仕上げに関して適用する。

②　用語の定義
 左官工事で用いる主な用語は、次のように定義する。

下地の処理
 不陸、凹凸が著しい箇所をつけ送りして、仕上げ厚が均等になるように調整すること。又、下地面が平滑すぎるときは目荒らし等を施し、塗り壁の接着が良好になるように表面を処理すること。

つけ送り
 下地を平坦にするためモルタル等であらかじめ躯体の不陸を調整すること。

exterior planner handbook

塗り厚

各塗り層ごとの、塗り付けた面積における平均の塗り厚さのこと。

総塗り厚

塗り層全体の塗り厚の合計のこと。ただし、つけ送りは除く。

水湿し

モルタル、プラスター等の凝結硬化に必要な練り混ぜ水が下地又は塗り付けようとする面に過度に吸収されないように、あらかじめ散水すること。

むら直し

塗り厚又は総塗り厚が大きいとき、あるいはむらが著しいときに、下塗りのうえに塗り付けること。又はその塗り厚。

水引きぐあい

塗り付けられた塗り層が、水分を失うにつれて生ずる乾燥の程度、又はしまり方の程度のこと。

定木ずり

平たんな塗り面をつくるために定木ですりならしたり、あらかじめモルタル等を塗っておいて定木のあたり（定木塗り）に沿ってなでつけ、不陸のない塗り面を形成させる作業のこと。

(2) 材料一般

① 骨材

1) 砂

a. 砂は、有害量のごみ、土、有機不純物、塩化物等を含まず、耐火性及び耐久性を有するものとする。

b. 砂の粒度は、表9-2-23に示すとおりである。

c. 最大寸法は、塗り厚に支障のない限り大きいものを用いるものとし、塗り厚の半分以下とする。

表9-2-23　砂の標準粒度

粒度の種別 ＼ ふるいの呼び寸法 (mm)	ふるいを通るものの質量百分率（%）					
	5	2.5	1.2	0.6	0.3	0.15
A 種	100	80 ～ 100	50 ～ 90	25 ～ 65	10 ～ 35	2 ～ 10
B 種	—	100	70 ～ 100	35 ～ 80	15 ～ 45	2 ～ 10
C 種	—	—	100	45 ～ 90	20 ～ 60	5 ～ 15
D 種	100	80 ～ 100	65 ～ 90	40 ～ 70	15 ～ 35	5 ～ 15

［注］(1) 0.15 mm 以下の粒子が表中の値より少ないものは、その粒子の代わりに、ポゾランその他の無機質粉末を適量混入してもよい。

(2) 粒度の種別による砂の用途は、次による。

A種：床モルタル塗り用セメントモルタル塗り・ドロマイトプラスター塗りの下・中塗り用、しっくい塗りの下塗り・むら直し・中塗り用など

B種：セメントモルタル塗り上塗り用、せっこうプラスターの下塗り・むら直し及び中塗り用、しっくい塗りの下塗り・むら直し・中塗り用など

C種：セメントモルタル塗り上塗り用、セメントモルタル薄塗り用、しっくい塗りの鹿子ずり用など

D種：セメントモルタルの圧送・吹付け用

(3) 施工一般
① 施工計画
1) 色・模様・表面仕上げの決定
  a. 色、模様及び表面仕上げの決定にあたっては、必要に応じて施工者が塗り見本を作製して監理者の承認を受ける。
  b. 監理者に承認された塗り見本は、汚れ、傷、欠けが生じないように工事完了まで保存する。

② 工法一般
1) 材料の取扱い
  a. 左官用材料は混合及び汚損を避けるように保管する。
  b. セメントは、湿気の害を受けないように上げ床の倉庫などに乾燥状態で保管する。
  c. 塗付け作業時には、使用説明書などに記載されている事項などに注意する。

2) 練り混ぜ
  a. 材料は、原則として機械練りとし、均一になるまで十分に練り合わせる。
  b. 粉末状及び粒子状の材料は空練りを行った後、水を加える。
  c. 練混ぜ水量は、施工に適する軟度が得られるように調整する。

3) 下地の点検及び調整
  a. 塗付けに先立ち、下地の品質、精度、ひび割れ、不陸等左官工事に支障がないか点検し、支障がある場合は監理者と協議して適切な処置を講ずる。
  b. 塗付け前に塗付け面をよく清掃する。外壁でほこりなどが付着している場合は、下塗りの前日に水洗い清掃をする。
  c. コンクリート下地は、はく離防止のための目荒らしや清掃を行い、脆弱層などを確実に除去する。

4) 工程
  塗り厚、塗り回数、間隔時間等の工程は、工事種別による。

5) こて塗り
  a. 下塗付けは、下地の剛性と接着に適したこてを選定し、適度のこて圧で行う。
  b. 材料を塗り付ける場合のこて操作は、縦・横・斜めの各方向に均等に行う。
  c. 塗付け面へのこて掛けは、ひび割れや浮き等を防ぐため、塗り層の可塑性が乏しくなる前に終了する。
  d. 塗付け面へのこて掛け及びこて押さえは、色むらやこて当たりによる変色むらなどが生じないようにする。

6) ひび割れ及びはく離防止のための処理
  衝撃や振動等によるはく離のおそれがある場合は、工事監理者と協議する。

7) 養生
  塗付け面、その周辺、床等に汚染や損傷を与えないように注意するとともに、必要に応じて塗付け箇所周辺を適切に養生する。

exterior planner handbook

8）天候に対する処置

　天候によって材料の品質および性能に支障が生じる恐れがある場合は、適切な処置を講じる。

（4）適用下地

①　コンクリート系下地

1）現場打設コンクリート壁下地

　a．型枠は、完全に取り外し、せき板の残材やはく離剤の過度の付着など接着上有害な残存物のない状態とする。

　b．コンクリートは、ひび割れ、欠け、豆板、過度の凹凸等が補修されている状態とする。

　c．コンクリート表面は、はく離防止のための目荒らし又は清掃及び脆弱層の除去などを行う。

　d．不陸の著しい箇所は、工事監理者と協議のうえ、つけ送りを施し均一な仕上げ厚となるように不陸調整を行う。

2）コンクリートブロック

　コンクリートブロック壁下地は、JASS 7：2009（メーソンリー工事）による。釉薬仕上げのセラミックメーソンリーは適用外とする。

（5）次工程のための下地づくり工事

　下地に対して各種仕上げを施すために必要な下地精度や品質を確保するために、セメントモルタルを用いて行う下地づくり工事に適用する。

①　コンクリート系壁下地

1）モルタルの準備

　a．モルタルの調合

　現場調合モルタルの調合は、表9-2-24を標準とする。

表9-2-24　現場調合モルタルの標準調合（容積比）

下地種別	工程	セメント	砂	無機質混和材	混和剤	
					セメント混合用ポリマー	保水剤
コンクリート	下塗り	1	2.5	0.15 〜 0.2	製造者の指定による	製造者の指定による
	中塗り上塗り	1	3	0.1 〜 0.3		
メーソンリー	下塗り中塗り上塗り	1	3	―		

［注］無機質混和材は、監理者の承認を得て省略することができる。

　b．練り混ぜ

　（ⅰ）モルタルの練り混ぜは、機械練りを原則とする。

　（ⅱ）セメントと細骨材を十分にから練りし、水を加えてよく練り合わせる。

　（ⅲ）粉末状の混和材料は、から練りのときに混入する。

　（ⅳ）液状の混和剤は予め練混ぜ水に混和して使用する。

　（ⅴ）1回の練り混ぜ量は、2時間以内に使い切る量とする。ただし、夏期は1.5

時間以内とする。

2）塗り厚

a. 仕上げ厚は、25mm 以下とする。

b. 1回の塗り厚は 6 mm を標準とし、9 mm を限度とする。

c. つけ送り厚さが 25 mm 以下の場合でも、モルタルの総塗り厚が 35 mm を超える場合は、溶接金網、アンカーピン又はネット等を取り付けたうえでモルタルを塗り付ける。

3）工程

現場調合モルタルを用いた1回塗りの工程の上塗りは、表9-2-25 に示す通りである。

表 9-2-25　モルタル1回塗りの上塗り工程（現場調合普通モルタル）

材料	調合（容積比）	塗り厚 (mm)	塗り回数	間隔時間	
				工程内	最終養生
ポルトランドセメント	1	6 〜 9	1 〜 2	3 〜 6 時間以内	14 日以上
無機質混和材	適量				
砂	3				
保水剤	製造業者の指定				
水	適量				

4）塗り工法

a. 下地の調整

（ⅰ）モルタル塗りに先立ち、下地面の清掃を行う。

（ⅱ）施工の前日又は当日に、下地の吸水のばらつきをなくすように吸水調整材を均一に塗布する。

（ⅲ）吸水調整材の塗り回数の限度は、2 回とする。

（ⅳ）吸水調整材塗布後の放置期間は、原則3日間以内とする。

b. モルタル塗り

（ⅰ）下塗りは、こてで押さえ十分に塗り付け、こてむらなく塗り付ける。目に付くような空隙を残してはならない。

（ⅱ）中塗りに先立ち、隅、角及びちり回りは定木塗りを施す。

（ⅲ）中塗りは、下塗りの上に平らに塗り付けた後、定木塗りにならい定木ずりして平たんにする。

（ⅳ）上塗りは、下塗り又は中塗りの上に下付けを行い、水引きぐあいを見て上付けを施し、ちり回りに注意して定木ずりをして仕上げる。

（ⅴ）塗り厚が厚いとき、あるいはむらが著しいときは、むら直しを行う。

（ⅵ）現場調合普通モルタルを下塗りする場合は、次工程までに 14 日以上放置する。

（ⅶ）現場調合軽量モルタル及び下地調整塗材の塗り付け後は、工程間間隔時間として7日以上放置する。

5）表面仕上げ

a. 木ごて仕上げは、金ごてで塗り付け、定木ずりして木ごてで仕上げる。

exterior planner handbook

b. 金ごて仕上げは、金ごてで塗り付け、定木ずりして木ごてでならした後、金ごてで押さえ仕上げをする。

c. はけ引き仕上げは、木ごてでならした後、金ごてで軽く押さえ、はけではけ目正しく、又は粗面に仕上げる。その際、はけには多量の水を含ませないようにする。

6）養生

a. 塗付け面やその周辺、床等に損傷や汚染を与えないように養生を行い、必要に応じて塗付け箇所周辺にはあらかじめ適切な養生を行う。

7）検査

a. モルタル面の検査

目視及び打診等で、次の項目でモルタル面の検査を行う。

（ⅰ）モルタルの浮き、ひび割れ等仕上がり面の欠陥の有無

（ⅱ）モルタル表面のレイタンスの有無や汚れなど付着物の有無

② コンクリート系床下地

1）モルタルの調合

特記のない場合の現場調合モルタルの調合は、表9-2-26を標準とする。

表9-2-26 現場調合モルタルの調合表（容積比）

工程	水	セメント	砂	セメント混和用ポリマー
下ごすり [1]	適量	100	0 ～ 100	
下塗り	適量	100	200	
上塗り [2]	適量	100	200 ～ 400	

［注］（1）下ごすり用モルタルは、ポリマーセメントモルタル又は既調合モルタルとする。
（2）上塗り用モルタルの調合（容積比）は、セメント：砂＝1：2.5程度とする。

2）塗り厚

a. 下ごすりの塗り厚は、2mmを標準とする。

b. 下塗りの塗り厚は、上塗りが15mm程度になるように調整し、1回の塗り厚が8mm以上になる場合は2回に塗り分ける。

c. 上塗りの塗り厚は、15mm程度とする。

3）塗り工法

a. 下地の調整

モルタルを塗り付ける下地表面のレイタンス、汚れ、付着物等を取り除き、よく清掃し、必要に応じて水洗いする。

b. モルタル塗り

（ⅰ）下ごすり

現場調合のポリマーセメントモルタル又は既調合モルタルをこすり塗りする。ただし、下塗りに既調合モルタルを使用する場合は、省略してもよい。

（ⅱ）下塗り

下ごすりが生乾きのうちに塗り付け、定木ずりを施して木ごてでむらを取る。

（ⅲ）上塗り

（イ）下塗りが硬化乾燥した後、塗り付ける。

exterior planner handbook

（ロ）塗付けに際しては、水引きのぐあいを見計らい定木ずりする。

（ハ）塗付け後、敷板などを用いて押さえを行う。床仕上げ材の種類によって、金ごて押さえ、木ごて押さえ、はけ引きとする。

4）目地

特記のない場合の目地間隔は、3m 間隔程度を最大とする。

5）検査

特記のない場合のモルタル面の検査は、次による。

（ⅰ）モルタルの浮き、ひび割れ等、仕上がり面の欠陥の有無

（ⅱ）モルタル表面のレイタンスの有無、汚れなど、付着物の有無

（ⅲ）面の精度

(6) 色モルタル塗り仕上げ

① 工程

1）現場調合の色モルタル塗り仕上げの工程の標準は、表 9-2-27 による。

表 9-2-27　色モルタル塗りの仕上げ工程（現場調合）

材料	調合（質量比）	所要量 (kg/m²)	塗り回数	間隔時間	
				工程内	最終養生
白色セメント	100				
混和材	0 ～ 80				
顔料	0 ～ 10	10 ～ 16	1 ～ 2	1 時間以内 （追かけ塗り）	14 日以上
砂（寒水石など）	300 ～ 500				
セメント混和用ポリマー	0 ～ 10				
水	適量				

2）既調合のカラーセメント塗り仕上げの工程の標準は、表 9-2-28 による。

表 9-2-28　カラーモルタル塗りの仕上げ工程（既調合）

材料	調合（質量比）	所要量 (kg/m²)	塗り回数	間隔時間	
				工程内	最終養生
カラーセメント	100				
砂	（300）	10 ～ 16	1 ～ 2	1 時間以内 （追かけ塗り）	14 日以上
セメント混和用ポリマー	0 ～ 10				
水	製造業者の指定				

② 工法

1）材料の練り混ぜ

a. 色モルタルは、こて塗りの作業性に合わせて練り混ぜの水量を調整し、均一に硬練りする。

b. 既調合材料を用いる場合は指定量の水で均一に練り混ぜる。

c. 現場調合の色モルタルに混合する砂の量は、セメント、混和材、顔料等の粉末部分の合計量の3倍程度とする。

d. モルタルの1回の練り混ぜ量は、可使時間以内に使い切る量とする。

exterior planner handbook

2）色モルタル塗り

　　a．色モルタルは塗り厚が一定になるように指定量をこて塗りする。

　　b．一般には2回に分けて塗り付け、2回目の塗付けを追かけ塗りとし、こてで平滑な面が得られるように軽く塗り上げる。

（7）かき落し粗面仕上げ

①　工程

　　特記のない場合のかき落し粗面仕上げの工程は、次による。

1）現場調合のかき落し粗面仕上げにおけるかき落し材塗りの仕上げ工程の標準は、表9-2-29による。

表9-2-29　かき落し粗面仕上げにおけるリシン材塗りの工程（現場調合）

材料	調合（質量比）	所要量（kg/m²）	塗り回数	間隔時間	
				工程間	最終養生
セメント類	100				
混和材	50〜100				
顔料	0〜10	12〜20	1	3〜5時間	—
砂（寒水石）	300〜500				
セメント混和用ポリマー	0〜10				
水	適量				

2）既調合材料のかき落し粗面仕上げにおけるかき落しリシン材塗りの仕上げ工程は製造者の仕様による。

②　工法（現場調合）

1）材料の練り混ぜ

　　a．かき落しリシン材は、こて塗りの作業性に合わせて練り混ぜの水量を調節し、均一に練り混ぜる。

　　b．現場調合のかき落し材に混合する砂の量は、セメント、混和材、顔料等の粉末部分の合計量の3倍程度とする。

　　c．かき落しリシン材の1回の練り混ぜ量は、可使時間以内に使い切る量とする。

2）かき落しリシン材塗り

　　a．かき落し材は、塗り厚が一定になるように指定量をこて塗りする。

　　b．かき落し材は、最低でも厚さ6mm以上塗り付ける。

3）かき落し

　　a．塗り付けたかき落し材の凝結硬化の初期に、金ぐし、こて、ブラシ等で、むらのないように均一にかき落す。

　　b．かき落しは、仕上がりの粗面のテクスチャーが一定になるように金ぐしなどを一定の方向に動かす。

（8）骨材あらわし仕上げ

　　特記のない場合の骨材あらわし仕上げの工法は、次による。

1）埋込み工法

　　モルタル面又はコンクリート面に既調合モルタルを塗り付けて化粧用骨材を埋め込む工法は、次による。

exterior planner handbook

a. 既調合モルタルを塗り付ける。

b. 見本の模様に等しくなるように骨材を埋め込み、必要があればこてなどで表面を軽く押さえ平たんにする。

c. 骨材は直径の半分以上を埋める。

2）コンクリート洗い出し工法

コンクリート洗い出し工法は、凝結遅延剤を用いて硬化したコンクリート表面を化学処理により洗い出す工法とし、次による。

a. 洗い出しをする型枠面に、洗い出し深さに応じた凝結遅延剤を塗付するか、凝結遅延剤を含浸させた布を張り、これにコンクリートを打ち込む。

b. 高圧水で洗い出す場合は、所定の養生を行って脱型し、コンクリート表面を高圧水で水洗いし骨材を露出させる。

c. 酸洗いによる場合は、脱型時に薬品を用いて表層のセメントモルタル部をブラシがけしながら溶かし、骨材を露出させる。

3）塗付け工法

モルタル下地又はコンクリート下地にセメント混和用ポリマーディスパージョンで練った化粧用骨材を塗付ける又は吹き付ける工法は、次による。

a. 淡色系骨材の仕上げの場合は、必要があれば予め骨材と同色系のセメントモルタルなどで下塗りを施し、十分硬化させる。

b. こて塗りによる仕上げは、材料を骨材の大きさの 1.5 〜 2 倍の塗り厚に塗り付けて平たんにならし、見本塗りの模様に等しくなるように仕上げる。

c. 吹付け仕上げは、見本吹きに等しくなるように吹き付ける。

d. 化粧目地は、1 面の大きさが、こて塗りでは 2 m² 以下、吹付けでは 10 m² 以下となるように設ける。

4）吹付け工法

モルタル下地又はコンクリート下地に既調合モルタルを塗り付けた後、化粧用骨材を吹き付ける工法は、次による。

a. 下地の清掃と水湿しを行い、これに既調合モルタルを骨材粒径の 2/3 程度の厚さに塗り付け、平たんにならす。

b. モルタル塗付け後、骨材の粗粒分を吹付け器により吹き付け、こてを用いて骨材を平たんに押さえ、平面を出すと同時に骨材の接着をはかる。

c. 骨材の細粒分により、目つぶし吹付けを行う。

d. 骨材が接着不十分によってはがれないように注意し、粒径及び密度に応じて適宜吹付け距離及び風量を加減して、見本吹きと等しいように仕上げる。

e. 吹付け後、合成樹脂系塗料などで仕上げ塗装を行うときは、1 日以上の間隔をおく。

(9) 床モルタル塗り仕上げ

① 工程

特記のない場合の床モルタル塗り仕上げの工程は、表 9-2-30 による。

表9-2-30　床モルタル塗り仕上げの上塗り工程（現場調合モルタル）

材料	調合（質量比）	塗り厚 (mm)	塗り回数	間隔時間	
				工程内	最終養生
セメント	100	15	1	—	14日以上
砂	250				
水	適量				

② **工法**

a. 中塗り後の現場調合モルタル仕上げ塗りは、中塗りが十分硬化乾燥した（3日以上経過）後、できる限り固練りのモルタルを板つち類でたたき込み、表面に水分を浸出させ、水引きぐあいを見て定木ずりする。

b. 中塗りを省略した現場調合セメントモルタル及び既調合セメントモルタルによる床モルタル塗り仕上げは、下ごすりが生乾き（半乾燥）のうちにできる限り硬練りのモルタルを塗り付け、表面に水分を浸出させ、水引きぐあいを見て定木ずりする。

c. 定木ずりの後、敷板等を用いて、金ごてやプラスチックごてを用いて入念に押さえる。

d. はけ引き仕上げは、塗付け後に金ごてで軽く押さえ、定木などを用いてはけ又はほうきで仕上げる。

③ **目地**

a. 特記のない場合の目地割りは、面積は2m²程度、最大目地間隔は3m程度とする。

b. 目地の種類は、押し目地とする。

c. 目地棒を用いる場合は、予め行った目地割りに従い目地棒を伏せ込む。

d. 木製目地を用いる場合は、硬化後目地棒を取り去り指定の材料で目地詰めする。

(10) 床コンクリート洗い出し仕上げ

① **材料**

特記のない場合の床コンクリート洗い出し仕上げに用いる材料は、セメントと大きさ3分の豆砂利を質量比で2：3とし、適量の水を加える。

② **工程**

a. 下地表面の汚れや付着物等を取り除き、よく清掃し、水洗いする。

b. 下地面の乾燥が著しいときには、吸水調整材を塗付ける。

c. 豆砂利コンクリートを打設し、所定の高さ（平均塗り厚さ30mm）にならす。

d. 表面の伏せ込みをした後、乾燥状態を見極め、噴霧器などで豆砂利を洗い出す。

e. 所定の露出度が得られるまで洗い出す作業を繰り返し、最後はスポンジで「セメントのろ」や水をふきとる。

f. 最終作業段階では、豆砂利の密度調整を合せて行う。

g. 全面を希塩酸で洗浄し、ワックス掛けを行う。

⑥ 張り石工事

（1）総則

① 適用範囲
　現場打ちコンクリートやプレキャストコンクリートの表面に、石材あるいはテラゾ・擬石を取り付ける石工事に関して適用する。

② 用語の定義
ジェットバーナー仕上げ
　バーナーによる火炎を当てて粗面とした仕上げのこと。

ブラスト仕上げ
　砂又はショットを高圧で吹き付け石材表面を粗面とした仕上げのこと。

ウォータージェット仕上げ
　超高圧水で石材表面を切削して粗面とした仕上げのこと。

擬石
　主として、花崗岩、安山岩又は凝灰岩などの砕石粒を種石として、天然石に似た粗面の外観に仕上げたコンクリート製品のこと。

裏込めモルタル
　石材と躯体の間に充填するセメントモルタルのこと。

取付け用モルタル
　取付け金具を固定するために用いる超速硬性セメントペーストのこと。

張付け用ペースト
　床石、笠木などを張り付けるために敷きモルタル上に塗布するセメントペーストのこと。

敷きモルタル
　床石、笠木などを張るために石材の下に敷き込むセメントモルタルのこと。

取付け金物
　引き金物、受け金物、つり金物、だぼ及びかすがいなど石材を下地に固定し、保持するために用いる金物の総称のこと。

引き金物
　湿式工法および空積工法において石材を躯体に取り付けるために使用する金属線のこと。

受け金物
　石材の自重を受ける金物のこと。

だぼ
　石材のあいばに小穴をあけて差し込む棒状の金物のこと。

あいば
　隣り合う石材の相対するこば面のこと。

道切り
　かすがいや引き金物を納めるために、あいばに掘る溝のこと。

外壁湿式工法
　石材を引き金物で下地に緊結し、石と躯体の間を裏込めモルタルで充填する工法のこと。

外壁乾式工法
　石材を、ファスナーを用いて1枚ずつ荷重を受ける方法で躯体に取り付ける工法

exterior planner handbook

のこと。

(2) 一般事項

張り石工事における養生は、次のとおりである。

a. 外壁取付けの際は、雨や雪などがかからないようにシートで覆いをする。

b. セメントモルタル及び樹脂類の凍結又は硬化不良のおそれがある場合は、作業を中止するか保温養生を行う。

c. 仕上げ面は、必要に応じてポリエチレンシート等で養生し、汚染を防止する。出隅など破損のおそれのある部分にはクッション材や養生カバーを取り付ける。

d. 床の敷設終了後は、モルタルが硬化するまで歩行してはならない。

(3) 花こう岩の石張り

① 材料

1) 品質

石材の品質は、JIS A 5003（石材）の1等品とし、使用箇所に応じた特性を有するものとする。

2) 仕上げ

仕上げの種類及び加工状態は、表9-2-31及び表9-2-32に示すとおりとし、その種類は特記による。

表9-2-31　花こう岩の粗面仕上げの種類と加工状態

仕上げの種類		仕上げの程度	仕上げの方法	加工前の石厚の目安
のみ切り	大のみ	100 mm 角の中にのみ跡が 5個	手加工	60 mm 以上
	中のみ	100 mm 角の中にのみ跡が 25個		
	小のみ	100 mm 角の中にのみ跡が 40個		50 mm 以上
びしゃん	あらびしゃん	16目びしゃん（30 mm 角に対し）で仕上げた状態	手加工又は機械加工	35 mm 以上
	ほそびしゃん	25目びしゃん（30 mm 角に対し）で仕上げた状態		
小たたき		1〜4枚刃でたたき仕上げた状態	—	35 mm 以上
ジェットバーナー		表面の鉱物のはじけ具合が大むらのないもの	手加工又は機械加工、バフ仕上げの有無	設定値＋3 mm 以上
ブラスト*		砂又はショットを吹き付けて荒した状態	機械加工	設定値＋2 mm 以上
ウォータージェット		超高圧水で表面を切削した状態	機械加工	設定値＋2 mm 以上
割りはだ*		矢又はシャーリングにて割った割裂面の凹凸のある状態	手加工又は機械加工	120 mm 以上

*　大理石、砂岩の粗面仕上げはこれに準じて行う。

表9-2-32　花こう岩のみがき仕上げの種類

仕上げの種類	仕上げの程度	備考
粗磨き	#20 〜 #30 のカーボランダムと石、又は同程度の仕上げとなるダイヤモンドと石でみがいた状態	機械加工、型もの手加工石厚は部位により異なる
水磨き	#400 〜 800 のカーボランダムと石、又は同程度の仕上げとなるダイヤモンドと石でみがいた状態	
本磨き	#1500 〜 3000 のカーボランダムと石、又は同程度の本仕上げとなるダイヤモンドと石でみがき、バフで仕上げた状態	

[注] 目地あいばは原則として糸目をつける。

exterior planner handbook

3）石材の厚さ
　石材の厚さは、25 mm 以上とする。

4）石材の形状
　石材の形状は、正方形に近いものを標準とし、石材 1 枚の面積は、0.8 m² 以下とする。

(4) 外壁湿式工法
① 施工
1）取付け代
　石材の裏面とコンクリート躯体との間隔は、40 mm を標準とする。

2）石材の取付け
　a．下地清掃の後、最下部の石材（幅木又は根石）は、くさびを挟み、水平及び垂直に正確に据え付け、裏込めモルタル充填時に動かぬようにかすがいあるいは引き金物などを用いて、目違い・不陸のないように留め付ける。
　b．上段の石の取付けは、下段の裏込めモルタルが硬化してからくさびを取り外し、下段の石との間に目地幅相当厚さのスペーサーをはさみ込み、下段の石に衝撃を与えないように行う。その際くさび及び引き金物を用いて、裏込めモルタル充填作業時に目違い・不陸を生じないように固定する。

3）裏込めモルタルの充填
　a．裏込めモルタルの充填に先立って、据付け時に取り付けたくさびを除去し、目地からモルタルが流出しないように適切な方法で目止めを行う。
　b．裏込めモルタルの充填は、石材を 1 段積み上げるごとに行う。充填の際、モルタルの圧力で石材が押し出されないように裏込めモルタルを 2 〜 3 回に分け、かつ空げきができないよう密実に充填する。
　c．充填した裏込めモルタルの上端は、石材の上端より 30 〜 40 mm 程度下がった位置とする。ただし、伸縮調整目地部分は、目地位置まで裏込めモルタルを充填する。

4）目地
　a．裏込めモルタルの硬化の程度を見計らい、石材の取付けに用いたスペーサーなどを除去し、順次目地ざらえをする。又、石材の化粧面を汚染したときは、ただちに清掃する。
　b．伸縮調整目地の部位には、石材・裏込めモルタルの全層にわたって絶縁できるよう発泡プラスチック材などを予めコンクリート躯体面まで充填する。
　c．目地詰め前に目地部の清掃を行う。
　d．目地にセメントモルタルを用いる場合は、空げきが生じないように十分押し込んで詰める。

② 養生
　a．外壁取付けの際に、雨・雪などがかかる恐れのある場合は、外壁面の施工箇所をシートで覆う。
　b．仕上げ表面は、必要に応じてポリエチレンシートなどで養生し、汚染を防止する。

exterior planner handbook

出隅など破損の恐れのある部分にはクッション材及び養生カバーを取り付ける。

③ 清掃

a. 取付け終了後は、適切な時期に清水を注ぎかけ、ナイロンブラシなどを使用して付着した汚れやセメントモルタルなどを除去する。

b. 石面の清掃には原則として酸類を使用してはならない。ただし、花崗岩類の場合でやむを得ず酸洗いを行う場合は、周辺の金物を養生し、石面に清水を注ぎかけたあと酸洗いをし、石面に酸類が残らないように十分水洗いをする。

c. 屋内で本磨き仕上げの場合は、乾燥した布で清掃する。

(5) 擬石工事

① 外観

擬石は、主として花こう岩、安山岩又は凝灰岩等の砕石粒を種石として、セメントを用いて天然石に似た外観に仕上げたものとする。

② 仕上げ

擬石の仕上げの種類による仕上げの程度は、表9-2-33に示すとおりである。

表9-2-33 擬石の仕上げの種類

仕上げの種類		仕上げの程度
つつき	1本つつき	100 mm 角の中にのみ跡が 25 個
	2本つつき	100 mm 角の中にのみ跡が 40 個
小たたき		1枚刃でたたき仕上げた状態
ブラスト		砂又はショットを吹き付けて荒した状態

[注] 擬石の呑込みとなる部分は、打ちはだのままとする。

7 セラミックタイル張り工事

(1) 総則

① 適用範囲

セラミックタイル（以下、タイルと記す）を用いて建築物の内壁、外壁及び床仕上げを行うタイル後張り工事、およびタイル先付けプレキャストコンクリート工法に適用する。

② 用語の定義

改良圧着張り

下地面に張付けモルタルを塗り、モルタルが軟らかいうちにタイル裏面にも同じモルタルを塗って壁又は床タイルを張付ける工法のこと。

改良積上げ張り

張付けモルタルをタイル裏面に所定の厚さに塗り、予め施工し、硬化したモルタル下地面に壁タイルを張付ける工法のこと。

密着張り

張付けモルタルを下地面に塗り、モルタルが軟らかいうちにタイル張り用振動工具を用いてタイルに振動を与え、埋め込むように壁タイルを張付ける工法のこと。

圧着張り

張付けモルタルを下地面に塗り、モルタルが軟らかいうちにタイルをたたき押え

をして床タイルを張付ける工法のこと。

モザイクタイル張り
　張付けモルタルを下地面に塗り、直ちに表張りのユニット化されたモザイクタイルをたたき押えをして壁又は床に張付ける工法のこと。

マスク張り
　ユニット化された 50 mm 角以上のタイル裏面にモルタル塗布用のマスクを乗せて張付けモルタルを塗り付け、マスクを外してから下地面にタイルをたたき押えをして張付ける工法のこと。

突付け目地
　タイル間にすき間を設けずに、タイル同士を突き付けて施工する場合に形成される目地のこと。

伸縮目地
　押出成形セメント板や ALC パネルにおいて、地震時などの躯体変形時にパネルが損傷を受けないように、パネル間にすき間を設けた目地のこと。

伸縮調整目地
　温度変化や水分変化あるいは外力などによって、建物や建物各部に生ずる変形に伴い、タイル・張付けモルタル等に発生するひずみを低減させるため、下地及び仕上層に設ける目地のこと。

ひび割れ誘発目地
　鉄筋コンクリート造に生ずる乾燥収縮ひび割れを計画的に発生させるためにコンクリート躯体に設ける目地のこと。

(2) 目標性能
1) はく落安全性
　タイル張り工法においては、はく落の危険を防止することが優先的に要求されるために、はく落安全性を優先的に確保する。そのうえで、美装性、躯体保護性、メンテナンス性を確保する。
2) 耐凍害性
　寒冷地など冬期に凍結の恐れのある地域における建築物へのタイル張りは、耐凍害性を確保する。
3) すべり抵抗性
　床タイル張りについては、歩行の安全性を期するためすべり抵抗性を確保する。

(3) タイル後張り工法
① セメントモルタル
1) 工法の種類
　セメントモルタルによるタイル後張り工法の種類は、コンクリート下地壁タイル直張り、モルタル下地壁タイル張り、パネル下地壁タイル張り、床タイル張り、大形床タイル張りとする。

　a. コンクリート下地壁タイル直張り
　コンクリート下地壁タイル直張りのタイルの張り方は特記による。特記のない場合は、表 9 - 2 - 34 によりタイルの張り方を選択する。

exterior planner handbook

表9-2-34　コンクリート下地壁タイル直張りの張り方

適用部位・下地		タイルの種別*1	タイルの形状及び大きさ（mm）	タイルの張り方				
				密着張り	改良圧着張り	改良積上げ張り	モザイクタイル張り	マスク張り
外壁	コンクリート下地	タイル	小口平、二丁掛、100角	○	○	—	—	—
		ユニットタイル	50二丁以下	—	—	—	○	—
内壁	コンクリート下地	タイル	100角以下	○	○	—	—	—
		ユニットタイル	50二丁以下	—	—	—	○	—

○：適用可、—：適用外
［注］ *1：JIS A 5209：2020（セラミックタイル）に適合する品質とし、使用部位はタイル製造業者の表示とする。

b. モルタル下地壁タイル張り

　モルタル下地壁タイル張りのタイルの張り方は特記による。特記のない場合は、表9-2-35によりタイルの張り方を選択する。

表9-2-35　モルタル下地壁タイル張りの張り方

適用部位・下地		タイルの種別*1	タイルの形状及び大きさ（mm）	タイルの張り方				
				密着張り	改良圧着張り	改良積上げ張り	モザイクタイル張り	マスク張り
外壁	モルタル下地	タイル	小口平、二丁掛、100角	○	○	○	—	—
			三丁掛、四丁掛	—	△	○	—	—
		ユニットタイル	50二丁以下	—	—	—	○	○
内壁	モルタル下地	タイル	小口平、二丁掛、100角	○	○	○	—	—
			200角	—	—	○	—	—
			三丁掛、四丁掛	—	△	○	—	—
		ユニットタイル	50二丁以下	—	—	—	○	○

○：適用可、—：適用外、△：事前に作業性を試験施工で確認する。
［注］ *1：JIS A 5209：2020（セラミックタイル）に適合する品質とし、使用部位はタイル製造業者の表示とする。

c. パネル下地壁タイル張り

　パネル下地壁タイル張りのタイルの張り方は特記による。特記のない場合は、表9-2-36によりタイルの張り方を選択する。

表9-2-36　パネル下地壁タイル張りの張り方

適用部位・下地			タイルの種別*1	タイルの形状及び大きさ（mm）	タイルの張り方				
					密着張り	改良圧着張り	改良積上げ張り	モザイクタイル張り	マスク張り
外壁	押出成形セメント板	素地*4	タイル	小口平、二丁掛、100角	○*2*3	○*2*3	—	—	—
			ユニットタイル	50二丁以下	—	—	—	○*2*3	—
	ALCパネル	素地*4	タイル	60×200mm、100角	○*3	—	—	—	—
			ユニットタイル	50二丁以下	—	—	—	○*3	—
	ALCパネル	モルタル下地*5	タイル	60×200mm、100角	○*3	—	—	—	—
			ユニットタイル	50二丁以下	—	—	—	○*3	—

○：適用可、—：適用外
[注] ＊1：JIS A 5209：2020（セラミックタイル）に適合する品質とし、使用部位はタイル製造業者の表示とする。
　　 ＊2：押出成形セメント板は、リブ付き専用パネル（タイルベースパネル）を使用する。
　　 ＊3：下地パネルの規格幅内でタイルが割り付けられていることを原則とする。
　　 ＊4：パネルの素地面。
　　 ＊5：既製調合ポリマーセメントモルタルで不陸調整した下地面。
　　 ＊6：下地処理材や張付けモルタルなどの質量を合わせて30 kg/m² 以下とする。

d.　床タイル張り

　　特記のない場合は、表9-2-37によりタイルの張り方を選択する。

表9-2-37　床タイル張りの張り方

適用部位・下地		タイルの種別*1	タイルの形状及び大きさ（mm）	タイルの張り方			
				改良圧着張り	圧着張り	モザイクタイル張り	セメントペースト張り
外部床	モルタル下地	タイル	300角以下	○	○	—	—
		ユニットタイル	50二丁以下	—	—	○	—
	敷きモルタル（硬化前）	タイル	300角以下	—	—	—	○
		ユニットタイル	50二丁以下	—	—	—	—
	敷きモルタル（硬化後）	タイル	300角以下	○	○	—	—
		ユニットタイル	50二丁以下	—	—	○	—
内部床	モルタル下地	タイル	300角以下	○	○	—	—
		ユニットタイル	50二丁以下	—	—	○	—
	敷きモルタル（硬化前）	タイル	300角以下	—	—	—	○
		ユニットタイル	50二丁以下	—	—	—	—
	敷きモルタル（硬化後）	タイル	300角以下	○	○	—	—
		ユニットタイル	50二丁以下	—	—	○	—

○：適用可、—：適用外
[注] ＊1：JIS A 5209：2020（セラミックタイル）に適合する品質とし、使用部位はタイル製造業者の表示とする。

exterior planner handbook

e. 大形床タイル張り

　300角を超え600角以下の大形床タイル張りのタイルの張り方は、特記による。特記のない場合は、表9-2-38によりタイルの張り方を選択する。

表9-2-38　大形床タイル張りの張り方

適用部位・下地		タイルの種別	タイルの大きさ	タイルの張り方		
				大形床タイル圧着張り	大形床タイル改良圧着張り	セメントペースト張り
外部床	モルタル下地	タイル*1	300角超え600角以下	△	△	－
	敷モルタル（硬化前）			－	－	△
	敷モルタル（硬化後）			△	△	－
内部床	モルタル下地			△	△	－
	敷モルタル（硬化前）			－	－	△
	敷モルタル（硬化後）			△	△	－

△：事前に充填性を試験施工で確認する。　－：対象外

［注］＊1：JIS A 5209：2020（セラミックタイル）に適合する品質とし、使用部位はタイル製造業者の表示とする。

2）目地

　a. 伸縮調整目地の配置

　　・コンクリート下地壁のタイル張り面の伸縮調整目地は、縦目地が3m内外、横目地が4m内外ごとに設ける。

　　・床タイル張り面の伸縮調整目地は、縦・横ともに4m以内ごとに設ける。

　b. タイル目地の配置

　　・目地幅を適正にとり、突付け目地としてはならない。

　　・目地の深さは、タイル厚の1/2以内とする。

3）工法一般

　a. タイルの準備

　　・タイルごしらえに必要な数量を確認し、前もって準備する。

　　・タイルは必要に応じ適切な器具を用いて、切断、穴あけ、切欠きなどの加工を行う。

　　・切断面の凹凸は、グラインダーなどを用いて平滑に仕上げる。

　b. 張付け材料の準備

（ⅰ）現場調合モルタル

　　・壁面へのタイル張りに用いる現場調合モルタルの標準調合は、表9-2-39に示すとおりである。

表9-2-39　壁面へのタイル張りに用いる現場調合モルタルの標準調合（容積比）

タイルの張り方	セメント	細骨材	混和剤
密着張り	1	1～2	適量
改良圧着張り	1	1～2	適量
改良積上げ張り	1	2～3	適量
モザイクタイル張り	1	0.5～1.0	適量
マスク張り	1	0.5～1.0	適量

［注］混和剤の混入量は、製造業者の指定による。

exterior planner handbook

・床面へのタイル張りに用いる現場調合モルタルの標準調合は、表9-2-40に示すとおりである。

表9-2-40　床面へのタイル張りに用いる現場調合モルタルの標準調合（容積比）

タイルの張り方	敷きモルタル			張付けモルタル		
	セメント	細骨材	混和剤	セメント	細骨材	混和剤
改良圧着張り	1	3〜4	—	1	1〜2	適量
圧着張り	1	3〜4	—	1	1〜2	適量
モザイクタイル張り	1	3〜4	—	1	0.5〜1.0	適量
セメントペースト張り	1	3〜4	—	1	—	—

c. タイルの張り方

（ⅰ）密着張り

・下地を清掃した後に、下地の乾燥の程度に応じて吸水調整を行う。

・張付けモルタルの混練りは機械練りする。

・張付けモルタルの下地面に対する塗付けは二度塗りとし、一度目のモルタル塗りはこて圧を掛けたしごき塗りとし、合計の塗り厚は5〜8mmとする。

・振動工具による加振は、張付けモルタルがタイルの周囲から目地部分に盛り上がる状態になるまで行う。

・タイルの張付けは一段置きに上から下に数段張り付けたのち、それらの間のタイルを張る。

・タイル張りが終了したのち、張付けモルタルの締まりを見計らって目地部分の清掃を行う。

（ⅱ）改良圧着張り

・下地を清掃した後に、下地の乾燥の程度に応じて吸水調整を行う。

・張付けモルタルの混練りは機械練りする。

・張付けモルタルの下地面に対する塗付けは二度塗りとし、一度目のモルタル塗りはこて圧を掛けたしごき塗りとし、下地面側の張付けモルタルの合計の塗り厚は4〜6mmとする。

・タイル裏面全体に張付けモルタルを1〜3mmの塗り厚で平らにならし、直ちに張り付け、タイル張りに用いるハンマーなどでタイルの周辺からモルタルがはみ出すまで、入念にたたき押えを行う。

・タイル張りが終了したのち、張付けモルタルの締まりを見計らって目地部分の清掃を行う。

（ⅲ）改良積上げ張り

・下地を清掃した後に、下地の乾燥の程度に応じて水湿しを行う。

・張付けモルタルの混練りは機械練りする。

・タイル裏面全体に張付けモルタルを7〜10mmの塗り厚で平らに塗り付けたのち、ただちに張り付ける。

・タイルは下から上に積み上げる。1日の張付け高さは、1.5m以下とする。ただし、三丁掛以上のタイルは1.0m以下とする。

・タイル張りが終了したのち、張付けモルタルの締まりを見計らって目地部分の清掃を行う。

exterior planner handbook

（ⅳ）モザイクタイル張り

　・下地を清掃した後に、下地の乾燥の程度に応じて吸水調整を行う。

　・張付けモルタルの混練りは機械練りする。

　・下地面に対する張付けモルタルの塗付けは二度塗りとし、一度目のモルタル塗りはこて圧を掛けたしごき塗りとし、合計の塗り厚は 3 ～ 5 mm とする。

　・表張りユニットタイルを張り付け、はみ出した張付けモルタルにより目地部分の表張りの一部が湿るまで表張りユニットタイルのたたき押えを十分に行う。

　・張付けの際に、表張りユニットタイル間の目地調整を行う。張付け後に、タイルの位置調整を行わない。

　・タイル張付けが終了したのち、時期を見計らって表面に水湿しを行って表張りをはがす。

　・タイル張りが終了したのち、張付けモルタルの締まりを見計らって目地部分の清掃を行う。

（ⅴ）マスク張り

　・下地を清掃した後に、下地の乾燥の程度に応じて吸水調整を行う。

　・張付けモルタルの混練りは機械練りする。

　・マスクは、タイルをたたき込んだ時に張付けモルタルが十分まわり込み、はみ出したモルタル同士が絡み合うものとし、その厚さは 4 mm とする。

　・表張りユニットタイルの裏面にマスクをあて、張付けモルタルを均一に塗り付けた後、直ちに壁面に表張りユニットタイルを張り付けたたき込む。

　・張付けの際に、表張りユニットタイル間の目地調整を行う。張付け後に、タイルの位置調整を行わない。

　・タイル張付けが終了したのち、時期を見計らって表面に水湿しを行って表張りをはがす。

　・タイル張りが終了したのち、張付けモルタルの締まり具合を見計らって目地部分の清掃を行う。

（ⅵ）圧着張り

　・下地を清掃した後に、下地の乾燥の程度に応じて吸水調整を行う。

　・張付けモルタルの混練りは機械練りする。

　・張付けモルタルの下地面に対する塗り付けは二度塗りとし、一度目のモルタル塗りはこて圧を掛けたしごき塗りとし、合計の塗り厚は 5 ～ 7 mm とする。

　・タイルをもみ込むようにして張り、タイル張りに用いるハンマーなどでタイルの周辺からモルタルがはみ出すまで、入念にたたき押えを行う。

　・タイル張りが終了したのち、張付けモルタルの締まりを見計らって目地部分の清掃を行う。

（ⅶ）大形床タイル圧着張り

　・下地を清掃した後に、下地の乾燥の程度に応じて吸水調整を行う。

　・張付けモルタルの混練りは機械練りする。

　・張付けモルタルの下地面に対する塗付けは三度塗りとし、一度目のモルタル塗りはこて圧を掛けたしごき塗りとし、合計の塗厚は試験施工で決定する。

　・空げきが入らないようにタイルを慎重に張り合わせ、タイル張りに用いるハンマーなどでタイルを入念にたたき押えする。

exterior planner handbook

・タイル張りが終了したのち、ただちに目地部分の清掃を行う。

（ⅷ）セメントペースト張り
　・下地を清掃した後に、水湿しを行う。
　・敷きモルタルを基準タイル張り箇所に敷き、タイル幅の2倍ほどの幅に敷き平坦にならす。
　・敷きモルタルの高さ調節をして、セメントペーストを敷きモルタル上に流し、直ちに仕上がり糸に合わせタイルをハンマーの柄やゴムハンマーなどを用いてたたき押えする。
　・タイル張りが終了したのち、目地部分の清掃を行う。

2）目地詰め
a．塗り目地
　・タイル面や目地部の清掃をする。
　・目地モルタルの混練りは、製造業者指定の調合で機械練りする。
　・伸縮調整目地の位置を確認後に、ゴムこてを用いて目地モルタルを塗り込み、スポンジなどで余分な目地モルタルを取り除く。
　・伸縮調整目地部にはみ出した目地モルタルは除去する。

b．一本目地
　・タイル面や目地部の清掃をする。
　・目地モルタルの混練りは、製造業者指定の調合で機械練りする。
　・伸縮調整目地の位置を確認後に、目地こてやチューブを用いて目地モルタルを一本ずつ詰める。
　・タイルの厚さの1/2以下の深さになるように押さえ仕上げる。
　・伸縮調整目地部にはみ出した目地モルタルは除去する。

3）清掃及びタイル面洗い
　目地詰め後、タイル面の清掃を行う。その際、伸縮調整目地の部分にはみ出した余分なモルタルを完全に除去する。
　・毎日の作業終了時には、タイル面及びその周囲の清掃を行う。
　・清掃は水洗いを原則とし、ブラシなどを用いてタイル表面に汚れが残らぬように注意して行う。
　・モルタルによる汚れがはなはだしいときは、工事監理者の承認を得て酸洗いを行う。タイルや目地に酸類の影響が残らないように、酸洗いの前後には十分な水洗いをする。
　・酸類を用いる場合、排水は水質汚濁防止法及び地方自治体における条例などの規制を満足するように処理する。

②　有機系接着材
1）工法の種類
　有機系接着剤によるタイル後張り工法の種類は、コンクリート下地壁タイル張り（直張り）、モルタル下地壁タイル張り、パネル下地壁タイル張り、ボード下地壁タイル張り、床タイル張りとする。

exterior planner handbook

a. コンクリート下地壁タイル張り（直張り）

　コンクリート下地壁タイル張り（直張り）におけるタイルと接着剤の組合せは、特記による。特記のない場合は、表９-２-41 によりタイルと接着剤の組合せを選択する。

表９-２-41　コンクリート下地壁タイル張り（直張り）におけるタイルと接着剤の組合せ

適用部位・下地		タイルの種別	タイル 形状及び大きさ	接着剤 JIS A 5557	接着剤 JIS A 5548	備考
外壁	コンクリート下地	タイル[*1]	300 角以下	○	—	不陸調整には既調合ポリマーセメントモルタル、または有機系下地調整塗材[*2]を用いる。
		ユニットタイル[*1]	50 四丁以下ボーダータイル	○	—	
内壁		タイル[*1]	300 角以下	—	○	不陸調整には既調合ポリマーセメントモルタルを用いる。
		ユニットタイル[*1]	50 四丁以下、150 角以下ボーダータイル	—	○	

○：適用可、—：適用外
[注] ＊１：JIS A 5209：2020（セラミックタイル）に適合する品質とし、使用部位はタイル製造業者の表示とする。
　　 ＊２：接着剤との接着適合性が確認されたものとする。

b. モルタル下地壁タイル張り

　モルタル下地壁タイル張りにおけるタイルと接着剤の組合せは、特記による。特記のない場合は、表９-２-42 よりタイルと接着剤の組合せを選択する。

表９-２-42　モルタル下地壁タイル張りにおけるタイルと接着剤の組合せ

適用部位・下地		タイルの種別	タイル 形状及び大きさ	接着剤 JIS A 5557	接着剤 JIS A 5548	備考
外壁	モルタル下地	タイル[*1]	300 角以下	○	—	JASS 15 モルタル１回・２回塗り工法に準拠
		ユニットタイル[*1]	50 四丁以下ボーダータイル	○	—	
内壁		タイル[*1]	300 角以下	—	○	JASS 15 モルタル１回・２回塗り工法に準拠
		ユニットタイル[*1]	50 四丁以下、150 角以下ボーダータイル	—	○	

○：適用可、—：適用外
[注] ＊１：JIS A 5209：2020（セラミックタイル）に適合する品質とし、使用部位はタイル製造業者の表示とする。

c. パネル下地壁タイル張り

　パネル下地壁タイル張りにおけるタイルと接着剤の組合せは、特記による。特記のない場合は、表９-２-43 よりタイルと接着剤の組合せを選択する。

exterior planner handbook

表9-2-43　パネル下地壁タイル張りにおけるタイルと接着剤の組合せ

適用部位・下地		タイルの種別	タイル 形状及び大きさ	接着剤 JIS A 5557	接着剤 JIS A 5548	備考
外壁	押出成形セメント板下地（素地）*2*3	タイル*1	300角以下	○	―	不陸調整には有機系下地調整塗材を用いる*5。
		ユニットタイル*1	50四丁以下 ボーダータイル	○	―	
内壁	ALCパネル*3*4	タイル*1	300角以下	○	―	表面仕上げ材および下地材料の総質量は30 kg/m²以下とする。不陸調整には既調合ポリマーセメントモルタルを用いる。
		ユニットタイル*1	50四丁以下、150角以下 ボーダータイル	○	―	

○：適用可、―：適用外
［注］＊1：JIS A 5209：2020（セラミックタイル）に適合する品質とし、使用部位はタイル製造業者の表示とする。
　　　＊2：押出成形セメント板は、フラットパネルを使用する。
　　　＊3：下地製品の規格幅内でタイルが割り付けられることとする。
　　　＊4：既調合ポリマーセメントモルタルを全面に施した下地面とする。
　　　＊5：接着剤との接着適合性が確認されたものとする。

d.　ボード下地壁タイル張り

　　ボード下地壁タイル張りにおけるタイルと接着剤の組合せは、特記による。特記のない場合は、表9-2-44よりタイルと接着剤の組合せを選択する。

表9-2-44　ボード下地壁タイル張りにおけるタイルと接着剤の組合せ

適用部位・下地		タイルの種別	タイル 形状及び大きさ	接着剤 JIS A 5557	接着剤 JIS A 5548	備考
内壁	ボード下地 けい酸カルシウム板*2 せっこうボード*3 合板など*4	タイル*1	300角以下	―	○	下地ボードにシーラー処理などの表面処理を行う場合は、接着剤の製造業者の施工説明書に従う。
		ユニットタイル*1	50四丁以下、150角以下 ボーダータイル	―	○	

○：適用可、―：適用外
［注］＊1：JIS A 5209：2020（セラミックタイル）に適合する品質とし、使用部位はタイル製造業者の表示とする。
　　　＊2：JIS A 5430（繊維強化セメント板）タイプ2のけい酸カルシウム板とする。
　　　＊3：JIS A 6901（せっこうボード製品）による。
　　　＊4：接着剤との接着適合性が確認されたものとする。

e.　床タイル張り

　　床タイル張りにおけるタイルと接着剤の組合せは、特記による。特記のない場合は、表9-2-45よりタイルと接着剤の組合せを選択する。

表9-2-45　床タイル張りにおけるタイルと接着剤の組合せ

適用部位・下地		タイルの種別	タイル 形状及び大きさ	接着剤 JIS A 5557	接着剤 JIS A 5548	備考
内部床	モルタル下地	タイル*1	300角以下	―	○	
		ユニットタイル*1	150角以下	―	○	
	合板下地など*2	タイル*1	300角以下	―	○	乾燥した状態の下地に限る。
		ユニットタイル*1	150角以下	―	○	

○：適用可、―：適用外
［注］＊1：JIS A 5209：2020（セラミックタイル）に適合する品質とし、使用部位はタイル製造業者の表示とする。
　　　＊2：接着剤との接着適合性が確認されたものとする。

exterior planner handbook

2）目地

a. 伸縮調整目地の配置

・屋内の入隅、建具などの他材料との取合いの部分及び床と壁の取合い部分には、伸縮調整目地を設ける。

b. タイル目地の配置

・目地幅を適正にとり、突付け目地としてはならない。
・目地の深さは、タイル厚の 1/2 以内とする。

3）有機系接着剤

a. 外装接着剤張り用接着剤

・外装接着剤張りに用いる接着剤は、JIS A 5557：2020（外装タイル張り用有機系接着剤）の規格に適合する一液反応硬化形接着剤とし、その種類は特記による。
・特記により、目地詰めを行わない場合に用いる接着剤は、耐候性及びタイル表面の耐汚染性に優れたものとする。

b. 内装接着剤張り用接着剤

・内装壁及び内装床の内装接着剤張りに用いる接着剤は、JIS A 5548：2015（セラミックタイル張り内装用接着剤）の規格に適合するものとし、その種類は特記による。
・上記以外の接着剤を用いる場合は特記による。

4）工法一般

a. タイルの張り方

（ⅰ）外装接着剤張り

・タイル張りに先立ち、下地面の清掃を行い、下地面は十分に乾燥させる。
・接着剤は開封後ただちに使用し、製造業者の指示する張付け可能時間内にタイルを張り終える。
・接着剤はくし目ごてを用いて必要な高さになるようにし、かつ、下地面に押さえつけるように入念に塗り付ける。接着剤の塗付け時に使用するくし目ごて、塗布方法は、タイル製造会社又は接着剤製造会社の指定に従う。裏あしのあるタイルをくし目を立てて接着剤を塗り付けて張り付ける場合は、裏あしに対して直交又は斜め方向にくし目を立てる。
・タイルの張付けは、手でもみ込んだ後に、たたき板、タイル張りに用いるハンマーでたたき押えるか、又は振動工具を用いて加振して張り付ける。

（ⅱ）内装接着剤張り

・タイル張りに先立ち、下地面の清掃を行い、下地面は十分に乾燥させる。
・一液反応硬化形の接着剤を用いる場合は、製造会社の指示する張付け可能時間内にタイルを張り終える。又、二液反応硬化形の接着剤を用いる場合は、可使時間内にタイルを張り終える。
・二液反応硬化形の接着剤を用いる場合は、製造会社指定の混合比率を厳守し、硬化不良を防止するため十分に混練する。
・接着剤は製造業者指定のくし目ごてを用い、塗り厚 3mm 程度になるようにし、

かつ、下地面に押さえつけるように入念に塗り付ける。
・200mm角以上の大きさのタイルを壁に張る場合は、特にタイルのずれが生じないような接着剤を選定して張り付ける。

b. 目地詰め

（ⅰ）塗り目地
・タイル面や目地部の清掃をする。
・目地モルタルの混練りは指定の調合で機械練りをする。
・伸縮調整目地の位置を確認後に、ゴムこてにて目地モルタルを塗り込む。
・スポンジ等で余分な目地モルタルを取り除く。
・伸縮調整目地部にはみ出した目地モルタルは除去する。

（ⅱ）一本目地
・タイル面や目地部の清掃をする。
・目地モルタルの混練りは指定の調合で機械練りをする。
・伸縮調整目地の位置を確認後に、目地こてやチューブを用いて目地モルタルを一本ずつ詰める。
・タイルの厚さの1/2以下の深さになるように押え仕上げる。
・伸縮調整目地部にはみ出した目地モルタルは除去する。

8 塗装工事

(1) 総則

① 適用範囲
次に示す建築物の素地に対する塗装工事に関して適用する。
a. 金属系素地（鉄鋼及び亜鉛めっき鋼）
b. セメント系素地（コンクリート、セメントモルタル、プレキャストコンクリート部材、ALCパネル、押出成形セメント板等）及びせっこうボード素地面
c. 木質系素地面

② 用語の定義
素地
　いずれの塗装工程による行為も行われていない面のこと。
下地
　素地に対して何らかの塗装工程による行為が行われて、次の工程の行為が行われようとしている面のこと。
素地調整
　素地に対して塗装に適するように行う処理のこと。
下地調整
　下地に対して塗装に適するように行う処理のこと。
塗付け量
　被塗装面単位面積あたりの塗装材料の希釈する前の付着質量のこと。
所要量
　被塗装面単位面積あたりの塗装材料の希釈する前の使用質量のこと。

exterior planner handbook

下塗り

素地調整あるいは下地調整を行った後に塗る作業、又はその作業によってできた塗り面のこと。

中塗り

下塗りと上塗りの中間層を塗る作業、又はその作業によってできた塗り面のこと。

上塗り

仕上げとして塗る作業、又はその作業によってできた塗り面のこと。

パテかい

下地面のくぼみ、すき間、目違い部分等にパテをつけて平らにする作業のこと。

パテ付け

パテなどを下地全面に塗り付け、表面の過剰なパテをしごき取るか、又は下地全面に塗り付け、平らにする作業のこと。

工程間隔時間

塗装の一工程から次の工程に移るまでの時間のこと。

最終養生時間

最終工程が終了した後に実用に供することができるまでの時間のこと。

膜厚

乾燥硬化した塗膜の厚さのこと。

可使時間

2液形の主剤と硬化剤を混合してから使用できなくなるまでの時間のこと。

(2) 施工一般

① 色・模様の決定

a. 指定された色・模様の確認は、原則として施工者が塗り見本を作製して、工事監理者の承認を受ける。

b. 塗り見本は、必要に応じて工程ごとに手順が分かるものとする。

c. 工事監理者に承認された塗り見本は、汚れ、傷、著しい変退色が生じないようにして工事完了時まで保存する。

② 材料

1) 使用材料の品質

a. 塗装材料は、日本産業規格又は日本建築学会材料規格に適合するものとし、必要に応じて品質確認のための試験を行う。

b. 各塗り工程で用いる塗装材料は、原則として同一製造所の製品又は上塗り材料製造所の指定する製品とする。

2) 材料などの保管

a. 工事現場に搬入した可燃性材料は、消防法など関係法令に準じて適切に保管する。

b. 使用途中の塗装材料は、密封して保管する。なお、こぼれた材料は速やかにふき取る。

c. 塗料などが付着した布片などで引火の恐れがある物は、塗装材料の保管場所には置かない。

d. 合成樹脂エマルション系材料の保管は、直射日光を避けるとともに、低温時においては凍結しない場所とする。

③ 工法一般

1）材料の取扱い

　a．塗装材料は開封しないで現場に搬入し、塗装材料の搬入ごとに設計図書の条件に適合することを確認する。

　b．上塗り用の塗料は、原則として製造所において指定された色調及びつやに調整されたものとする。ただし、使用量が少ない場合は工事監理者の承認により、同一製造所の同種塗料に限って工事現場で調色することができる。

　c．塗料は原則として調合された塗料をそのまま使用する。ただし、素地面の粗密、吸収性の大小、気温の高低等に応じて、適正な希釈割合の範囲内で塗付けに適するように調整する。

　d．塗装膜厚の管理は、専用測定器又は塗付け量による。

　e．塗装作業は、安全データシート（SDS）及び使用説明書等に記載された注意事項や取扱い方法等を遵守する。

2）塗装用器材及び工具

　塗装に用いる器材は所定のシンナーなどを用いて清浄にし、使いやすい状態にしておく。

　a．はけは、用いる塗装材料の性質に応じて作られたもので、塗る箇所に適した形状並びに毛質のものを使い分ける。

　b．ローラーブラシは、用いる塗装材料に適したローラーカバーの種類と、塗る箇所に適した形状のものを選択する。

　c．吹付用器具のガンの種類、口径、空気圧等は施工する塗装材料の性状、素地の形状、面積の大小等に応じて適正なものを選択する。

3）塗り工法

　a．はけ塗りは、はけ目正しく、たまりや流れ等がないように一様に塗り付ける。

　b．ローラーブラシ塗りは、ローラーブラシを用いて均一に塗り付け、隅角部やちり回り等は小ばけ又は専用ローラーブラシを用いる。

　c．吹付け塗りは、塗装材料に適したスプレーガンを素地面に対して直角に保ち、吹きむらが生じないように一様に塗付する。

④ 養生

　塗装とその周辺や床等に汚染や損傷を与えないように注意し、必要に応じて予め塗装箇所の周辺には適切な養生を行う。

⑤ 施工管理

　a．塗装場所の気温が5℃未満、相対湿度が85％以上、もしくは換気が適切でなく結露するなどで塗料の乾燥に不適切な場合は、原則として塗装作業に着手しない。やむを得ず塗装を行う場合は、採暖や換気等の養生を行う。

　b．外部の塗装は、降雨の恐れがある場合及び強風時には原則として作業を行わない。

　c．塗料をふき取った布や塗料が付着した布片などで自然発火を起こす恐れのあるものは、作業が終了した後速やかに処分する。

exterior planner handbook

(3) セメント系素地面塗装

① 2液形ポリウレタンワニス塗り

1）適用範囲

 a. 主として、建築物の外部壁面に用いる透明仕上げと着色透明仕上げを目的とした2液形ポリウレタンワニス塗りに適用する。

 b. 2液形ポリウレタンワニス塗りの塗装種別は、塗り回数によって表9-2-46に示すA種、B種の2種類とし、その適用は特記による。

表9-2-46　2液形ポリウレタンワニス塗りの塗装種別

塗装種別	塗り回数		
	下塗り	中塗り	上塗り
A種	1	2	1
B種	1	1	1

2）材料

 2液形ポリウレタンワニス塗りに用いる材料は、表9-2-47に示す規格に適合する材料とする。

表9-2-47　2液形ポリウレタンワニス塗りに用いる材料および規格

材　　料	規　　格
2液形ポリウレタンワニス	JASS 18 M-502
2液形着色ポリウレタンワニス	JASS 18 M-203

3）素地

 2液形ポリウレタンワニス塗りに適用する素地は、表9-2-48に示すとおりである。

表9-2-48　2液形ポリウレタンワニス塗りの塗装種別と適用する素地

塗装種別 素地の種類	A種	B種
コンクリート	可	
セメントモルタル	可	
プレキャストコンクリート部材	可	

4）工程

 2液形ポリウレタンワニス塗りの工程は、表9-2-49に示すとおりである。

表9-2-49　2液形ポリウレタンワニス塗りの工程

工程	塗装種別		塗料、その他	希釈割合 (質量比)	塗付け量 (kg/m²)	工程間隔 時間
	A種	B種				
下塗り	●	●	2液形ポリウレタンワニス	100	0.08	16h 以上 7d 以内
			希釈材	20 ～ 70		
中塗り1回目	●	●	2液形ポリウレタンワニス	100	0.08	16h 以上 7d 以内
			希釈材	10 ～ 60		
中塗り2回目	●	―	中塗り1回目に同じ			
上塗り	●	●	中塗り1回目に同じ			(72h 以上)

●：実施する工程作業　―：実施しない
（　）内は、最終養生時間を示す。

5）塗装方法

 塗装方法は、はけ塗り、ローラーブラシ塗り又は吹付け塗りとする。ただし、2液形着色ポリウレタンワニスは吹付け塗りとする。

exterior planner handbook

② アクリルシリコン樹脂ワニス塗り

1) 適用範囲

a. 主として、建築物の外部壁面に用いる透明仕上げと着色透明仕上げを目的としたアクリルシリコン樹脂ワニス塗りに適用する。

b. アクリルシリコン樹脂ワニス塗りの塗装種別は、塗り回数によって表9-2-50に示すA種、B種の2種類とし、その適用は特記による。

表9-2-50　アクリルシリコン樹脂ワニス塗りの塗装種別

塗装種別	塗り回数		
	下塗り	中塗り	上塗り
A種	1	2	1
B種	1	1	1

2) 材料

アクリルシリコン樹脂ワニス塗りに用いる材料は、表9-2-51に示す規格に適合する材料とする。

表9-2-51　アクリルシリコン樹脂ワニス塗りに用いる材料および規格

材　料	規　格
アクリルシリコン樹脂ワニス	JASS 18 M-205
着色アクリルシリコン樹脂ワニス	JASS 18 M-205

3) 素地

アクリルシリコン樹脂ワニス塗りに適用する素地は、表9-2-52に示すとおりである。

表9-2-52　アクリルシリコン樹脂ワニス塗りの塗装種別と適用する素地

素地の種類 ＼ 塗装種別	A種	B種
コンクリート		可
セメントモルタル		可
プレキャストコンクリート部材		可

4) 工程

アクリルシリコン樹脂ワニス塗りの工程は、表9-2-53に示すとおりである。

表9-2-53　アクリルシリコン樹脂ワニス塗りの工程

工程	塗装種別		塗料、その他	希釈割合（質量比）	塗付け量（kg/m²）	工程間隔時間
	A種	B種				
下塗り	●	●	アクリルシリコン樹脂ワニス	100	0.08	16h 以上
			希釈材	20 ～ 70		7d 以内
中塗り1回目	●	●	アクリルシリコン樹脂ワニス	100	0.08	16h 以上
			希釈材	10 ～ 60		7d 以内
中塗り2回目	●	―	中塗り1回目に同じ			
上塗り	●	●	中塗り1回目に同じ			(72h 以上)

●：実施する工程作業　―：実施しない
（　）内は、最終養生時間を示す。

5) 塗装方法

塗装方法は、はけ塗り、ローラーブラシ塗り又は吹付け塗りとする。ただし、着色アクリルシリコン樹脂ワニスは吹付け塗りとする。

exterior planner handbook

③ 常温乾燥形ふっ素樹脂ワニス塗り

1）適用範囲

a. 主として、建築物の外部壁面に用いる透明仕上げと着色透明仕上げを目的とした常温乾燥形ふっ素樹脂ワニス塗りに適用する。

b. 常温乾燥形ふっ素樹脂ワニス塗りの塗装種別は、塗り回数によって表9-2-54に示すA種、B種の2種類とし、その適用は特記による。

表9-2-54　常温乾燥形ふっ素樹脂ワニス塗りの塗装種別

塗装種別	塗り回数		
	下塗り	中塗り	上塗り
A種	1	2	1
B種	1	1	1

2）材料

常温乾燥形ふっ素樹脂ワニス塗りに用いる材料は、表9-2-55に示す規格に適合する材料とする。

表9-2-55　常温乾燥形ふっ素樹脂ワニス塗りに用いる材料および規格

材　料	規　格
常温乾燥形ふっ素樹脂ワニス	JASS 18 M-206
常温乾燥形着色ふっ素樹脂ワニス	JASS 18 M-206

3）素地

常温乾燥形ふっ素樹脂ワニス塗りに適用する素地は、表9-2-56に示すとおりである。

表9-2-56　常温乾燥形ふっ素樹脂ワニス塗りの塗装種別と適用する素地

塗装種別 素地の種類	A種	B種
コンクリート		可
セメントモルタル		可
プレキャストコンクリート部材		可

4）工程

常温乾燥形ふっ素樹脂ワニス塗りの工程は、表9-2-57に示すとおりである。

表9-2-57　常温乾燥形ふっ素樹脂ワニス塗りの工程

工程	塗装種別		塗料、その他	希釈割合 （質量比）	塗付け量 （kg/m²）	工程間隔 時間
	A種	B種				
下塗り	●	●	常温乾燥形ふっ素樹脂ワニス	100	0.08	16h 以上 7d 以内
			希釈材	20 ～ 70		
中塗り1回目	●	●	常温乾燥形ふっ素樹脂ワニス	100	0.08	16h 以上 7d 以内
			希釈材	10 ～ 60		
中塗り2回目	●	―	中塗り1回目に同じ			
上塗り	●	●	中塗り1回目に同じ			（72h 以上）

●：実施する工程作業　―：実施しない
（　）内は、最終養生時間を示す。

5）塗装方法

塗装方法は、はけ塗り、ローラーブラシ塗り又は吹付け塗りとする。ただし、常温乾燥形ふっ素樹脂ワニスは吹付け塗りとする。

④ **合成樹脂エマルションペイント塗り**

1）適用範囲

　主として、建築物の内外部の壁面や天井等の合成樹脂エマルションペイント塗りに適用する。

2）合成樹脂エマルションペイント塗り

　合成樹脂エマルションペイントは、「JIS K 5663　合成樹脂エマルションペイント」に適合するものとする。

　又、合成樹脂エマルションペイントの種類は、次のとおりである。

　a. 1種は、主に屋外に用いる。

　b. 2種は、主に屋内に用いる。

3）工程

　合成樹脂エマルションペイントの現場における上塗りの工程は、表9-2-58に示すとおりである。

表9-2-58　合成樹脂エマルションペイント塗りの上塗り工程

工程	塗付け量 (kg/m²)	工程間隔時間
上塗り	0.11	(48h 以上)

　（　）内は、最終養生時間を示す。

4）塗装方法

　a. 塗装方法は、はけ塗り、ローラーブラシ塗り又は吹付け塗りとする。

　b. 合成樹脂エマルションペイントは、使用時に十分かき混ぜて均一にしてから使用する。

　c. パテ付けやパテかいは、水がかり部分以外の屋内塗装の場合に限る。

(4) 木質系素地面塗装工事

① ピグメントステイン塗り

1）適用範囲

　主として、建築物の内・外部のステイン塗装仕上げを目的としたピグメントステイン塗りに適用する。

2）ピグメントステイン

　ピグメントステインは、日本建築学会の材料規格「JASS18M-306　ピグメントステイン」に適合するものとする。

3）塗装方法

　ピグメントステインの塗装方法は、次のとおりである。

　a. 着色は、むらが生じないようにはけ塗り又は吹付け塗りとする。

　b. 塗付け後は、材料が乾ききらないうちに過剰な着色剤をふき取る。

　c. 中塗り及び上塗り後は、それぞれ 10 ～ 20 分放置した後、ふきむらのないようにウエスで軽く全面をふきとる。

exterior planner handbook

② 木材保護塗料塗り

1）適用範囲

主として、建築物外部の木質系素地に対する半透明塗装仕上げを目的とした木材保護塗料塗りに適用する。

2）木材保護塗料

木材保護塗料は、日本建築学会の材料規格「JASS18M-307　木材保護塗料」に適合するものとする。

3）塗装方法

木材保護塗料の塗装方法は、次のとおりである。

a. 下塗り及び上塗りは、はけ塗り又はローラーブラシ塗りとする。

b. 上塗り塗装を行う際には、前工程の塗り面が十分乾燥していることを確認する。

c. 作業時は、ゴム手袋、保護めがね及びマスク等を着用し、安全衛生に注意するとともに、周囲への飛散を防止するための養生を行う。

③ 合成樹脂調合ペイント塗り

1）適用範囲

主として、建築物の内・外部の不透明塗装仕上げを目的とする合成樹脂調合ペイント塗りに適用する。

2）合成樹脂調合ペイント

合成樹脂調合ペイントは、「JIS K 5516　合成樹脂調合ペイント」に適合するものとする。

3）工程

合成樹脂調合ペイントの現場における上塗りの工程は表9-2-59に示すとおりである。

表9-2-59　合成樹脂調合ペイント塗りの上塗り工程

工程	塗付け量（kg/m²）	工程間隔時間
上塗り	0.08	（72h 以上）

（　）内は、最終養生時間を示す。

4）塗装方法

合成樹脂調合ペイントの塗装方法は、次のとおりである。

a. 目止めは、はけで塗り付けた後に木べら又は金べらで木目に十分充填するか、ウエスで木目によくすり込み、乾かないうちに過剰な材料を素地面からふき取る。

b. パテかいは1回で厚付けせず、木べらや金べらを用いて数回に分けて行う。

c. 下塗り、中塗り及び上塗りは、はけ塗り吹付け塗り又はローラーブラシ塗りとする。

d. 中塗り及び上塗りは、前工程の塗膜が十分乾燥していることを確認してから行う。

④ 合成樹脂エマルションペイント塗り

1）適用範囲

　主として、建築物の内・外部の不透明塗装仕上げを目的とする合成樹脂エマルションペイント塗りに適用する。

2）合成樹脂エマルションペイント

　セメント系素地面に対する合成樹脂エマルションペイント塗りに同じである。

3）工程

　現場における上塗りの工程は表9-2-60に示すとおりである。

表9-2-60　合成樹脂エマルションペイント塗りの上塗り工程

工程	塗付け量 (kg/m²)	工程間隔時間
上塗り	0.10	(48h 以上)

（　）内は、最終養生時間を示す。

4）塗装方法

　合成樹脂エマルションペイントの塗装方法は、次のとおりである。

　a．パテかいは、内部の塗装にのみ用い、1回で厚塗りせず、木べらや金べらを用いて数回に分けて行う。

　b．塗装方法は、はけ塗り又は吹付け塗り若しくはローラーブラシ塗りとする。

　c．中塗り及び上塗りは、前工程の塗膜が十分乾燥していることを確認してから行う。

⑤ つや有合成樹脂エマルションペイント塗り

1）適用範囲

　a．主として、建築内・外部の不透明塗装仕上げを目的とした、つや有合成樹脂エマルションペイント塗りに適用する。

　b．つや有合成樹脂エマルションペイント塗りの塗装種別は、塗り回数によって表9-2-61に示すA種、B種の2種類とし、その種別は特記による。

表9-2-61　つや有合成樹脂エマルションペイント塗りの塗装種別

塗装種別	塗り回数			
	下塗り	パテかい	中塗り	上塗り
A 種	1	(1)	1	1
B 種	1	—	1	1

（　）：通常は実施しない工程作業　　—：実施しない

2）材料

　つや有合成樹脂エマルションペイント塗りに用いる材料は、表9-2-62に示す規格に適合する材料とする。

表9-2-62　つや有合成樹脂エマルションペイント塗りに用いる材料および規格

材　料	規　格
合成樹脂エマルションパテ	JIS K 5669　耐水形薄塗り用
合成樹脂エマルションシーラー	JIS K 5663
つや有合成樹脂エマルションペイント	JIS K 5660

exterior planner handbook

3）工程

　現場における上塗りの工程は表9-2-63に示すとおりである。

表9-2-63　つや有合成樹脂エマルションペイント塗りの上塗り工程

工程	塗装種別		塗料、その他	希釈割合 （質量比）	塗付け量 （kg/m²）	工程間隔 時間
	A種	B種				
上塗り	●	●	つや有合成樹脂エマルション ペイント	100	0.10	（48h 以上）
			水	5 ～ 10		

●：実施する工程作業

（　）内は、最終養生時間を示す。

4）塗装方法

　　a．パテかいは、1回で厚塗りせず、木べら又は金べらを用いて数回に分けて行う。

　　b．下塗り、中塗り、上塗りは、はけ塗り、ローラーブラシ塗り又は吹付け塗り
　　　とする。中塗りや上塗りは、前工程の塗膜が十分乾燥していることを確認して
　　　から行う。

⑨　舗装工事

(1) インターロッキングブロック工事

①　総則

1）適用範囲

　サンドクッション及び目地砂を用いる乾式工法によるインターロッキングブロッ
クを用いた、建築物周辺及び建築敷地の広場、歩行者系道路、定常的に大型車が走
行しない道路等の舗装工事に適用する。

2）用語の定義

歩行者系道路

　歩道、自転車歩行者専用道路、公園内の道路及び広場等の主に歩行者の用に供す
る道路並びに広場のこと。

インターロッキングブロック舗装

　インターロッキングブロックをサンドクッションを介して路盤上に敷き並べ、目
地砂を充填した舗装のこと。

サンドクッション

　インターロッキングブロックの高さ調節と、インターロッキングブロックにかか
る荷重を路盤に分散して伝えるために路盤とインターロッキングブロックの中間に
設ける砂層のこと。

目地砂

　インターロッキングブロック相互のかみ合わせ効果を発揮させるために目地に入
れる砂のこと。

路盤

　表層からの荷重を分散させ、路床に伝えるために路床の上に設けられた砕石等の
粒状材料で構成される層のこと。

路床

　路盤の下、約1mまでの、舗装の基盤となる土の層のこと。

平坦性

舗装面の縦横方向の凹凸を測定して、舗装面の平滑さを示す指標のこと。

② 使用材料

1) 材質

インターロッキングブロックの材質は、コンクリート又はれんがとし、適用は特記による。

2) 種類

インターロッキングブロックの種類は、表9-2-64に示すとおりで、適用は特記による。

表9-2-64　インターロッキングブロックの種類

種　類
普通インターロッキングブロック
透水性インターロッキングブロック
保水性インターロッキングブロック
植生用インターロッキングブロック
視覚障がい者誘導用インターロッキングブロック

3) 砂

a. クッション砂は、4.75 mm以下の粗砂とする。

b. 目地砂は、2.36 mm以下の細砂とする。

c. 砂はシルトや泥分が少なく、ごみ、小石などを含まないものとする。

③ 舗装構造

1) 普通、植生用及び視覚障害者誘導用インターロッキングブロック

普通、植生用及び視覚障害者誘導用インターロッキングブロックの舗装構造は、表9-2-65に示すとおりである。

表9-2-65　普通、植生用及び視覚障害者誘導用インターロッキングブロックの舗装構造の種別と舗装断面厚さの標準値

舗装構造の種別	インターロッキングブロック (mm)	サンドクッション (cm)	粒調砕石 (cm)	切込砕石 (cm)	設計 CBR (%)	交通条件
a	60	3	—	10	—	歩行者、自転車の交通に供する広場や道路などの歩行者系道路
b	60*	2	10	15	2～3	最大積載量4 t以下の管理用車両や、限定された一般車両が通行する広場や道路
	80	2	—	15	4以上	
	80	2	—	15	—	
c	80	2	10	20	2	定常的に大型車両が走行しない道路
	80	2	10	10	3	
	80	2	15	—	4	
	80	2	10	—	6以上	

＊舗装構造の種別のbのインターロッキングの厚さ60 mmはれんがのみに適用する。

exterior planner handbook

2）透水性インターロッキングブロック

透水性インターロッキングブロックの舗装構造は、表9-2-66に示すとおりである。

表9-2-66　透水性インターロッキングブロックの舗装構造の種別と舗装断面厚さの標準値

舗装構造の種別	インターロッキングブロック（mm）	サンドクッション（cm）	切込砕石（cm）	フィルター層（cm）	設計CBR（%）	交通条件
d	60	3	10	5～10	—	歩行者、自転車の交通に供する広場や道路などの歩行者系道路
e	60*	2	25	5～10	2～3	最大積載量4t以下の管理用車両や、限定された一般車両が通行する広場や道路
		2	15	5～10	4以上	
	80	2	—	5～10	—	

＊舗装構造の種別のeのインターロッキングの厚さ60mmはれんがのみに適用する。

④　工法

1）転圧

インターロッキングブロックの転圧は、平たん性が確保できるまで十分に行う。

2）目地幅

目地幅は、特記がない場合、2～3mmを標準とする。

3）目地詰め

目地詰めは、目地砂が十分に充填されるまで行う。

4）確認

施工後、インターロッキングブロックの破損や段差など、仕上がり状態を目視により確認する。

🔟　塀・門その他の工事

塀、門、垣及び境界標の工事に適用する。

①　垣

1）材料

a. 建仁寺垣の材料は、表9-2-67に示すとおりである。

表9-2-67　建仁寺垣の材料

名　称	材　料	備　考
柱	スギ又はヒノキ丸太材とし、止柱は末口90mm内外、間柱は末口75mmとする。	柱の径の高さ1.8m内外のものに適用する。
竹	からたけ、立子は幅30mm内外の割り竹、胴押縁又は玉縁は径40mm内外のもの二つ割り	
しゅろなわ	細の染	

b. 四つ目垣の材料は、表9-2-68に示すとおりである。

表9-2-68 四つ目垣の材料

名　称	材　料	備　考
柱	スギ又はヒノキ丸太材とし、止柱は末口90 mm内外、間柱は末口75 mmとする。	柱の径の高さ1.2 m内外のものに適用する。
竹	径25 mm内外のから竹	
しゅろなわ	細の染	

2）工法

a. 両面（含む、片面）建仁寺垣

（ア）柱は、600mm内外根入れし、根入れ部を地上100 mm内外まで根焼き又は防腐剤を塗る。

（イ）柱間隔は、1.8m内外とし、胴押縁をきりもみのうえ柱にくぎ打ちして止める。

b. 四つ目垣

（ア）柱は、根入れ400 mm内外に掘り立て、根入れ部は地上100 mm内外まで根焼き又は防腐剤を塗る。

（イ）柱間隔は、1.8 m内外とし、胴押はきりもみのうえ柱にくぎ打ちして止める。

exterior planner handbook

第10章

設計図の作成

10-1　図面の知識（1級、2級）

10-2　関連図面の見方（1級、2級）

10-3　製図規準（1級、2級）

10-4　図面の作図表示（1級、2級）

10-5　設計図の作成と手順（1級、2級）

10-1 図面の知識

① 図面の意味

エクステリアの図面は、建築や土木、機械、設備等の図面と比較して、製図規約が明確とは言えず、粗雑な図面や大雑把な図面が巷に溢れ、「絵図面」と呼ばれるなど、様々な問題が発生している現状がある。しかしながら、近年エクステリアの認識や重要性が叫ばれ、徐々にではあるが外部住環境へ関心が向いてきたといえ、住宅が建物だけの"住む器"から"住まい"へ生活空間として認識されてきたことを意味している。

このような状況の中、何時までもいい加減な図面では、建築その他の関連業界と協力して快適な住空間を創るというエクステリア本来の目的は実現できない。図面は、計画の意図や主旨を分かりやすく施主や施工者に伝達するために作成される。自らの計画を図面として作ることにより、計画者自らも計画の整合性を確認でき、さらに、施主や施工者と計画の意図や主旨を共有できることになる。

計画意図は、文字や言葉では伝わりにくく、万国共通である図面にすることにより正しく伝わり、施主の誤解や施工者の勘違い、あるいは工事の手戻りといったことも少なくなる。

さらに、曖昧といわれるエクステリア工事の積算が詳細図を作ることにより、正確にでき、単価や施工も公明正大になる。したがって、作図の表現は誰が見ても理解できるよう、作図の規準に沿って作成されなければならない。

同様に、図面の用途を理解し、提案図（プレゼン図）、一般図、施工詳細図等の区別や施主向け、施工者向け等の区別を理解して作図することが求められる。さらに、図面には計画を図解するための表示方法や記号があるので、図の作成方法を正しく理解することも重要になる。

このように図は工事の範囲や工事目的物の機能や構造、配置などを視覚的に表したもので、工事目的物の内容を一定の規準に基づいて、設計結果を記したものを設計図と呼んでいる。

② 図面の用途

図面は目的に応じて作成される。施主との打ち合せの最初の段階には、計画を施主に伝達する目的で作成される提案図があり、計画が承認されると、計画を実現（施工）する目的で設計図（一般図、施工図、承認図、竣工図）が作成される。設計図は契約時にも用いられ、設計図書に含まれる。

どのような目的で図面を作成するのかと考えると、現状では提案用（平面図・立面図・ゾーニング図、完成予想図など）と施工用・契約用（平立面図一般図、平立断面詳細図）に分けることができる。

したがって、目的を最も的確に実現するために作成し、用途別の作図方法を明確に理解することは大切である。

① 提案図（プレゼン図）

文字通り計画の提案を示した図のことをいう。提案図は、施主に向けて計画の印象も含め、計画を的確に伝えるために作成される図といえる。提案図の性

exterior planner handbook

格上、この図で施工をするわけではないので、具体的で詳細な仕上げや名称、寸法など複雑な表現は避けて、誰が見ても理解できる（特に施主が理解できる）表現が求められる。

　施主の要望に応えられる計画を伝えることが重要で、施主に"この計画でお願いしたい"と思わせるような表現を主体に作成する図といえる。そのため、完成予想図に透視図や着彩などを施し、より分かりやすくする図が作成される。

　図の構成などは特に定めはなく、製図規準にとらわれず、伝達を重視し、用紙や図法、縮尺なども自由に作成する。表現は表紙、設計意図（コンセプト）、ゾーニング図、平面図、立面図、完成予想図等で、必要に応じ周辺環境図や写真、イラストなどでまとめる。

② **設計図**

　施主からの要望や敷地の条件などを検討して、最も良いと思われる工事目的物に係る計画者の意図を一定の規準に基づいて図示したものを設計図という。施設の平面記号や植栽の樹木記号や名称寸法などを記入して計画が理解できるようにする。

　設計図には一般図（配置図、平面図、立面図、断面図、展開図等）と詳細図（構造図、設備図、植栽図等）がある。つまり、エクステリアを作るために必要な情報を網羅した図面が設計図と呼ばれる。

③ **一般図**

　一般図は、計画内容を全体的に表し、全般的な理解を得ると共に各構成要素の基本的な配置などを示す目的をもつ図といえる。エクステリアに精通していない施主でも理解できる図で、計画が誰にでも理解できることを目的に作成される図といえる。

　図は用紙や製図規準を守り、縮尺や図名、作成年月日、作図者などを記載し、一般的な製図規準に基づき作成する。部位別に、計画に使用する資材や仕上げの大まかな寸法なども記入してもよい。

　一般図は、平面図、立面図等により表現される。縮尺は、通常 1：200 ～ 1：50 程度を用いる。

④ **詳細図**

　施工者が施工をできるよう、情報を盛り込んだ図である。計画を正確に施工者に伝達するために作成するので、用いる資材の色や品番、施工方法、仕上げ等を記入する。図は用紙や製図規準を守り、縮尺や図名、作成年月日、作図者などを記載し作成する。仕上げ寸法、仕上がり高、素材の使い方等詳しい情報を伝達する図といえる。

　詳細図は、平・立面図、断面図、商品図、姿図等により表現される。縮尺は通常 1：1（原寸大）～ 1：50 程度のものを用いる。

⑤ **承認図**

　注文者、その他関係者の承認を得た図面のことである。設計者は、設計完了までの段階で、依頼者との打合せ確認を繰返し行い、打合せ完了時に設計図の承認を求めることになる。用紙や基準を守り、縮尺や図名、作成年月日、作図者等、一般的な製図規準に基づいて作成する。施工者は工事遂行について、発

exterior planner handbook

注者の設計意図に合致した図かどうかの承認を求める。平面図、立面図、断面図、展開図、商品図（姿図）等によって表現される。

⑥　竣工図

　設計図と実際のエクステリア工事が一致しないことが多く、設計は施工中に変更されることは珍しくない。そのため、工事中に発生した設計変更などをもとに設計図を修正し、実際に行われた変更内容も含め、竣工したエクステリア工事を正確に表した竣工図を作成することになる。この図は、将来の維持管理や修理、追加工事の際には大変重要な資料となる。

　したがって、施工者は工事完了後、設計図面を訂正し、後日の瑕疵担保や維持管理等の管理上の基になる図として作成する。

③　設計図書

　設計図書は、建築法規（建築基準法第2条12項）では「建築物（門、塀等）、その敷地またはこの法規で規定されている工作物に関する工事用の図面（原寸図その他これに類するものは除く）及び仕様書をいう」と規定されている。又、建築士法の第2条6項には、「設計図書とは建築物の建築工事の実施のために必要な図面（現寸図その他これに類するものを除く。）及び仕様書」と記載されている。建築物の工事施工または法的出願及び契約などに必要な図面、仕様書（共通仕様書、特記仕様書）、その他書類（現場説明書、質疑回答書など）のことであり、設計者が設計内容をまとめたものである。

④　仕様書

　仕様書は、工事の施工に際し使用する材料の品質や規格、寸法・位置・仕上げの許容誤差など工事目的物の内容を規定する書面である。この他、施工上必要な工程や手順、採用が義務付けられている施工方法及び工事施工上の制約条件などを示し、これらを詳細に記載している書面をいう。

　仕様書には、各工事に共通する共通仕様書と、各工事ごとの現場条件によって規定される特記仕様書があり、これらを総称して仕様書という。

①　共通仕様書

　各作業の手順、使用する材料の品質、数量、仕上げの程度等のほか、場合によっては施工方法等、工事を施工する上で必要な技術的要求、工事内容を説明したもののうち、あらかじめ各工事に共通する内容を盛り込み作成した書面をいう。

②　特記仕様書

　設計図書の一部となり共通仕様書より優先される。共通仕様書で定められていないものや定められている事項と異なる場合に作成されるものである。共通仕様書を補完するために、工事固有の技術的要求事項及び工事施工上の制約事項を定める書面をいう。

exterior planner handbook

⑤ その他の書類

個人との契約行為では用いられないが、公共工事などにおける工事施工または契約には、下記したような書類がある。

① 現場説明書

工事の入札前に入札参加者に対して、工事実施に関する説明事項等を示した書面をいう。

設計図書の一部となる。現場説明書には工事の範囲や工事期間、施工計画などが記載される。

② 質疑回答書

公告期間中において、設計図書の不明確な部分についての入札参加者からの質問に対し、発注者が回答する書面をいい、設計図書の一部となる。

質疑回答書には、入札予定日、工事などの番号、名称、場所、質問事項記入欄、受付日、回答事項、問い合わせ先などが記載されている。

⑥ 契約図書

契約図書とは、契約書及び設計図書をいう。発注者、請負者双方の合意により、締結された契約の内容を示した書類で、双方を拘束する契約上の効力を有するものである。

契約書（発注者と請負者の権利義務を規定するもの）と、設計図書（工事目的物を完成させるための技術的事項等を規定するもの）を合わせて契約図書という。契約図書は、発注者と請負者双方における工事目的物を完成させるための取り決めを記したものであり、これに属さない図書は契約上効力を有しないことになる。

⑦ 設計図の順序と構成

① 設計図の順序

一般的に設計図は表紙から始め、案内図、現況図、一般平面図、一般立面図、各部の詳細図などの順に作成する。

案内図は、施工現場への地図だけではなく、現場周辺の目印となる建造物（駅や学校、大型店舗、公共施設等）や公園、道路名、交差点名等も記入し作成する。

現況図は、施工現場の施工前の現状を正確に測量ないしは現地踏査するなどにより、周辺の環境を含め、敷地形状（廻り間、高低差）、気候（地域性）、道路（幅員や側溝、施設等）や隣地（工作物や境界杭等）等の情報をまとめ作成されたものである。

現況図は、計画の良否にかかわる重要な情報をもたらすことになるので、十分な調査が望まれる。

② 設計図の構成

設計図の構成は、作図の順序にも示した通り、表紙、図書目次、案内図、現況図、一般図（平面・立面）、各詳細図、植栽計画図、完成予想図から成る。完成予想図は、設計図書としての必須図面ではないが、提案図としては施主に全

exterior planner handbook

体を分かりやすく見せることができるので用いられる。

　植栽計画図は、エクステリアの図面の中で施設と植栽が複雑に描き込まれると分かりにくくなる場合に、植栽だけを別に作図するものをいう。植栽する樹木や草花、地被類をまとめ、植栽リストという形で図の中に表を添付する。

⑧　図の表現

　図面の用途を理解した上で、計画を正しく伝達するには、図の表現も重要な意味をもってくる。

　図の表現には、平面図、立面図（展開、正面、側面、背面）、断面図（縦断面、横断面、切断面）、完成予想図（透視図、平行投影図、素描）などがある。

①　平面図

　平面図は、図の中で最も一般的に見ることのできる図面で、計画をある高さで水平に切断して、その切断面を真上から見下ろした水平投影図上の様子を適当な縮尺で描いた投影図形といえる。平面記号や名称、寸法などを記入し計画を分かるようにする。

　平面図には、方位や道路、境界線、境界標記号、図面名称、縮尺などを含め表題欄を設け、作成年月日や、作成者、図面番号などの基本的事項は必ず記入する。

a.　一般平面図

・縮尺は 1：100 程度にするが、計画全体を分かることを目的としていることから、用紙の中に計画全体が入るように、計画規模が大きい場合は 1：200 以上の縮尺とし、計画規模が小さい場合には 1：50 などの縮尺を選択する。

・各部位は平面記号で表現し、詳細の寸法や名称、高低差などは、部位の大まかな寸法や部位名称程度にし、図を分かりやすくする。

・計画の要素が少ない場合は、平面図に大まかな寸法や名称を引出し線を用いて記入する。この際、引出し線の角度や参照線、名称の書出し頭や末尾等を揃えて記入する。さらに引出し線の端部記号や名称等の描き方については製図基準を参照する。

・計画の内容や要件の多い場合は、外構工事と植栽工事の用紙を分けて作図する。または、名称は図上の引出し線を用いず、別紙仕上げ表を用いて記入し、平面図上は部位名称記入にとどめる。

・名称と寸法の記入が図上では煩雑あるいは分かりにくい場合は、用紙と縮尺を変え、別紙施設平面図として作図する。

b.　詳細平面図

　一般平面図では表現できない部位や寸法等を、縮尺を大きくすることにより、分かりやすくすることを目的に作成される。施工する上での必要な寸法や仕上がり高などを記入する。

　詳細断面図を作図する際は切断箇所も書き入れる。又、図面名称や縮尺などの基本的な事項も記入する。

exterior planner handbook

② **立面図**

　平面図に対して、正面や側面から見た計画を図示したものである。物体を真横から見た図で、投影画法で、立面面へ投影する。つまり、計画をある基準高（設計GL）から描き、基準高から垂直投影面上の投影図をいう。高さ寸法の記入が求められる図面となる。

a.　一般立面図

・縮尺は1：100程度とするが、計画全体が分かることを目的として作成する図であるため、用紙の中に計画全体が入るように、計画規模が大きい場合は1：200以上の縮尺とし、計画規模が小さい場合には1：50などの縮尺を選択する。

・立面図には道路GL及び設計GLを記入し、高さの記入は設計GLからの高さ寸法を記入する。さらに、敷地境界線を記入し、計画幅と計画部位寸法を境界線から記入する。

b.　詳細立面図

・一般立面図では表現できない部位や寸法等を縮尺を大きくすることにより、分かりやすくすることを目的に作成される。施工する上での必要な寸法や仕上がり高などを記入する。

・正面図は、ある物（躯体、施設、製品等）の形を正面の方向から見た垂直投影図をいう。

・側面図は、ある物（躯体、施設、製品等）の形を正面に対し、左右の方向から見た投影図をいう。

・背面図は、ある物（躯体、施設、製品等）の形を正面に対し、背面の方向から見た投影図をいう。

c.　展開図

　立面図の一種で、品物や構築物などの表面を立面に展開した図をいう。

　立面の折れ曲がった部分も表すことができる。折れ曲がり点に記号を付け、記号間の立面を並べ、基準の高さからの高さと幅寸法を記入する。見え掛かり部分を基本的な表現とする。

③ **断面図**

　一般的に切断面の図形をいう。計画をある範囲で切断した状態を表現した図となる。材料や基準からの高さ寸法や位置寸法が記入される。断面詳細図の場合は、材料、品番、寸法、設計GLなど基準点からの位置等、工事に必要な事項を記入する。

　図は使用資材を断面記号で表現し、名称は材料名と寸法など、材料を正確に表現するものとなる。寸法や名称は製図規準に基づいて記入する。

④ **完成予想図**

　でき上がりの予想を、透視図（パース図）などで表現した図である。図法や見る方向、全体や部分にこだわらず、でき上がりが分かりやすく表現できればよい。どのような図法でもよいが、施主に計画の印象を伝えるものになり、平面や立面では分かりにくい印象もこの図で補うことができる。また、施工者に

exterior planner handbook

も計画の全体を理解してもらうことができる。

　しかし、この図は、正確な尺度で作られることが少なく、印象的な図となる。したがって、プレゼンに用いた図を転用してもよく、設計図書（契約図書）としての必須図面ではなく参考図となる。

10-2　関連図面の見方

　エクステリア計画では、建築を含む土木や設備などの図面を理解することが重要である。宅地の高低差に伴う土留め、建物の玄関位置や開口部、建具位置や高さ、設備の外部給排水設備など、いずれもエクステリア計画に大きく影響する。建築の図面には、エクステリアの図面と同様に表紙、案内図、現況図、各階の平面図、立面図、仕様書などが作られる。さらに、敷地の求積図や断面の矩計図、建具や各部屋の展開図、建具表なども作成されている。

　建築や土木、設備等の図面にどのような情報が記載されているかを理解するために、建築図を挙げてみる。

① 求積図（敷地面積）

　敷地の面積を計算（三斜法）した図面を指す。建築には建ぺい率や容積率などの制限があり、敷地面積と関係する制限となるために、敷地面積の正確な情報は、確認申請を含め重要な図面となる。エクステリア計画でも建築物を扱うものも多くあるので、敷地面積は重要な要件になる。

図 10-2-1　求積図

表 10-2-1　求積表

符号	底辺×高さ	倍面積
①	15.618 × 6.869	107.280
②	15.618 × 2.203	34.406
③	14.482 × 4.640	67.196
④	13.567 × 7.411	100.545
合計		309.428
面積	× 1/2	154.714

② 建物配置図

　敷地のどの位置に建物が配置されるかは、エクステリアの計画において重要な要素である。建築では、道路や隣地への斜線制限などにより、建物の配置は法的にも制限される。

　建物の配置図では基本的に、建物の位置、設備、敷地の形状や道路、隣地情報及び敷地高低差、既存物の有無などが記載されている。駐車空間やアプローチ、庭の位置などは、建物の配置により大きく影響される。快適な住空間の実現には、周辺の環境と同時に建物の配置も重要である。

図 10-2-2　建物配置図

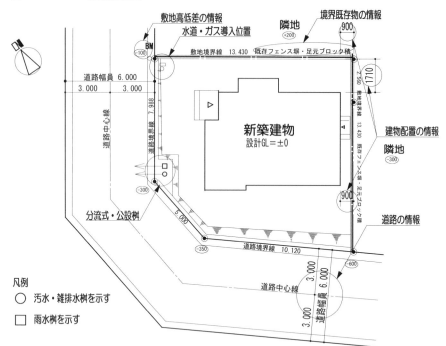

③ 建築間取り図

　建築の平面図は１階の間取りの情報が得られる。ここでは１階の間取り図を取り上げたが、必要に応じて、２階の間取り情報も得るようにする。エクステリアの計画では、間取りの情報は欠かせないものになる。居室からの視界や動線、出入り口（玄関・勝手口）、窓の位置、部屋の用途などが理解できる。

図 10-2-3　１階平面図

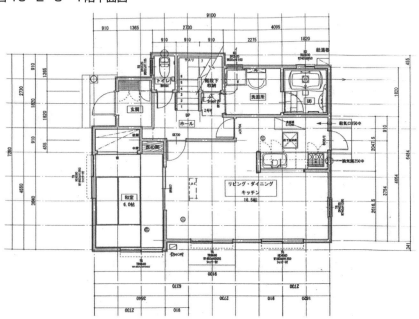

④ 建築面積計算

建物の面積計算は、建ぺい率や容積率を考える時に必要な情報となる。ここでは1階の建築面積と1、2階の延床面積が計算される。

表10-2-2 建築面積計算表

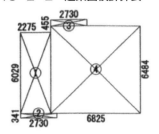

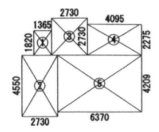

建築面積求積図　　　　　　　建築面積求積図

建築面積表

符号	計算式（m）	単位（m²）
①	2.275 × 6.029 =	13.715975
②	2.730 × 0.341 =	0.93093
③	2.730 × 0.455 =	1.24215
④	6.825 × 6.484 =	44.2533
計	=	60.142355m²

1階床面積表

符号	計算式（m）	単位（m²）
①	1.365 × 1.820 =	2.4843
②	2.730 × 4.550 =	12.4215
③	2.730 × 2.730 =	7.4529
④	4.095 × 2.275 =	9.316125
⑤	6.370 × 4.209 =	26.81133
計	=	58.486155m²

床面積合計表

階名称	床面積（m²）
1階床面積	58.48m²
2階床面積	42.54m²
延床面積	101.02m²
建築面積	60.14m²

⑤ 建物の立面図

建物の高さや建具の位置、建具の大きさ、外壁や屋根の構成などを理解することができる。これもまたエクステリア計画には欠かせない情報となる。

図10-2-4 東西南北立面図

東側立面図

西側立面図

南側立面図

北側立面図

⑥ 建物矩計図

建物の断面詳細を表現した図で、建物断面の全体寸法の基本をなす地盤の位置、床高、軒高、窓高、腰高、天井高など高さ関係が示され、軒先を含む外壁部分を梁間方向に切断した断面詳細図をいう。

テラスや沓脱石、樹木の配置等の庭の計画では、建物の開口部高さ、床高を知ることは重要になる。建物の高さ情報は門や塀などの意匠計画にも影響するため、エクステリア計画に欠かせない情報をもつ図といえる。

図10-2-5 矩計図

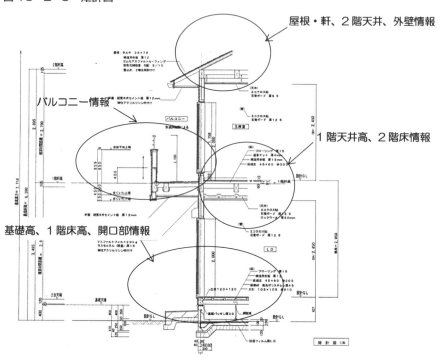

⑦ 外部給排水系統図

建物の外部給排水系統図からは、水道やガスの導入位置や雨水や汚水の外部系統を理解することができる。排水の系統や様式、公設桝、宅内桝の区別と大きさ、水道メーター位置、ガス供給導入位置、浄化槽等の情報を得ることができる。エクステリア計画での駐車空間やアプローチ空間にとって、桝の位置や配管の位置は計画や工事に大きく影響するので、この図を十分に読み取ることが重要である。

図10-2-6 外部給排水系統図

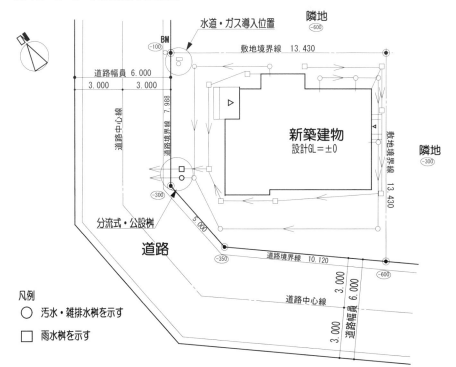

10-3 製図規準

□ 目的

かつては、設計者による作図の方法がまちまちであったことから、設計意図が充分に伝達できない、間違いが生じるなどして、積算や施工に問題を生じてきた。そこで、製図の規準を統一することにより、誰が設計しても同じ表示、表現ができ、積算や施工に支障をきたさないようにしている。

□ 適用範囲

この規準は、JIS の製図規格に基づいて、エクステリア製図に関する基本的な事項、図面のまとめ方について規定する。

1 図面の規格

① 図面の大きさ

図面を作成する用紙の大きさは、A 判の系統の用紙を原則とし、B 判の系統用紙は用いないものとする。一般図、詳細図などは A2 又は A3 の規格用紙を使用する。必要に応じて、A1 や A4 を用いる場合もある。提案図のような計画時点の作図用紙については特に定めはない。作図用紙の大きさは図 10-3-1、表 10-3-1 に示す通りである。

図 10-3-1　作図用紙の大きさ比較

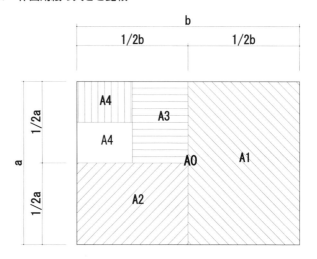

表 10-3-1　作図用紙の大きさ

(単位 mm)

用紙の大きさ	A1	A2	A3	A4
a × b	841 × 594	420 × 594	297 × 420	210 × 297
余白	20	10	10	10
綴じ代	20	20	20	20

② 図面の正位
　　作図用紙は、長辺を横方向（左右）に置いたものを正位とする。ただし、A4用紙の場合は、用紙の長辺を縦方向（上下）に置いたものを正位として適用する。

図 10-3-2　作図用紙の綴じ代と正位

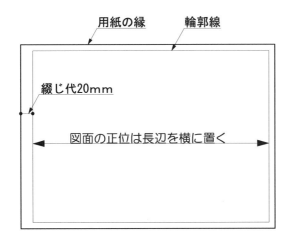

③ 図面を描く範囲
　　作図用紙の内側に輪郭線の有無に関わらず、用紙の縁から周囲に 10 mm の余白を取り、その内側に図を作成する。

図 10-3-3　用紙の作図範囲

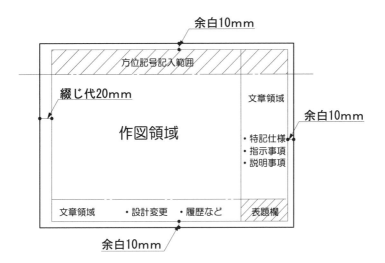

④ 図面の綴じ代
　　作図用紙を綴じる場合は、図面の左側に余白を 20 mm 設けることを原則とする。

⑤ 図面の方位記号

平面図のように方位を必要とする図においては、記号の種類は特に定めないが、北を図面の上方にした方位記号を記入することを原則とする。ただし作図上、上方を北以外にすることができるが、方位記号は必ず記入する。

方位記号の例

⑥ 図面の表題欄

図面ごとに表題欄は必ず設けることとする。表題欄は図面の右下の余白の内側に設け、原則として次の事項を記入する。

・工事等の名称、図面名、図面番号、縮尺、作図年月日、図番、作図者（作成者）、検印等欄、その他必要事項を記入する。

図 10-3-4　作図用紙の表題欄と方位

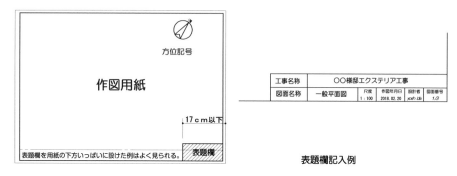

⑦ 図面の変更と必要事項、特記仕様の記入

図面の変更を必要とするときは、作成年月日の上に、あるいは表題欄の上に変更の日付けを記入する。また、凡例や注意事項、特記仕様などは用紙の右側、下側に欄を設け記入する。

図 10-3-5　作図用紙の文章領域と内容

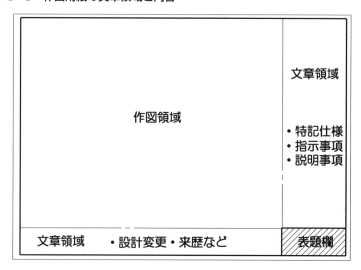

2 文字及び数字の表示

① 文字及び数字の書き方

文章等の文字を図面上に記入する場合は原則として図の正位に沿って、左から右へ横書きとし、明確に書く。また、寸法数字は寸法線上に左から右に書く。寸法数字以外の数字は図の正位に沿って左から右に書く。

図10-3-6 図面上に書く文字と数字

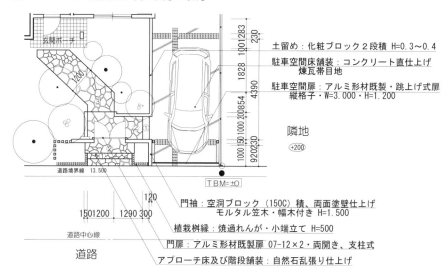

② 文字及び数字の大きさ

文字及び数字の大きさは、以下を標準とする。(単位はmm)
a. 漢字　　　　　　　: 3.15、4.5、6.3、9.0、12.5
b. 仮名・数字・英字 : 2.5、3.0、3.5、4.0、5.0

③ 文字及び数字の書体

片仮名の書体はJIS Z8094「機械彫刻標準書体(片仮名)」に準じる。
平仮名の書体はJIS Z8906「機械彫刻標準書体(平仮名)」に準じる。
数字はアラビア数字を原則とする。4桁以上の数字は3桁ごとにカンマを打つこととする。

3 尺度の表示

尺度は、図面の表題欄に記入する。同一図面内で異なる尺度の図面を含む場合には以下のようにする。
a. 図ごとに対応した尺度を記入する。
b. 図面中の大部分を占める図の尺度を表題欄に記入する。
c. 縮尺して使用することが予測される図では、必要に応じて図に則した尺度の目盛尺を記入する。

縮尺の表示は次のいずれかとする。
・1:10、1:20、1:50、1:100、1:200　etc…

exterior planner handbook

④ 線の表示

作図に使用する線は、JIS製図規定に準じ、線の表示の一般原則や線の種類、名称及び線の構成について規定する。

① 線の種類

作図に用いられる線は、次の5種類とする。

- ・実線　　———————　連続した線
- ・破線　　- - - - - - - - - - -　短い線をわずかな間隔で並べた線、又はごく短い線をわずかな間隔で並べた線
- ・点線　　······················　点をわずかな間隔で並べた線
- ・一点鎖線　—·—·—·—·—　線と1つの点、又はごく短い線を交互に並べた線
- ・二点鎖線　—··—··—··—　線と2つの点、又はごく短い線を交互に並べた線

② 線の太さ

作図の線の太さは、原則として細線、太線、極太線の3種類とし、その太さの比率は1：2：4とする。すべての種類の線の太さは、作図用紙の大きさに応じて、次の寸法のいずれかにする。また、1本の線の太さは、全長にわたって一様でなければならない。

- a. 線の太さ種類　・細線　———————
- 　　　　　　　　　・太線　———————
- 　　　　　　　　　・極太線　———————
- b. 線の太さ（0.13〜2mmまで）
- ・0.13mm、0.18mm、0.25mm、0.35mm、0.5mm、0.7mm、1mm、1.4mm、2mm

③ 線の用途と用法

線の用途と用法については、以下の表10-3-2の通りとする。

表10-3-2　線の用途と用法

線の種類		用途による名称	線の用法
実線	太	外形線	対象物の見える部分の形状を表すのに用いる。
	細	寸法線	寸法を記入するのに用いる。
		寸法補助線	寸法を記入するために図形から引出すのに用いる。
		引出し線	記述、記号等を示すために引出すのに用いる。
		中心線	図面の中心線を表すのに用いる。
		水準線	基準面、液面等の位置を示すのに用いる。
		ハッチング線	図形の限定された特定の部分を他の部分と区別するのに用いる。
破線	太細	隠れ線	対象物の見えない部分の形状を表すのに用いる。
点線	細	隠れ線	破線と区別したいときに用いる。
一点鎖線	細	中心線	1. 図形の中心を表すのに用いる。 2. 中心が移動した中心軌道を表すのに用いる。
		基準線	特に位置決定の拠り所である箇所の明示に用いる。
		切断線	断面図を描く場合、その切断位置を対応する図に表すのに用いる。
	太	境界線	敷地境界線を示すのに用いる。
		同上	上記の線で特に区別したいものに用いる。
二点鎖線	細	境界線	境界線で、一点鎖線と区別したいものに用いる。
	太	重心線	断面の重心を連ねた線。
		同上	上記の線で特に区別したいものに用いる。
波形細線 ジグザク線		破断線	対象物の一部を破った境界、又は一部を取り去った境界を表す線。

exterior planner handbook

④ 線の間隔

　平行な線の最小間隔は、他に規定がない限り、0.7 mm より狭くしてはならない。

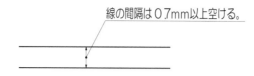

⑤ 線の優先順位

　図上で線が重なる場合、線の優先順位は次の通りとする。
　1. 外形線　2. 隠れ線　3. 切断線　4. 中心線　5. 重心線　6. 寸法補助線
　　　　優先度は低くなる

5　図形の表示

① 図の描き方

　図はできるだけ簡単にし、重複を避け、物の配置、線の太さなどに十分な注意を払い、明確に描くように心掛ける。

② 図の表現

　図はできるだけ見える部分を示す実線で表し、見えない部分を示す破線及び点線は、必要な部分以外は用いないようにする。

③ 対称図形

　作図作業の効率を考えた対称図形は、図の理解を妨げない範囲で用いる。対称図示記号は、対称中心線の両端部に短い2本の平行線で表す。また、対称中心線の反対の図形を、対称中心線を少し超えた部分まで描く場合は、対称図示記号を省略してもよい。

全円形　　　円形の1/2を描く　　円形を直行する対称線で円形の1/4を描く　　対称中心線を超えた所まで描く場合は対称図示記号は省略しても良い

④ 特定部分の拡大図

　ある部分を拡大し明確にしたい場合には、拡大したい部分を細い実線で囲み、文字記号を付ける。拡大した図には文字記号の図名と尺度を付記する。

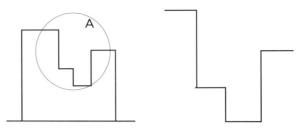

A部詳細図　S=1：5

⑤　図の省略

　　必要に応じ一部のみを示したり、中間部を省略して表してもよい。その場合は、省略した部分の端部は破断線で示す。また一定の範囲に描かれる同一摸様図形は省略してもよい。

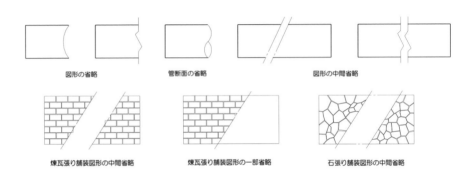

⑥　図の断面

　　図の断面を切る場合の切断面は、平面図上でその切断面を示す切断線を引き、その両端部に切断面を見る方向を示す矢印（開き矢印）で表し、切断箇所を表示する符号（英文字又は数字等）をつけて、断面図と対照できるようにする。

　　切断線は図中を実線で引くと図の線と紛らわしくなるので、一点鎖線で引くようにする。

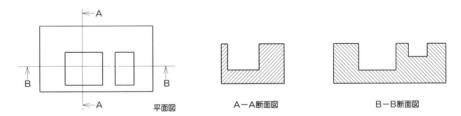

⑦　断面の区別

　　図形の断面を区別する場合には、断面にハッチングやスマッジングを施して区別する。ハッチングは細い実線を用い、水平線、中心線又は基準線に対し45°に傾け、一定の間隔で引いて表すものとする。隣接する2つ以上の断面を区別する場合のハッチングは線の方向を90°変えて引くことを原則とする。

2つの断面を区別する

3つの断面を区分けする

⑧ 材料の断面表示記号

断面図の作成にあたり、材料を表示記号で表示する場合は次の通りとする。

表 10-3-3 材料の断面表示記号

材料	表示	材料	表示
土		モルタル	
砂		石材	
砂利・砕石		タイルなど	
割栗石		木材	
コンクリート		金属	

6 寸法の表示

① 寸法の表示

寸法は寸法線、寸法補助線、寸法補助記号を用いて寸法数値によって示される。
寸法には、長さ、位置、角度等がある。又、寸法は、図の下側又は右側から見て読むことができるように記入する。さらに、寸法は構築物の完成寸法を示し、やむを得ず下地の寸法を示す場合は、下地寸法と明記するようにする。

② 寸法の記入

寸法は対象物の部分から全体の順に外側に向かって記入する。
寸法は形状及び位置を最も明らかに表すために、必要で十分なものを原則として重複を避け、かつ、計算をしないで済むように記入する。寸法は完成寸法を原則とし、材料寸法を示す場合は、そのことを明記する。立面図における寸法は、構築物の部位寸法は図の上部に、高さ寸法は図の両側に記入する。

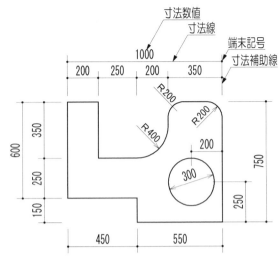

図形や曲面、円の寸法数値の記入

③ 寸法の単位

寸法の単位は、ミリメートル（mm）を原則とし、ミリメートルで表す場合は、単位記号及び位取り記号は付けないものとする。ミリメートル単位で表さない場合には、その単位を記入する。

例　2500（ミリメートル単位）　　250 cm　　2.5 m
　　 500（ミリメートル単位）　　 50 cm　　0.5 m

④ 寸法補助記号

寸法に次の記号を付けることにより、図形の寸法内容を識別する。寸法補助記号は寸法数値の前に付ける。

例　φ90 mm　R300　□300 等

表10-3-4　寸法補助記号

区分	記号	呼称	用法
長さ	L・l	エル	長さ寸法の寸法数値の前に付ける。
高さ	H・h	エッチ	高さ寸法の寸法数値の前に付ける。
幅・間口	W・w	ダブリュ	幅・間口寸法の寸法数値の前に付ける。
奥行き・深さ	D・d	デー	奥行き・深さ寸法の寸法数値の前に付ける。
直径	φ	パイ	直径寸法の寸法数値の前に付ける。
半径	R	アール	半径寸法の寸法数値の前に付ける。
球の直径	Sφ	エスマル	球の直径寸法の寸法数値の前に付ける。
球の半径	SR	エスアール	球の半径寸法の寸法数値の前に付ける。
正方形の辺	□	カク	正方形の一辺の寸法の寸法数値の前に付ける。
板の厚さ	t	ティー	板の厚さの寸法の寸法数値の前に付ける。
厚さ一般	ア	アツサ	板の厚さの寸法の寸法数値の前に付ける。
単位相当数量	@	マルエー	単位当たりの数値の前に付ける。
円弧の長さ	⌒	エンコ	円弧の長さ寸法は寸法数値の上に付ける。
面取り寸法	C	シー	45°面取り寸法は寸法数値の前に付ける。

⑤ 寸法線の描き方

　寸法線は、示すべき寸法の方向に平行に引き、線の両端は下図のような端末記号を必ず付ける。寸法線の端末記号は、下記のいずれかを用い、記号の大きさは概ね、寸法文字の高さと同じにする。中間部を省略して示した図においても寸法線は切断しない。

　寸法線は細実線で引き、対応する図形に平行に引く。斜めを示す寸法線も下記に示しておく。

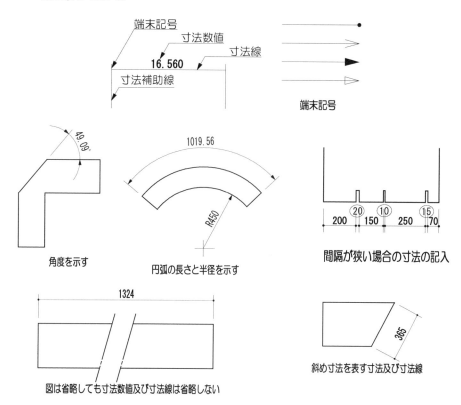

⑥ 寸法補助線

　寸法補助線は、寸法を示す部分の両端から離れすぎないように図にできるだけ近付けて、寸法線に直角に引く。ただし、寸法記入の場所の関係上やむを得ない場合には、寸法線に対し、適宜の角度に寸法補助線を引き出すことができる。寸法補助線は、図形との間に隙間があってもよい。

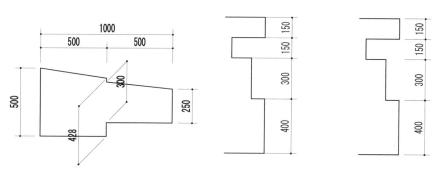

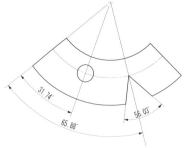
弧の寸法補助線は中心線方向に向く

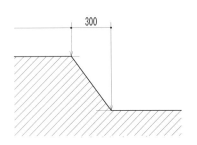
傾斜の幅を引き出した寸法補助線

⑦ 寸法数値の記入

　寸法数値は、寸法線に平行に配置し、寸法線の中央に配し、寸法線の上側に記入する。ただし、寸法線が垂直の場合には、寸法線の左側に記入する。

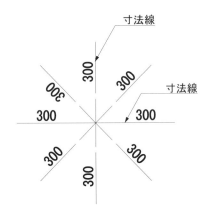

寸法値は、寸法線に沿って線の上側に記入

⑧ 狭小の図形の寸法数値の記入

　狭小で寸法数値を記入する余地がない時は、下の図のように記入する。a. 端末記号を外側から付け寸法数字も外に出して記入する。あるいは b. 寸法線上に記入しない場合は、寸法線の上下で、寸法線と平行な位置に記入する。又は、c. 寸法縁に引出し線を用いて寸法数値を参照線上に記入する方法がある。

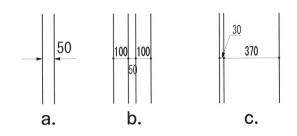

⑨ 連続する区分寸法の記入

　等間隔で連続する区分の寸法は、下図のように表すことができる。

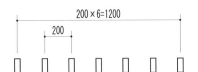
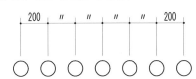

⑩ 矩形の寸法記入
　断面が矩形の図形であることを示す必要がある場合は、下図のように記入することができる。

⑪ 引出し線の記入
　引出し線は原則として斜め方向（15°以上）に引出し線を引き出し、その端を水平に折り曲げた参照線の上側に部位名称を記入する。ただし記入事項が多い場合には、参照線を挟んで上下２段書きにしてもよい。引き出し線の先端（端末記号）は●又は矢印とし、同一図面上では引き出し線の引き出し角度は揃える。

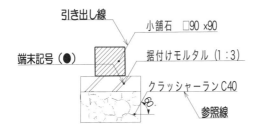

⑫ 引出し線の方向と間隔
　図中の引出し線の方向、参照線の間隔、部位名称の書き出し頭などは統一する。物の中を示す時の引き出し線の先端は●とし、物の外側の線を示す場合は矢印とする。
　商材のような物の寸法は、縦（D：Depth）×横（W：Width）×高さ（H：Height）の順に記入する。又、L（長さ）×W（幅）×H（厚み）×D（奥行）などでも表す。

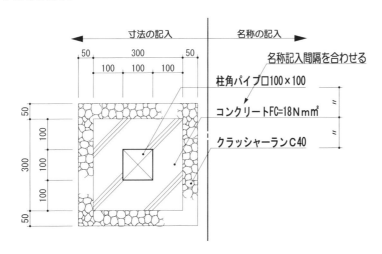

7 角度及び勾配の寸法記入

① 角度寸法線の記入

寸法線角度あるいは図形の斜辺の角度の記入は、角度を構成する2辺又はその延長線の交点を中心とした弧で表す。

② 角度の記入

角度の記入は、原則として角度数値の記入が水平より上側にできる時は外向きに、水平線より下側になる時は中心向きに、それぞれ記入する。狭小な角度は引出し線を用いて記入してもよい。

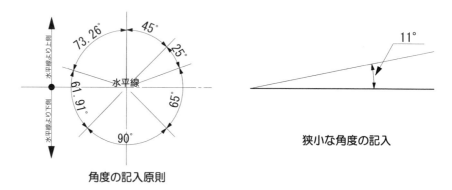

角度の記入原則　　　　　　　　狭小な角度の記入

③ 勾配の記入

図形の勾配の表示には割勾配、寸勾配、百分率（パーセント）勾配などがある。エクステリアで多く用いられる勾配の表示は比較的緩勾配のパーセント勾配を用いることが多い。

・割勾配：高さを1とする比率で示す。
・分数勾配：高さを1とする分数で示す。
・寸勾配：分母を10とする分数で示す。
・百分率（パーセント）勾配：百分率又は千分率で示す。この場合、勾配方向を示す矢印と勾配値を付ける。

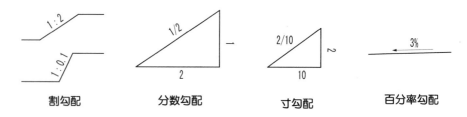

割勾配　　　　分数勾配　　　　寸勾配　　　　百分率勾配

8 円・弧・弦の表示

① 円弧の寸法記入

円弧の半径寸法の記入寸法は、半径の記号Rを寸法数値の前に付ける。半径を示す寸法線を円弧の中心まで引いた場合は記号（R）を省略しても良い。円弧の半径を示す寸法線は、弧の側だけに矢印を付け、中心の側には付けない。

② 狭い部分の円弧の寸法記入

円弧に矢印や寸法数値を記入する余地がない場合は、下図のように表してもよい。

　　　円弧の半径寸法を記入　　　　　　　　狭い部分の円弧の寸法記入

③ 半径の寸法記入

半径の中心を示す必要がある場合に、黒丸又は十字で表す。円の中心が弧から遠く、それを図示する必要がある場合には、寸法線を折り曲げても（曲線にしても）よい。寸法線の矢印の位置に向いていなければならない。

④ 円の直径寸法記入

円の直径を示す寸法線は中心又は基準線に一致しないように引く。小さな円の直径は引出し線を用いて示すことができる。

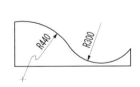 

　　　半径の寸法記入　　　　　　　　　　　　直径の寸法記入

⑤ 円の断面寸法の記入

図形のその部分の断面が円形である場合は、断面図によらず、直径記号φを寸法の前に記入して表す。

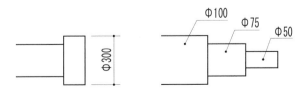

断面が円形の寸法記入

⑥ 弧の寸法記入

弧又は弧の長さは、下図のように表し記入する。

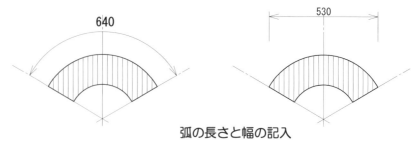

弧の長さと幅の記入

⑦ 曲線の表現

円弧で構成する曲線の寸法は、円弧の半径とその中心又は円弧の接線の位置で表す。

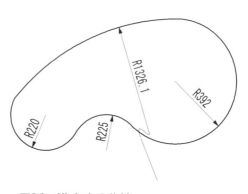

円弧で構成する曲線

9 鋼材の形状と寸法

① 鋼材の表示方法

鋼材の形状と寸法は、寸法線を省略して表10-3-5のように表示する。

表 10-3-5　鋼材の表示

種類	断面形状	表示方法
等辺山形鋼	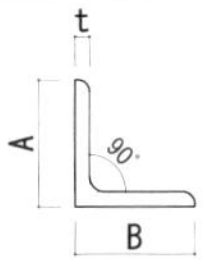	L　A×B×t
不等辺山形鋼	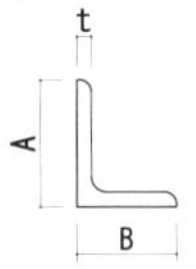	L　A×B×t
H形鋼	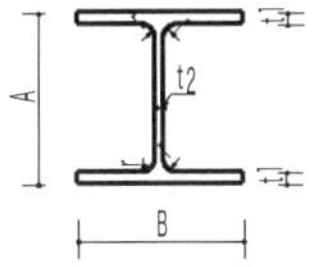	H　A×B×t1×t2
丸鋼		Φ A×L DA×L
角鋼	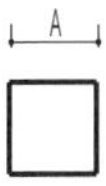	□ A×L
平鋼		t×A
丸鋼管	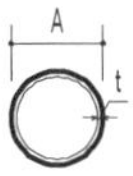	Φ A×t−L
角鋼管	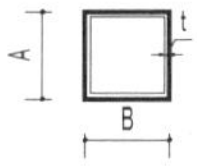	□ A×B×t−L

② **材料の数量**

数量は、材料記号の前に記入する。

例　軽量H形鋼　　　15（本）　LH 100×50×5×7　　（6.0 m）
　　等辺山形鋼　　　15（本）　L　6×75×75　　　　（5.5 m）
　　丸鋼　　　　　　50（本）　R9（SR-295）　　　　（5.5 m）
　　角鋼管　　　　　20（本）　□ 60×60×4.5　　　　（6 m）

③ **鉄筋の表示**

a. 図上には実線で示す。

b. 断面詳細図上での鉄筋は、黒丸又は白丸で示す。

c. 鉄筋のフックを表す場合には、次図のように表す。

d. φ 13 は普通棒鋼（丸鋼）の公称直径 13 mm を表示、@ 300 は、鉄筋間
隔が 300 mm であることを表す。さらに異形棒鋼（異形筋）は、公称直径
数値の前に D を付け、D10 のように表す。

exterior planner handbook

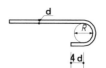
折り曲げ角度 180°

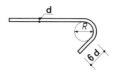
折り曲げ角度 135°

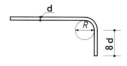
折り曲げ角度 90°

④ 配筋の表示

　　配筋表示記入のために引き出す線は、できるだけ、横又は縦とし、斜めの場合は45°で引き出すものとする。

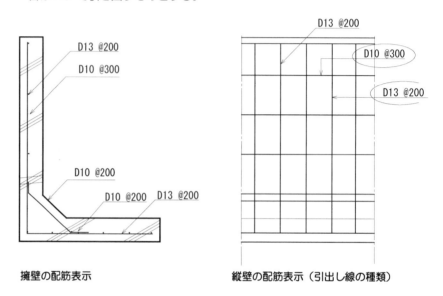

擁壁の配筋表示　　　　　　縦壁の配筋表示（引出し線の種類）

10 位置の表示

① 位置の表示

　　平面図上の区画計画基準線は原則として、敷地境界線は細い一点鎖線により記入とし、道路境界線は太めの実線で記入する。各境界点位置は、境界杭を黒丸で示し丸印で囲む。又、各境界線沿いに境界線の名称を記入する。

　　さらに境界間の寸法も記入する。又、境界寸法や境界名称は、施設の作図上支障のないように、境界線沿いの外側に記入する。

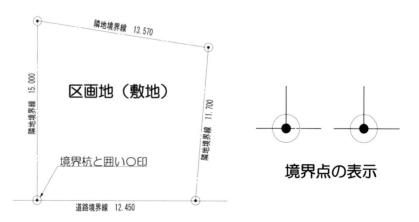

境界点の表示

② 位置の座標表示

図形等の対象とする位置を座標によって示す場合は、下図のようにする。

■座標軸

記号	X軸	Y軸
①	20	10
②	70	20
③	80	70
④	40	80

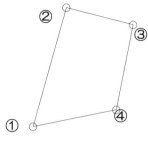

座標と表による表示

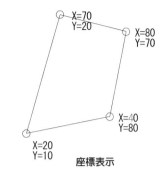

座標表示

③ 複雑な位置の表示

複雑な図形を表す場合には、トラバース、グリッド等の方法を用いてもよい。

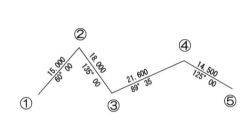

トラバース図

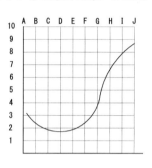

グリッド図

④ 位置を表す記号

位置を表す場合、必要に応じて、略語や記号を用いてもよい。

■位置を表す略号

略号	内容	略号	内容
D.L	基準線	C.L	中心線
B.M	水準点	KBM	仮水準点
W.L	水位高	H.W.L	高水位高
L.W.L	低水位高	F.H	計画高
G.L	地盤高	F.L	床高

11 地形の表示

① 等高線の記入

等高線によって地形を表す場合には、次の3種類の線を用いる。

・主曲線　　　————————　基準間隔の等高線（細い実線）

・間曲線　　　- - - - - - - - - -　主曲線の中間に入れる等高線（細い長めの鎖線）

・補助曲線　　・・・・・・・・・・・・・　間曲線の中間に入れる等高線（細い破線）

注）等高線とは、同一標高の点を結んだ軌跡を地図上に描示した曲線。土地の起伏の状況を表すのに用いられる。

② 等高線の種類

等高線の種類及び間隔は以下の表を標準にして、図の用途、縮尺を考えて適切に決める。

等高線の種類

縮尺	主曲線	間曲線	補助曲線
1：1000	0.13　0.25m	0.07　0.13m	—
1：500〜1：2000	0.25　0.5m	0.13　0.25m	0.07　0.13m

③ 主曲線

主曲線は5本目ごとに太線で示し、計曲線とする。

④ 築山の表示

小規模な地形の起伏は、下図のような簡略な方法で示すことができる。

⑤ 地形変更の表示

地形の変更を断面で示す場合は基準線を明記し、現況地形は細い実線で表し、計画地形線は太実線で表示する。

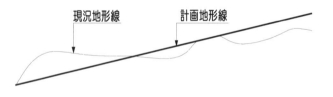

⑥ 高さの記入

等高線の高さを示す場合には、等高線を中断して高さ数値を記入する。現況高と計画高を併記する場合には、引出し線を用い参照線を挟んで上下段に記入分けをする。この場合、上段に計画高、下段に現況高を記入する。

⑦ 法面の表示

法面の表示は、下図のいずれかによるものとする。

⑧ 緩勾配などを平面図に表示する

水勾配等の緩やかな勾配や微小な地形の変化を表す場合は、勾配の始まりを〇印で表し、勾配の終わりを開き矢印で示す。勾配の方向を示す線を引き、その線上に勾配値（i=3.0%等）を記入する。

*インクライン（incline）とは傾斜面を表す

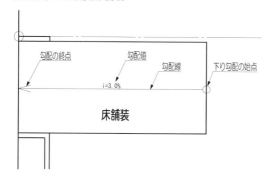

12 名称の記入

① 施設・構築物の名称記入

引出し線を用いて部位名称を記入する場合には、図ごとに次の要領で名称を記入する。最初に部位名（施工場所名）を書き、次に施工順序に沿って、下地、仕上げ、仕上がり高（天端高）の順に記入して行く。仕上がり高さは、基準高さ（設計GL）より記入する。

既製品（商品や商材）などの名称記入については、最初に既製品を用いた部位の名称、次に既製品の形状寸法、最後にメーカーや品番、色なども記入する。

例
袖門：RC立ち上がり基礎・空洞ブロック（C120）7段積、下地モルタル仕上げ後、両面塗壁（ジョリパット）仕上げ・幅木及び笠木モルタル仕上げ・仕上がり高GL（設計）+1450
門扉：アルミ形材既製扉・07-12・両開き支柱式・メーカー名＋商品名・〇〇色

② 植栽の名称記入

植栽の名称記入は、低中高木の名称は樹木名と形状寸法（樹高・目通り周、葉張り）、呼称（本）、数量（整数表示）などを記入する。下草類の草花や地被植物は、植物名と形状寸法（草丈、単位当たりの株数）、呼称（株又はポット、芝生などはm^2）、数量（単位当たりの株数）を記入する。図上で植栽範囲が紛らわしい場合は植栽リストを作成し表記する。又、生垣は、樹木名と樹高、単位当たりの本数を記入する。

例
ヤマボウシ　：H=3.0　C=0.1　W=1.2　2～3株立
サツキツツジ：H=0.3　W=0.3　8.0株/m^2
生垣：レッドロビン　H=1.2　3.0本/m
草花類：タマリュウ寄植　φ9P　44株/m^2
地被植物：コウライシバ　ベタ張り

13 関連施設、設備などの表示

① 建物の表示

建物は、外壁線を壁厚に塗りつぶし、居室や水廻りの名称、用途を記入し、玄関や勝手口の位置、ポーチ、出窓、テラス、濡れ縁、開口部等を記入する。

さらに外部の室外機や立水栓の位置と大きさなどを書き入れる。又、開口部の種類（掃出し、腰窓、地窓、高窓、出窓等）も記入する。

② 道路の表示

道路は、道路の幅員、側溝の種類、道路中心線等を記入し、道路の種別を記入して表す。

その他に、歩道や電柱、ガードレール、交通標識など、現況を忠実に記入する。

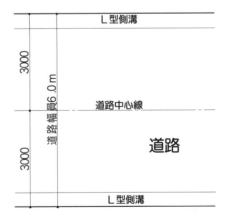

③ 公設桝の表示

公設桝は、現況を調査の上、図の縮尺に応じた大きさで正確に表示する。雨水桝あるいは汚水桝の区別を明確にする。排水系統に応じて、一般的に雨水桝を□印で示し、汚水桝を○印で示す。

雨水桝の表示　　汚水桝の表示

④ 電柱・支線の表示

電柱は、その位置を正確に、宅地内あるいは宅地外に注意して、現況を調査の上表示する。電柱は黒丸印でその位置を示し、支線は鎖線にて示し、終点を小さい黒丸で示す。

電柱の表示　　支線の表示

⑤ ガス・水道・量水器の表示

宅地内に設けられたガスや水道の導入箇所も、現場を調査の上正確に図に表示することが求められる。ガスの供給箇所をGの文字記号で示し、水道はW、量水器は長方形で示す。

ガスの導入　　止水栓　　量水器

⑥ 境界の表示

敷地の境界は、道路境界（官民境界）と隣地境界（民民境界）とに分かれ、境界線と境界標によって示される。平面図で示す場合は、道路境界線は、太実線で示し、隣地境界線は一点鎖線で表示する。境界標は、境界杭を小さい黒丸で示し、この杭を少し大きい丸で囲うようにして示す。立面図での道路境界線は境界線を挟んだ蝶蝶印を塗りつぶして示し、隣地境界線は同様に蝶蝶印を白抜きで示す。

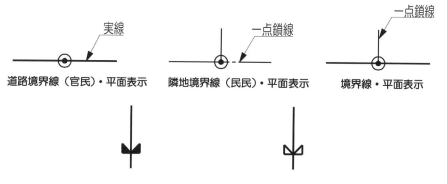

道路境界線（官民）・平面表示　　隣地境界線（民民）・平面表示　　境界線・平面表示

道路境界線（官民）・立面表示　　隣地境界線（民民）・立面表示

exterior planner handbook

⑦ **基準高さの表示**

基準高さの記号は、基準の高さの線上に記号を付け、引出し線を用い、参照線上に基準の名称を記入して表す。基準高さの違いを引出し線の端部記号を分けて示す。

設計基準高は閉矢印の半分を塗りつぶして示し、その他の基準高さは開き矢印で示す。

⑧ **高低差の表示**

計画地の地盤の高さの表示は、基準地盤高を±0とした関連数値として表し、その数値を円又は楕円で囲み、他の数値との混同を避けるようにする。

又、必要に応じて、仮基準点（仮ベンチマーク（KBM））を基準とした数値で表す場合もある。

この場合は基準地盤高との相関関係を図面上に明記をする。

注）仮基準点（仮ベンチマーク（KBM））とは、工事で使用するためだけに一時的に設置される仮の水準点をいう。構築物の基礎や道路側溝、マンホールなどの、工事進行に支障の少ない、簡単に動いたりしない所に設ける。

10-4　図面の作図表示

　計画を図面上に表現するに際し、部位の名称や寸法を含め、図面記号を用いて表すことになる。

1　外構計画の平面表示記号

　門や塀、アプローチなどの外構工事は、施設が中心となる計画である。そのため、そうした施設をどのように図の上に表示するか、大切となる。それぞれ平面表示と立面表示を示す。

①　門の図面表示

　　門の表現は真上から見た水平投影として作図し、仕上げ模様等や白抜き、ハッチングなどを用いて他の仕上げとの区別を表すようにする。仕上げについては図面上に名称で記入する。

　　平面記号の図は縮尺に応じた正しい寸法で作図する。さらに、門の付属品（ポスト、表札、門灯、インターホン子機など）も記入する。意匠の決まった扉を用いる場合は概ねの印象を記入する。

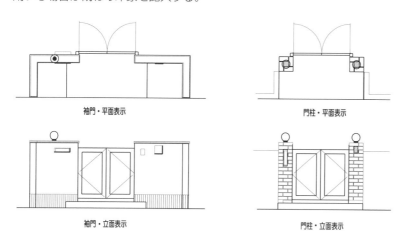

袖門・平面表示　　　　　門柱・平面表示

袖門・立面表示　　　　　門柱・立面表示

②　塀の図面表示

　　塀の表現は真上から見た水平投影として作図し、空洞ブロックや化粧ブロック、仕上げ模様等や白抜き、ハッチングなどを用いて他の仕上げとの区別を表すようにする。仕上げについては名称で記入する。フェンスの意匠などは、採用したフェンスの意匠を概ね表示する。

空洞ブロック積・平面表示　　化粧ブロック積・平面表示　　左官仕上げ積・平面表示

exterior planner handbook

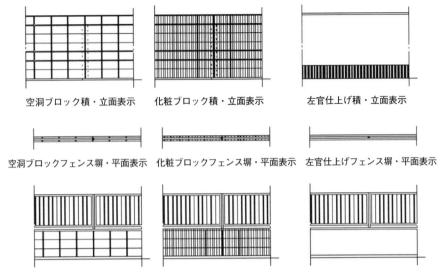

③ 扉の表現

　扉はその開き方により、片開き、両開き、引き戸、折り戸、跳上げ戸、伸縮戸等があり、その操作を表示する。さらに直付けか支柱式かの区別を表記する。また正門や通用門、駐車空間扉等の扉の部位用途を書き入れる。扉の寸法は、扉幅（700）×扉高（1200）の場合、07－12と表記し、開き戸の場合、両開き扉（07－12）×2、親子扉（08・04）－12と表示する。

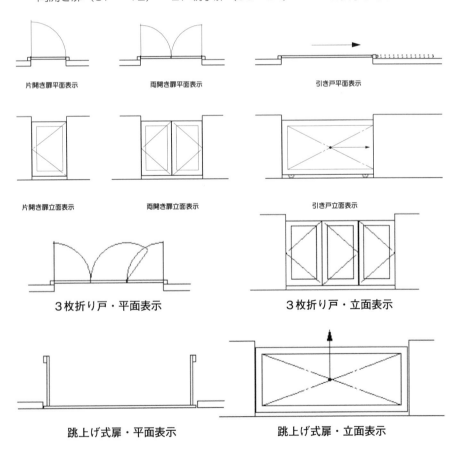

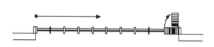
伸縮戸・平面表示

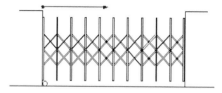
伸縮戸・立面表示

④ アプローチ通路舗装の表示

　アプローチなどの園路舗装は、れんがや石等の場合は素材の模様を表示して表現する。左官仕上げ等の園路の場合は仕上げの模様などを表示して表現する。又、サービスヤードや、駐車空間の床についても同様の表現とする。

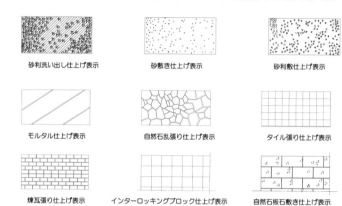

⑤ アプローチ階段舗装の表示

　階段は舗装仕上げ模様で表示し、段数は数字を記入して表す。メインアプローチ、サブアプローチ共に同じ表示とする。さらに、階段段数の数字は○印で囲い、他の数値と区別する。

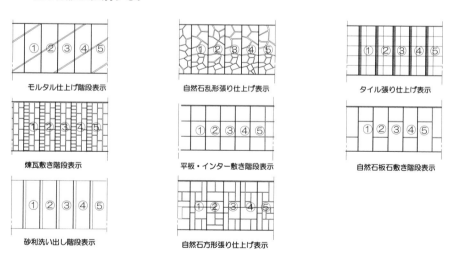

⑥ 土留め・擁壁の表示

　土留めの表現は、その構造体の意匠を真上から見た平面表示と、水平に見た立面表示として表現する。ここでは代表的なRC造、石積、間知石および間知ブロック造の土留めを表示した。

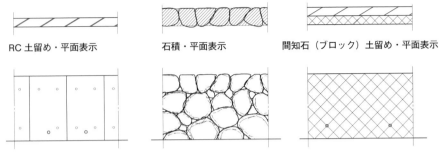

⑦ 縁取りの表示

　縁取りは、使用する材料の意匠を真上から見た平面表示と、水平に見た立面表示で表現する。

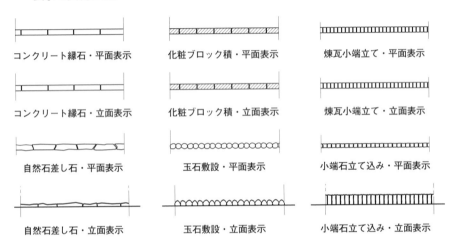

⑧ 施設の表示

　外構廻りの施設の表示には、駐車・駐輪空間の屋根や車止め、手すりなどがある。

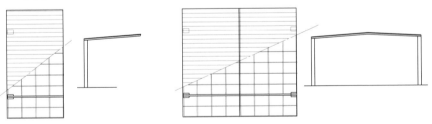

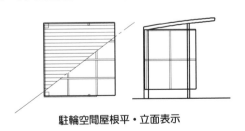

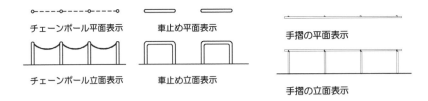

2 庭園計画の平面表示記号

エクステリアの計画には外構の他に庭の工事も含まれ、庭園工事も重要な要素となる。庭には施設と添景物、植栽などの要素があり、これらをどのように図の上へ表現するかを記す。

① 庭園施設の表示

庭の中には、庭園施設と呼ばれる、テラスやパーゴラ、デッキ、池や垣根などがある。テラスの形状は外形線を明確に表示し、舗装仕上げを平面的に表し、表現する。

ここでは方形や斜め、曲線等の形状と自然石の切石敷きや石張り、平板やテラスの床仕上げを表した。

パーゴラの表示は、パーゴラの柱、桁、垂木を真上から見た平面の表現と垂直に見た立面表現で表す。垂木の間隔や柱位置等は計画にあわせる。藤棚なども同様とする。

a. テラスの表示

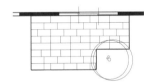
自然石方形張りテラス・平面表示

自然敷乱形張りテラス・平面表示

平板・タイル張りテラス・平面表示

b. パーゴラの表示

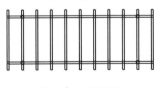
パーゴラ・平面表示

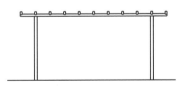
パーゴラ・立面表示

c. デッキテラスの表示

デッキテラスの形状は外形線を明確に表示し、デッキの板材の方向や張り方を平面的に表し、表現する。ここでは、方形や斜め、曲線等の形状と板材の張り方を表した。

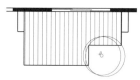
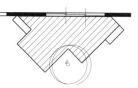

矩形デッキ・平面表示　　半円形デッキ・平面表示　　斜形デッキ・平面表示

d. 池の表示

　池は、池の形を平面的に表し、護岸や流れ、植栽などを描き入れて表示する。特に水の面を分かりやすく描き表す。

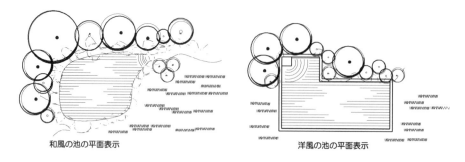

和風の池の平面表示　　　　　　　　洋風の池の平面表示

e. 垣根の表示

　垣根は塀と同じように、真上から見た形態をそのまま描き表す。又、立面は垣根の特徴を垂直面から見た姿を描き表す。

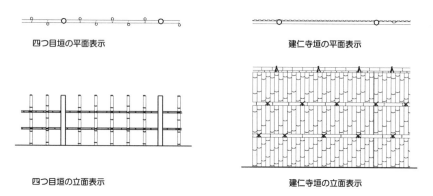

四つ目垣の平面表示　　　　　　　　建仁寺垣の平面表示

四つ目垣の立面表示　　　　　　　　建仁寺垣の立面表示

f. 蹲踞と沓脱石、飛石の表示

　沓脱石や飛石、蹲踞などは真上から見た形状を描き表す。

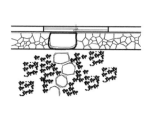
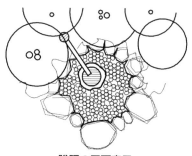

沓脱石・飛石の平面表示　　　　　　蹲踞の平面表示

g. 延段の表示

延段には様々な仕上げがあるが、延段の舗装を真上から見た平面で表示する。

切石と乱張り延べ段・平面表示

切石と玉石延べ段・平面表示

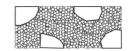
乱貼りと玉石延べ段・平面表示

h. 庭園添景物の表示

庭の中には、施設の他に植栽や添景物などがあり、ここでは主な添景物を挙げてみる。景石や石組を明確に表現するために、必要に応じて石の名称や形状を記入又は石組に手法等を記入する。

i. 景石、石組の表示

景石や石組には様々な産地の石があり、山石や川石や海石などの違いもあるが、石の形を真上から見た形で表し、石の角や傾き等に注意して平面的に表現する。又、立面は石の形を垂直に見た立面表示として表す。

景石、石組・平面表示

景石、石組・立面表示

j. 灯籠の表示

灯籠にも様々な産地や形があり、灯籠の持つ独特な形を真上から見た平面的な表現と横から見た立面表現を表すことにより、灯籠の特徴を表示する。さらに必要に応じて灯籠の名称を記入する。

灯籠・平面表示

灯籠・立面表示

③ 植栽の平面表示記号

庭の中に用いられる樹木などの植栽は、庭の表現に欠かすことができないものである。その表示は、計画者それぞれが自由に行ってきた経緯がある。そこで、以下のように定める。

a. 植栽の表示は平面記号、植栽名、形状寸法を記入する。
b. 樹木の平面記号の大きさは、原則として計画時の樹木の枝張りの概略寸法とする。
c. 樹木及び草花類の名前は、和名を標準として、カタカナ表示とする。

exterior planner handbook

d. 樹木の形状寸法は、原則として樹高（H）、葉張り（W）、目通り周（C）で表示する。単位は［m］とし、単位記号を付けないこととする。
　　　例：ケヤキ　H=6.0 C=0.3 W=4.0
e. 地被及び草花類は、草丈（H）、葉張り（W）、蔓長（L）、鉢径（P）などで表示する。
　　単位はcmとし、単位記号を付けるようにする。
　　　例：ヘデラヘリックス　L=30cm
　　　　　タマリュウ　　　　φ9cmP・3芽立ち
f. 灌木や草花、地被類の植栽密度を表す必要がある場合は、数量に併記する。
　　　例：サツキツツジ　6株/m²　　タマリュウ　44株/m²

① 中高木の表示
　樹木の平面樹木記号は、原則として枝張りの大きさの平均値の半径をもった円形で表示する。又、円形の中心に幹を記入し、株立のような幹の複数あるものは複数の幹を記入して表す。さらに、常緑樹は幹を塗りつぶし、落葉樹は幹を白抜きとして表示する。
　広葉樹や針葉樹の区別については、提案図では針葉樹は枝張りを表す外形線の形状を尖った形とし、広葉樹は柔らかい曲線で表したりするが、設計図では名称や植栽記号などで区別し、樹冠線にこだわらない。

中高木の平面表示

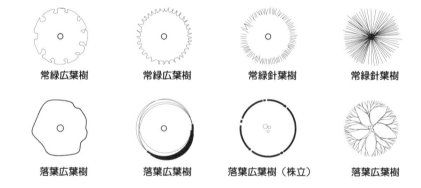

② 灌木類の表示
　灌木の平面的表示は、単独で植栽する場合は、葉張りの大きさを円形で表し、中心に幹を記入し、常緑や落葉、広葉、針葉の区別は中高木と同じように表す。又、灌木は寄植えすることも多く、寄植えの表示は、個々の樹木の幹は記入せず寄植え全体の形を描き、外形線は広葉や針葉の区別を描き、葉の形や影なども記入し表現することもある。寄植えの場合、樹種の違いはハッチングや名称などにより区別する。

常緑と落葉灌木の平面表現　　　　　広葉と針葉灌木の平面表現

③　草花類及び地被植物の表示

　草花類の表示は、花の種類や草の姿にかかわらず、花の印象を株ごとに寄植えした形を真上から見た平面的な表現とする。又、地被植物についても、草の姿を平面的に見た形を表示する。

草花　　　　　　　　サ サ類　　　　　　　　コケ類　　　　　　　　芝生類

④　生垣の表示

　　生垣は、真上から見た生垣幅の外形線を波線で描き、樹木らしい影や葉等を描いて、平面的に表示する。立面は、生垣の高さを横から見て表し、樹木らしい影や葉等を描いて表示する。

生垣の平面表示

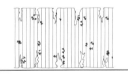  

生垣の立面表示

10-5　設計図の作成と手順

　一般にエクステリアの図面は、計画の提案を伝達するためあるいは計画を検証するためにゾーニング図が作成され、そして計画が固まり、承認を得た後に設計図書としての設計図が作成されることになる。

① **表紙**
　図面の最初に綴じられるのが表紙である。
　表紙には
・工事名称や作成年月日、設計者名、工事業者名、工事内容も必要に応じて記入する。
・施主の名前を記入する場合は、氏名を明確に記載する。
・図書目録（図面リスト）などを記載してもよい。目録は、個々に綴じられている図面名称を図面番号に合わせて記入していく。

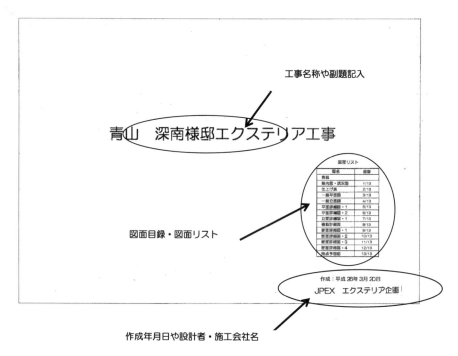

② 図面目録（図面リスト）、案内図、現況図

　a. 図面目録

　　図面目録（図面リスト）には、ここに綴られている図面名称と図面番号を表にして表紙から順番に記入する。記入位置は、表紙あるいは表紙の次の図に記載する。

　b. 案内図

　　案内図は、縮尺1：10000程度で最寄りの駅や公共施設（学校、警察、消防署、公民館等）を含む施工場所までの周辺地図を記入して記載する。

・施工場所付近は拡大し、敷地形状が分かる程度に拡大し表示するとより分かりやすくなる。
・拡大図には、施工場所（住居表示）、施主連絡先や現場までの交通機関なども記載すると、後日の維持管理や施工者などにも都合がよい。

　c. 現況図

　　現況図は、建物の平面配置図に、道路や隣地境界線の寸法や公設桝、電気・ガスの導入箇所、周辺の既設物（囲障、擁壁など）、道路幅員、側溝の有無や形態、道路舗装状況、敷地基準高と道路や隣地との高低差、計画高との関係、敷地内既設物の有無、既存植栽等の情報を盛り込んでできるだけ詳しい図とする。自ら現地を調査して情報を整理することが原則となるが、必要に応じて建築の現況図を利用することもある。

　　その他図面として決められた作図用紙を用い、基本的な方位や表題欄、境界線、境界杭、図面名称、縮尺などを記入する。既存物や既存植栽などはリスト表を作りまとめるとよい。

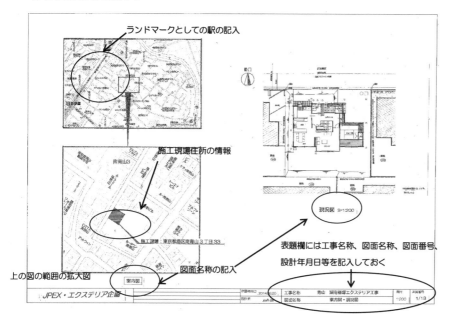

③ 仕上げ表

　平面図に仕上げの明細が記載できない場合には、仕上げ表を用いて仕上げや資材を詳しく記載する。エクステリア計画の内容が簡単なものは、引出し線を用いた記載でもよい。

　仕上げ表には平面図の部位に沿って、その部位の下地及び仕上げ、資材であれば資材寸法やメーカー品番などを一覧表にして記入する。

■門の部位の仕上げ表（仕上げ表一部拡大）

部位	施設	仕上げ・商品	仕上がり高
門柱	袖壁	両面塗り壁仕上げ・美プロ	設計GL+1100
		片面ボーダータイル貼り付け仕上げ・グレー	
	扉	アルミ形材既製扉・07-12・両開き・ブラック	
	表札	アルミ鋳物・規格文字タイプ（475×160）・ブラック	
	郵便受け	口金式・アルミ鋳物口金・ステンレス内箱	
	インターホン	取付のみ	
	門灯	ブラケット・門袖灯・蛍光灯	
	東側囲障	駐車空間範囲隣地境界側・化粧ブロック積み・ベージュ	設計GL+1100

下地	品番・メーカー	備考
空洞ブロック（120C）・型枠状ブロック（150）・布基礎RCL形	四国化成・美プロHG/002	
空洞ブロック（120C）・型枠状ブロック（150）・布基礎RCL形	INAX・TGボーダー	
支柱独立基礎	LIXIL・ライシス門扉2型	
壁付け・M6ボルト止め	LIXIL・ロートアイアン調サイン	
壁埋込み・420×364×390	LIXIL・エクスポスト・N-1型	
壁埋込み・配管埋設		建築支給
壁付け・（226×203×66）	LIXIL・デレクシー（PK-11型）	
布基礎・ブロック積み2～3段・GL+100	エスビック・デュエット	

④ 一般平面図

　一般平面図は、物件ごとに定めた共通の用紙に、計画の全体の割付け、施設の位置形状、敷地形状、道路や方位、建物配置、各境界線、計画高、道路や隣地高、施設の概略寸法、各計画基準高（設計 GL、BM など）を記入する。一般的に、敷地の規模に応じて、縮尺は 1：50、1：100、1：200 の範囲で使い分ける。方位や図面名称、表題欄なども記入する。

【作図要領】
a. 外部給排水系統図や既存物、高低差等に注意しながら、計画内容に沿って門・塀廻り空間から作図を始め、駐車・駐輪空間、アプローチ空間、庭空間、サービスヤード空間へと進める。
b. 仕上げなどは、平面表示記号を用いて記入し、施設の概略寸法、仕上げ名称も記入する。
c. 平面図での名称記入は、仕上げ表を用いる場合は部位名称の記入にとどめ、引出し線を用いて名称を記入する場合は、製図の規準に沿って、部位名、下地、仕上げ、仕上がり高を記入していく。

一般平面図

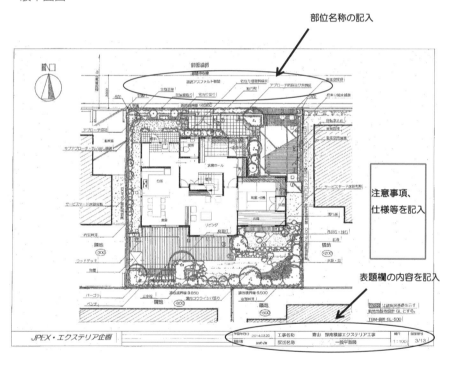

※ここに挙げた一般平面図は、仕上げ表を用いる図面を示す。部位の名称のみの記入となっている。

⑤ 一般立面図
　立面図は平面図と異なり、高さの形状を表すことを目的とした図面となる。
　施工範囲の門や塀、その他構築物、植栽などの立面的位置関係を明確に表示する。

【作図要領】
a. 設計 GL と道路や隣地 GL との関係を明記し、施工範囲と境界線を記入する。
b. 寸法は設計 GL からの高さを記入し、同じ仕上げや高さの範囲も記入する。
c. 同一寸法の記入はできるだけ避ける。
d. その他用紙や表題欄、図面名称、縮尺なども忘れずに記入する。

一般立面図

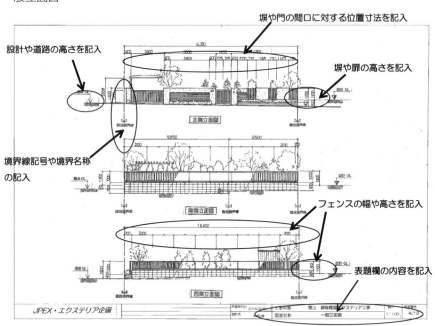

⑥ 詳細平面図

詳細平面図は、寸法や名称の重なり、施設と植栽の重なりなどで図面が煩雑になる場合や、一般平面図・一般立面図では明確に示すことができない場合、あるいは施工するには情報が少ない場合などに作られる。

【作図要領】
a. 詳細平面図では、分かりにくい所を分かりやすく説明し施工者に伝えるために縮尺を大きくして、寸法（施設や仕上り高）や仕上げ名称、材料や断面切断位置等を詳しく記入する。
b. 表現しにくい場所などは、断面や展開図、正面や背面等の立面図などを用いて作成する。
c. 縮尺は 1：50 〜 1：20 程度を用いる。
d. その他基本的な記入事項（表題欄、図面名称等）の記入をする。
e. 図を分割する場合は作図範囲が分かるように KeyPlan を作成し、作図範囲を明確にする。
f. 縮尺を大きくしたために、定められた用紙に図全体が入らない場合は、図を分割して作成することになる。

詳細平面図

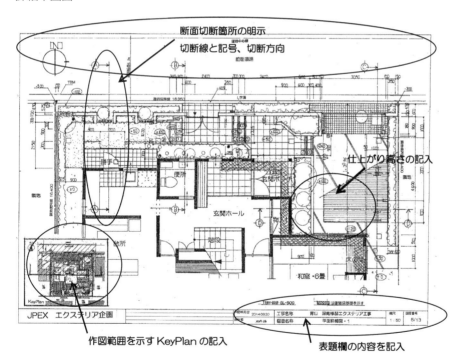

⑦ **詳細立面図**

　平面図と同様に、より詳しく分かりやすい立面を表現するために、詳細立面図を作る。道路側の正面から見た図と宅地の中から見た立面を示す。

　縮尺を大きくし、より分かりやすくなるよう、境界（道路や隣地など）や基準高（設計GL、道路GL、隣地GL等）、施設の高さや範囲寸法（同じ高さの門や塀の長さ）を記入する。

【作図要領】
a. 立面図は原則として境界の外側から見た図とする。
b. 詳細立面図は、一般立面図よりもより詳細な図とするので、縮尺を大きくする。
c. 立面図には、基準高（設計GL、道路GL）を記入する。仕上がり高は基準高からの高さを記入する。
d. 境界線（道路、隣地等）に記号を付けて表す。
e. 同じ仕上げの構築物の高さと間口を記入する。
f. 縮尺は1：50～1：20程度を用いる。
g. その他基本的な記入事項（表題欄、図面名称等）を記入する。

詳細立面図

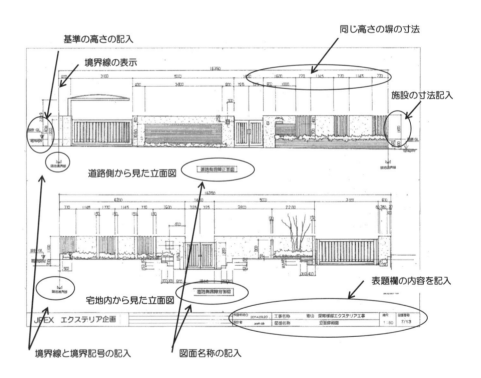

※ここでは、主な立面箇所の図面を示した。扉や柵の意匠は概略として記入した。

⑧ 詳細断面図

　詳細断面図は、詳細平面図に示された切断箇所の断面図のことであり、作成する際には、基準の位置からの寸法と基準の高さからの寸法、材料の名称、施設の詳細寸法などが必要になる。

　この図は施工者への伝達図面という意味をもつため、納まりや材料、基準からの割り付け、施設の高さ等を明確に判別できることが大切になる。

【作図要領】
a. 寸法の入れ方や名称の記入などは、引出し線や参照線を用い、製図規準に沿って記入するものとする。
b. 寸法や名称の書き込みが重ならないように、寸法と名称の書き込む方向を統一し、分かりやすくする。
c. 断面図の作成には、平面図上に切断箇所を記入し、切断線（一点鎖線）と切断方向（開き矢印）、切断箇所符号を記入する。
d. 施設の施工位置が分かるように、基準位置（動かない道路や建物など）からの距離を記入する。
e. 施設の高さが判別できるように、基準（設計 GL 及び道路 GL）からの高さを記入する。
f. 材料や仕上げ名称の記入は、引出し線と参照線を用いて記入する。
g. 材料などは断面表示記号を記入する。
h. 定められた用紙を使用し、表題欄はもれなく記入する。

詳細断面図

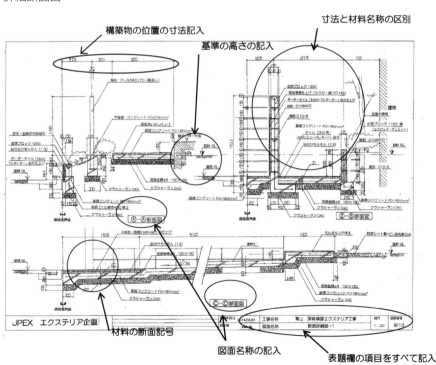

⑨ 植栽計画図

　植栽についても、計画の内容が多く、植栽と施設が重なり判別しにくい、あるいは植栽計画が中心で中高木と灌木や下草の密度が高い等のとき、植栽計画を分かりやすくするために作成される。

　したがって、樹木の形状寸法や養生支柱、既存樹木と新規樹木の区別、本数や株数、施工範囲などを図面表示に沿って記入する。

　植栽計画図の作成には、図面上に植栽名称、形状寸法、数量などを記入するか、植栽リスト表を用いて植栽を整理記入するか、図面上に灌木や下草を記入し、中高木をリスト表に記載する方法などがある。

【作図要領】
a. 図面上にある施設の表示を残し、その上に植栽を記載する。
b. 作図の順序は、高木、中木、低木、灌木、下草・地被植物の順に描く。
c. 植栽リスト表を作成する場合は、植栽のうち、中高木については、植栽平面表示記号の中に符号を記入し、灌木や下草は符号の欄に模式図で表示する。
d. 植栽リスト表に記載した樹木の符号に相当する樹木の形状寸法（樹高、目通り周、枝張りの順）を記載する。下草や地被植物については、ポット径や芽立、植え方などで表示する。
e. 植栽の形状寸法の単位はｍとする。
f. 植栽リスト表への樹木の記載は、樹高が高い順に記入していき、単位は「本」とし、数量は整数とする。下草類は「株」とし、数量は整数とする。また、地被植物については「m^2」とし、数量は小数点２位までとする。
g. 風除支柱については、必要に応じて中高木の樹木に採用し記載する。

植栽計画図

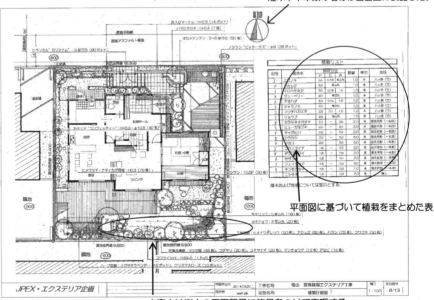

⑩ 完成予想図（パース図）

　提案図として用いる完成予想図は、誰が見ても計画が分かりやすくなる効果的な図となる。

　完成予想図は、一般に透視図法（パースペクティブ）を用いるが、どのような図法を用いてもよく、透視図法の他に焦点をもたない三次元図としてのアイソメトリック、アクソメトリック図、素描（スケッチ）などがあり、尺度にこだわらず、色々な視点から作成する。計画の全体が分かる図と計画の伝達したい箇所を取り出した図とで構成されることが多い。

　提案図として用いる場合には、計画の見せ場をどう伝えるかを考え、透視図の作り方（一点透視、鳥瞰図等）も工夫すると同時に、着色をするとより伝達の効果が期待できる。

　完成予想図は提案の趣旨を伝えるために作成される図で、設計図書としては必須図面ではないが、設計図書に添付することにより、施工者にもでき上がりを印象づける効果は期待できる。

　計画の一番見せたいところを中心に作成するとよい。

完成予想図

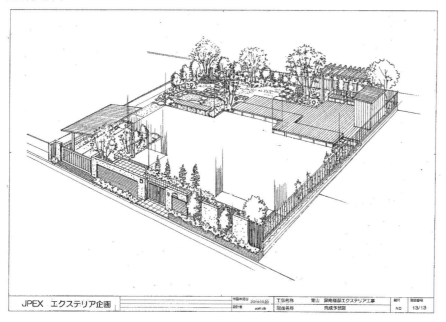

※参考に挙げた図は二点透視図で計画全体を表示したものである。

1・2級エクステリアプランナー
実地試験について

- ■ **1級エクステリアプランナー実地試験（設計図の作成）**
  - 1 **1級エクステリアプランナー実地試験問題の構成**
  - 2 **1級エクステリアプランナー実地試験出題例**
  - 3 **1級エクステリアプランナー実地試験解答例**
- ■ **2級エクステリアプランナー実地試験（ゾーニング図の作成）**
  - 1 **2級エクステリアプランナー実地試験問題の構成**
  - 2 **2級エクステリアプランナー実地試験出題例**
  - 3 **2級エクステリアプランナー実地試験解答例**

■ 1級エクステリアプランナー実地試験
（設計図の作成）

① 1級エクステリアプランナー
実地試験問題の構成

■ 1級エクステリアプランナー実地試験（設計図の作成）

1．実地試験の構成

　ゾーニング図などで初期段階の施主の意向を確認したのち、更に具体的な詳細図を作成し、施主にエクステリア計画の提案を進めていくことになる。
　1級実地試験では2枚の解答用紙を作成する。1枚目に平面図、2枚目に立面図・断面図・設計意図及び植栽リストの5種類の課題を作成する。

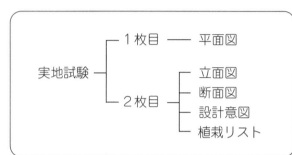

　いずれも設計図の作成における必須課題であるため、5種類のうち、ひとつでも未記入や未完成の場合は、大きく減点されるので留意されたい。

◇ 試験問題の構成

```
1．設計課題
　○ テーマ
　（1）施主の設計条件
　（2）家族構成
　（3）敷地の状況等
2．作図条件
3．設計意図
4．植栽リスト
5．図面記号の表示
```

　解答図面用紙はA3サイズ2枚である。
　1枚目には、あらかじめ戸建住宅の敷地と住宅部分が印刷されており、そこに平面図を作図する。2枚目には、立面図と断面図の作図と設計意図・植栽リストを記述する。
　受験者は与えられた設計課題に従って計画し、作図条件並びに法令に則った作図及び記述であるかが審査される。
　作図条件に決められていない事項については、受験者が決めるものとする。3種類の図面の記入寸法はmm単位とし、エクステリア計画に必要な寸法はすべて記入しなければならない。

◇ 作図レイアウト

解答用紙1枚目　　　　　　　解答用紙2枚目

② １級エクステリアプランナー

実地試験出題例

494

１・２級エクステリアプランナー実地試験について

exterior planner handbook

1級エクステリアプランナー試験問題

実　地　試　験

設計図の作成

1. 設計課題と作図条件等をよく読み、理解して作成してください。設計課題に沿っていない設計図は、採点されない場合があります。
2. Ａ3サイズの解答用紙2枚に、指定どおりに作図してください。
3. 2枚の解答用紙に、会場名・受験番号・氏名が記入されていないものは採点されません。
4. 図面は印刷の過程で、寸法等にわずかな誤差が発生する場合があります。寸法は記載どおりとしてください。
5. 作図は製図基準に従い、必要に応じて、決められたとおりに描いてください。

公益社団法人日本エクステリア建設業協会

与えられた敷地と建物配置の専用住宅におけるエクステリア計画を、設計課題に従って計画し、次の作図条件並びに法令に則り、平面図、立面図、断面図、設計意図、植栽リストを完成させなさい。

1．設計課題
テーマ　草花を観賞する高齢者夫婦に配慮したエクステリア計画

（1）施主の設計条件
① 四季折々に、草木や花を育て観賞できる庭を造ること。
② 普通乗用車1台の駐車空間を確保し、扉も設けること。
③ 大人用自転車1台の駐輪空間を確保すること。
④ アプローチは、両開きの開けやすい扉を設け、門から玄関までは草花や樹木を楽しんで歩けるようにすること。
⑤ 道路面の囲いは、ブロック塀とし、防犯や防災を意識した高さ（1.6 m程度）とすること。
⑥ サービスヤード空間に、物置とゴミ置き場を設置すること。
⑦ 視界線を意識した囲障の計画とすること。

（2）家族構成
家族構成は、70歳代前半の高齢者夫婦の2人住まい。近くに家を出て独立した子供夫婦が居住している。

（3）敷地の状況等
① 敷地の東側に 6,000 ㎜の道路があり、L型でW＝450 ㎜の側溝がある。
② 北側と南側の各隣地境界には、それぞれ既設のフェンス塀がある。
③ 道路と敷地、敷地と各隣地宅地の高低差は図示のとおり、敷地は道路より高くなっている。

2．作図条件
① 作図の縮尺は、平面図・立面図は 1/100 とし、断面図は 1/20 として作成すること。
② 平面図には、外構及び庭園施設の名称及び寸法、植栽位置を記入すること。
③ 立面図は、道路側の東側一面を作図すること。
④ 断面図を作成する際の施設切断箇所は、道路面の塀と敷地内の床構造部分を含む箇所とすること。
⑤ 断面図を作成する切断箇所を平面図に明記すること。
⑥ 断面図では、仕上げや材料の詳細がわかるようにすること。
⑦ 立面図・断面図では、仕上げの表示がわかるようにすること。

exterior planner handbook

⑧ 平面図・立面図・断面図の記入寸法はmm単位とし、計画したエクステリア構成要素に必要な寸法も記入すること。
⑨ 作図は黒鉛筆を使用し、明確に見やすく描くこと。
⑩ 作図条件に決められていない事項については、解答者が決めること。
⑪ 解答用紙へは、下記の作図レイアウトに示すように配置すること。
⑫ 2枚の解答図面用紙の記入欄には忘れずに、会場名・受験番号・氏名を記入すること。

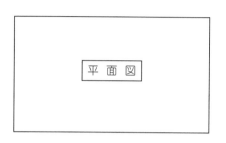

3．設計意図
① 設計課題に対応したエクステリア計画の設計意図を、指定された設計意図欄に記述すること。
② 意図内容が多くなり記入欄よりはみ出したり、少なすぎて空白が大きくならないように、記述内容を適切にまとめること。

4．植栽リスト
① 植栽計画の記入は、設計で使用する植栽を指定のリスト表に、高木、中木、低木、地被の順に記入すること。
② 平面図に記入した植栽記号を付け、図の植栽記号と植栽リスト表の樹種が整合するように記入すること。
③ リスト表に記入する樹高の記入寸法は「m」単位とし、中高木以外の地被や草花類も忘れずに記入すること。

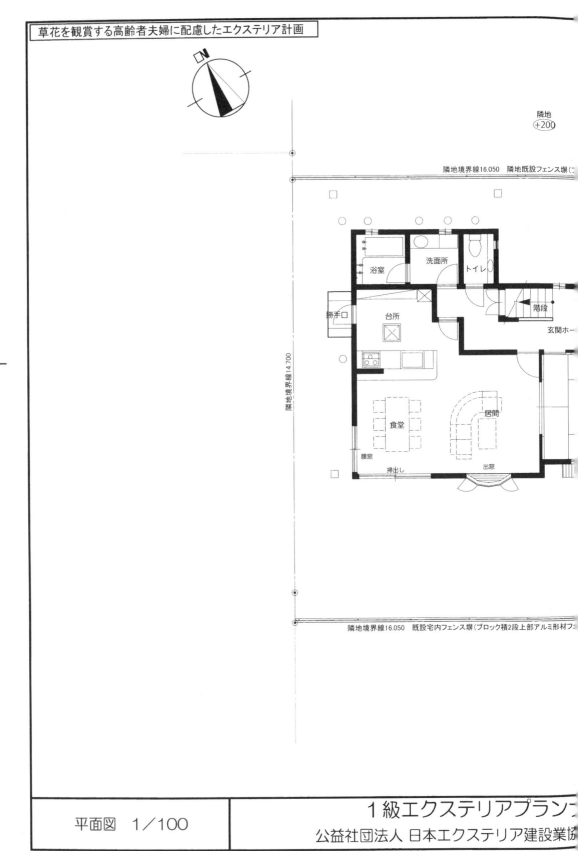

【注】敷地GLを設定＝±0とする。　□ 雨水枡　　○ 汚水枡

500

1・2級エクステリアプランナー実地試験について

立面図 1/100	1級エクステリアプラン
断面図 1/20	公益社団法人日本エクステリア

exterior planner handbook

エクステリア計画の設計意図

植栽リスト

記号	樹木名称	樹高(m)	数量	単位

501

1級エクステリアプランナー実地試験

試験

会

受験番号		会 場 名		図番
氏名				2/2

exterior planner handbook

memo

502

1・2級エクステリアプランナー実地試験について

③ 1級エクステリアプランナー

実地試験解答例

1級エクステリアプランナー実地試験

exterior planner handbook

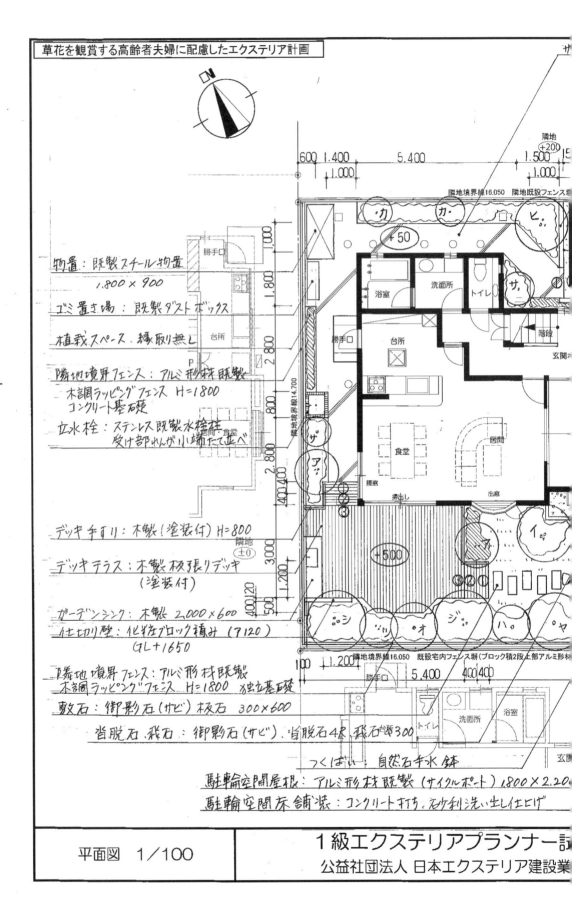

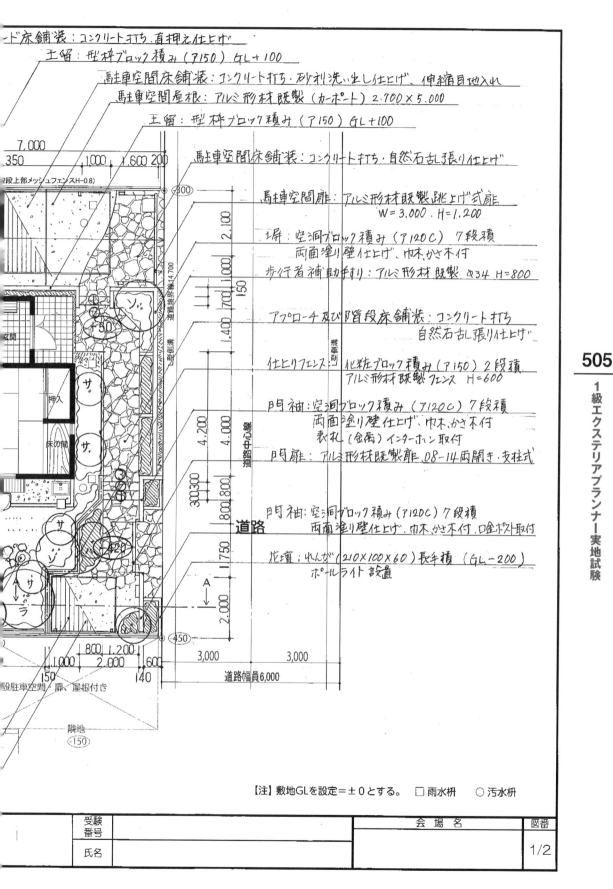

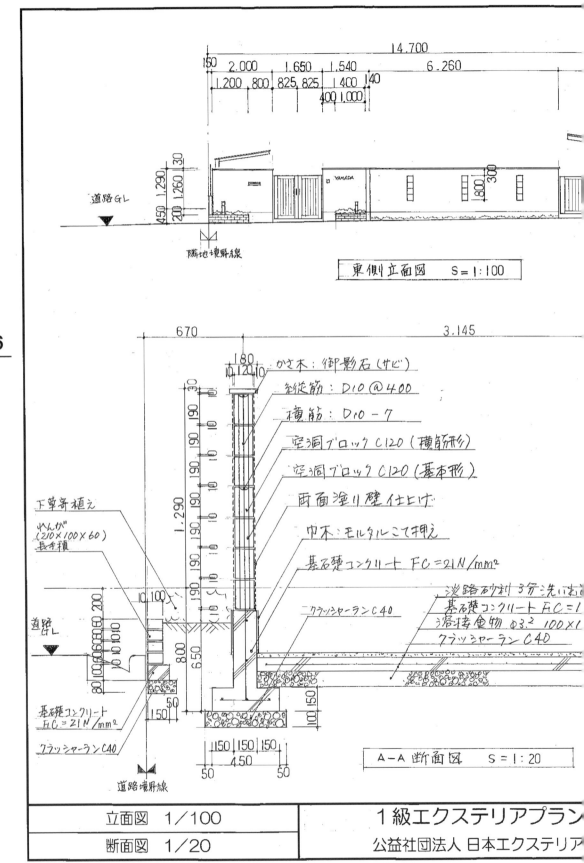

エクステリア計画の設計意図

草花を観賞する高齢者夫婦に配慮したエクステリア計画を考える
◎門袖・塀は防犯を意識しつつ高すぎないよう配慮し落ち着きある門・塀廻りとする。門扉は使いやすく、自転車も出入りできるサイズとした。仕上げは建物との調和した素材とする。
◎駐車空間と駐輪空間は離して設け、それぞれに屋根を架ける。床舗装は滑らない素材とした。駐車空間の間口は広めにし、扉は使いやすい電動とする。
◎木々や草花を楽しめるよう長めのアプローチとし、両サイドに四季を感じられる植栽をする。安全な歩行のため床舗装は滑らない素材とし、歩行補助手すりを設置する。
◎サービスヤード空間には通り抜けの余地を確保し、物置や洗い場、ゴミ置き場を設ける。水廻り窓先に緑を楽しむ植栽
◎庭空間は、四季折々に楽しめる植栽とする。お隣からは落ち着いた景観とし、食堂・居間からはアウトドアリビングとしての広い木製デッキを設け自然を感じ楽しめる空間とする。隣地との目隠しとして庭空間にとけこむようアルミニウム木調フェンスを設置する。

植栽リスト

記号	樹木名称	樹高(m)	数量	単位
シ	シマトネリコ	3.5	1	本
ジ	ジューンベリー	3.0	1	本
イ	イロハモミジ	3.0	1	本
ラ	シラカシ	3.0	1	本
ア	アオダモ	3.0	2	本
ヒ	ヒメシャラ	3.0	1	本
ヤ	ヤマモモ	2.5	1	本
ソ	ソヨゴ	2.5	2	本
ハ	ハナミズキ	2.5	3	本
オ	オリーブ	2.5	1	本
ツ	ツリバナ	2.0	2	本
サ	サザンカ	2.0	6	本
カ	カクレミノ	2.0	2	本
	低木：サツキ・ツツジ・アジサイ・アベリア・コデマリ他	0.3〜	200	株
	草花：クリスマスローズ・ヒューケラ・カレックス・イワナンテン他	Φ9	50	株
	地被：タマリュウ・イワダレソウ他	Φ9	100	株
	芝生：コウライシバベタ		15	m²

■ 2級エクステリアプランナー実地試験
（ゾーニング図の作成）

① 2級エクステリアプランナー
実地試験問題の構成

1・2級エクステリアプランナー実地試験について

■ 2級エクステリアプランナー実地試験（ゾーニング図の作成）

1．実地試験の構成

　ゾーニング図は、施主の要望を聞きながら、あるいは聞いた後に要望の確認を双方が行なうために、計画意図や主旨をわかりやすく確実に伝達するために作成されるものである。

　2級実地試験は、ゾーニング図の作図と計画意図及び部位とゾーニング計画の内容の記述で構成される。

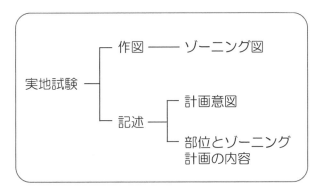

　いずれも実地試験における必須課題であるため、3種のうち、ひとつでも未記入や未完成の場合は、大きく減点されるので留意されたい。

◇ 試験問題の構成

1．計画課題
　○ テーマ
　(1) 施主の要望
　(2) 家族構成
　(3) 敷地の状況等
2．作図条件
　(1) ゾーニング図
　(2) 計画意図
　(3) 部位とゾーニング計画の内容
　(4) ゾーニング図の説明

　解答用紙はA3サイズ1枚である。
　解答用紙の上段には、あらかじめ戸建住宅の敷地と住宅部分が印刷されており、そこにゾーニング図を作図する。下段には、計画意図及び部位とゾーニング計画の内容を記述する。
　受験者は与えられた計画課題の内容に従って、テーマに沿った作図及び記述であるかが審査される。図面の記入寸法はmm単位とする。

◇ 作図レイアウト

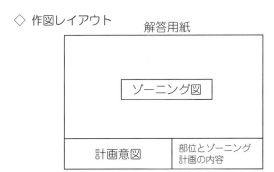

② ２級エクステリアプランナー

実地試験出題例

510

1・２級エクステリアプランナー実地試験について

2級エクステリアプランナー試験問題

実 地 試 験

ゾーニング図の作成
1．計画課題と作図条件をよく読み、理解して作成してください。
　　計画課題に沿っていないゾーニング図は、採点されない場合があります。
2．Ａ３サイズの解答用紙に、指定どおりに作図してください。
3．解答用紙に、会場名・受験番号・氏名が記入されていないものは採点され
　　ません。
4．図面は印刷の過程で、寸法等にわずかな誤差が発生する場合があります。
　　寸法は記載どおりとしてください。

公益社団法人日本エクステリア建設業協会

与えられた敷地と建物配置の専用住宅におけるエクステリア計画を、設計課題に従って計画し、次の作図条件に基づき、ゾーニング図、テーマに沿った計画意図、部位とゾーニング計画の内容を完成させなさい。

1．設計課題

テーマ　隣地に配慮した、安全で楽しめるエクステリア計画

（1）施主の設計依頼
　① 四季折々に、草木や花を観賞できる庭をつくること。
　② 普通乗用車1台の駐車空間を確保し、扉も設けること。
　③ 大人用自転車1台の駐輪空間を確保すること。
　④ アプローチには、両開きの開けやすい扉を設け、門から玄関まで草花や樹木を楽しみながら歩けるようにすること。
　⑤ 道路面の囲いは、目隠しのできる高さのブロック塀とし、視線を意識した塀とすること。

（2）家族構成
　家族構成は、70歳代前半の高齢者夫婦の2人住まい。近くに家を出て独立した子供夫婦が居住している。

（3）ゾーニング図
　① 各部位の空間（ゾーン）を明確に作図しなさい。部位空間（ゾーン）と部位空間（ゾーン）の間に不明な空きスペースをつくらないこと。
　② 引き出し線を使い、各空間（ゾーン）の計画内容をテーマに沿って説明しなさい。

（4）動線と視界線
　① 道路から敷地内へ出入りする普通乗用車と自転車の動線を記入しなさい。
　　〔普通乗用車＝一点鎖線　－・－・－〕〔自転車＝破線　---------〕
　② 敷地内での人の動線を記入しなさい。
　　門扉から玄関、各部位空間内及び隣接する部位空間相互の人の動線を記入すること。〔人＝実線　―――〕
　③ 建物の図面の各居室に、●（視点）が記入されている。居室掃出し窓、台所などの水廻り窓を含め、各居室のこの●（視点）からの視界線を記入しなさい。
　　〔視界線＝点線　·················〕

exterior planner handbook

（5）敷地の状況等

① 敷地の北側に 6,000 ㎜幅員の道路があり、L型でW=450 ㎜の側溝がある。

② 東側と西側の各隣地境界には、それぞれ隣地の既設フェンス塀がある。

③ 東側宅地には、境界に沿って隣地の勝手口と食堂の腰窓があり、同時に隣地の庭もよく見える。

④ 西側宅地には、境界に沿って隣地の1台分の駐車空間と和室の出窓が敷地側に向いている。

⑤ 南側宅地には、当該宅地内に既設ブロック3段積塀がある。

⑥ 南側宅地には、境界に沿って隣地の中庭や住宅設備が見られる。

2．計画意図の作成

テーマに沿った各空間におけるエクステリア計画の計画意図を、解答図面用紙の指定された欄に記述しなさい。

部位空間（ゾーン）	計画意図記入欄
駐車・駐輪空間	
門・塀廻り空間	
アプローチ空間	
サービスヤード空間	
庭園空間	

3．部位とゾーニング計画の作成

エクステリア計画を構成する各部位の項目について、寸法や材料の仕様などを解答用紙の指定された欄に記述しなさい。

部　位	内容及び寸法（㎜）
門の高さと仕様	道路からの門柱の高さと仕様を記入
門扉の材質、寸法と開閉方法	門扉の材質、幅及び高さ、開閉方法を記入
道路面の囲いの内容	道路面からの仕上がり高さと仕様を記入
隣地への配慮	隣地への配慮の手法を記入
駐車空間の床舗装仕上げ	床の舗装仕上げを記入
駐車空間の寸法(間口・奥行)	駐車方式、間口と奥行きを記入
アプローチの床舗装仕上げ	床の舗装仕上げを記入
アプローチの階段・園路幅員	舗装仕上がり幅を記入
サービスヤード空間の内容	床舗装や設備、施設などを記入
庭園のイメージ及び景観内容	庭の簡単な構成を記入

exterior planner handbook

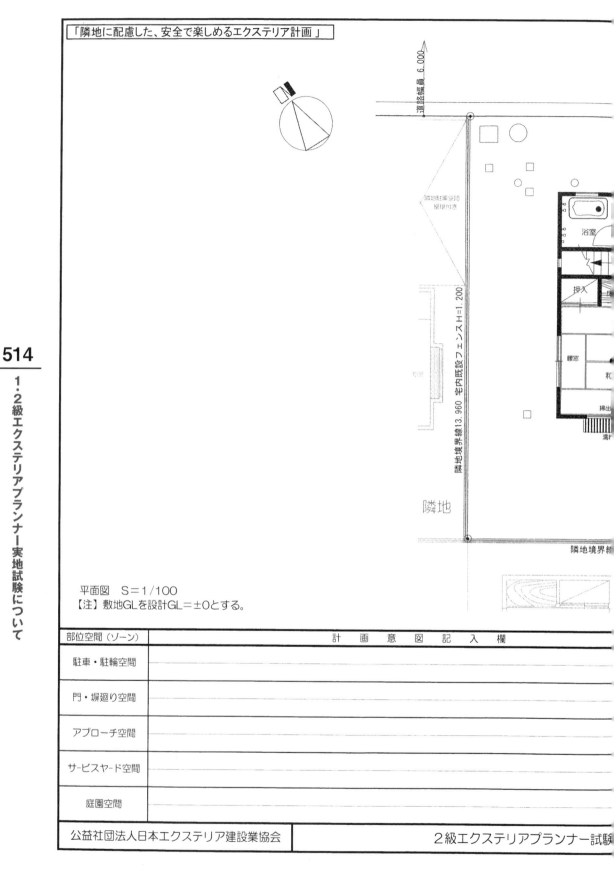

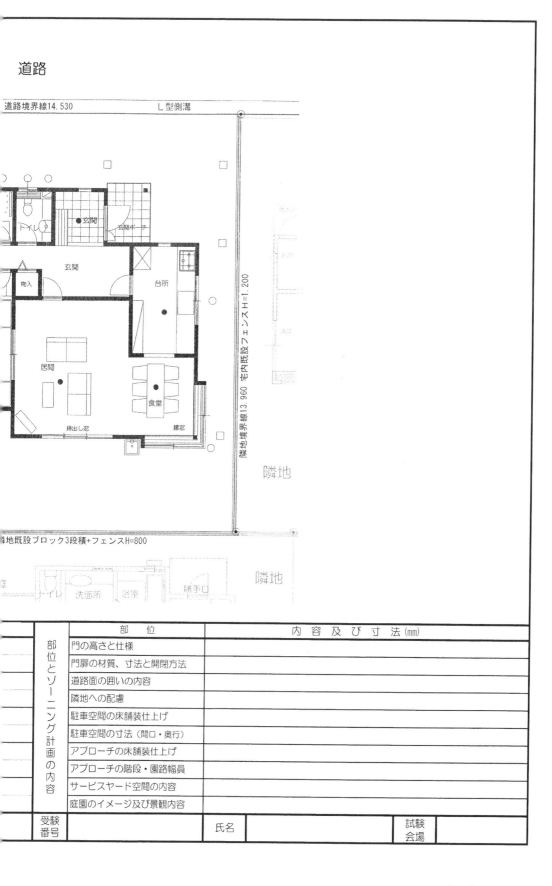

memo

③ ２級エクステリアプランナー

実地試験解答例

517

２級エクステリアプランナー実地試験

exterior planner handbook

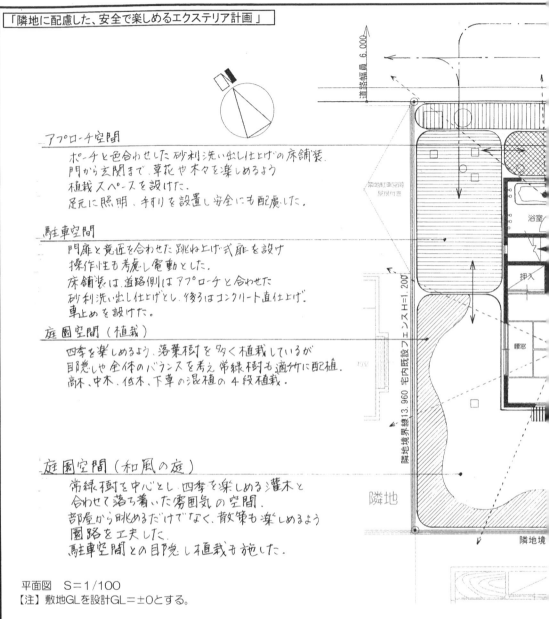

「隣地に配慮した、安全で楽しめるエクステリア計画」

アプローチ空間
ポーチと色合いを合わせた砂利洗い出し仕上げの床舗装。
門から玄関まで、草花や木々を楽しめるよう
植栽スペースを設けた。
足元に照明、手すりを設置し安全にも配慮した。

駐車空間
門扉と意匠を合わせた跳ね上げ式扉を設け
操作性も考慮し電動とした。
床舗装は、道路側はアプローチと合わせた
砂利洗い出し仕上げとし、後ろはコンクリート直仕上げ。
車止めを設けた。

庭園空間（植栽）
四季を楽しめるよう、落葉樹を多く植栽しているが
目隠しや全体のバランスを考え常緑樹も適所に配植。
高木、中木、低木、下草の混植の4段植栽。

庭園空間（和風の庭）
常緑樹を中心とし、四季を楽しめる灌木と
合わせて落ち着いた雰囲気の空間。
部屋から眺めるだけでなく、散策も楽しめるよう
園路を工夫した。
駐車空間との目隠し植栽も施した。

平面図　S＝1/100
【注】敷地GLを設計GL＝±0とする。

部位空間（ゾーン）	計画意図記入欄
駐車・駐輪空間	隣地に配慮した駐車空間を確保するとともに、門扉と意匠を合わせた扉をつけ戸締ま（り）建物、門・塀廻りとの調和を考えた床舗装。アプローチ、庭園空間との視線を
門・塀廻り空間	道路より控えた袖門の前に草花の寄せ植え。門扉を開けた先には樹形の美（しい）植え建物の圧迫感をやわらげる。道路からの目隠しとなる高さの塀は袖門、建
アプローチ空間	四季折々に楽しめる植栽とし、楽しみながら安全で歩きやすい床舗装とする。建物、門・塀廻りとの調和も考慮した床舗装は駐車・駐輪空間との動線も確（保）
サービスヤード空間	通り抜けを配慮しながら、水廻りの窓先には景観と目隠しを兼ねた植栽。北側サービスヤード空間には屋外洗い場やゴミ置き場などアプローチからの視線
庭園空間	居間の掃き出し窓前にアウトドアリビングを楽しむ木製デッキを造り、木々を眺め（る）空間とする。和室前の庭は落ち着いた雰囲気で、眺めるだけでなく散策も楽しめ

公益社団法人日本エクステリア建設業協会　　　2級エクステリアプランナー

部位とゾーニング計画の内容	部位	内容及び寸法(mm)
	門の高さと仕様	道路よりH=1,600、空洞ブロック(120C)積み、塗り壁仕上げ
	門扉の材質、寸法と開閉方法	アルミ形材既製品、H=1400、W=1,600 両開き、柱式
	道路面の囲いの内容	道路よりH=1600、空洞ブロック(120C)積み、塗り壁仕上げ、控え壁有り
	隣地への配慮	圧迫感がないよう常緑樹で目隠し
	駐車空間の床舗装仕上げ	道路側砂利洗い出し仕上げ、後ろコンクリート直仕上げ舗装
	駐車空間の寸法（間口・奥行）	間口3,000、奥行6,000
	アプローチの床舗装仕上げ	砂利洗い出し仕上げ
	アプローチの階段・園路幅員	階段踏面300、蹴上げ150、園路幅員1,200
	サービスヤード空間の内容	通り抜けを考慮し、窓先に植栽、屋外洗い場、ゴミ置き場
	庭園のイメージ及び景観内容	和室からは眺めと散策を楽しみ、居間からは自然を体感するデッキ

| 受験番号 | | 氏名 | | 試験会場 | |

キーワード索引（五十音順）

あ行

アイストップ	137
あいば	393、407
アクリル	187
アクリルシリコン樹脂ワニス塗り	425
足付灯籠	145
足場	360
明日の田園都市	13
四阿（あずまや）	145、184
圧縮応力度	291
圧密沈下	307
穴	195
孔あき	230
アプローチ	20、106
洗い出し	164
アルカリシリカ反応性	200
アルミニウム鋳物	156、169
アルミニウム形材	157、169
アンシンメトリー性	30
安全基準	69
安息角	300
筏打	142
イギリス式庭園	30
イギリス都市計画の父	13
池	184
異形ブロック	213
異形棒鋼	227
生垣	123、126、258
生垣条例	123
生込型灯籠	145
石垣	179
囲障設置権	82
移植の困難な樹木	262
板石	197
イタリア式庭園	30
1日の積み高さ	389
一日平均施工量	345
一点鎖線	452
一般管理費	329
一般建設業の許可	65
一般図	437
一本目地仕上げ	389
移動式クレーン	77
移動端	286
入母屋屋根	26
インターロッキングブロック	164、206
インターロッキングブロック工事	430
インターロッキングブロック舗装	430
植穴	263
植付け	262
ウエットタイプ工法	392
ウェブ	213
ウォーターガーデン	32
請負契約書	67
受け金物	407
薄目地工法	384、389
薄目地モルタル	384
打込み目地	384
打込み目地工法	385
腕木門	99
裏あし	201
裏型枠	396
裏込めコンクリート	396
裏込めモルタル	387、407
裏込め透水層	396
裏庭	7、147
運搬時間	220
エアーレーション	277
エキスパンドメタルネットフェンス用	225
エクステリア	2
FRP	156
エベネザー・ハワード	13
LED（発光ダイオード）照明	194
塩化物含有量	220
円弧すべり	302
縁先手水鉢	147
エントランスライト（ガーデンライト）	193
園路	140、181
応力 284	290

exterior planner handbook

応力度 285	291	片持ち支持形式		291
オーニング	145、188	片持ちばり		290
オープンスタイル	21	片持ちばり式擁壁		310
大曲り	142	型枠状ブロック		212
大谷石	122	花壇		150
大屋根	26	滑節点（ピン）		289
置灯籠	145	矩計図		446
屋上庭園の特徴	280	金ごて仕上げ		401
屋上緑化の特徴	280	冠木門		99
押し目地	384	かぶり厚さ		385
押し目地仕上げ	389	壁式構造		289
親子開き	101	空石積み		133
折り戸	102	ガラスブロック工事		383
織部灯籠	146	仮囲い		55
		刈込み		274、276
か行		枯山水		28
		側庭		6
ガーデニング	88	鑑賞主体の庭		136
街区道路	16	灌水		276
外構空間	4	完成予想図		441
外構工事	9	幹線道路		16
外装接着剤張り	420	ガントチャート		351
外装タイルの形状	175	貫入		201
解体工事業	71	監理技術者		66
階高充填工法	385	監理者		356
階段	117	完了検査申請		41
回転端	286	木ごて仕上げ		401
外部給排水系統図	446	素地（きじ）		201
外壁乾式工法	407	擬石		185、407
外壁湿式工法	407	基礎コンクリート		396
外壁の後退距離	44	北入り宅地のゾーニング		94
回遊式庭園	29	既調合モルタル		384
改良圧着張り	410、415	木戸		143
改良積上げ張り	410、415	擬木		186
角石	197	基本型灯籠		145
確認申請	41	基本形ブロック		213
欠け	195	球根草花類		248
囲い	120	休眠期		249
架構構造	289	求積図（敷地面積）		443
春日灯籠	146	境栽（ボーダー）		258
風荷重	287	曲線道路		18
片側支持	162	許容応力度		293
片流れ屋根	27	切石敷		142
片開き	101	切石積み		133
片持ち形式	291	切妻屋根		26

exterior planner handbook

切れ	201	建築面積の算定基準	50
き裂	195	建築用コンクリートブロック	212
金閣寺垣	123	建仁寺垣	123
金属製格子フェンス及び門扉	221	現場打ちコンクリート	164、173
金属製フェンス付きブロック塀	298	現場調合モルタル	414
区域区分	56	建ぺい率	46
空気量	220	建ぺい率の緩和	47
空洞ブロック	212	高圧法	144
偶力	284	公共的空間	3
くされ	195	工作物	40、183
掘削	363	工事現場の危害防止	55
組合せ植栽	259	合成樹脂エマルションペイント塗り	427
クライアント	88	硬石	197
グリッド型	18	公的空間	3
クルドサック型	18	高木類	236
クレーン等安全規則	77	好陽種	249
クローズドスタイル	21	広葉樹	235
クローラクレーン	77	古代条里制	12
景観協定	63	固定荷重	287
景観地区	63	固定形式	290
景観法	38、62	固定端	286
経済的工程計画	346	こぶ取り	122
景石	146	コモン型	18
軽微な建設工事	64	コンクリートブロック	173
化粧ブロック	213	コンクリートブロック塀	294
化粧一本目地仕上げ	389	コンクリート平板	165
化粧目地仕上げ	389	コンクリート用砕石及び砕砂	199
化粧れんが	229	コンセプト	89
原価管理	318	コンターライン	14
建設業の種類	64	コンテナガーデン	32
建設業法	38、64		
建設業を営む者の責務	72		
建設資材廃棄物	71	**さ行**	
間知石	179、197	サービスヤード	147
間知石積み	133	砕砂	199
建築	40	採算速度	346
建築基準法	38、39	再資源化等	71
建築工事届	41	砕石	199
建設工事に係る資材の再資源化等に関する法律	38	最大練置き時間	388
建設リサイクル法	38	最大変形量	293
建築協定	42	左官仕上げ（モルタル）	174
建築物	39	作業可能日数	345
建築物除却届	41	作業主任者	68
建築間取り図	444	作業床の設置	69
建築面積計算	445	雑割石	133

exterior planner handbook

3滑節（3ヒンジ）形式	290	主任技術者	66	
三脚鳥居	264	主要居住部分	6	
産業廃棄物管理票	74	準幹線道路	16	
三植	256	竣工図	437	
サンドクッション	430	準硬石	197	
シークエンス	14	書院式庭園	29	
シーリングライト	192	書院造り	23	
シェル構造	289	常圧法	144	
枝折り戸（しおりど）	143	常温乾燥形ふっ素樹脂ワニス塗り	426	
市街化区域	56	定木ずり	398	
市街化調整区域	56	詳細図	437	
視覚障がい者誘導用インターロッキングブロック	431	蒸散抑制剤	266	
直付式	101	浄土式庭園	28	
敷石	141	承認図	437	
敷地高低差	22	正味厚さ	213	
敷地調査	7	正味肉厚	213	
敷地の衛生及び安全	43	植栽工事	9	
敷きモルタル	384	植栽の役割	9	
仕切垣	122	植生用インターロッキングブロック	431	
軸組構法	25	除草	277	
軸方向力	290	所要作業日数	345	
地震荷重	287	所要数量	327	
下請契約	65	示力図	285	
下地の処理	397	心字池	139	
仕立物	137	進士五十八	11	
仕立物中心の庭	137	伸縮戸	102	
実厚さ	213	進捗管理	354	
実線	452	寝殿造り	23	
実用主体の庭	138	寝殿造り庭園	28	
私的空間	3	シンボルツリー	21	
支点	286	シンメトリー	30	
地ならし	363	針葉樹	235	
地盤調査	304	数寄屋造り	23	
しみ	195	スペイン式庭園	31	
斜面破壊	301	すべり面	301	
十字鳥居	264	墨だし	360	
集中荷重	287	スランプ	220	
充填コンクリート	387	整姿	274	
充填モルタル	387	静定ばり	290	
重力式	132	静定ラーメン	290	
重力式擁壁	310	石材	167、174、195	
縮減	71	積載荷重	281	
宿根性草花類	247	施工者	356	
樹脂材	166	施工速度	346	
主庭	6、136	設計図	437	

523

キーワード索引（五十音順）

exterior planner handbook

設計数量	327	単純ばり	290
設計図書	356	単植	256
セットバック	20	弾性係数	293
施肥	268、276	段逃げ	384、393
セミオープンスタイル	21	断面図	441
セラミックタイル	165、201	遅延対策	354
せん断応力度	291	力の大きさ	284
せん断力	290	力の合成	285
剪定	274	力の作用点	284
専門工事業者	356	力の三角形	285
造園	11	力の三要素	284
雑木中心の庭	137	力の平行四辺形の法則	285
双植	256	力の方向と向き	284
総塗り厚	398	地区計画	57
層剥離	201	逐次充填工法	385
副え	255	地勢	3
添木	264	千鳥がけ	142
ゾーニング計画	89	地被類（グランドカバー）	239
ゾーニング図	96	中間検査申請	41
ゾーニングの進め方	90	中間領域	14
組積造の塀	53	中実	230
袖垣	123、183	駐車・駐輪空間	125
袖門柱	152	柱状図	306
反り	201	中木類	237
		直接基礎	315
		直接工事費	329、342
た行		直線道路	18
		ツーバイフォー工法	25
耐陰種	249	通路	70
対象建設工事受注者	72	築山（つきやま）	138
対植	256	蹲踞（つくばい）	147
大臣許可と知事許可	64	つけ送り	397
ダウンライト	192	坪庭	139
宅地	75	つり足場	68
宅地造成及び特定盛土等規制法	75	ツル植物	240
竹垣	122、177	提案図	436
縦ひずみ度	292	低木類	238
縦目地空洞部	390	庭門	143
建物配置図	443	出来高累計局線	351
縦やり方	385	デッキガーデン	32
谷積み	134、396	鉄筋コンクリート工法	25
だぼ	393、407	鉄筋コンクリート造	294
玉石敷	142	鉄筋コンクリート組積造工事	382
玉石積み	133	鉄筋コンクリート棒鋼	227
炭化法	144	テラコッタタイル	182
単純支持形式	290		

exterior planner handbook

テラス	144	布基礎		295
転圧	277	布積み		134
天端ブロック	396	塗り厚		398
胴込めコンクリート	396	塗り目地仕上げ		389
透水性インターロッキングブロック	431	根石		393
等分布荷重	288	根石ブロック		396
等変分布荷重	288	ネットフェンス構成部材		220
灯籠	145	ネットワーク工程表		352
道路線形パタン	18	根回し		261
道路の定義	51	練り石積み		133
道路のヒエラルキー	17	練置き時間		388
特殊樹木	240	練積み造擁壁	309、	396
特定建設業の許可	65	延段		142
特定建設資材	71	延べ面積の算定基準		49
特定建設資材廃棄物	73	法面	302、	363
床付け	363			
都市計画区域	56			

は行

都市計画法	38、56	パーゴラ	145、	183
都市緑地法	59	バーチャート		350
トピアリー	137	バーナー仕上げ	116、	122
飛石	141	ハーブガーデン	33、	251
ドライタイプ工法	392	ハーブ類		251
トラス構造	289	廃棄物の処理及び清掃に関する法律		74
トラッククレーン	77	梅見門（ばいけんもん）		143
取付け金物	407	配植の基礎知識		253
取付け用ペースト	407	はけ引き仕上げ		402
トレリスタイプ	172	はしご道		70
		ばち		201
		発光方向別照明		193

な行

		パティオ	31、	139
内装接着剤張り	420	跳上げ戸		103
内力	290	張付けモルタル	384、	387
中庭	7、139	バルコニー		189
中鉢式	147	半重力式		132
軟石	197	半重力式擁壁		310
２液形ポリウレタンワニス塗り	424	パンチング門扉		158
二脚鳥居	265	パンチングライプ		172
西入り宅地のゾーニング	95	はん点		195
日程計画	344	半陽種		249
二点鎖線	452	反力		286
二点透視図	489	ヒートアイランド現象		279
庭工事	9	控え		255
庭のゾーニング	95	控壁		294
認可	36	控え壁式擁壁		310
布掛	264			

525

キーワード索引（五十音順）

exterior planner handbook

東入り宅地のゾーニング	95
引き金物	407
引き戸	102
ピクチャレスク	30
ピグメントステイン塗り	427
火障り	255
ひし形金網ネットフェンス用	225
ビシャン仕上げ	122
ビスタ（通景）	30
ひずみ度	292
引張応力度	291
病害虫防除	270
標準貫入試験	305
ひょうたん池	139
表面処理法	144
平板	209
開き戸	101
平物	201
フェイスシェル	213、384
フェンス	169
複合代価	325
普通インターロッキングブロック	431
普通目地	384
普通目地工法	388
普通れんが	229
部分充填工法	385
ブラケット	192
フランス式庭園	30
プランニング	86
プリズム試験体	385
プレキャスト無筋コンクリート製品	203
プレハブ工法	25
ブロック	384
分解	285
分別解体等	73
塀	173
塀重門	99
平城京	12
平坦性	430
平面図	440
壁面埋込灯	192
壁面線	45
壁面緑化の手法	282
へこみ	195
方位	3

ボーダーガーデン	31、258
補強コンクリートブロック造	54、294
補強コンクリートブロック造工事	382
補強コンクリートブロック造の塀	54
補強コンクリートブロック塀工事	382
歩行者系道路	430
歩車共存道路（ボンエルフ道路）	19
ポリカーボネート	187
掘取り	262

ま行

前庭	6、135
枕木	168、181
曲げ応力度	292
曲げモーメント	290
マスク張り	416
まちづくりの理念	12
まちづくりの歴史	12
まちなみ	12
まちなみ景観様式	15
まちなみづくり	13
町屋	23
丸鋼	227
磨き仕上げ	122
御影石	122
御簾垣	123
水勾配	393
水湿し	384、398
水抜きパイプ	396
水引きぐあい	398
道切り	393、407
道に関する基準	52
密着張り	415
3つの磁石	13
南入り宅地のゾーニング	94
民法	38、81
向鉢式	147
むら	195
むら直し	398
メーソンリー	289
メーソンリー工事	382
メーソンリー組積体	385
メーソンリー積み工事	383
メーソンリー壁体	385

exterior planner handbook

メーソンリー床工事	383	溶接金網ネットフェンス用		225
メーソンリーユニット	384	用途地域		56
目隠し門扉	157	擁壁	132、178、	365
目地材料	397	寄石敷		142
目地砂	430	寄植え		257
目地ずり	384	寄棟屋根		26
目地詰め	432	四つ目垣	123、	433
目地モルタル	384			
目土散布	276			
面	396			

ら行

モーメント	284	ラーメン構造		289
モーメント荷重	287	ラダー型		18
木材保護塗料塗り	428	落下物に対する防護		55
木製デッキ	187	乱積み		134
モザイクタイル	411	ランドスケープ		11
モザイクタイル張り	416	ランドマーク		15
もたれ式	132	立面図		441
もたれ式擁壁	310	立水栓		185
物置	184	粒形判定実積率		200
門冠りの木	98	竜安寺垣		123
門柱	152	両側支持		163
門柱式	101	両開き		101
門灯	192	緑地協定		60
門扉の種類	101	緑化率の最低限度		59
門扉	155	隣地使用権		81
門廻り	97	ルーバータイプ		171
		ループ型		18
		ル・コルビュジエ		13
		レイモンド・アンウイン		13

や行

矢板	363	列植		258
薬剤注入法	144	レディーミクストコンクリート		219
薬剤塗布法	144	れんが	167、174、	384
役物	201	連続支持形式		290
八ツ掛	265	連力図		286
山崩し	348	労働安全衛生法	38、	68
山留め	302、363	陸屋根		26
山留め壁	302、363	路地状接道		114
山均し	348	路床		430
やり方（遣方）	360	ロックガーデン		32
ヤング係数	292	路盤		430
有機系接着剤	420			
雪見灯籠	146			

わ行

ユニットタイル	201			
養生	266、375	割石		198
容積率	48	割肌		122

exterior planner handbook

参考文献等

　エクステリアプランナー ハンドブック第 12 版の発刊にあたり、関連する法律等の他、日本産業規格、日本建築学会標準仕様書等の文献を参考にさせて頂きました。

「門と塀」（㈱ワールドグリーン出版）
「戸建て住宅による街づくりの手法」（猪狩達夫、高山　登、㈱彰国社）
「明日の田園都市」（E・ハワード著、長　素連訳、㈱鹿島出版会）
「図説・近代日本住宅史」（内田清蔵・大川三雄・藤谷陽悦編著、鹿島出版会）
「増補新版　日本建築史序説」（太田博太郎、彰国社）
「あんしんなブロック塀をめざして」（㈳全国建築コンクリートブロック工業会）
「タイルの知識」（㈱INAX）
「緑化・植栽マニュアル」（中島　宏、㈶経済調査会）
「庭木と緑化樹Ⅰ・Ⅱ」（飯島　亮・安蒜俊比古、㈱誠文堂新光社）
「新樹種ガイドブック」（㈳日本植木協会編、㈶建設物価調査会）
「グラウンドカバープランツ」（近藤三雄・小沢知雄、㈱誠文堂新光社）
「カラーリーフプランツ」（横井政人、㈱誠文堂新光社）
「四季をはこぶ球根草花」（別冊 NHK 趣味の園芸、㈱日本放送出版協会（NHK 出版））
「球根の花」（㈱世界文化社）
「公共住宅屋外整備工事積算基準」（㈶ベターリビング）
「家庭果樹の育て方、剪定のコツ」（高橋栄治、㈱主婦の友社）
「ハーブスパイス館」（㈱小学館）
「花と植木の病害虫百科」（㈱誠文堂新光社）
「建築工事標準仕様書・同解説、一般共通事項（JASS1）」（日本建築学会）
「建築工事標準仕様書・同解説、仮設工事（JASS2）」
「建築工事標準仕様書・同解説、土工事および山留め工事（JASS3）・杭および基礎工事（JASS4）」
（日本建築学会）
「建築工事標準仕様書・同解説、鉄筋コンクリート工事（JASS5）」（日本建築学会）
「建築工事標準仕様書・同解説、メーソンリー工事（JASS7）」（日本建築学会）
「建築工事標準仕様書・同解説、張り石工事（JASS9）（日本建築学会）
「建築工事標準仕様書・同解説、左官工事（JASS15）」（日本建築学会）
「建築工事標準仕様書・同解説、塗装工事（JASS18）」（日本建築学会）
「建築工事標準仕様書・同解説、セラミックタイル張り工事（JASS19）」（日本建築学会）
「壁式構造関係設計規準集・同解説（メーソンリー編）」（日本建築学会）
「建築基礎構造設計指針」（日本建築学会）
「小規模建築物基礎設計指針」（日本建築学会）
「絵とき土質力学」（安川郁夫、今西清志、立石義孝、㈱オーム社）
「造園施工管理（技術編）」改訂 28 版（（一社）日本公園緑地協会編）
「造園修景積算マニュアル　改訂 4 版」（㈶建設物価調査会）
「建築工事の積算」（一般財団法人経済調査会）
「公共住宅建築工事積算基準」令和元年度版（公共住宅事業者等連絡協議会 編）
「建築設計製図」（伊藤喜三郎建築研究所編、㈱理工図書）
「JIS ハンドブック・製図」（㈶日本規格協会）

資料の出典・取材協力等

　エクステリアプランナー ハンドブック第12版の発刊にあたり、資料の出典・取材協力等に関しては、会社名を掲げ謝意を表し、厚くお礼申し上げます。

〈資料の出典〉
株式会社タカショー／株式会社LIXIL／三協アルミ社／四国化成建材株式会社／日本興業株式会社／パナソニック電工株式会社／マチダコーポレーション株式会社

〈写真提供〉
安行造園株式会社
（一社）日本植木協会
カイエー共和コンクリート株式会社
株式会社日比谷花壇
株式会社福彫
株式会社タマヤ
株式会社LIXIL

〈取材協力〉
株式会社LIXIL、マチダコーポレーション株式会社には、ご担当を通じて取材協力を得、資料の提供と助言を賜り、感謝申し上げます。

当講習はJPEXの推奨講座です。

The First Class Exterior Planner
1級 エクステリアプランナー

実地試験（設計図の作成）対策講座

作図手順から設計の基礎知識、作図過程を学び実地試験（設計図の作成）対策を万全なものにします

トータルな住環境づくりが求められる昨今、住む人のライフスタイルに合わせたエクステリアの重要性が再認識されています。建築・土木・造園業などで培った経験に、エクステリアの実践的な技術と知識を加え、仕事の幅を広げることができます。

1級実地試験対策講座

● カリキュラム　実地試験（設計図の作成）対策講義
初めて図面を描く人も対象に、プランニングの理論から、実際の樹木及び各種図面の描き方まで、動画をふんだんに活用して丁寧に解説します。

※学科試験対策について
学科試験対策の講義はありません。配付テキストでの自宅学習となります。

回数	科目	学習内容
第1回	●実地試験の出題について	・設計図の出題内容 ・作図及び設計条件 ・エクステリア計画の設計意図 ・植栽リスト
	●設計図面について	・図面の意味・見方
第2回	●作図手順について	・平面図・立面図・断面図・植栽図等について
	●設計図面の作成	・線の描き方 ・図の描き方 ・図面表記の基本的な描き方（塀、舗装、車庫、階段、植栽等） ・寸法、記号表記の描き方
第3回	●設計のプロセス	・コンセプトの表現方法 ・ゾーニング計画 ・基本計画
	●設計の基礎知識	・設計の基礎知識（ゾーンごと設計寸法、素材等について）
第4回	●作図過程-1 条件解説～平面図完成まで	・演習課題-1 条件解説・コンセプト（設計意図）・ゾーニング・平面図作成
第5回	●作図過程-2 立面及び断面図の作成 他図面比較及び考察	・演習課題-1 立面図作成・断面図作成・植栽計画 他図面比較及び考察
第6回	●作図過程-3 ゾーニングから平面図完成まで	・演習課題-2 条件解説・コンセプト（設計意図）・ゾーニング・平面図作成　実地試験（設計図の作成アドバイス）

※カリキュラムは、一部変更となる場合があります。　※テスト・宿題はありません。

1級エクステリアプランナー教材

実地試験対策教材 ※講座使用教材
● 実地試験（設計図の作成）対策講座用サブノート
● 設計図演習課題

学科試験対策教材 ※自宅学習用教材（講義はありません）
● エクステリアプランナーハンドブック
● 1級エクステリアプランナー受験対策問題集

1級エクステリアプランナー実地試験対策講座	学費	**35,000**円 （税込・教材費込38,500円）
1級エクステリアプランナー実地試験対策講座 レディース特典	学費	**30,000**円 （税込・教材費込33,000円）

申込手続きと学費納入

申込に必要な書類
● 受講申込書（本学院で交付したもの）…1通
● 写真（上半身、脱帽、無背景、3ヶ月以内のもの、縦3.0×横2.5cm）…1枚

入学の手続きと学費納入
● 申込書提出時に申込金を10,000円以上又は全額を納入してください。

株式会社建築資料研究社　日建学院

The Second Class Exterior Planner

2級 エクステリアプランナー

実地試験 ゾーニング図の作成 対策講座

**ゾーニング計画からゾーニング図作成のポイントまで
実地試験（ゾーニング図の作成）対策を確実なものにします**

学歴や年齢を問わず受験することができる2級エクステリアプランナーは、エクステリアのスペシャリストへの第一歩。
ガーデニングやエクステリアに興味があり、そうした仕事に携わりたいという方にまさにお勧めの資格です。

2級実地試験対策講座

● **カリキュラム** 実地試験（ゾーニング図の作成）対策講義
プランニングおよびゾーニングの理論から、ゾーニング図の描き方まで、動画をふんだんに活用して丁寧に解説します。

※**学科試験対策について**
学科試験対策の講義はありません。
配付テキストでの自宅学習となります。

回数	科目	学習内容
第1回	●実地試験の出題について	・実地試験の出題内容 ・ゾーニング図とは ・配置・動線・視界計画
	●プランニングについて	・エクステリア計画の設計意図 ・部位とゾーニング計画の内容 ・設計及び作図条件
第2回	●ゾーニング計画	・ゾーニングの進め方 ①門・塀廻り空間 ②駐車・駐輪空間 ③アプローチ空間 ④庭空間 ⑤サービスヤード空間
第3回	●ゾーニング図の作成Ⅰ	・敷地別ゾーニングのポイント ①南入り宅地のゾーニング例
		・敷地別ゾーニングのポイント ②北入り宅地のゾーニング例
第4回	●ゾーニング図の作成Ⅱ	・敷地別ゾーニングのポイント ③東西入り宅地のゾーニング例
		・ゾーニングのポイント ④庭のゾーニング例 ⑤ゾーニング図のポイント

※カリキュラムは、一部変更となる場合があります。　※テスト・宿題はありません。

2級エクステリアプランナー教材

実地試験対策教材 ※講座使用教材
- 実地試験（ゾーニング図の作成）対策講座用サブノート
- ゾーニング図演習課題

学科試験対策教材 ※自宅学習用教材（講義はありません）
- エクステリアプランナーハンドブック
- 2級エクステリアプランナー受験対策問題集

2級エクステリアプランナー実地試験対策講座	学費	**30,000**円（税込・教材費込33,000円）
2級エクステリアプランナー実地試験対策講座 レディース特典	学費	**25,000**円（税込・教材費込27,500円）

申込手続きと学費納入

申込に必要な書類
- 受講申込書（本学院で交付したもの）…1通
- 写真（上半身、脱帽、無背景、3ヶ月以内のもの、縦3.0×横2.5cm）…1枚

入学の手続きと学費納入
- 申込書提出時に申込金を10,000円以上又は全額を納入してください。

株式会社建築資料研究社 日建学院

【正誤等に関するお問合せについて】

　本書の記載内容に万一、誤り等が疑われる箇所がございましたら、**郵送・FAX・メール等の書面**にて以下の連絡先までお問合せください。その際には、お問合せされる方のお名前・連絡先等を必ず明記してください。また、お問合せの受付け後、回答には時間を要しますので、あらかじめご了承いただきますよう、お願い申し上げます。

　なお、正誤等に関するお問合せ以外のご質問、受験指導および相談等はお受けできません。そのようなお問合せには回答いたしかねますので、あらかじめご了承ください。

お電話によるお問合せは、お受けできません。

[郵送先]
〒 171-0014
東京都豊島区池袋 2-38-1　日建学院ビル　3F
建築資料研究社 出版部
「エクステリアプランナーハンドブック　第 12 版」正誤問合せ係

[FAX]
03-3987-3256

[メールアドレス]
seigo@mx1.ksknet.co.jp

【本書の内容に関するお知らせについて】

　本書の発行後に発生しました正誤等についての情報は、下記ホームページ内でご覧いただけます。

　なおホームページへの掲載は、本書対象試験終了時ないし、本書の改訂版が発行されるまでとなりますのであらかじめご了承ください。

https://www.kskpub.com　➡　訂正・追録

エクステリア プランナー ハンドブック　第 12 版

2025 年 4 月 25 日発行
監　修　公益社団法人　日本エクステリア建設業協会
編　集　エクステリアプランナー ハンドブック編集委員会
発行人　馬場　栄一
発行所　株式会社 建築資料研究社　https://www.kskpub.com
　　　　〒 171-0014　東京都豊島区池袋 2-38-1　日建学院ビル 3F
　　　　TEL　03（3986）3239　FAX　03（3987）3256
印刷所　シナノ印刷株式会社

ISBN 978-4-86358-998-8　　　　　　　　　＜禁無断複製＞
©2025 Kenchiku Shiro Kenkyusha